Das Buch
Der Berg hat Joe Simpson zum Krüppel gemacht und ihn mehrmals fast zugrunde gerichtet. Dennoch stellt Simpson seinen Mut erneut unter Beweis und kämpft sich, durch einen Absturz in den peruanischen Alpen schwer verletzt, auf Krücken auf den 7000 Meter hohen Pumori im Himalaja. Beim Abstieg erfährt er, daß unmittelbar vorher ein junger Bergsteiger durch Eisschlag ums Leben gekommen ist.
Welchen Sinn kann Simpson angesichts solcher Erfahrungen diesem ›Spiel der Geister‹ abgewinnen, das schon so vielen seiner Freunde das Leben gekostet hat? Um Klarheit in seine verwirrten Gefühle zu bringen, schreibt Simpson dieses außergewöhnliche Buch. Er fragt sich, was ihn seit seiner Kindheit dazu zwingt, immer wieder die Gefahr herauszufordern, die Angst zu erfahren.
Spiel der Geister rührt an die Grundbedingungen unserer Existenz. Die ›Sucht nach dem Berg‹ steht exemplarisch für (männliche) Lebensformen, die – offensichtlich unabänderlich – die Zivilisation prägen. Simpsons Buch ist darüber hinaus ein literarisches Dokument der Verzweiflung und der Hoffnung, von einer Qualität, wie sie sonst in der hoffnungslos verklärten Welt der Alpenliteratur nicht zu finden ist.

Der Autor
Joe Simpson, 1961 in England geboren, studierte Englisch und Philosophie, bevor er sich hauptberuflich und mit Leidenschaft dem Bergsteigen zuwandte. Er unternahm Erstbesteigungen in den peruanischen Anden und im Karakorum. Simpson engagiert sich auch als Greenpeace-Aktivist. Für sein Erstlingswerk *Sturz ins Leere* (01/13094) erhielt Simpson unter anderem den angesehenen englischen Sachbuchpreis *NCR Book Award* und den Literaturpreis des Deutschen Alpenvereins. Das Buch wurde weltweit begeistert aufgenommen und in fünfzehn Sprachen übersetzt.

JOE SIMPSON

SPIEL DER GEISTER

Die Sucht nach dem Berg

Aus dem Englischen
von Uta Mareik

WILHELM HEYNE VERLAG
MÜNCHEN

HEYNE ALLGEMEINE REIHE
Nr. 01/13076

Die Originalausgabe
THIS GAME OF GHOSTS
erschien bei Jonathan Cape Random House, London

Umwelthinweis:
Das Buch wurde auf
chlor- und säurefreiem Papier gedruckt.

Taschenbuchausgabe 3/2000
Copyright © 1993 by Joe Simpson
Copyright © 1996/97 der deutschsprachigen Ausgabe by
Oesch Verlag, Zürich (Programm: Schweizer Verlagshaus)
Wilhelm Heyne Verlag GmbH & Co. KG, München
Printed in Germany 2000
Umschlagillustration: IFA-Bilderteam/AP & F
Umschlaggestaltung: Nele Schütz Design, München
Satz: Pinkuin Satz und Datentechnik, Berlin
Druck und Bindung: Presse-Druck, Augsburg

ISBN 3-453-16154-8

http://www.heyne.de

Meiner Patentochter
Rosie Catherine Geraldine Hayman
gewidmet.

Inhaltsverzeichnis

EINLEITUNG
    Schlüsselwort Angst 9

Teil 1

1 Unschuldige Kindheit 25
2 Geschwisterliebe 49
3 Internationale Großmütter 67
4 Sägemühlen und Dynamit 84
5 Eisige Annäherungen 95
6 Die Lernkurve 111
7 Nordwände 132
8 Die Lawine 144
9 Alpine Müllmänner 161
10 Billiger Nervenkitzel 176
11 Gefahrvolles Leben 204
12 Cocktail in der Brunswick Street 234

Teil 2

13 Ende und aus 257
14 Der Augenblick der Wahrheit 283
15 Die Seidenstraße 305
16 Losgelöst 341
17 Außer Kontrolle 361
18 Déjà vu 378
19 Herz der Finsternis 408

Epilog 420

*So laß mich mit dir gehn,
dies Spiel der Geister neu beginnen. Von fernen Zinnen
laß uns über dunkle Krater spähn: nach Männern,
deren Namen längst vergessen sind.*

SIEGFRIED SASSOON: *An einen, der mit mir im Krieg war*

EINLEITUNG

Schlüsselwort Angst

Krampfartiger Schmerz durchfuhr mein gebrochenes Bein, als es an der Flanke des Maultiers hängenblieb. Simon und Richard schoben noch einmal kräftig nach, dann saß ich oben, in dem Sattel mit dem hohen Knauf, und klammerte mich verzweifelt an der Mähne des Maultiers fest, um nicht gleich wieder auf der anderen Seite herunterzufallen. Ich spürte, wie mein linker Fuß von fremden Händen in das lederne Gehäuse eines Steigbügels geschoben wurde, und trat kräftig nach unten, um mich im Sattel aufzurichten. Einen Moment lang schwankte ich unsicher hin und her, während ich mit fest geschlossenen Augen darauf wartete, daß die Schmerzen nachließen.

»Bist du in Ordnung?« fragte Simon. Ich öffnete die Augen und blickte auf sein ängstliches Gesicht hinunter.

»Ja, es läßt schon nach.« Ich schaute zu Richard hinüber, der mir aufmunternd zugrinste. »Simon, ich glaube, ich schaff' das nicht.«

»Du mußt. Eine Infektion können wir nicht riskieren.«

Mein rechtes Bein stand steif von dem Polster aus Isomatten ab, das die anderen mir über den Sattel gelegt hatten. Ich erinnerte mich daran, wie es ausgesehen hatte, als Simon mir die Hose aufschnitt. Seltsam fremd hatte es sich angefühlt: aufgedunsen, zu einem dicken, fetten Klumpen angeschwollen, voll violetter Streifen, welche die Blutergüsse anzeigten, dort wo das Knie und das Fußgelenk zertrümmert waren. Ich hatte es schon so lange in diesem Zustand mit mir herumgeschleift, daß es mir mehr wie ein unerwünschtes, hinderliches Gepäckstück erschien denn als Teil meines eigenen Körpers.

Der Maultiertreiber Spinoza nahm die Zügel auf, schnalzte mit der Zunge und ließ das Tier in einen langsamen Schritt fallen. Ich rutschte fast herunter.

»Simon ...«, jammerte ich, doch er nahm davon keine Kenntnis und schlug dem Maultier auf die Flanke.

»Richard, ich kann nicht ...«

»Ist schon in Ordnung, Joe. Wir bleiben jeder auf einer Seite und werden es ruhig angehen lassen. Wird schon schiefgehen.«

So holperten wir los, das hochgelegene Andental hinunter; der verlassene Zeltplatz und der leblose Sarapoqoucha-See blieben zurück. Ich blickte mich um, als das Maultier vorsichtig durch das eisige Wasser des Flusses schritt, der mitten in dem geröllübersäten Tal abwärts führte. Der Yerupaja ragte majestätisch in den Himmel, der Siula Grande lag irgendwo dahinter. Einige Wattewölkchen hingen am Gipfelgrat. Im Vordergrund sah ich den massiven Moränenwall, den ich im Schneesturm der vergangenen Nacht hinuntergekrochen war. Die Morgensonne hatte den Schnee schmelzen lassen. Von meinen Rutschfahrten war keine Spur mehr zu sehen. All dies schien so lange zurückzuliegen – kaum vorstellbar, daß es je geschehen war.

Simon ging vor dem Maultier her. Er wandte sich zurück, um einen letzten Blick auf die Berge zu werfen, die wir hinter uns ließen. Dabei begegnete er meinem Blick. Einen Moment lang lag ein leerer, verlorener Ausdruck in seinen blauen Augen, ehe er sanft lächelte, als wolle er sagen: Mach dir keine Gedanken, es ist vorbei. Es ist an der Zeit aufzubrechen. Und dann ging er weiter, ohne sich noch einmal umzusehen.

Stunde um Stunde dauerte der markerschütternde, schmerzvolle Ritt an. Immer wieder wurde mein fast bewußtloses Dahindämmern von greller Wachheit abgelöst, wenn das Maultier mit meinem verletzten Bein gegen Bäume, Büsche, Steine oder Felswände stieß, obgleich sich Spinoza die größte Mühe gab.

Ich verstand nicht, warum Simon es so eilig hatte. Aber ich war zu schwach, um zu protestieren. Hätte ich mich sehen können, wäre mir klargeworden, daß es ihm nicht um die Angst vor einer möglichen Infektion ging. Meine tiefliegenden Augen und das ausgemergelte Gesicht hätten mir hinreichend deutlich gemacht, daß mein Bein die geringste seiner Sorgen war. In den vier Tagen, in denen ich allein den Berg hinuntergekrochen war, mein höchst überflüssiges Bein hinter mir herschleifend, hatte ich mehr als zwanzig Kilo Gewicht verloren, fast vierzig Prozent meines normalen Körpergewichts. Trotz des süßen Tees und des Haferbreis, den die anderen mir eingeflößt hatten, war ich bedenklich schwach. Völlig entkräftet, stand ich kurz vor dem Zusammenbruch, und Simon wußte es. Er hatte das Azeton in meinem Atem gerochen, eine Begleiterscheinung echten Verhungerns. Keine noch so große Menge Tee oder Haferbrei konnte mir helfen. Ich brauchte einen Glukosetropf, sorgsame, liebevolle Pflege, eine Krankenhausbehandlung – alles andere als einen erzwungenen Aufenthalt in einem hochgelegenen Basislager, weitab von der Zivilisation. Der Zustand meines Beins war vergleichsweise unbedeutend. Wäre es ein offener Bruch gewesen, hätte der brandige Gestank des Eiters bereits die Luft verpestet. Glücklicherweise war es nur geschwollen, arg mitgenommen, und es tat weh, aber nichts davon war lebensbedrohlich.

Ich sah zu, wie das Bein im Rhythmus des Maultiertrotts schwerfällig hin und her rollte, und einmal mehr fielen mir die Augen zu. Ich war müde, so todmüde. Ich versuchte, an all die Dinge zu denken, die sich ereignet hatten, versuchte, mich davon zu überzeugen, daß alles vorbei war, aber es nützte nichts. Ich konnte die Erinnerung an Simons Blick nicht vergessen, wie er mich hoch oben auf dem Nordgrat angesehen hatte, mit meinem gebrochenen Bein. Er hatte den traurigen, mitleidigen Ausdruck seiner Augen nicht verbergen können. Die Gewißheit, daß ich sterben würde, war in jenem Moment so groß gewesen. Ich wußte, ich würde diesen Blick nie vergessen, die seltsame Distanz, die darin gelegen hatte, das entmutigende Mitleid, als wohne er als Zuschauer einer Hinrichtung bei.

Ich erinnerte mich an die Panik, die in mir aufgestiegen war, weil ich überzeugt war, daß er mich zurücklassen würde und ich allein sterben müßte. Und dann – nach der endlosen

Qual des Abseilens in eisiger Kälte, die mir den letzten Funken Überlebenswillen raubte – der Sturz. Als Simon das Seil durchtrennt hatte, war das fast ein Gefühl der Erleichterung gewesen – ein lautloses Hinabsausen, der schwerelose, angstfreie Sturz in die Dunkelheit, nur um festzustellen, daß doch noch nicht alles vorbei war. Was folgen sollte, war viel schlimmer, als ich mir je hätte vorstellen können.

Als das Maultier stolperte, wurde ich ruckartig wach und blickte wild um mich, suchte nach Simon. Er war da, vor uns, schritt gleichmäßig aus, den Kopf gesenkt. Er war da. Es war so wichtig, daß er da war. Er war Gesellschaft und Freundschaft, der Beweis, daß ich am Leben war, die Bestätigung dafür, daß die Einsamkeit hinter mir lag.

Wieder und wieder blickte ich zu Simon hinüber, zu Richard und Spinoza, selbst auf das Maultier schaute ich hinunter, immer noch verwirrt von der plötzlichen Wiederbegegnung mit dem Leben. Viel zu lange war ich allein gewesen, und dann all diese Leute und all die Dinge, die zu tun waren. Das brachte mich durcheinander.

Während der langen, dunklen Stunden voll Düsternis in der Spalte war ich so überzeugt gewesen, einen langsamen Tod sterben zu müssen, daß ich es vorgezogen hatte, eine Art Freitod zu wählen, statt endlose Tage des Wahnsinns darauf zu warten, bis ich an einem gebrochenen Bein sterben würde. Ich konnte kaum begreifen, wie verzweifelt ich gewesen sein mußte. Nur zweimal drang mir die ganze Ungeheuerlichkeit des Geschehens wirklich ins Bewußtsein. Das erste Mal war es auf dem Eissims in der Spalte gewesen, als mir plötzlich klar wurde: Entweder war Simon gestorben, oder aber er hatte mich meinem Schicksal überlassen. Und aus der Spalte gab es keinen Ausweg. Ich hatte eine Phase der Hysterie durchlebt mit einem einzigen klaren Moment, in dem ich die schwerste und furchtbarste Entscheidung meines Lebens fällte. Ich bezweifelte, daß ich je wieder vor einer solchen Entscheidung stehen würde.

Mit erfrorenen Händen seilte ich immer tiefer in die Spalte hinein ab, wobei ich alle Hilfsmittel, die ich benötigt hätte, um das Seil wieder hinaufzuklettern, hinter mir zurückließ. Mit Vorbedacht hatte ich das Seil ohne Knoten in die Tiefe fallen lassen, so daß das unvermeidliche Abrutschen in den Abgrund am Ende, wenn ich denn keinen Ausweg fand, immerhin einen barmherzig schnellen Tod bedeuten würde.

Dreieinhalb Tage später, nachdem ich den Gletscher hinuntergehüpft, -gekrochen und -gefallen war, hatte ich mich, unsicher schwankend, oben auf einem Felsblock wiedergefunden, in dunkler, schneedurchwehter Nacht, irgendwo in der Nähe unseres Basislagers. Erschöpft und dem Wahnsinn nahe, war ich quer über unseren Latrinenplatz gekrochen und hatte mich mit stinkenden Fäkalien besudelt. Immer wieder roch ich an meinen Handschuhen und schauderte vor dem Geruch zurück, versuchte zu verstehen, was er bedeutete, bis ich es schließlich langsam begriff. Simon und Richard mußten ganz in der Nähe schlafen. Mit heiserer Stimme rief ich in das Schneetreiben hinein und starrte wie gebannt in die Nacht hinaus. Als keine Antwort kam, war etwas in mir zersprungen. In jenem Moment wußte ich, daß meine größte Angst Wirklichkeit geworden war: Ich würde für immer allein sein. Was ich auch tun mochte, ich mußte allein sterben. Meine Freunde waren weggegangen. Sie hatten mich zurückgelassen, und ich besaß weder die Kraft noch den Willen, weiterzumachen. Jener Moment der Verzweiflung schien endlos. Um mich her war schwarze, stille, teilnahmslose Nacht. Kalte Schneeflokken berührten mein Gesicht, warme Tränen rannen mir über die Wangen. Ich lag da, wartete auf eine Stimme, ein Licht, begriff, daß ich zu spät gekommen war.

Im selben Moment, als ich die gedämpften Stimmen wahrnahm und das gelbe Licht der Taschenlampen sah, war ich auch schon im Begriff, in eine jenseitige Welt hinabzutauchen. Starke Arme und Simons schockiertes Fluchen rissen mich vom Abgrund zurück, holten mich schluchzend in ein Zelt voll warmer Daunen und sorgender Hände. Gesichter huschten im schwachen Kerzenschein durch mein Gesichtsfeld, und alle Ängste der vergangenen Stunden und Tage brachen aus den Freunden hervor, ein Ansturm drängender

Stimmen. Ich wußte, ich würde nie wieder so sein, nie wieder solche Dinge sehen.

Als das Maultier einen langen steilen Abhang hinunterschaukelte, der mit kümmerlichem Buschwerk bewachsen war, verschwanden die großartigen Eisgipfel der Cordillera Huayhuash endgültig aus unserem Blickfeld. Ich schwor mir, niemals dorthin zurückzukehren. Es war nicht das erste Mal gewesen, daß ich in die Leere des Abgrunds geschaut und mich doch wieder von seinem Rand zurückgezogen hatte, aber ich würde es nicht noch einmal tun. Ich war durch mit den Bergen. Es lag kein Sinn im Bergsteigen. Das hier war Wahnsinn, völliger Wahnsinn. Trotz allem blieb mir ein Lichtstreif. Ich besann mich auf ein Erlebnis aus meiner Kindheit, eine Erinnerung an eine erste schreckliche Erfahrung, die ich niemals vergessen sollte. Und mit jenen frühen Empfindungen der Angst kam ein Schimmer des Lichts, der immer bei mir zu bleiben schien, ganz egal welche Schrecknisse sich verbünden mochten, um ihn für immer auszulöschen.

Ich sah die Kobra zuerst. Sean stieß mit dem Kopf voran gegen meinen Rücken. Ich hatte Glück, daß ich auf den Beinen blieb und nicht mit dem Gesicht nach unten auf die Schlange fiel.

»Kobra!« zischte ich.

»Was?«

»Königskobra, da.« Ich zeigte bebend in das hohe Gras, kaum einen Meter vor mir. »Beweg dich nicht«, fügte ich überflüssigerweise hinzu.

Sean versuchte, sich so klein wie möglich zu machen, froh darüber, daß ich mich zwischen ihm und der Schlange befand. Ich blieb stocksteif stehen. Ich war barfuß, trug nur meine Shorts und sonst nichts. Ma und Da bestanden immer darauf, daß wir etwas an den Füßen tragen sollten, deshalb taten wir es nie. Es gab solche Dinge wie ›Hakenwürmer‹, erzählte man uns. Sie hatten die unangenehme Angewohnheit, sich in die Sohle deines Fußes einzugraben und von dort einen Weg nach oben zu bohren, bis in dein Gehirn. Dort angekommen, nisteten sie sich für einige Jahre ein und fraßen gemütlich vor sich hin, bis man starb – hirnlos. Eine Horrorgeschichte, an die wir lieber nicht glaubten.

Nervös blickte ich auf meine schmutzigen Füße und versuchte, nicht mit den Zehen zu wackeln und etwa das Gras in Bewegung zu versetzen. Ich wünschte, ich hätte mir Das Dschungelkampfstiefel ausgeliehen. Sie waren schwarz mit Gummisohlen und hatten einen hohen grünen Schaft aus Segeltuch, der von eindrucksvollen Haken und einer Menge schwarzer Lederriemen zusammengehalten wurde. Sean und ich benutzten sie auf unseren Exkursionen in den Dschungel jenseits des Bananenbaumes hinter dem Haus meiner Eltern. Die Schäfte reichten mir bis in die Kniekehlen, und meine Füße rutschten darin hin und her. Doch ich glaubte, daß diese Stiefel mich unbesiegbar machten. Solange ich sie trug, sprang ich sorglos von den höchsten Bäumen herunter auf allerlei nichtsahnende Kreaturen, voller Zutrauen, daß ich mir unmöglich etwas tun könnte.

Wenn ich sie jetzt nur angehabt hätte, dachte ich bei mir, könnte ich diese Kobra tottrampeln. Was für eine Trophäe das gäbe! Selbst Sarah wäre beeindruckt. Ich beschäftigte mich gerade mit dem herrlichen Gedanken, wie ich die erschlagene Kobra in ihr Bett legte, als Sean flüsterte: »Ich glaube, sie ist weg.«

»Wa...??«

»Nein, doch nicht. Sie ist noch da«, sagte er.

Warum, o warum nur hatten wir die Stiefel nicht angezogen?

»Sollen wir wegrennen?« flüsterte Sean.

»Nein«, piepste ich. »Sie sind zu schnell.«

»Tatsächlich? Ich wußte gar nicht, daß Schlangen einem nachlaufen.«

»O doch, viele, viele Menschen sind schon von einer Schlange verfolgt worden.« Ich hatte keine Ahnung, ob das stimmte. Ich wußte nur, daß höchstwahrscheinlich ich von der Kobra gebissen werden würde, weil ich ihr näher war.

»Kochschlangen laufen einem nicht nach.« Sean war von meiner Schlangentheorie ganz fasziniert.

»Die sind auch nicht giftig«, fauchte ich ihn an. »Bleib einfach still stehen, mach die Augen zu, und achte darauf, daß sie sich nicht bewegt.«

»Aber wenn ich die Augen zumache, kann ich nicht sehen, ob sie sich bewegt«, jammerte Sean.

»Wenn du die Augen nicht zumachst, wirst du blind. Solche Schlangen können meilenweit spucken.« Das stimmte zumindest, aber er hatte doch nicht ganz unrecht. Ich drückte meine Augen fest zu und verlor prompt das Gleichgewicht.

»Ich dachte, du hast gesagt, wir sollen still stehenbleiben?«

Ich fuchtelte wild mit den Armen und gewann das Gleichgewicht wieder, während ich die ganze Zeit mit großen Augen auf die unbewegliche Schlange starrte. »Tut mir leid«, murmelte ich.

Ein Auge geschlossen, blinzelte ich durch die fast völlig gesenkten Wimpern des anderen. Das grelle Sonnenlicht der Tropen ließ mir die Tränen in die Augen steigen, und ich konnte die Kobra nicht mehr sehen.

»Hast du deinen Stock da?« fragte ich, und Sean verneinte mit zitternder Stimme. Oh, er fängt an zu weinen, dachte ich. Jungen weinen nicht. Jeder weiß das. Da liegt eben der Unterschied, ob man nun sieben Jahre alt ist oder, wie Sean, erst sechs.

»Sei still.« Ich hörte ein Schniefen, dann herrschte Ruhe.

Nachdem wir eine Ewigkeit lang bewegungslos in der brennenden Sonne gestanden hatten, mit nacktem Oberkörper, Tausenden von Hakenwürmern hilflos ausgeliefert, konnte ich es nicht länger aushalten. Die Vorstellung, daß Hakenwürmer besonders dann in den Körper eindringen, wenn man sich nicht bewegt, mußte einfach falsch sein, andernfalls wären wir bis zum Abend hirnlos.

»Meinst du, es tut weh, wenn sie einem das Gehirn auffressen?« fragte ich und hörte hinter mir ein schwaches Wimmern.

»Können wir jetzt gehen?« wimmerte Sean und wischte sich lautstark die Nase am Handgelenk ab. »Mum hat gesagt, wir sollen nicht so lange wegbleiben.«

»Sie wird schon nichts dagegen haben, wenn du ihr von der Kobra erzählst.«

Ich fragte mich, ob Schlangen eigentlich atmen. Vielleicht war diese hier eingeschlafen. Schließlich war es sehr heiß. Wenn wir uns davonschlichen, würde sie möglicherweise gar nicht aufwachen. Aber wenn sie es doch täte, wäre sie sehr böse, und ich war am dichtesten dran.

»Halloo.« Der Ruf kam von der Straße, die fünf Meter entfernt durch das hohe Gras zu meiner Linken lag.

»Das ist Kabun«, rief Sean hocherfreut.

Kabun ist das malaiische Wort für Gärtner, und wir hatten ihn nie anders gerufen. Jetzt grinste er uns breit an, als Sean ihn heranwinkte.

»Kabun, Kabun, komm schnell!« brüllte Sean. »Guck mal da! Eine große Schlange, Kabun, eine Kobra.«

Kabuns Lächeln verschwand sofort, als er das Wort Kobra hörte. Er legte sein schweres, schwarzes Fahrrad auf den Boden, raffte den gelben Sarong in die Höhe und kam vorsichtig zu uns herüber. Seinen langen Stock hielt er ausgestreckt vor sich, während er das Gras vor uns absuchte. Sean war nicht in der Lage, noch länger ruhig stehenzubleiben. Er kreischte plötzlich vor lauter Aufregung los, packte mich am Arm und schüttelte mich.

»Kabun holt sie uns, Joe!« brüllte er mir ins Ohr. »Er holt sie, und wir können sie in Nicolas Schulranzen stecken, oder wir können Kabun bitten, uns einen Gürtel daraus zu machen oder eine Peitsche ...«

»Halt den Mund, und bleib stehen«, entgegnete ich mit schriller Stimme. »Er hat sie noch nicht, das heißt, sie kann uns immer noch erwischen.«

Blitzschnell machte Kabun einen Satz an meinem Oberschenkel vorbei und preßte die Kobra fest auf den Boden. Sean und ich stürzten los. Wir liefen davon, kreischten und schrien und lachten, alles zu gleicher Zeit. Von der tödlichen Bedrohung befreit, waren wir gleichzeitig um eine Chance reicher, unsere Schwestern zu quälen. Das Leben war einfach zu gut.

Schallendes Gelächter tönte aus dem hohen Gras herüber, und Kabun kam mit langen Schritten auf uns zu, die tote Kobra schlaff über die Spitze seines Stockes gehängt. Vor unseren Gesichtern ließ er sie von einer Seite zur anderen schwingen, und wir wichen zurück, voller Angst, sie könnte nicht gänzlich tot sein. Kobras waren die Hauptfeinde auf unseren Streifzügen in den Dschungel, und nur unsere Dschungelkampfstiefel konnten uns vor einem qualvoll langsamen Tod bewahren. Kabun griff nach vorn und nahm die Kobra in die Hand. Er hielt sie voller Schadenfreude vor sich hin und sagte etwas auf malaiisch, das wir nicht verstanden. Ich berührte die Kobra schnell und zog die Hand sofort wieder weg. Die Schlange machte keinen Versuch, mich zu beißen. Eigentlich sah sie sogar recht seltsam aus.

»Er hat sie für uns gehäutet«, rief Sean aufgeregt und klatschte in die Hände.

»Nein, nein.« Kabun wiegte den Kopf von einer Seite zur anderen, ein breites, weißleuchtendes Grinsen erhellte sein Gesicht. Dann tat er so, als wolle er sich den Sarong ausziehen.

»O nein«, sagte ich, »ich hoffe nur, er erzählt es nicht Sarah und Nicola.«

»Erzählt ihnen was nicht?« fragte Sean, während er die Schlangenhaut anfaßte, mit vor Freude leuchtenden Augen.

»Hoffentlich erzählt er ihnen nicht, daß wir hier die ganze Zeit vor einer Schlangenhaut gestanden haben. Das ist es nämlich, was Kabun so lustig findet. Es hat nie eine Schlange gegeben. Das da ist einfach nur die Haut, die sie sich abgestreift hat.«

»Tun Schlangen das?«

»Ja«, entgegnete ich niedergeschlagen.

»Mensch!« Sean untersuchte die Schlangenhaut mit wachsender Verwunderung. »Und verfolgen können sie einen auch. Meine Güte!«

Als Kabun aufgehört hatte zu lachen, suchte er in der Satteltasche an seinem Fahrrad herum und gab uns etwas zu knabbern – Erdnüsse, umhüllt von steinhartem Sirup. Wir dankten ihm und schoben die Fahrräder, die wir zurückgelassen hatten, müde zu Seans Haus zurück. Er trug noch immer die abgestreifte Haut der Kobra in der Hand. Sie pendelte gegen die Stange seines Fahrrads. Die wunderschönen Farben der Haut waren vom Sonnenlicht ausgeblichen.

Unterwegs entdeckten wir eine farbenprächtige Schlange mitten auf der Straße. Wir konnten kaum die Hitze des Asphalts unter unseren bloßen Fußsohlen ertragen, und ich fragte mich, wie ich mich fühlen würde, wenn ich, wie die Schlange, auf dem Bauch mitten auf der Straße läge.

»Das ist eine Kochschlange, nicht wahr?« fragte Sean.

»Ich glaube schon.«

Unsere Vorstellungen von den verschiedenen Schlangenarten waren, gelinde gesagt, unklar. Diese Schlange war dünn und lang wie ein lederner Schnürsenkel und in lauter vielfarbigen Rauten- und Rhombenmustern geringelt, so daß sie im Hitzedunst, der von der Straße aufstieg, zu schimmern schien. Sie ließ ihren buntgemusterten Körper in Wellenbewegungen hin- und herschnellen, bog sich dann zu einem Kreis, bis ihr Kopf den Körper berührte, und bewegte sich schließlich vorwärts.

»Schnell, schnell!« brüllte Sean. »Sie will abhauen. Halt sie auf.«

»Warum?«

»Damit wir sie fangen können. Die ist viel besser als die hier.« Er hatte jegliches Interesse an der Kobrahaut verloren und warf sie verächtlich beiseite. »Schnell, bevor sie im Gras verschwindet.«

»Ja, aber wie machen wir das?« fragte ich und fürchtete mich ein wenig vor der Schlange.

»Mach schon, stell dich davor. Sie wird dich sehen und umdrehen.«

»Was ist, wenn sie nicht besonders gut sehen kann?«

»Natürlich kann sie. Mach schon, sie haut ab.«

Ich schob mein Fahrrad vor die Schlange, die sofort innehielt. Sie hob ihren winzigen, herzförmigen Kopf in die Höhe und ließ ihre Zunge hervorschnellen, witterte die Gefahr. Ich achtete darauf, daß sich das Fahrrad sicher zwischen mir und der Schlange befand, und hielt es mit ausgestreckten Armen fest. Auf meinen bloßen Füßen fühlte ich mich dabei einmal mehr unangenehm nackt. Die Schlange rollte sich ein und wählte dann eine andere Richtung, zurück zur Straßenmitte.

»Was jetzt?«

»Du mußt sie töten«, sagte Sean bestimmt.

»Ich will sie nicht töten.«

»Feigling!« fuhr Sean mich an. »Ich dachte, du hast keine Angst vor Schlangen.«

»Hab' ich auch nicht. Das heißt, nur vor Kobras. Die sind wirklich gefährlich.«

»Dann bring sie um.«

»Wie?« Mir fielen keine Ausreden mehr ein. »Sie könnte mich beißen«, wagte ich noch einzuwenden.

»Die ist nicht giftig. Das hast du selbst gesagt.«

»Ich könnte mich immerhin irren. Außerdem will ich nicht gebissen werden. Das tut weh.«

»Sie ist ganz klein.« Sean schob sein Fahrrad so zurecht, daß das Tier in der Straßenmitte bleiben mußte. »Ich weiß etwas«, sagte er strahlend. »Du kannst sie mit deinem Fahrrad überfahren. Dann kann sie dich nicht beißen.«

Ich blickte zu Seans Haus hinüber. »Was ist, wenn deine Mutter uns sieht? Sie hat bestimmt etwas dagegen.«

»Sie wird uns schon nicht sehen. Mach schon, fahr sie tot.«

Ohne wirklich zu wissen, warum ich es tat, schob ich mein Fahrrad ein Stück weit weg, stieg auf und radelte die Straße hinunter.

»Nicht so schnell«, rief Sean. »Ich will sehen, was passiert.«

Ich wendete das Rad und ließ es, ohne zu treten, langsam auf die Schlange zurollen, die für den Moment bewegungslos auf dem heißen Boden lag. Ich kann mich daran erinnern, wie ich durch die Vorderradgabel hinunterblickte, als das Rad die Mitte ihres prächtig gefärbten Rückens überrollte. Im nächsten Moment fiel ich auf die Straße und schürfte mir höchst schmerzhaft das Knie und die Handflächen auf. In dem Moment, als der Reifen sie berührte, hatte die Schlange sich zurückgebogen und sich schnell wie der Blitz um das Rad und die Speichen geschlungen. Als sie nach oben auf mich zusauste, verklemmte sie sich zwischen den vorderen Bremsklötzen und brachte so das Fahrrad abrupt zum Stehen.

»Schnell!« rief Sean. »Schnell, sie lebt noch. Sie hat's auf dich abgesehen. Schnell!«

Meine Beine waren noch zwischen Stange und Sattel eingekeilt. Ich sah, wie die Schlange sich aus den Bremsbacken befreite. Ich sah rohes Fleisch und Blut an den Stellen, wo das Metall sich in ihren Körper hineingefressen hatte. Wie es der Zufall wollte, entrollte sich die Schlange in meine Richtung. Ich zappelte mit den Füßen, um sie freizubekommen, und schaffte es so, meinen Fuß zwischen dem Fahrradrahmen und dem Hinterrad einzuklemmen.

»Mach schon, mach schon!« Sean wedelte wild mit den Armen, sprang auf und ab und sah ebenso erschrocken wie fasziniert zu mir herüber. Für heute hatte ich genug von Schlangen und ähnlichen Schrecknissen. Der hohe Ton der Angst in Seans Stimme gab den Ausschlag, und ich begann gellend zu schreien. Völlig von Panik übermannt, brüllte und kreischte ich, trat mit den Füßen um mich und versuchte, von der Schlange wegzurutschen, wobei ich das Fahrrad hinter mir herzog und mit ihm auch die Schlange. Tränen liefen mir über das Gesicht, und es kümmerte mich überhaupt nicht, daß ich älter war als Sean. Ich wollte nur, daß alles vorbei war.

»Sean, was ist hier los?«

Das war die gebieterische Stimme seiner Mutter. Sean stand wie blöde da, und ich schrie und schrie ihr entgegen. Mit einem unangenehm scharfen Geräusch schlug sie mit dem Spaten, den sie mitgebracht hatte, nach der armen, gequälten Kreatur und enthauptete sie mit einem einzigen, schnellen Schnitt. Der Körper der Schlange zuckte heftig, und ihr Kopf fiel von der Schaufel herunter, während ich schrie, sie sei immer noch nicht tot. Mrs. Thurgood packte mich an den Schultern und stellte mich auf die Füße.

Sean wurde mit einem Klaps auf den Oberschenkel nach

Hause geschickt. Ein scharfer, brennender Schlag auf mein Bein beendete mein Schluchzen überraschend plötzlich. Als ich nach Hause radelte, voller Sorge darüber, was meine Eltern wohl tun würden, wenn sie hörten, was ich mit der Schlange gemacht hatte, dachte ich an die mitleiderregenden, zermalmten Überreste, die auf der Straße zurückgeblieben waren, an das zerfetzte, weiße Fleisch und das weindunkle Blut, an die leuchtenden Farben, die in der Sonne so schnell verblichen.

Wenn ich heute an dieses Erlebnis zurückdenke, überrascht es mich, daß wir so grausam sein konnten. Sind alle Kinder grausam, oder war unser Verhalten einfach Teil unseres Aufwachsens in Malaya, wo es überall Krokodile und Schlangen gab, wo im Hochland von Cameron Tiger lebten und wo in den Mangobäumen Affen vor sich hin schnatterten, die manchmal Menschen bissen? Eine Schlange war eine Schlange – giftig, gefährlich, wertlos. Man mußte sie loswerden. Schmerz spielte dabei nie eine Rolle, und die Bedeutung von Tod und Töten lag völlig jenseits unserer kindlich-unschuldigen Vorstellungswelt.

Doch wegen jener Schlange hatte ich schon immer ein schlechtes Gefühl. Soweit ich mich erinnern kann, war es das erste Mal, daß ich in meinem Leben etwas Schlechtes tat. Ich meine schlecht in dem Sinne, daß ich intuitiv wußte, daß es falsch war. Wir hatten davor schon viele Tiere getötet – Fische und riesige Kröten, giftige Raupen und Krebse. Oft hatten wir es einfach getan, um herauszufinden, ob wir es konnten, um zu sehen, wie es war, oder um das betreffende Lebewesen loszuwerden, weil es uns unheimlich war und wir es nicht mochten. Die Erwachsenen taten genau das gleiche auf die gleiche gedankenlose Art, doch sie taten es mit Waffen, Armeen und Folterkammern, und sie taten es wissentlich. Für mich stand das Töten jener wunderschönen Schlange am Beginn eines langen Entwicklungsprozesses, in dessen Verlauf ich lernte, was richtig und was falsch ist – vor meinem Gewissen und nicht, weil andere es sagen. Die Begegnung mit der Schlange war auch meine erste Erfahrung wirklicher Angst.

TEIL 1

1. KAPITEL

Unschuldige Kindheit

Ich kam zu spät, was zu erbitterten Auseinandersetzungen zwischen meiner Mutter und den Ärzten vom White-Elephant-Hospital in Kinrara führte. Sie bestanden darauf, daß Ma sich im Datum geirrt haben mußte, bis es schließlich notwendig wurde, meine Geburt einzuleiten. Das war am 13. August 1960. Ich weiß nicht, ob jener Tag darüber hinaus ein Freitag war. Mein Vater jedenfalls zeigte sich von der störrischen Art und Weise meines Eintreffens durchaus nicht überrascht – immerhin war ich bereits einen Monat überfällig. Die gesamte Familie hatte diesen Charakterzug nur zu reichlich ererbt.

So wurde ich, widerstrebend, das fünfte und jüngste Mitglied der Familie Simpson, unmittelbar konfrontiert mit der Herausforderung Sarah, meiner nächstälteren Schwester, die sich zur Plage meiner frühen Kindheit entwickelte. Ich war zur Hälfte irischer Abstammung, zu einem Viertel schottisch und zu einem Viertel englisch, auch wenn ich letzteres gerne abstreite.

Meine Mutter stammt aus Listowel, einer kleinen Stadt an den Ufern des Flusses Feale in der Grafschaft Kerry im Süden Irlands. Am Sonntag kamen dort die Bauern auf den Marktplatz der Stadt geritten und banden ihre Ponys und Esel am Geländer der protestantischen Kirche fest, während sie in der katholischen Kirche zur Messe gingen. Als junges Mädchen liebte Ma es, eins der armen Tiere für einen kleinen Ausritt auszuborgen. Ihr Vater Joe McGuire, ein angesehener Arzt, hatte seine Praxis und eine Apotheke in der Stadt. Die Familie war römisch-katholischer Konfession und sehr fromm. Ma hat dafür gesorgt, daß wir alle bis über beide Ohren in Katechismen, Erstkommunionen und mit dem dazugehörigen Schuldgefühl aufwuchsen, das jeden Katholiken auf der Welt belastet, ob er nun vom Glauben abgefallen ist oder nicht.

Mein Großvater väterlicherseits, Großvater Jack oder Großvater Schottland, wie wir ihn nannten, kam aus dem Dorf Nairn am Ufer des Moray Firth, nicht weit von Inverness entfernt und in Sichtweite der Berge von Monadhliath gelegen. Ein knappes Jahrhundert nach seiner Geburt sollte ich erstmals in jenen Bergen klettern, die seine Kindheit begleiteten.

Für mich war Großvater Schottland eine Heldenfigur, ein echter schottischer Hochländer, der am Beginn des Ersten Weltkriegs im zarten Alter von sechzehn Jahren zum Black-Watch-Regiment stieß. Mit siebzehn wurde er in der Somme-Schlacht, an der er als Gewehrschütze teilnahm, am Auge verwundet. Der Arzt, der ihn behandelte, erriet, daß er noch nicht volljährig war, und schickte ihn nach Hause. Ich vermute, es war das Mitgefühl dieses fürsorglichen Arztes für einen erst halb erwachsenen Jungen, das ihm seinen Heimaturlaub und die Entlassungspapiere verschaffte. Der ›Heimatschuß‹ war die Verwundung, von der alle Soldaten träumten – ernst genug, um nach Hause geschickt zu werden, aber doch nicht allzu arg –, eine Kugel durch die Hand oder den Fuß, ein Granatsplitter im Bein, eine Augenverletzung, nichts Schlimmes, gerade hinreichend, um aus dem Gemetzel der Schützengräben herauszukommen und ins gute alte England nach Hause verfrachtet zu werden. Ein paar Monate nach seiner Entlassung war Großvater Schottland alt genug, um sich völlig legal wieder seinem Regiment anzuschließen, und er kämpfte den Rest des Krieges hindurch an der Westfront, überlebte das Abschlachten und erreichte den schwindelerregenden Rang eines Obergefreiten.

Er erzählte meinem Da, daß man immer leicht herausfinden konnte, welche Hochländer in den Schützengräben gekämpft hatten, und zwar an den dicken Schwielen in ihren Kniekehlen. Der beschwerte Saum des Kampfkilts, der lehmig und naß gegen die Rückseite der Beine schlug, ließ eine dauerhafte Kriegsverletzung zurück.

Zwischen den Weltkriegen diente Großvater Schottland als Offizier der Zivilstreitkräfte in Jabalpur, Zentralindien. Er war den Hilfstruppen zugeteilt, und mein Vater verbrachte einen Großteil seiner Kindheit in Indien (obwohl er in Cheshire geboren worden war). In der Schulzeit kehrte er jeweils ins Internat nach England zurück, genau wie wir es von Malaya, Gibraltar und Deutschland aus eine Generation später tun sollten. Ich besitze eine alte Fotografie von Da als kleinem Jungen, wie er neben meiner Großmutter an einem Tisch im Garten steht. Großmutter Schottland ist wunderschön und elegant gekleidet im Stil der zwanziger Jahre. Es ist mir nie gelungen, dieses Bild mit der gebrechlichen, kränkelnden alten Frau in Übereinstimmung zu bringen, der ich in späteren Jahren gelegentlich begegnet bin. Auf dem Tisch liegt ein Tigerbaby ausgestreckt, das von einem Träger mit nach Hause gebracht worden war, nachdem sie seine Mutter im Dschungel getötet hatten. Auf dem Foto füttert mein Vater das Tigerbaby mit Milch aus der Flasche. Das Ganze wirkt wie ein Blick in eine Märchenwelt, die nur in wirklichkeitsfremden Büchern existiert.

Ich habe die Geschichten, die mein Da an uns weitergab, immer sehr geschätzt, ebenso die Fotografie von Großvater Schottland in Indien, wie er mit seinem ausgewachsenen, zahmen Leoparden Felix auf dem Schoß dasitzt. Er war ein begeisterter Jäger in jenen Tagen, als die Großwildjagd noch nicht allgemein mißbilligt wurde. Er hat Bären, Hirsche, Schweine, Pfauen, Dschungelhühner und Riesenstachelschweine geschossen, die als große Delikatesse gelten. Aber er hat niemals einen Tiger erlegt. Voller Respekt hatte ich der Geschichte von Großvater Schottlands Freund Harry Brewer gelauscht, der eines Tages, als er mit Gewehr- und Gepäckträgern im Dschungel unterwegs war, ein Tigerweibchen überraschte, das soeben einen Sambhur getötet hatte, den größten der indischen Hirsche. Die Tigerin hielt den Hirsch mit ihren kräftigen Kiefern im Nacken gepackt und warf ihn sich mühelos über die Schulter. Da sie sich nicht in Harrys Richtung zurückziehen konnte und da sie ebensowenig gewillt war, ihre Beute zurückzulassen, hatte sie sich einem breiten Fluß genähert, der ihr den Fluchtweg abschnitt. Harry, der auf das Auftauchen des Tigerweibchens nicht vorbereitet gewesen war, hielt keine ausreichend schwere Büchse in der Hand. Er bat daher den Gewehrträger, ihm ein Gewehr zu geben, das mit einer einzigen Bleikugel geladen war. Bevor man ihm die Büchse noch reichen konnte, hatte die Tigerin den dreihundert Pfund schweren Hirsch geradewegs über den Fluß geworfen, war ihm nachgesprungen, hatte ihn aufgeschnappt und war im Dschungel verschwunden.

Ich habe Großvater Schottland nie kennengelernt. Er starb, wenige Jahre bevor ich geboren wurde, an Krebs. Dennoch gilt nach wie vor ihm jene bewundernde Ehrfurcht aus meinen Schultagen. Noch heute scheint er mir eher eine Figur aus einer Geschichte von Ernest Hemingway zu sein als ein wirklicher Großvater. Im Alter von zweiundvierzig Jahren, nach dem Ausbruch des Zweiten Weltkrieges im Jahre 1939, wurde Großvater Schottland als Reserveoffizier bei den *Cameron Highlanders* dienstverpflichtet. Da er für den aktiven Dienst zu alt war, wurde er zunächst in der Nähe des Kyle of Lochalsh an der Nordwestküste Schottlands stationiert, um Einrichtungen der Marine zu schützen. Dann machte er sich, von solchen prosaischen Pflichten gelangweilt, im Jahre 1943 nach Britisch-Somalia auf, wo er sich als Hauptmann dem somalischen Kamelreiterkorps anschloß. Ein besonderes Abenteuer erlebte er in den letzten Kriegstagen, als er an der Erbeutung eines deutschen U-Bootes in der Küste des Roten Meeres beteiligt war. Ein schottischer Hochländer auf einem Kamel, der seine Männer in den Kampf gegen moderne Technik führt – das klingt wie aus einem Heft mit Abenteuergeschichten für kleine Jungen!

Kriege und der Kriegsdienst lagen in der Familie, bis meine Generation mit dieser Tradition brach. Mein Vater schloß sich im Alter von achtzehn Jahren mit Ausbruch des Zweiten Weltkrieges der *Black Watch* an. Später wurde er dem Prince-of-Wales's-4th-Own-Gurkha-Rifles-Regiment zugeteilt, wo der Autor John Masters für kurze Zeit sein Vorgesetzter war. Drei Monate lang diente er an der Nordwestgrenze im Land des Khaiberpasses und der legendären Raj-Schlachten gegen die wilden Pathanen. Dann ging es mit den Chindits über den

Irawadi- und den Chindwin-Fluß, um hinter den japanischen Linien zu kämpfen, im ersten Feldzug überhaupt, der ganz und gar auf dem Abwurf von Versorgungsgütern aus der Luft beruhte. Seine Bewunderung und sein Respekt für die Gurkha-Truppen, mit denen er in Birma kämpfte, beeindruckten mich tief und prägten meine späteren Reisen nach Nepal, wo ich dieses stolze und mutige Volk kennenlernte.

Eine Genickverletzung, die Da sich bei einem Maultierrennen über steinharten, von der Sonne getrockneten Boden zuzog, und eine ernste Flußfiebererkrankung waren das Vermächtnis seines Krieges mit der *Forgotten Army* in Birma. Vom Typhus fielen ihm sämtliche Haare aus, und die Halsverletzung machte sich in späteren Jahren wieder unangenehm bemerkbar.

Wäre nicht Krieg gewesen, bezweifle ich, daß Da sich für eine militärische Karriere entschieden hätte. So wie die Dinge lagen, blieb er bis zur Teilung im Jahre 1947 in Indien, als Europa zum größten Teil noch ökonomisch und physisch verwüstet darnieder lag. Weil in Großbritannien die Lebensmittel immer noch rationiert wurden, erschien es nur folgerichtig, in der Armee zu bleiben. Mein Vater schloß sich der *Royal Artillery* an und diente bei seinem Regiment, bis er im Jahre 1977 pensioniert wurde. In Malaya bildete er malaiische Offiziere im Stabsdienst und in der Dschungelkriegsführung aus, als es galt, sich der Übergriffe kommunistischer Kräfte auf Borneo zu erwehren. Im Nordosten, jenseits des Südchinesischen Meeres, lagen Thailand, Kambodscha, Laos und Vietnam. Genau dreizehn Monate vor meiner Geburt starben Major Dale Buis und Sergeant Chester als erste Amerikaner im Vietnamkrieg an einem Ort namens Bienhoa, ganz in der Nähe von Ho-Chi-Minh-Stadt. Drei Monate nach meiner Geburt wurde John F. Kennedy zum Präsidenten der Vereinigten Staaten gewählt, und im September 1961 verließ unsere Familie Malaya und schiffte sich nach England ein, um drei Jahre lang in Colchester zu leben. Als wir erneut ins Ausland gingen, weil mein Vater für zwei Jahre nach Gibraltar versetzt wurde, hatte Kennedy bereits die Machtprobe mit den

Sowjets wegen der Raketenstationierung auf Kuba überstanden, den wohl gefährlichsten Moment des kalten Krieges. Einen Monat später, am 22. November 1963, wurde er in Dallas ermordet.

Im November 1965 war die amerikanische Truppenstärke in Vietnam auf eine viertel Million Soldaten angewachsen, und die GIs hatten gerade die erste große, konventionelle kriegerische Auseinandersetzung für sich entschieden und die nordvietnamesischen Einheiten im Ia-Drang-Tal besiegt. Die Operation ›Rolling Thunder‹, das anhaltende, schwere Bombardement Nordvietnams, hatte begonnen und sollte noch weitere drei Jahre andauern, ehe Präsident Johnson im August 1968 den Bombenabwürfen auf Nordvietnam ein Ende setzte. In jenem Krieg fielen mehr Bomben als im gesamten Ersten und Zweiten Weltkrieg mit dem Koreakrieg zusammengenommen – ein Rekord, der bis zum Luft- und Artillerieangriff im Golfkrieg 1991 nicht eingestellt wurde. Die Bevölkerung Südostasiens wurde dezimiert. Als ich Malaya im Juli 1968 verließ, standen eine halbe Million ausländische Soldaten in Vietnam. Jenes Jahr hatte mit der Tet-Offensive begonnen, ehe amerikanische Marinesoldaten bei Khe Sanh von massiven kommunistischen Streitkräften umzingelt und belagert wurden in einer Schlacht, die an die demütigende Einkesselung und Niederlage der französischen Truppen bei Dien Bien Phu fünfzehn Jahre zuvor erinnerte. Viel Schlimmeres sollte noch folgen, ehe die gedemütigten Vereinigten Staaten 1973 schließlich ihre letzten Soldaten aus dem Land abzogen – in dem Jahr, als ich das Klettern lernte.

Trotz des militärisch geprägten Familienhintergrunds und der geografischen Nähe zum Krieg verbrachte ich meine Kindheit in einer größtenteils friedlichen Welt, belebt von einem gefährlich abenteuerhungrigen Geist, den ich von meinen überwiegend keltischen Eltern geerbt hatte. Wir wohnten in Port Dickson, einer kleinen Siedlung an der Südwestküste des Südchinesischen Meeres. Von dort konnte man an klaren Tagen jenseits der Malakkastraße den purpurnen Buckel von Sumatra sehen.

David, Jane, Johnny, Sarah und dann der Jüngste, ich – das war die Hierarchie der Brüder und Schwestern, eine explosive Mischung aus irischem und schottischem Blut. Streitlustig, leidenschaftlich und vor allen Dingen unglaublich stur, wie wir waren, schienen wir einander ständig in den Haaren zu liegen – wenn auch liebevoll –, und das unser ganzes Leben lang. Weil Da regelmäßig in die verschiedensten Ecken der Welt versetzt wurde, lernten wir schnell, ausgesprochen unabhängige Kinder zu sein. Unsere Eltern zogen eine ungestüme und willensstarke Nachkommenschaft groß, die wenig dazu beitrug, die militärische Karriere meines Vaters zu befördern, doch sie vermittelten uns auch ein Gefühl der Freiheit. Bereits im Alter von acht Jahren reisten wir alle zwischen Schulen in Großbritannien und Orten hin und her, die so weit entfernt lagen wie Malaya, Gibraltar und Deutschland, und das mit einer sorglosen Nonchalance, die ich für selbstverständlich hielt.

Ein Haufen wirres Geäst nahm mir die Sicht nach vorn auf den Weg. Der Kalkstein unter meinen Füßen fühlte sich kühl an, trotz der glühendheißen Mittelmeersonne. Unter mir dehnte sich die Straße von Gibraltar. Lichtblitze wurden von der glatten Meeresoberfläche zurückgeworfen. Ein Stück entfernt konnte ich gerade noch die roten Ziegel auf dem Dach unseres Hauses sehen: Gowland's Ramp, ein Gebäude aus dem achtzehnten Jahrhundert, dessen Rückwand unmittelbar aus dem Felsen von Gibraltar herausgehauen war. Es hatte ein spezielles Wasserauffangsystem, und ich konnte mit Mühe die Tanks auf dem Dach ausmachen.

Auf der anderen Seite der Straße von Gibraltar ließ ein schwacher Schmutzstreif die Küste Nordafrikas erahnen. In einer klaren Nacht konnte man die Lichter von Tanger sehen und das Funkeln der Navigationslichter beobachten, wenn Schiffe sich ihren Weg durch das Nadelöhr vom Mittelmeer hinaus in die leeren Weiten des Atlantiks suchten. Dreihundert Kilometer südlich von Tanger liegt das Atlasgebirge. Auf einer Länge von sechshundertfünfzig Kilometern erstreckt es sich zwischen den Städten Fes und Marrakesch, bis seine Ausläufer schließlich in den Sand der Sahara eintauchen.

Der Felsen von Gibraltar steht als stummer Wächter an der Grenze zwischen den beiden Kontinenten Europa und Afrika – vierhundert Meter Kalkstein, die sich an der äußersten Südspitze Spaniens erheben wie ein großartiger, natürlicher Aussichtsturm.

Ein Zerstörer näherte sich der Hafeneinfahrt. Auf der anderen Seite des breiten, natürlichen Hafenbeckens konnte ich die kleine Stadt Algeciras sehen, wie sie hoch oben am Rand der Iberischen Halbinsel lag. Unter geografischen Gesichtspunkten mochte man den Eindruck gewinnen, daß Großbritannien wohl kaum Anspruch auf Gibraltar erheben durfte. Strategisch gesehen war der Felsen aber von entscheidender Bedeutung für die Schiffahrt: Es galt, die Kontrolle über das Tor vom Atlantik ins Mittelmeer zu behalten. Obwohl Gibraltar in erster Linie ein Marinestützpunkt war, wurde hier 1963 das Royal-Artillery-Regiment stationiert, und dorthin wurde mein Vater versetzt, ehe wir zwei Jahre später nach Malaya zurückkehrten.

Ich stand auf einem Stück Kalkstein, das an dieser Stelle zutage trat, und war mir ganz und gar nicht bewußt, was die Aussicht darstellte oder bedeutete. Statt dessen konzentrierte ich mich ganz darauf, genug Mut aufzubringen, um über den Haufen Strauchwerk zu springen, der vor mir auf dem Weg lag. Alles, was mich beschäftigte, war, nicht etwa in meinen Shorts mitten darin zu landen oder auch nur an den Zweigen entlangzustreifen, was schmerzhaft sein mußte. Es fiel mir keinesfalls ein, mich zu fragen, warum ich versuchen wollte, über einen Haufen Äste zu springen. Solche Fragen stellt sich kein Fünfjähriger, der sich einer spannenden Herausforderung gegenübersieht.

Ich trat weit genug zurück, um mir einen langen Anlauf zu sichern, und rannte los, ohne Angst und mit einem herrlichen, kribbelnden Gefühl im Bauch. Meine Sandalen klatschten laut auf den Fels, als ich auf das Hindernis zurannte. Der Absprung stimmte perfekt, ich warf mich in die Luft und sah zu, wie die hölzerne Barriere unter mir entschwand. Dann sah ich plötzlich, wo ich landen würde – oder besser: wo ich nicht landen würde. Der Haufen Geäst hatte mir die Sicht auf den Platz dahinter versperrt, und ich hatte angenommen, er würde genauso beschaffen sein wie meine Startbahn. Jetzt sah ich, daß das Astwerk am Rande eines senkrechten Steilabfalls aufgestapelt worden war, der erst Hunderte von Metern weiter unten an einigen steilen, scharfkantigen Steinstufen endete.

Nun, vielleicht waren es nicht gerade Hunderte von Metern, eher ungefähr fünf, aber man muß dabei das Größenverhältnis berücksichtigen, und mit fünf Jahren und kaum einem Meter Körpergröße kam mir die Entfernung bis zum Boden ganz schrecklich vor. Es gelang mir, eine Sandale am äußersten Rand des felsigen Abgrunds aufzusetzen, als es nach meinem gewaltigen Sprung schleunigst abwärts ging, aber das führte nur dazu, daß ich schräg seitlich in die Tiefe stürzte statt mit den Füßen zuerst.

Ich habe mir in meinem Leben schon viele Knochen gebrochen, habe mir die Haut aufgerissen, mir Zähne ausgeschlagen und mich überhaupt arg zerschunden, aber es ist mir nicht ein einziges Mal gelungen, mir den Schädel zu zertrümmern. Und das nicht, weil ich es nicht versucht hätte, wie ich versichern darf. Einmal verbrachte ich ganze vierundzwanzig Stunden bewußtlos im Krankenhaus von Scarborough. Das war im Alter von zwölf Jahren, als es mich bei einem Rugby-Spiel umgehauen hatte. Ich war bei dem Versuch, einen bestimmten Try zu verhindern, mit dem Kopf frontal gegen den größten Spieler auf dem Feld angerannt. Das Ergebnis waren Gedächtnisschwund und fürchterliche Kopfschmerzen, und er, der arme Kerl, trug eine Knieverletzung davon. Aber es war doch ein guter Versuch gewesen. Zwei Spiele später war ich wieder bewußtlos, nachdem ich Kopf voran mit fürchterlicher Wucht gegen einen Torpfosten gerannt war.

Man hat mir erzählt, daß der Sprung über den Haufen Zweige in Gibraltar mein erster Angriffsversuch auf einen noch jungfräulichen Schädel war. Er endete mit einem widerlichen Aufprall auf der höchst unnachgiebigen Kante einer

Steinstufe. Ich kann mich nicht darin erinnern, das Bewußtsein verloren zu haben, aber ich weiß noch, wie ich mir die Augen ausheulte, als ich völlig überrascht und wie gelähmt auf den blutbespritzten Stufen saß. Mein lautes Wehklagen wurde nur zu bald gehört, und meine besorgte Mutter verfrachtete mich umgehend ins Krankenhaus. Schmerzhafte Nadelstiche und noch mehr Geschrei brachten mich schließlich wieder nach Hause, vorübergehend gezähmt.

Eine Woche später spielte ich mit dem Dreirad vor dem Haus und genoß es, von der Anwesenheit im Konvent von Loretto befreit zu sein. So konnte ich dem Zorn der Mutter Oberin aus dem Weg gehen und den scharfen Schlägen auf die Handknöchel, die sie beim ersten Anzeichen von Ungehorsam mit der Schmalseite eines Holzlineals austeilte. Statt dessen brachte ich einen Großteil des Nachmittags damit zu, mit einer adoptierten schwarzen Katze namens Jimmy in einem Glyzinienbaum zu sitzen. Die Glyzinie stand mitten auf einer kleinen, runden, mit Platten belegten Terrasse, von wo eine steile Treppe zum Haus hinaufführte. Schließlich war ich, von Jimmy gelangweilt, die Stufen hinaufgeklettert, um mit meinem Dreirad zu spielen. Es war eins von der schweren, altmodischen Sorte mit großen Hinterrädern und einer kleinen Kiste als Kofferraum dazwischen, um die unverzichtbare Ausrüstung fürs Abenteuerleben zu verstauen. Ich fuhr zufrieden im Kreis herum und versuchte, so schnell zu treten, wie ich nur konnte, während ich mich weit zur Seite hinauslehnte, in der Hoffnung, daß es mir gelingen würde, eins der Räder vom Boden abzuheben. Gerade rieb ich mir ein aufgeschürftes Knie, als Sarah auftauchte. Ich stellte das Dreirad wieder aufrecht hin und beobachtete mißtrauisch, wie sie ihren Schulranzen ganz in der Nähe der Treppe fallen ließ.

»Ganz schön steil, nicht?« sagte sie unschuldig.

Ich fuhr mit meinem Dreirad vorsichtig zu dem Platz hinüber, an dem sie stand und zu Jimmy in der Glyzinie hinunterblickte.

»Ich habe zehn Stufen gezählt«, log ich.

»Neunundzwanzig, Dummerjan«, fuhr sie mich verächtlich an.

Ich spähte von meinem Dreirad aus die Stufen hinunter und spürte die ersten ahnungsvollen Schauder über meinen Rücken laufen. Dann setzte ich zurück und fuhr in einem großen Bogen von den Stufen weg.

»Ich wette, du schaffst es nicht, mit deinem Dreirad da runterzufahren«, sagte Sarah, und der einschüchternde Unterton in ihrer Stimme war kaum wahrzunehmen.

»Ich will nicht. Mein Kopf tut noch weh.«

»Du hast bloß Angst.«

»Hab' ich nicht. Ma hat gesagt, ich soll heute brav sein. Wir fahren nachher ins Krankenhaus, und sie sagt, der Arzt will mir die Fäden ziehen.«

»Du bist ein Feigling.«

Sie hüpfte um mich herum und rief immer wieder ›Feigling, Feigling‹ wie eine Art Spottlied. Ich fuhr zu den Stufen und blickte hinunter. Es sah sehr weit aus. Sarah behielt ich lieber im Auge. Ich hätte ihr durchaus zugetraut, dem Dreirad einen hilfreichen Schubs zu versetzen.

»Es wird sich überschlagen«, verkündete ich voller Zuversicht, daß diese Ankündigung ausreichen würde, die Herausforderung abzulehnen.

»Nicht, wenn du dich zurücklehnst.«

Ich blickte auf das lange Gefälle hinunter bis zum Glyzinienbaum. Es ist seltsam, wie schnell einen die eigenen Gedanken dazu überreden können, genau das zu tun, was man eigentlich nicht will.

»Mach schon«, sagte Sarah, die meine Neugier spürte.

»Glaubst du, es geht?« Ein zunehmendes Gefühl der Aufregung machte sich in meinem Magen breit.

»Natürlich.«

»Ich weiß nicht ...«, sagte ich, richtete das Vorderrad des Dreirads in der Mitte der obersten Treppenstufe aus und spähte unsicher über die Lenkstange. Dann lehnte ich mich zurück und stellte die Füße auf die Pedale. Als mich das drängende Gefühl überkam, jetzt müsse ich es tun, trat ich fest zu.

Irgendwie baut es sich immer so auf. Du weißt, daß du etwas tun wirst, aber du mußt warten, bis die Spannung weit genug angestiegen ist, bis sich das Für und Wider in deinem Innern geklärt haben, bis du – auf einen Schlag – einfach loslegst.

Ich ratterte mit beängstigender Geschwindigkeit die Stufen hinunter. Das Zurücklehnen schien zu funktionieren. Den Lenker hatte ich fest im Griff und beobachtete, wie das leicht angehobene Vorderrad über die Kanten der Stufen sprang. Als ich die Hälfte der Strecke zurückgelegt hatte, hörte ich hinter mir ein begeistertes, anfeuerndes Quieken. »Ich schaffe es, ich schaffe es, ich schaffe es«, murmelte ich zwischen meinen aufeinanderschlagenden Zähnen hindurch, während ich mich auf dem tobenden, buckelnden Mustang festklammerte, in den sich mein Dreirad verwandelt hatte. Undeutlich nahm ich wahr, daß mir der wilde Ritt Spaß machte; gleichzeitig empfand ich ein Gefühl der Angst. Das Kribbeln in meinem Magen war völlig übergeschnappt, als ich die Terrasse herankommen sah wie die Landebahn vom Flugzeug aus. Ja, ja, ich schaffe ...

Das heftige Vibrieren hörte auf, und einen Moment lang war alles friedlich und still, als ich durch die Luft flog, direkt auf die Glyzinie zu. Mit dem Kopf zuerst krachte ich gegen den Baum und schlug auf die von der Sonne angewärmten Steinfliesen der Terrasse. Mein Dreirad lag auf der Seite, ein Rad war eingedellt, das andere drehte sich langsamer und langsamer, bis es zum Stehen kam. Vorsichtig tastend untersuchte ich meinen Kopf. Als ich die Hand zurückzog, war sie blutig. Da warf ich den Kopf in den Nacken und heulte los.

Die Ärzte sprühten ein Betäubungsmittel auf meinen Kopf und nähten die Platzwunde wieder zu. Sie lag direkt über der alten Naht. Meine Mutter sah besorgt und peinlich berührt zugleich aus. Außerdem wurden mir die alten Fäden gezogen, und ich brüllte lautstark, als Ma mich nach Hause fuhr. Mein Kopf tat sehr weh, und mein Dreirad war kaputt. Immerhin gelang es mir, das allergrößte Elend abzumildern, indem ich meiner Mutter erzählte, Sarah hätte mich die Treppe hinuntergeschubst.

Alles an unserem Leben in Gibraltar, wie ich es im Alter von fünf Jahren wahrnahm, wirkt heute übergroß und dramatisch. Ich erinnere mich an die großen, schwarzen Magot-Affen, die frei auf den Felsen lebten und mir Angst einjagten. Ich erinnere mich auch an die schreckliche gelbe Quetschung und an die Abdrücke von Zähnen in Johnnys Nacken, wo eine Affenmutter ihn gebissen hatte, als er ihren Jungen zu nahe gekommen war. Dazu gehörten außerdem die Warnungen vor Haifischen im Hafen, wenn einer in dem mit Netzen abgetrennten Schwimmbecken entdeckt wurde, und die panische Eile der Schwimmer, die sich auf die hohe, rostige Leiter mit ihren Eisenstufen zubewegten, die in die Hafenmauer eingelassen war. Ich hörte die Warnsirene einmal, als ich glücklich und zufrieden in meinem Gummiring vor mich hin trieb, und weinte vor Angst, weil niemand mir heraushalf. Ich erinnere mich an jenes fürchterliche Gefühl der Verwundbarkeit, das man durchlebt, wenn man glaubt, etwas Riesiges und Scheußliches wird einem gleich die Beine abbeißen.

In der Mitte des Hafenbeckens lag ein Floß, ein großes, hölzernes Ding, das an abgedichteten Ölfässern festgemacht war und von einer langen Trosse voller Seetang gehalten wurde, die in endlose, dunkle Tiefen zu verschwinden schien. Wenn die Haifischwarnung kam, spielten die älteren Kinder hier ein gefährliches Spiel. Die mutigsten unter ihnen schwammen zum Floß hinüber, nicht zur Leiter. Dort veranstalteten sie eine Art Baseballmatch mit einem Tennisball und einer Schwimmflosse als Schläger. Dabei versuchte der Schlagmann, den Ball an einem glücklosen Fänger vorbei ins Wasser zu schlagen. Der mußte dann, nachdem er ganz nervös die Umgebung abgesucht hatte, ins Wasser springen und den Ball wieder holen. Natürlich bissen die Haie nie wirklich jemanden, zumindest dachten wir das, bis einmal ein Taucher in der Nähe des Haifischnetzes fast zerfleischt wurde. Nur sein Taucheranzug hielt ihn am Leben und zusammen. Danach wurde auf dem Floß eine Zeitlang kein Baseball mehr gespielt.

Wir unternahmen Reisen nach Marokko und an den Rand der Sahara – zumindest hat Da das behauptet, auch wenn es vielleicht nur irgendeine andere große Sandfläche war. Ich erinnere mich daran, wie Da versuchte, einen Oktopus zu fangen, und wie die schwarze Tinte durch das Wasser spritzte, als er entfloh, der Tintenfisch. Jane kam mit einer Portugiesischen Galeere in Berührung, einer riesigen Qualle mit Tentakeln, die bis zu zwanzig Meter lang werden und die ein übles Brennen verursachen, von dem manche sagen, es könne einen Menschen töten. Und dann war da noch der Spielplatz mit der größten Rutsche der Welt und einer Sandkiste, in der wir nach verlorenen Dreipencestücken gruben. Auf der Schaukel verletzte Sarah sich, als sie versuchte, einen Überschlag zu machen, und ich stand daneben und lachte.

Nur allzu bald war dies alles vorbei, und wir gingen nach Malaya zurück, noch ehe ich sechs Jahre alt war. Welch ein Ort, um dort seine Kindheit zu verbringen! In meiner Erinnerung besteht die Zeit in Malaya aus lauter Farben und Gerüchen, weniger aus einer bestimmten Folge von Ereignissen. Sie holt mich immer wieder ein, verfolgt mich wie ein freundlicher Geist, wenn ich einer bestimmten Atmosphäre wiederbegegne, und das vermittelt mir ein aufregendes und zugleich geborgenes Gefühl.

Wir lebten in einem weitläufigen, alten Haus im Kolonialstil mit großen, breiten Fenstern und Balkonen, die auf die Malakkastraße hinausgingen. Der Strand und das Riff lagen nur einen kurzen Spaziergang entfernt den steilen Hügel hinunter. Sean und ich verbrachten unsere Zeit meist mit Schuleschwänzen und spielten lieber am Strand oder jagten allerlei Getier im Dschungel hinter dem Haus.

Im Garten unseres Hauses wuchsen Bananenbäume, die kleine, grüne, leckere Früchte trugen, und Bougainvillea in Hülle und Fülle. Außerdem standen dort Jasminbäume, überladen mit schweren, weißen, magnolienartigen Blüten. Die Zweige brachen leicht entzwei und ließen reichlich bitteren, beißenden Saft austreten, der einfach alles überzog. Ein beeindruckender Mangobaum stand vor dem Haus und trug so wunderbare Früchte, daß die Frauen aus dem Ort eigens kamen, um uns Jahr für Jahr die Ernte abzukaufen. Ein anderer alter Mangobaum stand neben der Einfahrt. In seinem schattigen Blätterdach lebte eine schnatternde, lärmende Affenhorde. Sean und ich quälten sie, indem wir Steine in die Zweige hinaufwarfen und zusahen, wie die Affen kreischten und wütend herumsprangen.

An den Garten hinter unserem Haus grenzte unser ›Dschungel‹. Es war kein echter Dschungel, sondern ein dicht mit Gummi- und Hartholzbäumen bewachsenes Gelände mit vielen Schlingpflanzen und lauter heruntergefallenen, verrottenden Ästen. Ein besonders großer Baum war vom Blitz in zwei Teile gespalten worden und sah jetzt ganz schwarz aus; er war unser bevorzugter Treffpunkt. Hoch oben im verbrannten, geborstenen Stamm hatten wir unsere ganz private, tropische Räuberhöhle, von der aus wir das gesamte Dschungelgebiet überblicken konnten – ein Schlachtfeld voller Riesenschildkröten, giftiger Raupen, Schlangen, schweineverschlingender Pythons und gefürchteter Kobras.

Unsere Angst vor den Kobras war durchaus gerechtfertigt. Ein riesiges Exemplar, das mehr als zwei Meter lang war, wurde bei uns im Garten gefangen und getötet, als ich noch ein Baby war. An jenem Tag spielte Johnny ganz zufrieden in der Sicherheit eines großen Laufgitters im Garten, als Jane die Schlange entdeckte, die sich auf ihn zubewegte. Sie rannte in die Küche, um Ma Bescheid zu sagen, daß da ein großer Wurm im Garten sei. Doch Ma hatte viel zu tun und hörte sich die fantasievolle Geschichte des Kindes nur freundlich an. Als Jane das dritte Mal in der Küche auftauchte, sagte sie, die Augen ganz rund vom Anblick der Kobra unmittelbar in Johnnys Nähe: »Mami, es ist ein sehr großer Wurm.« Ma mußte sich schließlich mit der Unterbrechung abfinden und ging nach draußen, um nachzusehen. Dann brach die Hölle los.

Der Armee und der Feuerwehr gelang es schließlich, die Schlange in einem Abflußrohr aufzustöbern. Mit Hilfe eines Feuerwehrschlauches wurde sie gezwungen herauszukommen und getötet. Ihr Giftvorrat war in vollem Umfang vorhanden. Später sah ich den furchterregenden Körper des Tieres aufgerollt in einem riesigen Glas Formaldehyd im Gesundheitszentrum von Negri Sembilan. Der Kopf mit der Brillenzeichnung war zu groß für das Glas gewesen und mußte abgeschnitten und in einem separaten Gefäß aufbewahrt werden.

Abends, wenn die Sonne über der Malakkastraße unterging, belebte sich der Nachthimmel: Die Kolonie der Fliegenden Hunde im Affenbaum machte sich auf zur Futtersuche. Tagsüber hingen diese großen Fledertiere kopfüber wie getrocknete Tabakblätter im Gezweig. In der Dämmerung füllten sie den Himmel mit schwarzen Schatten, wenn sie im schwächer werdenden Licht der Sonne eilig vorbeihuschten. Manchmal flogen kleine schwarze Fledermäuse (Vampire, wie wir sie im stillen nannten) durch die offenen Balkonfenster herein und lärmten in orientierungsloser Panik durchs Zimmer. Wenn Sarah da war, konzentrierte ich meine gesamte Willenskraft auf den einen Wunsch, daß eine verschreckte Fledermaus gegen sie fliegen und sich in ihrem Haar verfangen möge. Doch das taten sie nie. Es war schwierig, die kleinen Tiere einzufangen, um sie draußen vorsichtig wieder freizulassen, ohne einen schlimmen Biß abzubekommen. Ich rannte normalerweise weg.

Klettergeckos, Vertreter einer Echsenart, die mit ihren Haftzehen selbst senkrechte Mauerwände erklimmen können, lebten überall in den Häusern. Sie waren eher Freunde als Ungeziefer und spielten eine wichtige Rolle dabei, die allgegenwärtigen Insekten in Schach zu halten. Wenn man einen Gecko am Schwanz festhielt, fiel der ab, so daß das Tier, scheinbar unverletzt, fliehen konnte, um sich einen neuen Schwanz wachsen zu lassen. Die abgefallenen Schwänze zuckten in der Regel heftig und erinnerten mich an die Spasmen der toten Hühner auf dem Markt. Wenn die langsam rotierenden Ventilatoren mit ihren breiten Blättern, die in jedem Zimmer von der Decke hingen, eingeschaltet wurden, befand sich häufig ein dösender Gecko weit draußen auf der glatten, metallenen Oberfläche der immer schneller kreisenden Blätter. Da sie sich an der glänzenden Oberfläche nicht festklammern konnte, rutschte die Echse in einem solchen Fall immer weiter auf das Blattende zu, von der Zentrifugalkraft unwiderstehlich dorthin gezogen, bis sie schließlich quer durchs Zimmer trudelte. Häufig verlor der Gecko bei der anschließenden Landung den Schwanz, ehe er hastig die nächste Wand hinaufkletterte und sich nahe der Decke senkrecht festklammerte. Dort schlief er in der feuchten Mittagshitze wieder ein.

Die Autofahrt mit meiner Mutter von Port Dickson zum Markt von Seremban führte dreißig Kilometer weit eine Straße entlang, die geradewegs durch dichten Dschungel schnitt, nachdem sie zunächst der Küste mit ihren Mangrovensümpfen gefolgt war. Eine riesige Python, die aus dem örtlichen Zoo entkommen war, wurde einst hier wieder eingefangen. Man hatte sie schlafend am Rande der baumbestandenen Straße gefunden, nachdem sie in einem nahe gelegenen Dorf ein kleines Schwein gefangen und verschlungen hatte. Die riesige, aufgeblähte Schwellung in der Mitte der Schlange verriet ihren Ruheplatz, während sie ihr Verdauungsschläfchen hielt. Ich erzählte Sean von dieser neuen Gefahr, die unsere Abenteuer in Kampfstiefeln bereicherte. Mit Giftschlangen konnten wir umgehen, zumindest meinten wir das, aber Pythons, die Schweine verschlangen – das war etwas ganz anderes. Ich unterstrich den Eindruck meiner Worte, indem ich Sean daran erinnerte, daß ich doch etwas größer war als er – denn er entsprach in seiner Körpergröße ziemlich genau einem kleinen Schwein. Plötzlich sah er ganz nervös aus.

Der Markt mit seiner geschäftigen Atmosphäre faszinierte mich. Während meine Mutter einkaufte, suchte ich meine Lieblingsplätze auf. Die Händler an ihren Ständen waren freundlich und lachten, wobei sie gleichzeitig heftig auf ihre Kunden einredeten. Am Stand mit den Hühnern konnte ich völlig versunken dasitzen und dem malaiischen Inhaber zusehen, wie er seine Waren verkaufte. Die Hühner waren in großen Weidenkörben untergebracht. Die besten Exemplare wurden einzeln in kleinen, viel zu engen Schachteln gehalten und neigten den Kopf mit einem überraschten Ausdruck von einer Seite zur anderen, während die Leute zwischen den Käfigen und Körben herumstöberten. War schließlich ein Huhn ausgewählt, so wurde der arme Vogel herausgenommen und – mit den Füßen fest im Griff des Besitzers – kopfüber gehängt, indes der sich mit seinem Kunden auf ein wildes Gefeilsche einließ. Gelegentlich entwischte ein Flügel dem Griff des Mannes und schlug gereizt durch die Luft, als wolle das Huhn seinen Beitrag zum Streit um den Preis leisten. In meinen Augen schienen die Vögel an allem, was vorging, größtes Interesse zu haben. Immer wieder legten sie die Köpfe von einer Seite zur anderen und betrachteten die Kunden neugierig. Es fiel mir nie ein, daß die Art und Weise, wie sie behandelt wurden, grausam sein könnte. So wurde eben mit Hühnern gehandelt. Ich hatte keine Ahnung von tiefgefrorenen Nahrungsmitteln in Frischhaltefolie. Das einzige Eis, das ich zu sehen bekam, bestand aus großen Blöcken. Es schmolz langsam unter Lagen von Zeitungspapier und Jute hervor in den schmutzigen Marktboden hinein, bis der Verkäufer seine Säge und den Pickel herausholte und für einen Kunden ein großes Stück Eis abhackte.

Wenn das Feilschen beendet war, zog der Mann mit den Hühnern ein kleines Messer hervor und schnitt geschickt den Hals des Vogels durch, indem er ihn zwischen seinen Fingern und dem Daumen rundbog. Sobald ein Blutstrahl aus dem Hals des Vogels hervorsprudelte, wurde er durch eine nach unten verlängerte Öffnung in einen runden Weidenkorb gesteckt, ganz ähnlich wie bei einem Hummerkorb. Der unglückliche und mittlerweile höchst überraschte Vogel zappelte in heftigem Todeskampf in dem blutigen Korb herum. Ich war fasziniert von den feinen Blutspritzern, die durch die Ritzen im Flechtwerk drangen. Manche Hühner starben schnell und wurden schon nach wenigen Sekunden zu einer zuckenden, blutigen Masse. Je größer der Vogel, desto mehr Blut blieb zurück.

Mitunter, wenn die Wahl auf einen größeren Vogel gefallen war, setzte der sich entschiedener zur Wehr und wurde für seine Mühe belohnt, indem man ihn aus dem Korb herausholte, noch ehe er verendet war. Diese Hühner faszinierten mich besonders. Ihre Flügel schlugen schwach, ihre Schnäbel öffneten und schlossen sich in lautlosem, halslosem Protestgeschrei. Aus der schrecklichen offenen Wunde sprudelte dickes Blut, wenn sie schließlich in die Rupfmaschine geworfen wurden. Nur einmal habe ich an einem Vogel Lebenszeichen bemerkt, nachdem er aus der rotierenden Stahltrommel herausgeholt worden war, die aussah wie ein alter Wäschetrockner mit steifen Gummipfropfen in der Außenwand. Als der Besitzer den kahlen, blutigen Körper auf ein Stück Zeitungspapier knallte, sah ich, daß die Brust sich leicht hob und ein Flügel zuckte. Das Huhn schien mich mit einem leidvollen Auge zu fixieren, mir einen Blick ungläubigen Erstaunens zuzuwerfen, ehe das Papier über dem Kopf des Vogels zusammengeschlagen und das Ganze zu einem festen, ordentlichen Paket zusammengerollt wurde.

Wenn es mich langweilte, den Hühnern beim Sterben zuzusehen, ehe Ma zurückkam, wanderte ich auf dem Markt umher und suchte den Mann, der lebendige grüne Schildkröten verkaufte. Im Unterschied zu den Hühnern wirkten die grünen Schildkröten unerträglich bemitleidenswert, wie sie mit ihren ledrigen Hälsen an einen Pfahl gebunden dalagen, der in die harte, trockene Erde hineingetrieben war. Sie standen in der Hitze Qualen aus, erbarmungslos dem Staub und den Fliegen ausgeliefert, die um ihre tränenden Augen herumschwirrten. Die langen, faltigen Hälse der Tiere waren viel zu weit aus ihren Rückenschilden hervorgezogen, und das rauhe Seil schnitt feuchte, blutige Striemen in die dicke Haut. Manchmal saßen chinesische oder malaiische Kinder auf den Schildkrötenrücken und zogen an den Seilen. Ich haßte sie dafür, aber ich hatte viel zuviel Angst, um etwas zu sagen.

Zwar war ich an die beiläufige Grausamkeit des Marktes gewöhnt, doch die Schildkröten ließen mich die malaiischen und chinesischen Händler zum ersten Mal mit einer inneren, ohnmächtigen Wut anblicken. Ich wollte den Schildkrötenmann anschreien, mit dem Fuß aufstampfen und ihn schlagen, aber ich brachte nie den Mut dazu auf. Statt dessen ging ich weg und war den Tränen nahe, inständig hoffend, daß niemand Schildkröten kaufen wollte und die Tiere am Abend an der Küste freigelassen würden.

Einmal reisten wir im Juli, vor dem Nordostmonsun, an die Ostküste bei Kuantan, wo Lederschildkröten in einer langen, strapaziösen, mondhellen Nacht am Strand ihre Eier legten. Diese riesigen Tiere, so groß wie ein kleines Auto, entstiegen langsam dem Meer wie schwarze, buckelige Steine und quälten sich verzweifelt den Strand hinauf. Sobald sie den Spülsaum hinter sich hatten, gruben sie mit ihren Paddeln mühsam tiefe Löcher in den Sand und legten dann Hunderte von Eiern. Die Chinesen und Malaien standen schon bereit, um die Nester zu plündern, sobald die Schildkröten fertig waren und ihre tränenüberströmten Köpfe wieder dem schier endlosen Weg zurück ins Meer zuwandten – und einem weiteren Jahr friedvollen Umherziehens. Ich beobachtete, wie ein Mann mitten auf dem Rücken einer erschöpften Schildkröte saß, während sein Begleiter die weichen, weißen Eier von der Größe eines Tischtennisballs stahl.

Im Herbst peitschten die Ausläufer des Nordostmonsuns auf die Ostküste von Malaya ein, doch wir waren durch das Rückgrat hoher, dschungelbewachsener Hügel geschützt, welche die Malaiische Halbinsel hinunter verliefen, und erlebten keinen eigentlichen Monsun. Trotzdem gab es nach Wochen schwüler Feuchtigkeit einige imposante Gewitter. Meist standen wir an den Hausecken, wo das warme Regenwasser turmhoch aus den Dachrinnen herabstürzte, und kicherten laut, wenn es uns auf die Knie trommelte. Die Abzugsgräben an den Straßenrändern waren schnell randvoll, und ein Sturzbach donnerte den Hügel hinunter. Die Gräben waren schmal – nur fünfzig Zentimeter breit –, aber tief, und wir waren klein genug, um hineinzuspringen und mit dem reißenden Strom bergab zu jagen, als wäre das eine Wasserrutsche – ein unschuldiges, aber gefährliches Spiel. Ein verkeilter Ast hätte ausgereicht, unsere kleinen Körper festzuhalten, die dann vom Gewicht des nachströmenden Wassers untergetaucht worden wären. Wir haben nie daran gedacht, und es ist auch nie etwas passiert.

Manchmal wogten zur Zeit des Taifuns riesige Wellenberge die Malakkastraße hinunter. Einmal, als meine älteren Brüder und Schwestern in der Ferienzeit aus dem Internat nach Hause gekommen waren, schwammen wir bei Nacht im Schutz des Riffs. Riesige Regentropfen sprangen von der Wasseroberfläche zurück und bildeten einen dichten, silbrigen Schleier. Die gewaltige Dünung ließ uns auf und ab schlingern, während wir dicht beieinander Wasser traten. Am Strand konnten wir die Lichter der Badeanstalt schimmern sehen. Wir spielten Fangen in den Nachwehen eines sturmgepeitschten Meeres. Es war purer Zufall, wenn man neben dem Fänger an die Oberfläche kam. Dann konnten nur eiliges Untertauchen und hektisches Davonschwimmen ein erfolgreiches Entkommen sichern. Auf ein Kommando tauchten wir alle unter und schwammen hastig davon. Wegen der Dünung und der unberechenbaren Strömungen in der Lagune konnten einen schon wenige Züge weit wegbringen. Wenn wir wieder an die Oberfläche kamen, blickten wir wild um uns, um festzustellen, wo derjenige wieder aufgetaucht war, der ›es‹ war.

Wenn die ganze Familie gemeinsam Ferien machte, fuhren wir zu siebt in einem noblen alten Mercedes Diesel nordwärts und nahmen die Fähre zur Insel Pangkor, wo weiße Korallenstrände, Fischerhütten und ein winziges Sommerhaus ein wahres Inselparadies abgaben. Ich sah zu, wie Dad mit Angelleinen, die hinter dem tuckernden Motorboot eines Fischers hergezogen wurden, Barrakudas fing. Bösartige, gefährlich aussehende Fische waren das, die Kiefer voll nadelscharfer Zähne. Sie jagten in Schwärmen und waren für Schwimmer viel gefährlicher als Haie. Einmal wurde ein kleiner Hai am Strand angelandet, und ich beobachtete ihn neugierig, ganz überrascht, wie klein er war. Die Barrakudas flößten mir viel mehr Angst ein, und ich träumte davon, wie mich ein Schwarm dieser Fische durch das äußere Riff jagte. Sie wandten sich nach rechts und nach links, trachteten mir mit ihren scheußlichen Kiefern voller Reißzähne nach dem Leben, während ich mit berstenden Lungen immer weiter schwamm, bis ich schließlich wild um mich schlagend unter dem Moskitonetz über meinem Kinderbett aufwachte.

Am Rande des Meeres war ein bunter Haufen rundgewaschener Steine aufgetürmt. Von dort tauchten wir ins Wasser, oder wir spielten darauf. Bevor ich geboren wurde, war Johnny mit bloßen Füßen auf einem der Steine ausgerutscht und die rasiermesserscharfe korallene Oberfläche hinabgeglitten. Dabei hatte er sich die Haut seiner Fußsohlen zerfetzt. Sieben Jahre später passierte mir trotz aller Warnungen genau das gleiche, und ich kann mich noch gut an die Tränen und die Schmerzen erinnern, als ich mit blutigen Füßen über den sonnendurchglühten, salzig brennenden Sand zurückhumpelte auf der Suche nach Ma.

Wir unternahmen auch Ausflüge in das Hochland von Cameron. Jene hohen, mit Regenwald bestandenen Hügel hundertfünfzig Kilometer nördlich von Kuala Lumpur erschienen mir wunderschön und beängstigend zugleich. Man hatte mir erzählt, daß manche Leute nur wenige Meter weit von der Straße in den Dschungel hineingegangen waren und nie wieder gesehen wurden. Tiger lauerten im Unterholz, und ein Stamm echter Eingeborener lebte tief im Wald. Zweifellos handelte es sich um ein Schauermärchen, das uns am Weglaufen hindern sollte, aber ich glaubte aus ganzem Herzen daran. Wir wohnten in einem alten Sommerhaus aus der Kolonialzeit mit üppig grünen Krocket-Rasen und einer typisch englischen Atmosphäre von Teegesellschaften am Nachmittag.

In dem brackigen Wasser in der Nähe von Port Dickson, wo Mangrovensümpfe das Zusammentreffen mehrerer kleiner Flüsse mit dem Meer anzeigten, lebten Krokodile. Einmal gingen David, Jane und Johnny mit Freunden, deren Eltern eine Gummiplantage besaßen, in Einbäumen auf Krokodiljagd. Es wurden keine Krokos geschossen, doch die drei kehrten mit einem wahren Schatz schauerlicher Krokodilsgeschichten zurück. Darunter war auch eine Geschichte zweifelhaften Ursprungs von einem Angler am Flußufer, der mit einem plötzlichen gewaltigen Satz von einem hungrigen Kroko geschnappt und unter Wasser gezogen worden war. Es hieß, Krokodile seien nicht in der Lage zu kauen, weil der Biß ihrer gewaltigen Kiefer keine seitlich mahlende Bewegung zulasse. Deshalb bevorzugten sie weiches, verrottetes Fleisch, das sich leicht zerreißen ließ. Sie neigten dazu, ihre Opfer zu ertränken und sie dann in ihre Höhle mitzunehmen, um sie dort verwesen zu lassen. Die bewußte Höhle sollte sich unterhalb der Wasseroberfläche im schlammigen Flußufer befinden und so angelegt sein, daß eine Kammer oberhalb der Wasserlinie lag. Der einzige Zugang zu diesem gastlichen Ort war vom Fluß selbst. In der erwähnten Geschichte verlor der arme Angler das Bewußtsein, ertrank jedoch nicht. Er kam in der dunklen, nach Verwesung stinkenden Höhle wieder zu sich. In blindem Entsetzen gelang es ihm, sich einen Weg an die Erdoberfläche zu graben, ehe sein Gastgeber zurückkehrte.

Im Alter von sieben Jahren erschien mir diese Geschichte völlig plausibel, auch wenn ich ihren Wahrheitsgehalt heute anzweifle. Ich hielt mich immer dazu an, niemals unmittelbar am Flußufer zu stehen, falls ein Kroko nach mir schnappen sollte oder ich vielleicht auf dem dünnen Dach seiner Höhle stünde und auf eine wütende, scharfgezahnte Handtasche hinunterfallen mochte. Meine schlimmsten Befürchtungen wurden eines Tages Wirklichkeit, als ich mit Sean und seinem Vater im Schlauchboot unterwegs war. Wir näherten uns der flachen Einmündung eines Flusses, als der Außenbordmotor ausging und Seans Vater sagte, er habe einen wichtigen Bolzen über Bord fallen lassen, ohne den der Motor nicht funktioniere. Wir suchten eifrig im knietiefen Wasser danach, während Seans Vater das Boot festhielt, um es am Abtreiben zu hindern. Von Sean und mir unbemerkt, entfernte er sich immer weiter von uns, während wir ihm den Rücken zukehrten.

»Ein Krokodil!« brüllte er plötzlich mit panischer Stimme. »Kommt, schnell! Ins Boot!«

In blinder Hast versuchte ich, durch das Wasser zu laufen, das schwer an meinen Füßen zog, von Angst überwältigt und überzeugt davon, daß das Kroko sich schon zwischen uns und das Boot gedrängt hatte. Jeden Moment konnte es in einem schäumenden Chaos aus blutiger Gischt nach uns schnappen – und dann fiel ich hin, stolperte mit der Brust voran ins flache Wasser. Schon war ich wieder auf den Beinen, hustete und rannte mit hochgezogenen Knien weiter, wild mit den Armen rudernd und brüllend vor Entsetzen. Das Boot wollte und wollte nicht näher kommen. Dann stolperte Sean, und ich gewann einen Vorsprung. Wieder fiel ich hin und rappelte mich hoch – jetzt schrie ich laut und hörte auch Schreie von Sean. Als ich endlich das Boot erreicht hatte, war ich zu erschöpft, um über die hohe Seitenwand zu klettern. Seans Vater saß da und lachte, bis er begriff, daß dieser Scherz sein Ziel verfehlt hatte und wir ehrlich entsetzt waren.

Doch all das war schnell vergessen, wenn wir wieder unseren ständigen Kampf mit Sarah und Seans Schwester Nicola aufnahmen. Die Mädchen spielten gern ›Mutter und Kind‹ mit uns und schleppten uns dazu auf eine kleine Insel jenseits des Riffs hinaus, zu der man nur bei Ebbe hinüberlaufen konnte. Wenn die Flut kam, gab es von dort kein Entrinnen mehr. Wir hätten natürlich zum Riff hinüberschwimmen können, aber inzwischen hatten Sarah und Nicola uns schon nackt ausgezogen und unsere Turnschuhe mitgenommen. So konnten wir das Korallenriff nicht mehr überqueren, ohne uns die Füße zu zerschneiden.

Die Gelegenheit zur Rache kam unerwartet, als Sean und ich als Indianer verkleidet auf einer Mauer neben dem Haus entlangliefen. Plötzlich stieß mein Fuß einen Stein von der Mauer und legte ein Nest Skorpione frei. Sarah, ein ängstliches Cowgirl, das uns in wilder Jagd nachsetzte, trat barfuß in das Nest der kleinen schwarzen Tiere mit ihren gemeinen, gelbspitzigen Stacheln. Als sie schreiend von der niedrigen Mauer herunterfiel, stürzten wir uns auf sie und schleppten sie fort, um sie an den nächsten Baum zu binden. Unser triumphierender Kriegstanz war allerdings nur von kurzer Dauer, denn schon bald wurden wir von Nicola wieder vertrieben. Dennoch war dies ein seltener und um so süßerer Moment des Sieges.

2. KAPITEL

Geschwisterliebe

Sarah und ich gingen in Malaya auf die nahe gelegene Armeeschule. David, Jane und Johnny besuchten katholische Internate in England und Schottland. Als mein Vater 1968 nach Westdeutschland versetzt wurde, kamen wir alle auf Schulen nach Großbritannien. In den Ferien reisten wir immer nach Deutschland zurück. Meine Mutter gestand später ein, daß es ihr das Herz gebrochen habe, so von ihren Kindern getrennt zu sein. Vielleicht brach es auch das unsere, jedoch nie für lange Zeit. Wir waren als äußerst unabhängige Kinder herangewachsen, und wenn die Trennung zunächst einen großen Schmerz bedeutete, so fanden wir uns schnell damit ab.

Es ist mir nie eingefallen zu glauben, daß wir in irgendeiner Weise privilegiert waren. Auf Privatschulen weit weg von zu Hause zu gehen war einfach eine Frage der Zweckmäßigkeit. Jedesmal die Schule zu wechseln, wenn mein Vater versetzt wurde, hätte sehr viel Unruhe mit sich gebracht. Daher nutzten meine Eltern die großzügige finanzielle Unterstützung, welche die Armee für Reisekosten zur Verfügung stellte, und schickten uns Jungen erst auf die Vorbereitungsschule und dann auf die *Public School* des *Ampleforth College*. Sie konnten es sich kaum leisten, fünf Kindern eine so teure Erziehung zukommen zu lassen, aber irgendwie schafften sie es. In Deutschland zu leben hatte den Vorteil, daß wir uns preiswerte Skiferien in Österreich und Italien leisten konnten.

Das Licht war matt. Der weiße Spätnachmittagsschein einer tiefstehenden Wintersonne machte alle Erhebungen und Vertiefungen auf dem Skihang einander gleich. Ich sah einen schwachen Schatten, eine graue Schattierung, die sich von der Weiße abhob. Ein Sprung! Großartig! Unsicher kauerte ich mich zu einer halb sitzenden Position zusammen und richtete meine Ski direkt auf die schwache Linie zwischen Schatten und Schnee.

Die Überraschung war echt, als meine Ski geradewegs durch den kleinen Hang hindurchstießen und schmerzhaft gegen etwas Hartes krachten, das unter dem Pulverschnee verborgen lag. Ich wurde mit überkreuzten Ski nach vorn geschleudert, die sich höchst schmerzhaft nach links verdrehten, als ich von dem Hindernis unter dem Schnee abprallte. Mein linkes Knie riß es mit einem fürchterlichen, an allen Knorpeln zerrenden Gefühl herum, und dann löste sich mein Skistiefel aus der Bindung. Ich schrie bereits, ehe ich auf dem Boden landete. Mein Gesicht und meine Brille waren dicht mit festem Schnee bedeckt, und ich wandte mich blind dem Skihang zu und heulte vor Schmerz und vor Schreck.

Nichts passierte. Ich schrie lauter. Eine heiße, feurige Flüssigkeit schien mein Knie zu umspülen. Noch nie hatte ich solche Schmerzen gehabt. In den neun Jahren, die es mir bis jetzt gelungen war, am Leben zu bleiben, hatte ich mir den Kopf aufgeschlagen, mich verbrannt und mir die Fußsohlen an Korallen aufgeschürft. Ich hatte so manches Mal verdientermaßen Prügel bezogen (und dann und wann anstelle von Sarah) und war von meiner lieben Schwester auf die verschiedenste Art körperlich und seelisch gequält worden. Doch all diese Mühen zusammengenommen konnten nicht das ausmachen, was ich jetzt meinen Oberschenkel hinauflodern fühlte.

Als ein paar Schneeklumpen von meiner Brille abfielen, entdeckte ich in der Ferne Johnny und Sarah, die auf mich zuliefen. Ich heulte lauter und versuchte, mit dem Arm zu winken. Sie machten kehrt und glitten bergab auf den Schlepplift zu. Verzweifelt suchte ich die Hänge nach einem Zeichen von David ab. Nasse Schneeklumpen fielen von meinen Wangen herab, winzige Lawinen, ausgelöst durch eine Flut heißer Tränen.

»Joe. Bist du in Ordnung?«

Ich drehte mich um und sah David knapp unter mir stehen. Parallele Skiabdrücke hinter ihm zeigten an, wo er im Seitschritt zu mir heraufgekommen war.

»Nein! Mein Bein ist verletzt«, stieß ich unter Schluchzen hervor.

Er beugte sich zu mir herunter und löste mein rechtes Bein aus der Bindung. Dann brachte er mich in eine weniger verdrehte Position. Ich heulte auf, als er versuchte, auch mein linkes Bein zu bewegen.

»Komm schon, versuch aufzustehen«, sagte er, zog mich an den Armen in die Höhe und stellte mich auf die Füße. Sobald ich das Gewicht auf mein linkes Bein verlagerte, fuhr ein gemeiner Schmerz durch das Knie, und ich schrie auf.

»Ich kann nicht stehen, David«, jammerte ich. »Es ist gebrochen. Ich weiß, daß es gebrochen ist.«

»Red keinen Unsinn.« Er sprach in dem herablassenden und abweisenden Tonfall, den all meine Brüder und Schwestern gebrauchten, wenn sie mit ihrem jüngsten Bruder redeten. »Du versuchst es ja gar nicht. Sei kein Baby.«

»Bin ich nicht«, wimmerte ich, brach in Tränen aus und widersprach mir damit selbst.

»Und hör auf zu heulen«, fuhr David mich gereizt an. Er blickte hinter mir den Hang hinauf, entdeckte Johnny und Sarah, die in weiten Schwüngen vom oberen Ende des Lifts herunterkamen, und rief laut, um ihre Aufmerksamkeit zu erregen.

»Was ist los?« fragte Johnny, als er unterhalb der Stelle zum Stehen kam, wo ich schluchzend wieder in den Schnee gefallen war.

Ein sausendes Geräusch war zu hören, als Sarah plötzlich über mir anhielt und mich mit voller Absicht mit einem eisigen Schneeschauer besprühte.

»Was ist das?« fragte sie und zeigte auf einen Haufen Ziegelsteine. Ich blickte meine Geschwister dümmlich an. Der Haufen hatte ungefähr die Größe und Form eines kleinen Schornsteins. Die eine Seite lag unter einer glatten Schneefläche verborgen, die andere hatte ich freigefegt, als ich in die versteckten Ziegel hineingekracht war.

»Ich habe versucht, darüberzuspringen«, sagte ich, als ich den Ausdruck tiefster Verachtung auf ihren Gesichtern wahrnahm.

Als sie anfingen, ihre Geringschätzung meiner Person im Chor in Worte zu fassen und sich in der üblichen bombastischen Simpson-Art über mich lächerlich zu machen, fing ich wieder an zu weinen, was die ganze Sache nur verschlimmerte.

Einen Moment lang herrschte völlige Verwirrung. Sie waren sich nicht sicher, ob ich tatsächlich verletzt war oder nur unnötige Umstände machte. Ein leichtes versuchsweises Zupfen an meinem Bein, begleitet von meinem jämmerlichen Geschrei, brachte sie fast dazu, mir Glauben zu schenken. Auf Sarahs Gesicht machte sich ein zufriedenes Grinsen breit.

»Wir holen am besten den Krankenwagen«, schlug Johnny vor. Die allgemeine Stimmung besserte sich schlagartig. Das bedeutete, daß sie mich unbesorgt hier zurücklassen konnten. Die Rettungsmannschaft würde mit der Schlittentrage heraufkommen, während sie die letzten Abfahrten des ersten Ferientages genießen könnten.

»Dazu ist es zu spät«, sagte David. »Und überhaupt würde das ein Vermögen kosten.«

Sarah funkelte mich wütend an. »Was machen wir dann?«

»Ich werde ihn tragen, und ihr beide könnt seine Ski und die Stöcke mit nach unten nehmen. Wir können direkt bis zum Hotel laufen.«

Ängstlich blickte ich David an. Er war der Älteste, acht Jahre älter als ich, und naturgemäß der Anführer der Familie. Ich vertraute ihm rückhaltlos, aber nur, weil ich noch nicht erlebt hatte, in welche Schwierigkeiten er uns alle später noch bringen sollte. Er hob mich mit Leichtigkeit aus dem Schnee auf und legte mich über seine Schulter. Johnny schulterte meine Ski, und Sarah stieß sich ab, Davids und meine Stöcke fest im Griff.

»Sei vorsichtig, David. Bitte fall nicht hin«, jammerte ich, als er sich auf den Weg hangabwärts machte, wie ein Schneepflug geradewegs über die verborgenen Unebenheiten und Furchen hinweggleitend. Bei jeder plötzlichen Richtungsänderung wurde mein Bein schmerzhaft durchgerüttelt.

Bis wir das Hotel endlich erreicht hatten, war der Schmerz zu einem dumpfen Brennen geworden, und ich stellte fest, daß ich mein Bein mit einem Bruchteil meines Gewichts belasten konnte. Das hatte ein allgemeines Geschimpfe zur Folge, ich sei ein Jammerlappen und würde nur die Zeit der anderen verschwenden. Mit knapper Not gelang es mir, zum Abendessen in den gemütlichen Speisesaal hinunterzuhumpeln, trotz Kodeintablette und Rotwein, was allgemein als beste Behandlungsmethode angesehen worden war. Der Haupteffekt dieser Kur bestand darin, mich so müde zu machen, daß ich nicht in der Lage war, das leckere Mahl, das uns vorgesetzt wurde, aufzuessen. Ich humpelte unter Schmerzen ins Bett und ließ den heiseren Krach meiner berauschten Familie beim zwangsläufig heiß umkämpften Pokerspiel zurück.

Am nächsten Morgen war das Knie stark angeschwollen, und die einzelnen Familienmitglieder brachten geraume Zeit damit zu, sich als fachkundige Ärzte und Physiotherapeuten zu erproben. Alles, was ich zu sagen hatte, wurde ignoriert und ›Wasser im Knie‹ als einzig mögliche Diagnose verkündet, ehe meine Lieben verschwanden, um auf den sonnigen Pisten über dem osttirolischen Dorf Prägraten einen angenehmen Tag zu verbringen. Ich blieb derweil im Hotel, stupste an meinem beuligen Knie herum und versuchte von Zeit zu Zeit, mein Gewicht darauf zu verlagern.

An jenem Abend kam im Speisesaal ein Österreicher, der meine Beschwerden bemerkt hatte, an unseren Tisch und fragte, ob er das Knie in Augenschein nehmen dürfe. Er war Krankengymnast und auf Sportverletzungen spezialisiert, ein Umstand, für den ich dankbar war. Ich hatte es satt, mich von den Simpson-Experten untersuchen zu lassen. Stark gezerrte Bänder war seine Diagnose, und am nächsten Morgen wurde ich in die Klinik gebracht und vom Oberschenkel bis zum kleinen Zeh mit einem Gips ausgestattet. Das hatte den doppelten Vorteil, daß es den Schmerzen ein Ende bereitete, während es mir gleichzeitig erlaubte, mich im Mitgefühl der Familie und der Hotelangestellten zu aalen.

Als die Ferien vorbei waren, wurde ich im R.-A.-F.-Krankenhaus von Wildenreuth noch einmal untersucht. Ganz in der Nähe war mein Vater in Deutschland stationiert. Dort mußte das Knie operiert werden, um die Bänder wieder korrekt einzurichten. Neun Monate später begann ich mit krankengymnastischen Bewegungsübungen für das verkümmerte Bein. Dies waren mein erster Sturz in den Bergen und meine erste Bergrettung, meine erste Krankenhausoperation und meine erste Begegnung mit der schmerzhaften, aber heilenden Arbeit der Physiotherapeuten – eine Abfolge von Ereignissen, mit der ich nur allzu vertraut werden sollte.

In Malaya hatte Sarah mich sicher unter ihrer Fuchtel gehabt. Doch seit meinem zehnten Geburtstag begann ich immer mehr, den beherrschenden Druck, den sie auf mich ausübte, übelzunehmen. Bedauerlicherweise war ich weder stark genug noch mutig oder sadistisch genug, mich aus dieser Zwangslage zu befreien. Sarah war mit einem Altersvorsprung von achtzehn Monaten meine nächstältere Schwester. Als sie erwachsen wurde, begann sie, sich von mir zu entfernen und sich zunehmend mit ihrem älteren Bruder Johnny zu identifizieren. Ich glitt immer mehr in ein hoffnungsloses Vakuum hinein und war ständig dazu gezwungen, gegen den Makel anzukämpfen, der Jüngste, das Baby, die Nervensäge zu sein. Je beharrlicher ich jedoch bei meinen Versuchen, für mich selbst einzutreten, wurde, desto mehr Hohn und Spott schien ich zu ernten. Schließlich kam es zu Faustkämpfen mit meinen Brüdern, ehe es mir ansatzweise gelang, eine gewisse Unabhängigkeit zu erringen.

Das hatte nichts mit absichtlicher Boshaftigkeit zu tun. Wir waren eine lautstarke, streitlustige Familie, in der keiner die Auseinandersetzung scheute. Ein Außenstehender mochte den Eindruck gewinnen, daß wir unversöhnlich entzweit und durch eine tiefe Kluft voneinander getrennt waren. Nur zu leicht ließ sich die Liebe übersehen, die uns immer miteinander verband. Noch heute mögen die explosiven Gefühlsausbrüche, die unsere Familientreffen begleiten, auf einen Fremden irritierend wirken.

Als ich zehn Jahre alt war, verbrachte ich meine Schulferien in Deutschland größtenteils in Sarahs Gesellschaft. Widerstrebend ließ ich mich in ihre Pläne hineinziehen – immer schien ich derjenige zu sein, der die Schuld hatte, wenn etwas schiefging und wir bestraft wurden. Sarah hatte eine ausgesprochen irreführende und schmeichlerische Art. Ihren ersten Annäherungsversuchen widerstand ich jedesmal entschlossen, doch nach und nach untergrub sie meine Einwände, bis sie mich überredet hatte, daß ihr Plan das großartigste Abenteuer überhaupt zu werden versprach.

In der Nähe unseres Hauses gab es einen kleinen deutschen Zeitungsladen, der auch Süßigkeiten verkaufte. Schon seit einiger Zeit holten wir uns dort regelmäßig Eiskrem und ließen die Rechnung auf den Namen meiner Mutter anschreiben. Erst als Ma herausfand, was wir trieben, und dem Ladenbesitzer untersagte, uns zu bedienen, kam alles heraus. Sarahs laute Gegenbeschuldigungen klingen mir noch heute in den Ohren. Aus ihrer Sicht war es meine Schuld, daß Ma nicht tatsächlich in dem Laden anschreiben ließ. Selbst ein Idiot hätte wissen müssen, daß man uns früher oder später auf die Schliche kommen würde. Ich versuchte zu protestieren und wandte ein, daß ich Sarah darauf hingewiesen hatte, als sie ihren Plan zum erstenmal erläuterte, aber ein scharfer Schlag auf die Wange stopfte mir schnell den Mund.

Dieser Zugang zu kostenlosen Süßigkeiten war uns nun versperrt. Sarah entschied daher, wir hätten keine andere Wahl, als uns dem Verbrechen zuzuwenden. Ich schlug vor, daß wir vielleicht Ma und Da um mehr Taschengeld bitten könnten. Die Antwort war ein derartiger Blick voll tiefster Verachtung, daß ich mir auf die Lippe biß und lieber den Mund hielt.

Der Plan, so erläuterte sie, bestand darin, Gummistiefel zu tragen und die Jeans oben hineinzustecken, wenn wir in den Laden gingen. Waren wir erst einmal drinnen, wäre es ganz einfach, die langen Kaugummistreifen in die Hosen zu stecken, wo sie abwärts gleiten und von den Stiefeln aufgefangen werden würden. An einem glühendheißen Sommertag beschloß sie, ihren Plan in die Tat umzusetzen. Seit Wochen hatte es nicht geregnet.

»Meinst du nicht, es wird etwas seltsam aussehen, wenn wir die Dinger anhaben?« fragte ich, als ich Sarah zusah, wie sie ihre übergroßen Gummistiefel anzog. Drohend blickte sie mich an, und ich zog unterwürfig meine Turnschuhe aus und griff nach den Stiefeln. Als wir uns dem Laden näherten, spürte ich ein seltsames Gefühl in der Magengegend.

»Das gefällt mir nicht, Sal«, jammerte ich wehleidig. »Sie werden uns erwischen und uns ins Gefängnis stecken. Und Da wird uns übers Knie legen.«

»Bestimmt nicht«, war ihre hochnäsige Antwort. »Komm schon, reiß dich zusammen.« Mit einem selbstsicheren Tritt ihrer Gummistiefel schob sie die Glastür auf. In dem Moment bemerkte ich, daß sie vergessen hatte, die Jeans oben in die Stiefel zu stecken.

»Sal, Sal ...«, hielt ich sie drängend am Arm fest.

»Mach schon, sei kein Feigling«, zischte sie, fest entschlossen, meinen verzweifelten Rückzugsversuch im Keim zu ersticken.

»Nein, Sal, du hast ...«

»Halt den Mund!« Sie entzog mir ihren Arm. »Wir fallen auf.« Und damit steuerte sie zielsicher auf den Ständer mit den Süßigkeiten zu.

Ich starrte unverwandt auf die Verkäuferin, die mir den Rücken zukehrte, während sie einen Kunden bediente. Sie konnte nicht sehen, wie Sarah ganze Handvoll Kaugummi in ihren Hosenbund schob. Meine liebe Schwester warf mir einen stählernen Blick zu und formte mit den Lippen lautlos die Worte ›mach schon‹, als sie sich wie beiläufig vom Süßigkeitenregal wegbewegte und im Vorübergehen ein nonchalantes Interesse an irgendwelchen Zeitschriften ganz in der Nähe vortäuschte. Hinter ihrem Rücken winkte sie mir dringlich mit der Hand.

Mir blieb keine andere Wahl. Sie würden uns erwischen und verhaften, aber ich hatte Angst vor Sarah – soviel Angst, daß ich mich mit einem Gefühl der Resignation und der Hoffnungslosigkeit dem Süßigkeitenregal näherte und begann, eine Handvoll Kaugummi nach der anderen zu nehmen und in meine Hose zu schieben. So stellte ich mir die Lage eines Verurteilten vor, der, an Händen und Füßen gebunden, auf den elektrischen Stuhl geführt wird. Eine stumpfe, müde Passivität erfüllte mich. Über meinem Kopf schien ein riesiges Schild zu hängen, auf dem das eine Wort DIEB für alle sichtbar immer wieder aufleuchtete. Meine Ohren waren ganz heiß, und mein Rücken kribbelte unter den geringschätzigen Blicken der entrüsteten Kunden. Ein typisch katholisches Schuldgefühl und Erinnerungen an meine Erstkommunion und all die Versprechen, die ich abgegeben hatte, während ich den Katechismus studierte, widerhallten in meinem Kopf. Fast rechnete ich damit, daß die immense Gewalt des Allmächtigen mich auf der Stelle vernichten würde, so daß im Laden nur ein verschmortes Paar Gummistiefel zurückblieben. Und Sarah würde vergeben werden. Das war immer so. Ich hegte den Verdacht, daß sogar Gott sich vor ihr fürchtete. An seiner Stelle hätte ich es getan.

Ich blickte auf und sah Sarah heftig mit dem Kopf in Richtung Tür nicken. Zu meiner Überraschung hatte niemand von mir Notiz genommen. Eilig wandte ich mich um und wackelte bei dem Versuch, das Kaugummi die Hosenbeine hinunterzubefördern, mit den Hüften. Sarah überholte mich und ging auf die Tür zu. Zwei Schritte ehe wir uns in Sicherheit befanden, sah ich einen Streifen Kaugummi unten aus ihrer Jeans herausfallen. Das Herz rutschte mir in die Hose. Beim nächsten Schritt flog noch ein Streifen Kaugummi mit der schwungvollen Bewegung ihres Beins nach vorn und traf die Glastür. Eine Sekunde lang blieb sie wie erstarrt stehen. Ich nutzte die Zeit, um an ihr vorbeizugreifen, die Tür zu öffnen und hinaus ins Sonnenlicht zu eilen. Hinter mir hörte ich einen Ausruf, einen scharfen deutschen Befehl, der mich schaudern ließ. Ich wandte mich um und sah, daß die Tür sich geschlossen hatte. Niemand kam hinter mir her. Ich hatte es geschafft. Von Sarah war nichts zu sehen. Ich begann, aufgeregt zu lachen. Sie haben sie erwischt. Das ist es. Jetzt sitzt sie in der Patsche.

Ich hockte mich auf eine niedrige Betonmauer und kaute mein Kaugummi, während ich darauf wartete, daß sie Sarah ohne viel Federlesens aus dem Laden hervorzerren und der angsteinflößenden, pistolentragenden deutschen Polizei übergeben würden. Es entstand eine lange Pause, die lediglich von einigen gedämpften, ärgerlichen Ausrufen aus dem Laden unterbrochen wurde, dann tat sich langsam die Tür auf. Sarah trat heraus und blinzelte ins Sonnenlicht. Sie blickte sich um, bis sie mich auf der Mauer entdeckt hatte. Dann hob sie den Arm und zeigte in meine Richtung. Die Verkäuferin erschien auf der Türschwelle.

»Das ist er«, hörte ich Sarah sagen. Ich hielt im Kauen inne. Die Verkäuferin umklammerte eine Handvoll Kaugummi. Eine Kundin blickte uns mit einer Mischung aus Neugier und Geringschätzung an. Ich konnte es einfach nicht glauben. Sarah hatte mich verraten. Meine eigene Schwester!

Eilig wurden wir wieder in den Laden zurückverfrachtet. Mir wurden barsch die Stiefel von den Füßen gezogen, während die Verkäuferin mich in einer Mischung aus Englisch und Deutsch ausschimpfte. Sarah stand daneben, als ginge sie das Ganze gar nichts an. Sie grinste zu mir herüber.

»Warum hast du mich verraten?« fragte ich, als wir nach Hause trotteten, ernstzunehmenden Schwierigkeiten entgegen.

»Sie haben mich erwischt.«

»Und?«

»Nun, wir haben es schließlich zusammen gemacht, oder etwa nicht?« entgegnete sie unbekümmert. »Einer für alle und alle für einen.«

»Aber jetzt stecken wir beide in Schwierigkeiten. Und wir haben gar kein Kaugummi.«

»Du möchtest doch nicht, daß ich das ganz allein ausbade, oder?«

Ich starrte sie mit offenem Mund an. »Warum nicht? Ich wollte doch sowieso nicht mitmachen.«

»Du hast aber mitgemacht. Also bitte. Wenn sie mich schon erwischt haben, dachte ich, könnten sie dich ebensogut erwischen. So liegen die Dinge, in Ordnung?«

Ich sagte nichts. Ich wußte, in der Auseinandersetzung mit Ma und Da würde sie mich weiter verraten, bis alles meine Idee gewesen war, und die wunderbare, unschuldige kleine Schwester hätte wieder gewonnen.

Die Schelte, die wir von unseren Eltern bekamen, führte dazu, daß uns vorübergehend das Taschengeld gestrichen wurde. Sarah benahm sich mehrere Wochen lang engelsgleich, um wieder etwas zu bekommen, doch sie hatte damit keinen Erfolg. Ich versuchte, mich klein und unauffällig zu machen und Sarah den Rest der Ferien über aus dem Weg zu gehen.

Nach vierzehn Tagen fing sie mich ab, fixierte mich mit einem lähmenden Blick und lächelte dann entwaffnend. Ich kannte die Anzeichen und wußte, es würde Unannehmlichkeiten geben.

»Laß uns ins Kino gehen«, sagte sie mit verlockender Beiläufigkeit.

»Was gibt's denn?« fragte ich.

»Patton – Rebell in Uniform.«

»Das ist ein Kriegsfilm, nicht wahr?«

»Jip. Komm schon, die Vormittagsvorstellung fängt gleich an.«

»Gut ... eh, warte mal, Sal. Wir haben aber kein Geld.«

»Na und?« warf sie mir über die Schulter zu und hatte sich auch schon umgewandt, um in Richtung Hauptstraße zu gehen.

»Wir können nicht ins Kino gehen«, rief ich, während ich hinter ihr herlief.

»Natürlich können wir.«

»Wie? O nein! Nein, wir machen das nicht schon wieder.«

»Sei kein Jammerlappen, und mach schon, beweg dich«, kommandierte sie.

»Aber sie werden uns erwischen. Ich weiß, daß sie uns erwischen.« Ich lief hinter ihr her.

Beim letztenmal hatten wir uns ins Kino geschlichen, als die Kasse schon geschlossen war und die Platzanweiserin sich gesetzt hatte. Blind waren wir in die plötzliche Dunkelheit hineingestolpert und hatten versucht, freie Sitzplätze zu finden. Die Platzanweiserin hatte ihre rote Taschenlampe eingeschaltet und war auf den Platz zugegangen, wo ich mich neben Sarah möglichst klein machte. Der Lichtstrahl muß einen Moment lang mein schuldbewußtes weißes Gesicht beleuchtet haben, ehe er zu Sarah hinüberglitt, die sich unerschütterlich auf den Film konzentrierte. Sie drehte den Kopf und warf der Platzanweiserin den vertrauten hochnäsigen Blick zu, in dem genau das richtige Maß an Verärgerung darüber lag, daß sie gestört wurde. Das Licht wanderte zu mir zurück, und ich lächelte schwach, versuchte es mit der engelsgleichen Unschuldsmiene eines Zehnjährigen. Es funktionierte. Leider war für mich der Rest des Films eine einzige nervtötende, schauderhafte Anspannung. Ich lebte in der ständigen Erwartung, daß die Platzanweiserin zurückkommen und mich vor allen Leuten ausschimpfen würde. Vor Scham wäre ich im Boden versunken.

Wir trödelten vor dem Kino in der Nähe der gläsernen Schwingtüren herum. Von Zeit zu Zeit warf Sarah einen Blick auf die Kasse und beurteilte mit geübtem Auge die Lage. Ich stand herum, kaute auf den Fingernägeln und hoffte, Sarah möge es sich anders überlegen. Ich haßte das angespannte, mulmige Gefühl, mit dem meine Angst von Minute zu Minute wuchs. Meine gesamte Existenz schien sich in einem brennenden, leeren Gefühl im Magen zu konzentrieren.

Bis Sarah mich schließlich am Arm ergriff und mich durch die Türen schob, war ich buchstäblich stocksteif vor Angst. Sie zerrte mich auf den linken Eingang zum Zuschauerraum zu. Ich warf ihr einen letzten flehenden Blick zu, ehe sie die Tür einen Spaltbreit aufdrückte und mich hineinbugsierte.

Schwarze Dunkelheit hüllte mich ein. Meine Augen konnten sich der plötzlichen Veränderung nicht so schnell anpassen. Ich fand mich auf den Knien wieder und begann vorwärts zu kriechen, während ich an den Sitzreihen entlangblinzelte, in der Hoffnung, schnell einen freien Platz zu finden. Jeden Moment rechnete ich damit, inmitten der Chipstüten und Coca-Cola-Dosen vom Licht der Taschenlampe erfaßt zu werden. Auf einmal schlug ich mit der Stirn schmerzhaft gegen die Metallstrebe eines Stuhlbeins und stieß vor Überraschung einen Schmerzensschrei aus. Ich streckte die Hand aus und spürte, daß der Sitz hochgeklappt war. Er war frei! Hastig kletterte ich hinein und versuchte, mich so klein wie möglich zusammenzukauern. Hinter mir hatte ich irgendwo Sarah gehört, doch als ich mich umblickte, war sie nicht zu sehen.

Ich spürte eine Hand an meinem Bein, trat kräftig zu und hörte, wie sie sich eilig zurückzog. Plötzlich brach hinter mir ein Tumult los. Eine tiefe männliche Stimme fragte barsch, was eigentlich los sei. Die Taschenlampe leuchtete auf und tastete sich suchend durchs Kino nach hinten. Ich riskierte einen Blick zurück und sah, wie die Tür geöffnet wurde und ein heller Lichtschein hereinflutete. Im Türrahmen stand ein großer Mann im Anzug, der Sarah mit festem Griff hinausschob.

Die Tür schloß sich wieder, und alles war dunkel. General Patton erschien auf der Leinwand. Sein charakteristischer schwarzer, glänzender Helm war mit vier goldenen Sternen besetzt. Das versprach ein guter Film zu werden.

Fünf Minuten später ging die Tür erneut auf.

»Joe. Du mußt rauskommen.« Sarahs Stimme ließ mich einmal mehr vor Schreck zusammenfahren. Ich rutschte so tief wie möglich in meinen Sitz. Sie wußte ja nicht, auf welchem Platz ich saß.

»Komm schon, Joe.« Ein paar Leute begannen zu murren. Sie drehten schwerfällig die Köpfe, um zu sehen, was los war. Ich konzentrierte mich darauf, ganz klein zu werden.

Die Taschenlampe ging an und begann, mit ihrem durchdringenden weißen Strahl die Sitzplätze am Gang abzusuchen. Mein Kopf rutschte unter die Rückenlehne hinab. Ich konnte mir gut vorstellen, wie sich Bomberbesatzungen im Krieg fühlen mußten, wenn die Suchscheinwerfer am schwarzen Nachthimmel nach ihnen tasteten.

»Da ist er.«

Der triumphierende Tonfall in Sarahs Stimme ließ mich wild aufblicken. Was machte sie bloß? Ich fragte mich, ob ich schnell unter den Sitzen hindurchkriechen und einen neuen Platz finden konnte. Doch als ich mich von dem weichen Sitzpolster hinunterrutschen ließ, wurde ich vom Licht geblendet, und eine knochige Hand packte mich schmerzhaft am Ohr. Ich wurde ins Foyer verfrachtet, wo ich vor Scham errötete.

Erneutes Schelten bedeutete, daß wir für den Rest der Ferienzeit kein Taschengeld mehr bekamen. Sarah besaß immerhin Anstand genug, betroffen auszusehen, weil sie mich wieder verraten hatte. Ich war wütend und zur Rache entschlossen. Leider machte mich meine Wut – auch wenn sie mich vorübergehend die Angst vor Sarah vergessen ließ – um kein bißchen stärker. Es sollte noch Jahre dauern, bis ich größer und kräftiger war als sie. Daher wartete ich auf eine günstige Gelegenheit, die sich schnell einmal ausnutzen ließ.

Sie bot sich unerwartet eines Abends, als unsere Eltern zum Bridgespielen ausgegangen waren. Ich saß im Wohnzimmer und wollte beim Schein einer kleinen Tischlampe lesen, die ich zu diesem Zweck näher heranzog. Dabei schaffte ich es, mir an der heißen Glühbirne die Finger zu verbrennen. Während ich kaltes Wasser über die verbrannten Fingerspitzen laufen ließ, nahm ein feiger und hinterhältiger Plan in meinem Kopf Gestalt an. Zuerst lehnte ich ihn als zu gemein ab, doch dann erinnerte ich mich an den doppelten Verrat.

»Sarah«, rief ich die Treppe hinauf.

»Was?«

»Kannst du mal nach unten kommen und dir diese Lampe ansehen? Sie flackert immerzu.«

»Weißt du nicht, wo die Reservebirnen sind?«

»Nein«, entgegnete ich. »Es ist nicht die Birne.«

»In Ordnung, ich komme.«

Ich hörte sie den Flur entlanggehen und verschwand wieder ins Wohnzimmer. Mein Herz schlug heftig in Erwartung der Auseinandersetzung, die kommen mußte.

Genau in dem Moment, als sich die Tür öffnete und Sarah mit einem ärgerlichen Gesichtsausdruck hereinkam, schaltete ich die Lampe aus.

»Was ist denn?« fragte sie mürrisch.

»Weiß nicht. Gerade ist sie wieder ausgegangen.«

Als sie zur Lampe hinüberging, stahl ich mich von hinten um sie herum und wartete auf meine Chance.

»Es ist nur die Glühbirne«, sagte sie.

»Ich glaube, sie ist lose. Kannst du nicht sehen, ob sie schief steht?«

Sie beugte sich über den Lampenschirm und blinzelte argwöhnisch auf die Fassung hinunter. Blitzschnell langte ich nach vorn und drückte ihren Hinterkopf nach unten. Völlig überrascht nickte ihr Kopf vor, und ich sah ihre Nase im Lampenschirm verschwinden. Bestimmt war ein leises Zischen zu hören, als sie gegen das heiße Glas der Glühbirne gepreßt wurde, doch praktisch gleichzeitig vernahm ich auch einen Schmerzensschrei, und Sarahs Kopf befreite sich ruckartig aus meinem Griff. Jetzt war es an der Zeit, Plan zwei in Aktion treten zu lassen. Ich sprang zurück, drehte mich um und rannte aus dem Zimmer, nahm auf der Treppe drei Stufen auf einmal und knallte meine Zimmertür zu. Mit angehaltenem Atem drehte ich den Schlüssel um. Von unten war lautes Heulen zu hören und das Geräusch laufenden Wassers aus der Küche. Ich lutschte an meinen verbrannten Fingerkuppen und bemühte mich, nicht laut loszukichern. Das Weinen dauerte noch einige Zeit an, bis es mich schließlich beunruhigte. Gar so schlimm hatte meine Rache nicht ausfallen sollen. Schuldgefühle begannen sich zu melden, und auch die Angst vor der Reaktion meiner Eltern, wenn sie später nach Hause kämen. Was ich getan hatte, war nicht gerade nett gewesen; jetzt erschien es mir gemein und feige.

Langsam bewegte ich den Schlüssel im Schloß und versuchte, dabei jedes Geräusch zu vermeiden. Als ich am Türknauf drehte, gab es ein Klicken, und ich erstarrte, den Fuß vor der Tür. Nichts. Ich riskierte einen Blick durch den Türspalt. Die Luft war rein. Vorsichtig schlich ich mich ans obere Ende der Treppe und lauschte.

»Sarah«, flüsterte ich verstohlen. »Sarah, alles in Ordnung? Ich wollte dir nicht weh tun. Sarah ... es tut mir leid. Es tut mir wirklich leid. Wirst du es Ma und Da erzählen?« Stille. Wo war sie?

»Sarah, es war ein Unfall. Meine Hand ist ausgerutscht ...«

Ein spitzer Schrei, bei dem mir das Blut in den Adern stockte, ließ mich eine Sekunde lang vor Schreck erstarren. Dann sah ich Sarah von links auf mich zugeschossen kommen. Ich hatte nicht gehört, wie sie leise nach oben in ihr Zimmer geschlichen war, um dort abzuwarten. Als sie meine Stimme hörte, war sie heimlich herausgekommen und hatte mich so plötzlich angegriffen, daß sie mich von der sicheren Zuflucht meines Zimmers abschnitt.

Ihre erste Attacke warf mich aus dem Gleichgewicht. Sie rannte gegen mich an und versuchte, mich die Treppe hinunterzustoßen. Ihre Angriffe waren von ungestümer Wildheit, sie kratzte tückisch nach meinem Gesicht und riß mir ein Büschel Haare aus. Wie immer wehrte ich mich wie eine Ratte, die in die Enge getrieben wird. Mit Präzision und Erfahrung rammte sie mir ihr Knie in die Leistengegend. Ich krümmte mich zusammen und stöhnte auf vor Schmerz, als eine kalte, eisige Flut meinen Bauch durchströmte. Sie packte mich an den Haaren und riß meinen Kopf zurück. Ich versuchte, Widerstand zu leisten, aber durch ihren Tiefschlag war sie im Vorteil. Sie kniete auf meinem Rücken und hielt meinen linken Arm in einem Halbnelson fest. Mein rechter Arm lag unter meinem Körper eingeklemmt, und mein Kopf schlug gegen das Treppengeländer. Ich beschloß, daß es an der Zeit war, loszuweinen. Meine Brille zerbrach und fiel die Treppe hinunter. Über mir war ein Triumphschrei zu hören, als Sarah begriff, daß ich so gut wie blind war. Als sie meinen Kopf erneut schmerzhaft gegen das Holz fallen ließ, war eine wütende Stimme zu vernehmen.

»Sarah! Hör sofort auf damit.«

Sie drückte meinen Kopf fest gegen das Geländer, und ich ließ meinen eindrucksvollsten Heulton hören.

»Sarah, Schluß damit!«

Als die hysterischen Anschuldigungen und wortreichen Gegenbeteuerungen schließlich vor meinem Vater ausgetragen waren, wurden wir beide in unsere Zimmer geschickt. Ich war begeistert. Mein Kopf tat etwas weh, und die Kratzer brannten, aber das war bei der Erinnerung an Sarahs blasenbedeckte Nase schnell vergessen. Hätte sie mich nicht angegriffen, hätte ich es mit dem ungeminderten Zorn meines Vaters zu tun bekommen. Wie die Dinge lagen, war sie dabei überrascht worden, wie sie versucht hatte, meinen Kopf zwischen den Stäben des Geländers hindurchzudrücken, und trotz ihrer tränenreichen Klagen, daß ich derjenige sei, der angefangen hätte, wurde sie aufs schärfste zurechtgewiesen.

Die Blasen verheilten schnell, doch Sarahs Nase blieb noch monatelang leuchtend rot. Den Rest der langen Sommerferien hindurch hielt ich sichere Distanz zu ihr und rätselte vor mich hin, wie ihre Reaktion wohl ausfallen mochte. In den letzten Ferienwochen schienen sich die Beziehungen etwas zu verbessern. Sie wurde gesprächig und freundlich, aber ich wollte mich nicht so leicht vereinnahmen lassen.

Auf dem nahe gelegenen Sportplatz hatten wir ein neues Spiel entdeckt. Zwischen den Torpfosten auf dem Fußballfeld wurden am Wochenende Netze gespannt, und wenn die Spieler nach Hause gegangen waren, liefen wir dorthin und sprangen so hoch wie möglich in die durchhängenden Netze hinein. Sie fielen in einem Winkel von dreißig Grad locker zu Boden, gehalten von einem dünnen Draht, der oben die rückwärtigen, rechtwinkligen Verstrebungen verband, wodurch sich die vertraute Form eines Kuchenstücks mit abgeschnittener Spitze ergab. Die Netze waren gerade eben fest genug gespannt, um unseren Fall abzufangen und uns gefahrlos zu Boden gleiten zu lassen. Ich warf mich, so hoch ich konnte, hinein, die Arme nach oben gestreckt und die Finger gespreizt.

Doch ich kam nicht wieder herunter. In meiner linken Hand spürte ich einen unerträglichen, schneidenden Schmerz. Als ich nach oben blickte, stellte ich fest, daß ich an meinem Daumen hing, der zwischen dem dünnen Draht und dem Nylongeflecht des Netzes eingezwängt war. Ich hatte das Gefühl, mein Daumen würde jeden Moment abgetrennt. Sosehr ich es auch versuchte, konnte ich mit den Füßen keinen Halt im Netz finden, um wenigstens einen Teil meines Gewichts zu verlagern. Als Sarah versuchte, im Netz nach oben zu klettern, zog es sich noch fester um das erste Glied meines Daumens zusammen, und ich begann vor Schmerz und Verzweiflung zu schreien.

»Hol mich hier runter. Bitte hol mich hier runter.«

Ich sah, wie Sarah auf ihre rote Nase zeigte, grinste und wegging.

»Sarah, du kannst mich doch hier nicht hängen lassen. Sarah, hol Hilfe.«

Sie blickte sich kein einziges Mal um. Zehn Minuten später hörte ein Mann meine Schreie und hob mich hoch und dann herunter. Auf dem Heimweg massierte ich einen violetten Daumen.

Es dauerte kein Jahr, und Sarah hatte den plötzlichen Übergang ins Jugendalter hinter sich gebracht. Ich blieb in der einsamen Welt des jüngsten Kindes zurück. Sie ließ sich nicht länger dazu herab, mit mir zu spielen. Damals begriff ich, wie gut unsere gemeinsame Kindheit eigentlich gewesen war. Seit Sarah begann, sich von mir zu entfernen, war ich allein. Ich hätte mit Freuden die Gelegenheit ergriffen, mich in einen von ihren verrückten Plänen einweihen zu lassen; selbst eine handfeste Rangelei hätte mir in Erinnerung an alte Zeiten das Herz höher schlagen lassen, aber all das sollte nicht mehr sein. Unsere Kindheit war vorüber. Zumindest war die unschuldige, scheinbar angstfreie Zeit der Kindheit vorbei. Sie wurde von etwas abgelöst, das sehr viel verwirrender war und das ich mir nie wirklich zu eigen machen konnte: Jetzt galt es, erwachsen zu werden.

3. KAPITEL

Internationale Großmütter

Solange meine Brüder aufs College gingen, reiste ich in ihrer Begleitung von Yorkshire nach Deutschland. Danach fuhr ich allein. Meine Lehrer setzten mich in York in den Zug zum King's-Cross-Bahnhof in London, und dort wurde ich von einer ›Internationalen Großmutter‹ abgeholt. Sie kümmerte sich um mich, bis es an der Zeit war, den Bus zum Flughafen von Luton oder Gatwick zu nehmen. Diese ›Großmütter‹ waren bei einer Agentur angestellt, die es sich zur Aufgabe gemacht hatte, durch London reisende Minderjährige zu betreuen.

Nur zu bald entschied ich mich dafür, es für ausgesprochen lästig zu halten, daß ich von einer solchen alten Dame beaufsichtigt wurde. Ich wußte, daß ich mein Flugticket im Büro der Fluggesellschaft gleich beim Bahnhof bestätigen lassen mußte, und den Bus zum Flughafen zu nehmen war wirklich einfach genug. Wenn es mir gelang, der zuständigen Großmutter aus dem Weg zu gehen und beides selbst zu tun, blieben mir vier bis fünf Stunden Zeit, mich im Großstadtgewimmel zu vergnügen.

Sobald ich aus dem Zug stieg, schloß ich mich daher einem passenden Erwachsenen an, ohne daß er oder sie es wußte. Ich ging dicht neben der Person meiner Wahl her und warf ihr genug folgsame Nachwuchsblicke zu, um jeden Beobachter davon zu überzeugen, daß wir verwandt waren.

Die Großmutter konnte man schon von weitem erkennen. Sie hielt eine große Papptafel in der Hand, auf der mein Name stand. Sorgfältig jeden Augenkontakt vermeidend, eilte ich siegessicher an der armen Frau vorbei und aus dem Bahnhof hinaus. Meist fühlte sich der Erwachsene, den ich mir ausgesucht hatte, inzwischen etwas unwohl und wunderte sich, warum ihm dieses Kind nachlief. Wenn ich das Gefühl hatte, daß meine Tarnung im Begriff war aufzufliegen, fragte ich unschuldig nach dem Weg zur U-Bahn und folgte dann brav der Beschreibung.

War ich erst einmal aus dem Bahnhof heraus, ließ ich zunächst meinen Flug bestätigen und ging dann zurück zur U-Bahn, immer auf der Hut vor verdutzten Großmüttern, die den Bahnhof absuchten. Mit zwölf Jahren war ich bereits ausgesprochen geschickt darin, den lästigen Großmüttern auszuweichen. Es lag ein besonderes Vergnügen, ja geradezu ein Nervenkitzel darin, die Erwachsenen hinters Licht zu führen und einem unendlich langweiligen Nachmittag bei Tee und Keksen zu entfliehen. Über die mißliche Lage der armen Großmütter machte ich mir nie Gedanken, ganz im Gegenteil nahm ich sogar an, sie wären über einen arbeitsfreien, bezahlten Nachmittag ebenso erfreut wie ich über meine neugewonnene Freiheit.

An einem Sommernachmittag, auf dem Weg nach Deutschland in die großen Ferien, wich ich der wartenden Großmutter in der üblichen Weise aus und stellte fest, daß ich ganze sechs Stunden Zeit hatte, ehe der Flughafenbus abfuhr. Ich kehrte zum King's-Cross-Bahnhof zurück und wollte die U-Bahn zum Leicester Square nehmen, wo im Odeon den ganzen Tag lang Zeichentrickfilme liefen.

Ein Abstecher auf die Toilette war ein unvermeidliches Risiko, das ich trotz der drohenden Gegenwart einer verärgerten Großmutter eingehen mußte. Ich behielt die alte Dame von hinten im Blick, während sie am Ende des Bahnsteigs, auf dem mein Zug eingetroffen war, ernsthaft auf einen Bahnbediensteten einredete. Hätte ich erst einmal die Herrentoilette erreicht, wäre ich in Sicherheit – zumindest nahm ich das an.

Gerade war ich damit fertig geworden, gegen die rissige Kachelwand des Pissoirs zu pinkeln, als mich eine kräftige Hand an der Schulter packte und mich zur Seite zog. Beim Hereinkommen war außer mir niemand in der Toilette gewesen, und ich hatte auch niemanden durch die Tür kommen hören. Ich versuchte, mich loszuwinden, aber der Griff des Mannes war zu stark. Sein Arm hielt meine Schultern umfaßt, während er mich an sich zog. Ich weiß nicht mehr, was er sagte, aber ich kann mich an seinen Geruch erinnern, moschusartig und säuerlich. Er trug ein weißes indisches Hemd mit verschlungener Goldstickerei um den offenen Halsausschnitt. Er war riesig, und ich war einen Meter fünfunddreißig groß und zwölf Jahre alt.

Er preßte mein Gesicht gegen seinen dicken Bauch und schob meinen Kopf nach unten auf seine Mitte zu, während er mich gleichzeitig nach rückwärts drückte. Ich verstand nicht, was er wollte. Aber vor allen Dingen war ich froh darüber, daß mein Paß und mein Ticket sicher im Büro der Fluggesellschaft lagen, so daß ich immer noch nach Hause gelangen konnte, wenn er mich erst einmal ausgeraubt hätte. Ich empfand viel zuviel Angst, um irgend etwas zu sagen oder um Hilfe zu rufen. Er zog mich auf die Reihe der Toilettenkabinen an der Wand zu. Dabei machte er keinen Versuch, meine Taschen zu durchsuchen. Ich preßte meinen Rücken fest gegen den Türpfosten der Kabine und streckte einen Fuß vor, damit er mich nicht hineinziehen konnte. Wieder versuchte ich, mich loszuwinden, aber er drückte nur um so fester zu, so daß ich kaum noch atmen konnte, während er gleichzeitig meinen Kopf weiter nach unten schob. Sein Penis sah gewaltig aus. Er stand als dicker, schwarzer, geschwollener Stab aus dem offenen Hosenschlitz seiner Jeans heraus. Ich schloß die Augen, als er mein Gesicht darauf hinunterdrückte. Ich spürte, wie sein Penis gegen meine Wange stieß, und hätte fast die Brille verloren. Mit tiefer, heiserer Stimme sagte er etwas, das ich nicht verstand.

Erst in jenem Moment begriff ich, daß dies kein üblicher Raubüberfall war. Ich hatte keine Ahnung, was der Mann von mir wollte, aber ich spürte, daß es etwas war, das mir nicht gefiel. Ich wand mich unter Aufbietung aller Kräfte hin und her und hatte dabei das Gefühl, meine Ohren müßten jeden Moment abreißen. Seine Gürtelschnalle grub sich schmerzhaft in meine Schläfe, während ich mich immer weiter von einer Seite zu anderen drehte. Ich erinnerte mich an Techniken, die wir beim Rugby gelernt hatten, damit man uns im offenen Gedränge nicht festhalten konnte. Plötzlich bekam ich einen Arm frei und begann, wild um mich zu schlagen. Dabei spürte ich etwas Heißes, Fleischiges an meiner Faust. Der Mann grunzte und lockerte seinen Würgegriff. Ich stieß mich vom Türpfosten ab und machte einen Satz nach vorn. Fast wäre es mir gelungen, mich zu befreien, aber ich war nicht schnell genug, um seiner Faust auszuweichen, die auf meinen Brustkorb eindrosch.

Die Luft entwich aus meinen Lungen, und ich setzte mich schwer auf den Boden. Als ich nach oben blickte, sah ich den Cowboystiefel des Mannes auf mich herunterstoßen. Ich versuchte, ihm auszuweichen, aber die scharfe, harte Lederspitze grub sich schmerzhaft in meinen Oberschenkel, so daß ich aufschrie, mehr aus Angst als vor Schmerz. Ich sah, wie er seinen Penis anfaßte, sich umwandte und auf den Ausgang zurannte, den Hosenladen schließend, während er sich davonmachte.

Erst konnte ich nicht aufstehen. Mein Oberschenkelmuskel war durch den Tritt wie abgestorben und versagte den Dienst. Die Shorts meiner Schuluniform waren naß von verspritztem Urin auf dem Fußboden. Ich kam auf die Knie und schaffte es, die Steinstufen zum Bahnsteig hinaufzutaumeln. Die Großmutter war nirgends zu sehen. Plötzlich wünschte ich mir, wir würden einen langweiligen Nachmittag bei Tee und Keksen verbringen.

Als ich in der U-Bahn saß, war ich immer noch verwirrt. Alles war so schnell gegangen, und ich mißtraute meiner Erinnerung an das, was sich abgespielt hatte. Es ergab keinen Sinn. Was hatte er gewollt? War sein Schwanz wirklich aufgerichtet gewesen? In der Schule hatte ich eine Geschichte von zwei Brüdern gehört, die in der Nähe ihres Heimatortes Ärger mit einem Farmarbeiter gehabt hatten. Er hatte sich einen von ihnen geschnappt und versucht, ihm in den Mund zu pinkeln – zumindest war es das, was sein jüngerer Bruder uns erzählte. Wir nannten den armen Jungen ›Pißmaul‹, wie Kinder eben so sind, aber keiner von uns verstand, was tatsächlich vorgefallen war, und niemand erklärte es uns.

Mein Brustkorb tat noch weh, wo er mich mit der Faust

getroffen hatte, aber mein Bein erholte sich schnell. Immer wieder dachte ich über den Zwischenfall nach in der Hoffnung, doch noch dahinterzukommen, was passiert war und warum, aber es war aussichtslos. Ich hatte keine Ahnung, weshalb mir jemand in den Mund pinkeln wollte, das ergab keinen Sinn – einmal abgesehen davon, daß Erwachsene sich gelegentlich höchst seltsam benahmen. Soviel wußten wir alle.

Als ich am Leicester Square die U-Bahn verließ, betrachtete ich die ganze Geschichte bereits als erledigt und freute mich auf die Zeichentrickfilme. Zumindest hatte ich immer noch genug Geld bei mir, um die Eintrittskarte zu bezahlen. Vor lauter Freude darüber, daß ich mich zur Wehr gesetzt hatte und nicht ausgeraubt worden war, wollte mein Kopf ganz rot anlaufen. Da sah ich ihn. Er stand auf dem Bürgersteig und starrte mich an.

Er verfolgt dich – er wird dich kriegen. Ich sprang zurück die Treppe hinunter, rannte verkehrt herum durch die Fahrkartenkontrolle am Ausgang der U-Bahn und jagte die Rolltreppe hinab. Hinter mir hörte ich den Protestschrei des Kontrolleurs. Ein Zug kam mit dem typischen Geräusch zischend entweichender Druckluft zum Halten, Türen öffneten sich, Menschen strömten heraus und eilten ungeduldig an mir vorbei. Ich sprang in einen Wagen, drehte mich um und starrte angsterfüllt auf den Bahnsteig, wartete nur darauf, daß der Mann wieder auftauchte. An der nächsten Station sprang ich im letzten Moment, ehe die Türen sich schlossen, aus dem Zug und hastete zu den Rolltreppen. Ich rannte die laufende Treppe hinauf und eine andere hinunter auf einen anderen Bahnsteig, wo gerade ebenfalls ein Zug einfuhr. Ich war schon eingestiegen, ehe ich überhaupt wußte, wohin ich fuhr. Eine Stunde später kam ich wieder am King's-Cross-Bahnhof an und eilte in das nahe gelegene Büro der Fluggesellschaft. Dort saß ich vier Stunden lang auf einem unbequemen Plastikstuhl und fühlte mich elend und ganz durcheinander, bis schließlich der Flughafenbus abfuhr.

Damals verlor ich mein rückhaltloses Vertrauen zu den

Erwachsenen. Sie benahmen sich nicht nur seltsam, sie waren darüber hinaus sogar gefährlich. Auch wenn es noch Jahre dauern sollte, ehe ich wirklich begriff, was jener Mann von mir gewollt hatte, empfand ich sofort, daß es dort draußen in der Welt sehr ernste Dinge gab. Zum erstenmal hatte ich wirkliche Angst gehabt, und die frühe Saat des Zynismus begann aufzugehen.

Meine Eltern erwarteten mich, als das Flugzeug auf dem R.-A.-F.-Stützpunkt Gütersloh landete. Ich ließ einen Tag verstreichen, ehe ich Ma erzählte, was vorgefallen war. Ihre entsetzte Reaktion überraschte mich. Doch auch sie erklärte nichts.

Zwei Jahre später wurde mein Vater nach Nordirland versetzt, und wir zogen in ein enges, baufälliges Cottage, während er und Johnny aus den beiden angrenzenden Viehställen eine Art Zuhause machten.

Es war eine seltsame Zeit. Für mich bestand ein geradezu unheimlicher Gegensatz zwischen der ausnehmend schönen Landschaft mit ihren freundlichen, hilfsbereiten Menschen auf der einen Seite und den ständigen Berichten von Raketenangriffen der IRA, Bombenattentaten in Londonderry und Belfast, Mordanschlägen auf Soldaten, zum Beispiel in Omagh, und den wiederholten Exekutionen von Sektierern auf der anderen. Es war irritierend, das Stadtzentrum abgesperrt zu finden und am Eingang zu jedem Laden durchsucht zu werden. Mehrere Menschen kamen ums Leben, als in einer Fleischerei bei uns in der Nähe eine Bombe explodierte. Ma hatte damals den Laden in Coleraine gerade verlassen. Sie jagte in unserem Citroën 2 CV nach Hause und vergaß völlig, daß sie Sarah und mich in der Bücherei abgesetzt hatte. In ihrer Panik fuhr sie zwei Meilen weit an unserem Haus vorbei, ehe es ihr wieder einfiel.

Obwohl ich nur in den Ferien nach Hause kam, war das Gefühl einer Bedrohung ständig gegenwärtig. Als Vierzehnjähriger mit einer blühenden Fantasie fiel es mir leicht, die Dinge hochzuspielen. Meine größte Angst war die vor einem

Mordversuch. Aus irgendwelchen Gründen war ich davon überzeugt, daß es meinen Vater treffen mußte. Er war Offizier der britischen Armee, und unser Haus schien mir ein verletzliches und leicht angreifbares Ziel zu sein. Manchmal lag ich nachts wach und fragte mich, was ich wohl tun würde, wenn eine IRA-Gang in das Haus eindrang. Ich machte mir Gedanken über alle nur möglichen Plätze, an denen man stehen oder kauern konnte, ohne von draußen gesehen und erschossen zu werden. Ich wußte, wo Da das Gewehr aufbewahrte, und ich versteckte eine Handvoll Patronen in meinem Zimmer – für den Fall der Fälle. Außerdem besaß ich Munition für meine Schrotflinte mit großer Durchschlagskraft, nicht die Sorte für Kaninchen. Ich sprach damals nie über meine Angst. Erst viele Jahre später stellte sich heraus, daß Johnny, der die ganze Zeit über in Irland gewesen war, genau das gleiche getan hatte wie ich. Wir lachten über die groteske Art und Weise, in der wir die Bedrohung übertrieben hatten, um uns davon zu überzeugen, daß ein Angriff unmittelbar bevorstand.

Eines Tages hatte ich auf dem Golfplatz von Castlerock gerade die Schläger zum ersten Tee hinübergetragen und wartete auf Ma, die sich noch im Clubhaus aufhielt, als ein Mann dazukam und sich auf den Abschlag vorbereitete. Als er einen Driver herausholte, sah ich, wie er verstohlen eine kurzläufige automatische Pistole aus dem Hosenbund zog und oben in seiner Golftasche verschwinden ließ. Er wollte sie offensichtlich vor mir verbergen. Ich blickte schnell zur Seite, damit er nicht merkte, daß ich ihn beobachtet hatte. Mein erster Gedanke war, ins Clubhaus zu laufen und Ma zu warnen. Dann dachte ich nach. Es mußte Da sein, auf den sie es abgesehen hatten, nicht Ma. Vielleicht waren sie unserem Auto gefolgt, weil sie hofften, daß er auch spielen würde? Als Ma endlich kam, beendete der Mann mit der Pistole gerade sein Spiel auf dem ersten Grün. Ich erzählte ihr erst am Abend, was ich beobachtet hatte, und natürlich war die Erklärung ganz einfach. Dieser Mann war wirklich kein Terrorist gewesen, sondern ganz im Gegenteil ein Mitglied der Sicherheitskräfte außer

Dienst, der zu seinem eigenen Schutz bewaffnet war. Ich kam mir ziemlich dumm vor, daß mich der Anblick einer Pistole so sehr erschreckt hatte.

Mein Vater fuhr jeden Morgen mit einem Auto zur Arbeit, das ihm die Armee zur Verfügung stellte. Es hatte nordirische Nummernschilder und ließ sich nicht zu ihm zurückverfolgen. Außerdem trug er einen weiten Mantel, der jedes Anzeichen seiner Uniform verbarg. Leider schienen die getarnten Autos alle vom selben Typ zu sein, und es gab sie nur in zwei verschiedenen Farben. Wer also an einem heißen Sommertag in einem dicken Mantel in einem solchen Auto gesehen wurde, war praktisch eine Zielscheibe.

In den Ferien brachte Da mir bei, mit der Schrotflinte und dem Kleinkalibergewehr umzugehen. Im frühen Morgennebel durchstreifte ich die taunassen Felder mit Blick auf den Fluß Bann. Wenn ich zum Haus zurückkehrte, kam ich jedesmal aus einer anderen Richtung und blieb bis zum letzten Moment außer Sicht. Fast rechnete ich damit, eine Gruppe Männer mit Armalite-Gewehren und schwarzen Balaklavas über den Gesichtern zu sehen, die auf das unbewacht daliegende Cottage zukrochen.

Gelegentlich schoß ich ein Kaninchen, und einmal verwundete ich einen Hasen, der in der Luft einen Purzelbaum schlug, als er bereits angeschossen war. Er suchte Schutz in einem dornigen Graben und gab ein schreckliches, durchdringendes Gewimmer von sich, als der Hund ihn aufstöberte. Da griff in das Dickicht hinein, um ihm mit einem Handkantenschlag das Genick zu brechen, während ich danebenstand und zusah. Mir war ganz schlecht vor Gewissensbissen.

In den Sommerferien unseres letzten Jahres in Irland fuhr meine Mutter mit Sarah, deren Schulfreundin und mit mir an die Küste, um den *Giant's Causeway* anzusehen. Über den nördlichen Teil der Irischen See hinweg waren die Inseln Islay und Kintyre als schwache Schmutzflecken zu erkennen. Der ›Damm der Giganten‹ selbst war ein eigenartiges Gebilde aus Basalt, das weit hinaus ins Meer reichte. Das Gestein hatte sich hier, als es durch vulkanische Aktivität an die Erdoberfläche trat, zu achteckigen Säulen geformt, eine genauso groß wie die andere. Bei unserer Rückkehr bemerkten wir ein Schild, das auf einen Safaripark ganz in der Nähe von Bushmills hinwies.

Ich weiß nicht, warum sie uns hineinließen. Der 2 CV war ein lautes Auto mit einem ungeschützten Faltdach aus Stoff, und Mas Schaltkünste ließen so manches zu wünschen übrig. Sarah und Louise unterhielten sich auf der Rückbank, während ich vorn neben meiner Mutter saß und zwei Milchflaschen umklammerte. Uns allen fiel auf, wie gelangweilt die Tiere aussahen. Es war ein heißer, einschläfernder Tag, und selbst die Gorillas schienen es vorzuziehen, ein Nickerchen zu machen, anstatt ihrer Lieblingsbeschäftigung nachzugehen und Autos in Stücke zu reißen. Als wir den letzten Abschnitt des Parks erreichten, das Löwengelände, waren wir inzwischen selbst so gelangweilt, daß wir die beiden vorderen Fenster geöffnet hatten und uns über die Gruppen großer Katzen, die wie betäubt dalagen, lustig machten.

Der riesige männliche Löwe, der dem Auto am nächsten war, erhob sich träge, als der Zweitaktmotor des 2 CV plötzlich ein kreischendes Geräusch von sich gab, weil Ma den ersten Gang einlegte.

»Na, der ist zumindest noch am Leben«, bemerkte Sarah von hinten. Der Löwe näherte sich mit federnden Schritten der Beifahrerseite des Wagens. Wir fuhren ungefähr zwanzig Stundenkilometer, als ich nach draußen griff, das Fenster loshakte und die untere Glashälfte zuklappen ließ.

»Ich glaube, du solltest lieber etwas Gas geben, Ma«, sagte ich, als der Löwe immer schneller wurde. »Er kommt uns ziemlich nahe.«

Ma beschleunigte, vergaß aber, in den nächsten Gang zu schalten. Der Motor heulte protestierend auf, und der Löwe fiel in einen entschiedenen Galopp. Als er parallel zu unserer Fahrtrichtung einschwenkte, konnte Ma einen kurzen Blick auf das Tier werfen. Der Motor stotterte.

»Nicht abwürgen«, kam es von Sarah und Louise im Chor von hinten.

Der Wagen holperte durch den Safaripark auf das Ausgangstor in weiter Ferne zu und rollte dabei auf jene seltsame Art vorwärts, wie es nur 2 CVs tun, wobei das Motorgeräusch einen absoluten Lautstärkehöhepunkt erreichte. Plötzlich fühlte sich unsere schützende Hülle mit ihrer dünnen Karosserie aus Blech und dem weichen Faltdach verletzlich und viel zu zerbrechlich an. Sarah und Louise begannen zu kreischen, als der Löwe mit uns gleichzog. Ich starrte ihn nur mit offenem Mund an, wie er neben uns dahingaloppierte. Der riesige Kopf des Tieres wurde noch betont durch seine dichte, dunkle Mähne. Er rannte auf Höhe meiner Tür neben dem Auto dahin, kaum zwei, drei Meter von mir entfernt, und fixierte mich mit einem unheilvollen, starren Blick aus gnadenlosen, goldfarbenen Augen. Ich hatte genug Wilbur Smith gelesen, um zu wissen, daß die dreihundert Pfund wütende Muskeln, Fänge und Pranken nicht auf gutes Zureden hören würden.

Ich hielt die Milchflaschen mit beiden Händen fest und fragte mich, was ich tun sollte, wenn er uns angriff. Er konnte mit Leichtigkeit auf das Dach springen. Dann wäre ich vielleicht in der Lage, ihn mit den Flaschen abzuwehren. Vielleicht sollte ich eine zerbrechen? Nein, wenn er durch das Dach kommt, springe ich aus der Tür. Dann ist er so mit Ma und den Mädchen beschäftigt, daß ich vielleicht weglaufen kann. Ich tastete nach dem Türgriff, während Ma, das Gaspedal bis zum Anschlag durchgetreten, auf das Tor zuhielt.

»Sie machen das Tor zu!« heulte Sarah von hinten. »Macht das Tor auf, macht das Tor auf!« Wir brüllten alle zusammen auf die beiden Männer ein, die in aller Eile die hohen Gitterflügel zuzogen. Das Auto schien voller hektisch winkender Arme und angsterfüllter Schreie zu sein.

»Bleib nicht stehen, Ma, um Himmels willen, bleib nicht stehen. Er kriegt uns, wenn wir anhalten.«

Ma saß weit nach vorn über das Lenkrad gebeugt und hielt mit dem 2 CV gnadenlos auf das Tor, die Eselsreitbahn und das Picknickgelände dahinter zu. Wir mußten das Tor passieren. O mein Gott, wir fahren mittendurch!

Ich weiß jetzt, wie Katzen ihre Beute mit den Augen hypnotisieren. Seit der Löwe auf gleicher Höhe mit uns war, starrte ich unentwegt in seine riesigen, gelben Augen. Der Kopf mit der Mähne füllte das Autofenster ganz und gar aus. In der dunklen, steifhaarigen Mähne waren goldene Flecken zu erkennen, und die Fangzähne des Löwen wirkten gewaltig und waren nikotingelb verfärbt. Ich hatte mich so von seinem Blick durchbohren lassen, daß ich meinte, gelähmt zu sein. Ich stand unter dem Einfluß einer tödlichen Droge, die jeden Muskel erstarren ließ. Die schlingernde Fahrt, die Schreie und die verzweifelt winkenden Arme schienen zu einer anderen Welt zu gehören. Alles, was ich hatte, waren die schrecklichen, wahnsinnigen Augen des Tieres. Ich wußte mit absoluter Sicherheit, daß er mich zuerst angreifen würde.

Plötzlich hörten wir einen Schuß; es klang wie die Fehlzündung eines Autos. Der Löwe zuckte zusammen und bog ab. Ein Landrover mit Zebrastreifen kam an uns vorbeigerast. Ma, die noch immer mit Höchstgeschwindigkeit im ersten Gang dahinpreschte, ließ sich davon nicht ablenken. Die überraschten Pförtner hatten kaum die Tore wieder zur Seite schwingen lassen, da waren wir auch schon hindurch, rasten mit einem Hüpfer wie ein Känguruh an einer verwunderten Gruppe von Kleinkindern auf Eseln vorbei, als Ma knirschend den zweiten Gang einlegte, und waren endlich aus dem Park heraus und auf der Hauptstraße, während wir alle vier noch immer hysterisch vor uns hin jammerten.

In jenem Sommer des Jahres 1974 verlor meine Mutter vorübergehend ihre Stimme. Damals dachte ich mir nichts dabei, obwohl ich im Haus eine gewisse Anspannung spürte. Ein paar Tage bevor ich in die Schule zurückkehren sollte, nahm sie mich dann beiseite und erzählte mir, bei ihr sei ein Kehlkopfkrebs diagnostiziert worden. Ganz offensichtlich hatte sie Angst. Sie weinte, umarmte mich und sagte, ich solle mir keine Sorgen machen, alles würde wieder gut werden. Es war mir unangenehm, meine Mutter weinend und aufgelöst zu erleben, und ich dachte: Warum die ganze Aufregung, wenn alles doch wieder gut wird? In der Schule bekam ich in glückseliger Unwissenheit nicht mit, daß die langwierige Chemotherapie nicht anschlug.

Sechs Monate später stellten die Ärzte fest, daß sich die Krebszellen in ihrem Hals weiter vermehrt hatten, und sie beschlossen, zu operieren. Meine Eltern waren übereingekommen, daß ich noch zu klein sei, um die Wahrheit zu erfahren. Der Luftröhrenschnitt wurde im ganz hervorragenden Royal-Marsden-Hospital in London gemacht. Dadurch verlor meine Mutter ein für allemal die Fähigkeit, Luft durch ihre Stimmritze zu pressen. Sie konnte nicht mehr sprechen. Nach der Operation wäre sie fast gestorben, und sie hatte den Kampf sogar schon aufgegeben, als eine katholische Schwester sie daran erinnerte, daß eine gute Katholikin nicht einfach resignieren dürfe, daß sie beten und ums Überleben kämpfen müsse.

Jahre später, als Ma mir all dies erzählte, war ich böse und fühlte mich betrogen, weil meine Eltern damals alles von mir ferngehalten hatten. Ich hatte das Gefühl, hintergangen worden zu sein. Es wäre ein entsetzlicher, viel zu plötzlicher Schock für mich gewesen, wenn meine Mutter gestorben wäre. Von da an beschloß ich, meinen Eltern alles über meine Kletterei zu erzählen, über die Unfälle und die Risiken und über die Freunde, die dabei umkamen. Ich konnte ihnen keinen Sand in die Augen streuen und beispielsweise behaupten, ich ginge zum Bergwandern in die Alpen, wie es einer meiner Freunde tat, der in Wirklichkeit die Eigernordwand besteigen wollte. Es war schwierig genug, mit dem Egoismus des ernsthaften Bergsteigers zurechtzukommen, ohne daß ich sie dabei auch noch betrog.

Ma glaubt, daß es die Kraft des Gebetes und ihr Glaube an Gott waren, die ihr halfen, die Krise zu überstehen. Obwohl ich ihren Glauben zutiefst respektiere, kann ich selbst nicht mehr glauben. Ich halte es für wahrscheinlicher, daß es ihre zähe Entschlossenheit war, die den Ausschlag gab. Sie lernte die schrecklich schwierige neue Methode zu sprechen in erstaunlich kurzer Zeit, aber sie hatte den schönen, weichen südirischen Akzent in ihrer Stimme verloren. Drei Monate nach der Operation begann sie gegen den Rat ihrer Ärzte wieder Golf zu spielen, lernte einen völlig neuen Schlag, den sie mit ihrer beschädigten linken Schulter ausführen konnte, wurde Damenkapitän ihres Vereins und gewann nur mit einem Fünfer Eisen und einem Putter in jenem Jahr die Mehrzahl der Pokale. In meinen Augen war das ein unglaublicher Beweis ihrer Willensstärke und ihres Lebensmutes. Zehn Jahre später, in jenen Tagen tiefster Verzweiflung in den peruanischen Anden, erinnerte ich mich daran, daß sie damals nicht bereit gewesen war aufzugeben.

Ich entdeckte das Klettern in jenem langen, heißen Sommer des Jahres 1974. In der Schule war ich bei den Mannschaftsspielen immer begeistert dabeigewesen und hatte es zum Kapitän der Junioren-Rugby-Mannschaft gebracht, aber ich war viel zu klein, um bei diesem Sport wirklich Erfolg zu haben. In Ampleforth schien jedes Rugby-Spiel eine gewalttätige Auseinandersetzung zu sein, die ich zum größten Teil eine Etage tiefer erlebte als die sechzehn Beteiligten an den beiden Gedrängen. Meine Beine waren einfach zu kurz. Wenn ich je an den Ball herankam, konnte ich nicht schnell genug rennen, um überhaupt aus den Schwierigkeiten herauszukommen. Beim Kricket war ich ein ganz passabler Dreistabhüter, aber ein nutzloser Schlagmann. Wirklich gut war ich beim Schwimmen – das hatte ich mein Leben lang getan, und ich nahm für die Schule an Wettkämpfen teil, doch nach Jahren ermüdenden, immer gleichen Trainings begriff ich, daß ich meinen Rivalen im Brustschwimmen auf der 200-Meter-Strecke niemals schlagen würde. Ich wandte mich dem Fechten zu. Das machte Spaß, bis mein Freund mir den großen Zeh brach, indem er ihn mit einem steifen Degen durchbohrte. Ein Schulhalbjahr lang liebäugelte ich mit Judo, bis ich in einem Kampf vom fettesten Jungen der Schule fast zerquetscht wurde. Meine älteste Schwester Jane bot an, mir Jiu-Jitsu beizubringen, schreckte mich aber ab, indem sie mir zwei Finger mit langen Nägeln in die Augen bohrte und mich damit fast blendete. Dann rammte sie dieselben Finger die Nasenlöcher hinauf und verlangte, ich möge aufgeben.

In der Schule mußten wir Boxen belegen, was zunächst eine gute Idee zu sein schien. Ich bekam meinen besten Freund als Partner zugeteilt; er war der einzige Junge unter den 750 Schülern, der kleiner war als ich. Ich brachte drei Minuten damit zu, ihn immer wieder auf den Kopf zu schlagen und leichtfüßig um ihn herumzutänzeln, während er versuchte, sich zu erholen. Dann prasselten meine Schläge erneut auf ihn ein. Als die Glocke ertönte, trabte ich glücklich und zufrieden in meine Ecke zurück und freute mich, wie einfach das Boxen doch war, als ein betäubender Schlag auf die Seite meines Kopfes mich zu Boden schickte. Ganz erbost über die Abreibung, die ich ihm verpaßt hatte, war mein Freund aus seiner Ecke herübergekommen und hatte sich gerächt. Ich war von diesem einen Treffer so benommen und orientierungslos, daß ich künftig nicht mehr boxen wollte. Mein Freund sprach nie wieder mit mir.

Im ersten Jahr in Ampleforth mußten wir dem Kadettenkorps beitreten. Das bedeutete eine endlose Reihe von Paradeübungen, Übungen im Gewehrreinigen und geistlosen Geländeübungen bei Nacht mit geschwärzten Gesichtern und Donner und Blitz, die überall um einen herum explodierten. Das Ganze fand seinen Höhepunkt im Angriff auf Lion Wood Hill. Die Außenseiter und die Pazifisten (wie ich selbst) erhielten jeder fünf Platzpatronen und ein 7,7-mm-Gewehr. Uns wurde erzählt, wir seien Chinesen, die beabsichtigten, die britischen Truppen oben auf dem Hügel gefangenzunehmen. Die Briten waren diejenigen Jungen, die gern beim Kadettenkorps mitmachten, künftige Offiziere, und sie waren im Vorteil, weil sie mit Maschinengewehren bewaffnet waren und über reichlich Munition verfügten.

Der Hügel selbst war von einem dichten Wald voller Brennesseln umgeben, die hin und her schwankten, wenn wir hindurchkrochen. So verrieten sie unsere Position auch jenen Verteidigern, die taub waren und daher unsere Schmerzensschreie nicht hören konnten. Es erübrigt sich zu erwähnen, daß wir viele, viele Tode starben und schließlich aufgeben mußten. Mein einziger Trost bestand darin, einen besonders garstigen Jungen aus kürzester Entfernung in den Rücken zu schießen, als ich bereits die Waffen gestreckt hatte. Der Pfropf der Platzpatrone kam mit solcher Wucht herausgeschossen, daß es ihn umwarf und er sich eine Prellung zuzog. Ich mußte einen Monat lang Gewehre putzen, aber das hatte sich gelohnt.

Um nicht ein weiteres Jahr auf dem Exerzierplatz im Kreis marschieren zu müssen, beschloß ich, das ›Abenteuertraining‹ mitzumachen. Es schien im wesentlichen daraus zu bestehen, einen riesigen Rucksack zu packen und zur nächstgelegenen Kneipe zu wandern, in der Minderjährige bedient wurden. Das brachte mich zu den *Venture Scouts* und zu einem Besuch am Peak Scar eines Samstagnachmittags. Drei Stunden später hatte ich den Sport gefunden, den ich suchte.

In Deutschland las ich in jenem Sommer *Die weiße Spinne*, Heinrich Harrers klassische Geschichte der verschiedenen Versuche, die Eigernordwand zu besteigen. Er selbst war 1938 bei der Erstbesteigung dabeigewesen. Das Buch faszinierte und erschreckte mich zu gleicher Zeit. Die herben Schwarzweißfotos wurden zur Quelle meiner schlimmsten Alpträume. Max Sedlmayer und Karl Mehringer, die beim ersten Versuch einer Besteigung 1936 an einem Ort erfroren waren, der seither ›Todesbiwak‹ heißt, starren mich aus der Vergangenheit an. Daneben reihen sich Fotografien von Männern, die runde Filzhüte tragen, Moleskinhosen und genagelte Stiefel, dicke, gedrehte Seile um den Bauch geschlungen, während sie hoch oben auf schwarzen, überhängenden Felsklippen thronen oder auf Eisfeldern, die vom Steinschlag geschwärzt sind. Über ihre Erfolge und die Tragödien zu lesen brachte mich ganz durcheinander. Im ersten Moment wollte ich auch so klettern wie sie, im nächsten konnte ich mir nichts Schrecklicheres vorstellen. Die Geschichte von Adolf Mayr, der 1961 die erste Alleinbesteigung der Wand unternahm, schien mir ein Inbegriff der Großartigkeit und der absurden Verschwendung zu sein, die sich beim Bergsteigen so seltsam mischen.

Mayr hatte einen Punkt hoch oben auf der Rampe unmittelbar unter dem berüchtigten Wasserfall erreicht, als er auf den ›Silbergraben‹ stieß, ein Geländemerkmal, das gelegentlich zu sehen ist, wenn die Sonne am Spätnachmittag auf die reflektierende Oberfläche einer Eiszunge im Hintergrund der tiefen, schattigen Rampe scheint. Es hört sich an wie ein ziemlich prächtiger Ort, etwas Nettes, das fröhlich aus den finsteren Schatten der immensen Nordwand hervorleuchtet. Der einsame Kletterer (den seine Freunde Adi nannten) war ein winziger, lebendiger Punkt, ein Funken reiner Nervenstärke und ungeheuren Mutes in jener kalten, schattigen Weite. Für mich war er ein Symbol der unglaublichen Kraft, die in jedem menschlichen Leben liegt, einer Kraft, die das Unbekannte herausfordert und den größten Bedrohungen im zuversichtlichen Glauben entgegentritt, daß auch sie zu meistern sind.

Adi wurde gesehen, wie er versuchte, dieses Hindernis mit langen, zögernden, gleichsam ruckartigen Schritten zu queren, und wie er sich nach jedem gescheiterten Versuch wieder fing. Er wurde gesehen, wie er mit der Axt an der *mal passe* arbeitete – ganz offensichtlich versuchte er, den Tritt zu verbessern, den er mit dem Fuß erreichen wollte. Dann, um acht Uhr zwölf am Morgen, wagte er den riskanten, weiten Schritt noch einmal. Plötzlich flog sein Körper aus den Schatten hervor und stürzte tausendzweihundert Meter tief auf die darunterliegenden Geröllhänge. Der leuchtende Funke Leben war ausgelöscht. Für mich lag die Bedeutung jenes Unfalls nicht darin, daß Adi ums Leben gekommen war, sondern vielmehr in dem, was er zu vollbringen gewagt hatte.

Ich las auch über einen frühen Versuch der Erstbesteigung an jener Wand durch vier junge Bergsteiger. Ihr verzweifelter Rückzug endete mit einer Katastrophe. Die Geschichte ihres Überlebenskampfes, nur um zu sterben, als sie schon fast in der Reichweite ihrer Retter waren, ist zur Legende geworden. Toni Kurz, der als letzter starb, blieb, hoffnungslos im Nichts baumelnd, dem Tod überlassen. Ich habe ein Foto von ihm gesehen, wie er dort hing, im Seil zusammengesunken, mit langen Eiszapfen, die von den Spitzen seiner Steigeisen herabhängen, erfrierend in der letzten Sekunde seines Lebens, als er seinen Rettern zuflüstert: »Ich bin am Ende.« Nur wenige Meter von ihnen entfernt mußte er sterben. Die Art seines Sterbens war die ergreifendste, verzweifeltste und heroischste, von der ich je gelesen habe.

Als ich *Die weiße Spinne* mit vierzehn durchgelesen hatte, schwor ich mir, niemals Bergsteiger zu werden. Ich würde beim Sportklettern bleiben. Undenkbar wäre es mir erschienen, daß ich mich elf Jahre später dank einer jener seltsamen Wendungen des Schicksals in einer ähnlichen Lage wiederfinden sollte wie Toni Kurz. Ich mußte an ihn denken, als ich ins Dunkel stürzte.

4. KAPITEL

Sägemühlen und Dynamit

Ein zarter, rauchiger Schleier lag auf dem Feld. Meine Schritte knirschten laut über die frisch geschnittenen Stoppeln. Der frühen Morgensonne war es noch nicht gelungen, die tiefhängenden Nebelschwaden aufzulösen. Meine Beine schienen keine Füße zu haben. Die Bäume am Rande des Feldes standen schweigend. Kein Lufthauch bewegte die Zweige. Irgendwo rechts von mir hörte ich das schnelle Krack-Krack-Krack eines aufgestöberten Fasans. Zwei Ringeltauben flogen über mir. Das leise Schlagen ihrer Flügel drang zu spät in mein Bewußtsein, und ehe ich die Flinte an die Schulter gehoben hatte, waren sie bereits im sicheren Schutz des Waldes verschwunden.

Jenseits des Feldes konnte ich das rote Ziegeldach eines Bauernhauses erkennen. Aus dem einzigen Schornstein stieg der Rauch senkrecht in die stille Morgenluft. Links vom Hof durchbrach eine kahle Schwarzulme die Horizontlinie. In ihren kranken, entlaubten Zweigen lebte eine Kolonie Saatkrähen. Schwach konnte ich ihr beständiges Krächzen hören, als sich der große, schwarze Schwarm in den Himmel erhob. Ein weißer Lieferwagen, der unten auf der Straße vorbeifuhr, hatte sie aufgeschreckt. Zweimal umkreisten sie den Baum, wobei sie wiederholt beleidigt und verärgert krächzten, ehe sie sich erneut auf ihren großen Reisignestern niederließen, die als schwarze Geschwüre im kahlen Geäst verstreut hingen. Weiter unten konnte ich durch die Bäume hindurch das Dach vom Bungalow meiner Eltern sehen. Das kleine Dorf Oswaldkirk im Norden Yorkshires, das sie als Altersruhesitz gewählt hatten, lag schweigend im Morgenlicht. Kleine Rauchwolken stiegen aus einigen Häusern auf, in denen die Menschen sich verschlafen auf einen neuen Arbeitstag vorbereiteten.

Ich entsicherte das Gewehr und hielt es hoch vor die Brust, bereit, jeden Moment abzudrücken, falls ein Kaninchen aus den Stoppeln aufspringen und auf die grüne Sicherheit des wilden Knoblauchs zurennen sollte, der den Boden des Waldes bedeckte. Durch die tiefhängenden Nebelschwaden sicher zu treffen würde nicht leicht sein. Ich bezweifelte, daß ich das Kaninchen überhaupt zu sehen bekäme, höchstens ein kurzes Aufwirbeln auf dem grauen, nebelverhangenen Feld. Ich blickte auf die Uhr. Halb sechs. Eine halbe Stunde hatte ich noch Zeit, um mir ein Kaninchen zum Abendessen zu schießen, dann mußte ich zur Arbeit in die Sägemühle trampen.

Als ich das andere Ende des Waldes erreicht hatte, war immer noch kein Kaninchen in den Schutz der Bäume geflohen, und ich machte kehrt, um den Heimweg einzuschlagen. Zum Abendbrot würde es also Corn-flakes und Käsebrot geben. Ich trug die Flinte locker vor dem Bauch; ihr Lauf zeigte in die Bäume. Keinesfalls bemühte ich mich, besonders leise zu gehen, während ich über das Stoppelfeld schritt.

Als ich den Wald endgültig hinter mir lassen wollte, um den dornenüberwachsenen Weg zum Bungalow meiner Eltern einzuschlagen, hörte ich plötzlich ein knackendes Geräusch. Ich drehte mich mit dem Oberkörper zu den Bäumen herum und sah weniger als drei Meter von mir entfernt einen Fuchs stehen. Er hielt eine Vorderpfote wie zum Schritt erhoben und starrte mich bewegungslos aus weiten, aufmerksamen, goldenen Augen an. Die Flinte war entsichert und zeigte mit dem Lauf direkt auf das Tier. Ich brauchte nur die beiden Abzugshähne zu betätigen, und zwei Läufe voll Schrot würden den Fuchs auf so kurze Entfernung in die ewigen Jagdgründe schicken. Fünfundzwanzig Pfund zahlte der Bauer für seinen Schwanz. Der Beweis dafür, daß ich den Fuchs getötet hatte, brächte mir mehr als einen halben Wochenlohn ein.

Ich weiß nicht, wer von uns überraschter war. Der Fuchs hatte einen beunruhigend direkten Blick, der sich wie hypnotisierend in mich bohrte, ganz so als wolle er mein Recht anzweifeln, überhaupt hier zu sein. Er blieb völlig still stehen. Seine Schnauze zeigte auf eine wilde, fast herausfordernde Art und Weise zu mir nach oben, die Ohren hielt er als lohfarbene Dreiecke gespitzt, sein Fell und die Rute waren gesträubt.

Dann drehte er sich um und machte sich davon, war von einer Sekunde zur nächsten nicht mehr zu sehen. Ich hatte nicht abgedrückt. Und das nicht etwa, weil ich das Geld nicht brauchte oder es nicht haben wollte, und auch nicht aus einem Gefühl des Mitleids heraus. Der Fuchs schien darauf bestanden zu haben, daß ich es nicht tat, und ich hatte ihm gehorcht. Ich sicherte die Flinte, klappte sie auf und nahm die Patronen heraus.

Die Bandsäge kreischte, als sich das Blatt in eine neue, frisch geschlagene Eiche fraß. Die Zähne der Säge, jeder so lang wie mein Daumen, gaben einen durchdringenden, metallischen Heulton von sich, während die Führungsrollen den Stamm langsam durch das sausende, etliche Meter hohe Blatt schoben. Ich blickte zu den riesigen Schwungrädern hinüber, die das dreißig Zentimeter breite Band durch das frische Holz trieben, und erschauderte.

Ich verabscheute die Sägemühle. Schon immer hatte ich eine irrationale Angst vor elektrisch angetriebenen Werkzeugen verspürt. Wenn ich eine Handbohrmaschine oder eine Stichsäge sah, bekam ich Zustände. Benutzte ich ein solches Gerät, so erwartete ich immer, daß der Bohrer oder das Sägeblatt sich lösen und mir ins Auge oder in die Halsschlagader dringen würde. Ich versuchte abzuschätzen, in welche Richtung das Mordinstrument davonfliegen würde, und nahm dabei eine möglichst verrenkte Haltung ein, um so der blutigen Verstümmelung zu entgehen. Für mich war das Sägewerk ein Inferno aus heulenden Motoren und kreischenden Sägeblättern. Da gab es Maschinen, die dich in Sekundenschnelle mittendurch trennen konnten.

Seit sieben Wochen arbeitete ich bereits in der Sägemühle. Das war die längste Zeit, die ich je irgendwo geblieben war, und so langsam hatte ich keine Lust mehr. Einmal abgesehen davon, daß ich herausgefunden hatte, daß ich gegen jede Art von Arbeit (besonders natürlich gegen gefährliche und laute

Arbeit) eine deutliche Abneigung verspürte, mochte ich es nicht, wenn man mir vorschrieb, was ich zu tun hatte.

Der Tisch der Kreissäge maß ungefähr anderthalb Meter im Quadrat und bestand aus sechs Millimeter dickem Stahl. Das Blatt ragte als unheilvoller Halbkreis aus der Mitte der Arbeitsplatte heraus. Ich betrachtete den Stapel Keilholz, den ich am Tag zuvor gesägt hatte. Heute mußte ich mindestens noch einmal soviel zuschneiden, ehe ich fertig war. Die Keile, die dazu dienten, die Stützbalken in den Gruben abzusichern, waren am Ende gute zehn mal zehn Zentimeter stark und entweder sechzig oder neunzig Zentimeter lang.

Ich wählte ein geeignetes Stück Holz aus und legte es auf die Platte. Dann betätigte ich den Schalter unter dem Tisch und sah zu, wie das Blatt schnell Geschwindigkeit aufnahm, während ich mir ein Paar lose sitzende PVC-Handschuhe überstreifte. Einmal blickte ich kurz zu George, dem Vorarbeiter, hinüber, um zu sehen, ob er mich beobachtete. Er wandte mir den Rücken zu, eine Hand auf dem Rad, das den Vorschub des Stamms durch die Bandsäge regulierte. Vornübergelehnt starrte er aufmerksam auf die Einschnittstelle. Die Säge kreiste sausend weniger als einen Meter von ihm entfernt, ein schwarzes Band aus Hochgeschwindigkeitsstahl, das über ihm aufragte. Einmal, das hatte er mir erzählt, war das Blatt zersprungen. Vermutlich war die Säge damals in dem Stamm auf eine alte Eisenstange getroffen, um die der Baum herumgewachsen war. Das Blatt zerbrach mit einem scharfen Knall, und die Schwungräder jaulten protestierend auf, während sie schneller und immer schneller liefen. Das Sägeblatt mußte in eine von zwei möglichen Richtungen fliegen, hatte er gesagt – entweder ins Freie auf den Hof hinaus oder nach hinten in die Werkstatt hinein. Das war davon abhängig, wo die Bruchstelle lag.

»Damals flog es nach draußen«, verkündete George in seinem rauhen northumbrischen Dialekt. »Tja, mein Junge, geradewegs über den Hof und in den Telegrafenmast da drüben an der Straße hinein.« Er zeigte auf einen Holzmast, der ungefähr fünfzig Meter entfernt leicht schief dastand.

»Ging halb durch den Mast hindurch«, sagte er und betrachtete seinen vernarbten Daumen, der sauber in der Mitte durchtrennt war, bis hinunter zum ersten Knöchel. Den meisten älteren Männern in der Kneipe im Ort fehlten ein oder zwei Finger.

»Was wäre passiert, wenn es in die Werkstatt geflogen wäre?« fragte ich.

»Das wäre nicht so schön gewesen, mein Junge«, sagte er mit einem schiefen Lächeln.

George konnte nicht sehen, wie ich die dicken Handschuhe überzog. Er hatte mir verboten, sie zu tragen, aber ich hatte keine Lust mehr, die Hände ständig voller Splitter zu haben. Bei seinen schwieligen Händen mochte das alles schön und gut sein. Durch jahrelange Gewöhnung waren sie so hart wie altes Leder. Ich schob das Holz auf das Sägeblatt mit den Reißzähnen zu. Es ließ sich leicht hindurchschieben, nur ein leises, knirschendes Geräusch war zu hören, wenn es sich teilte, und ich schwang leicht nach vorn, wenn der Widerstand plötzlich nachließ. Dabei paßte ich gut auf, daß ich mich vor jedem Vorwärtsschwung auf die Säge zu weit genug nach hinten lehnte. Die Arme hielt ich weit auseinander und möglichst gestreckt, aus Angst, der lose sitzende Stoff meines Overalls könnte sich in der Säge verfangen. Die Zähne des Sägeblatts waren so geformt, daß sie das Holz zur Säge hinzogen. Meinen Armen würde es im Falle eines Falles sicher genauso ergehen.

Zwei Stunden später war der Keilholzstapel doppelt so groß geworden. Fast hatte ich meine Aufgabe beendet, und meine Konzentration begann nachzulassen. Die ständige, immer gleiche Wiederholung machte es unmöglich, die Arbeit völlig sicher auszuführen. Als ich einmal mehr ein Stück Holz auf das Blatt zuschob, spürte ich ein scharfes Ziehen an meinem Handschuh. Mein Arm wurde ruckweise immer weiter auf das Sägeblatt zugezogen, doch ich reagierte fast im selben Moment und riß meine Hand zurück. Stumm starrte ich auf den Handschuh. Das lose PVC in der Nähe des Daumens und das elastische Bündchen hingen in Fetzen.

Ganz langsam beugte ich mich vor und schaltete die Säge

aus. Der Heulton wurde immer tiefer, bis das Blatt stillstand und ich vorsichtig den zerfetzten Handschuh von meiner Hand zog. Ich erwartete, helles Blut aus der Arterie hervorstürzen zu sehen, die zerborstenen Enden zerschmetterter Knochen und weiße Sehnen, die wie Spaghetti frisch aus dem Fleisch meiner Hand hervorleuchteten. Ich fühlte nichts. Bestimmt lag das an dem Schock. Ich hatte von Soldaten gehört, die auch nichts spürten, als ihnen ein Arm oder ein Bein abgerissen wurde. Das hier mußte genauso sein.

»Hast verdammt noch mal Schwein gehabt«, hörte ich George hinter mir knurren. Er hob den Handschuh auf und blickte bedeutungsvoll auf das Gegenstück an meiner rechten Hand. »Ich habe es dir gesagt, mein Junge, keine Handschuhe.«

Völlig überrascht starrte ich auf meine gänzlich unbeschädigte linke Hand. Kein zerfetztes Fleisch, keine freiliegenden Knochen, kein Blut. Eine Welle der Erleichterung spülte den kalten Knoten in meinem Bauch hinweg.

»Das war's. Du bist entlassen«, sagte George und machte auf dem Absatz kehrt. Er ging zu der kleinen Wellblechbaracke hinüber, die als Büro diente, und kam wenige Minuten später mit einem braunen Umschlag zurück, den er verächtlich auf den Stahltisch fallen ließ. Heute war Freitag. Die Lohntüten lagen schon bereit.

»Ich habe keine Lust, mir von der Berufsgenossenschaft wegen so eines Idioten wie dir den Laden dichtmachen zu lassen.«

Mit offenem Mund starrte ich seinen Rücken an, der sich wiederum entfernte. Noch war ich nicht über den Schock hinweggekommen, daß ich fast meine Hand verloren hätte. Gefeuert. Er hatte mich gefeuert. Der alte Mistkerl!

Ich hob die Lohntüte auf und ging mißmutig über den Hof. Wütend trat ich gegen den beschädigten Telegrafenmast, ehe ich mich auf den Weg in die Stadt machte.

»Hab' den verdammten Job sowieso gehaßt«, rief ich zur Sägemühle zurück. Ein hohes Kreischen war die Antwort, als die Bandsäge wieder faßte.

Während mein Vater sein letztes Jahr bei der Armee abdiente, wohnte ich in dem kleinen Bungalow in Yorkshire, den er und Ma sich für den Ruhestand gekauft hatten. Bis ich zum Studieren nach Edinburgh ging, hatte ich das Haus für mich. Es war ideal gelegen, direkt gegenüber der Dorfkneipe.

Als der Sommer sich dem Ende näherte und mein erstes Semester an der Universität heranrückte, stellte ich fest, daß mein Konto weit überzogen war und die Bank allmählich die Geduld verlor. Aus lauter Verzweiflung nahm ich eine Arbeit in einem Steinbruch in der Nähe an. Dort hoffte ich genug Geld zu verdienen, um meine kümmerliche monatliche Studienbeihilfe aufbessern zu können. Die Arbeit war hart, schlecht bezahlt und äußerst gefährlich, wenn man mit sechshundert Pfund Gelatinedynamit und ein paar tausend Tonnen explodierendem Kalkstein herumhantierte.

In dem Steinbruch arbeiteten wir zu dritt, und die Stimmung war entspannt und freundlich. Fünf Tage brachte ich damit zu, oben auf den fünfunddreißig Meter hohen Wänden Bohrlöcher anzubringen. Ich arbeitete mit Ray zusammen, einem 62jährigen Mann aus Yorkshire. Er war ein eher schwerfälliger Mensch, der nie viel sagte, aber eine sanfte Freundlichkeit ausstrahlte.

Seitlich von dem weißen, staubigen Halbrund, das in den Kalkstein hineingebrochen war, stand ein langes, scheunenartiges Gebäude. Es beherbergte die riesige Kreissäge mit den Diamantspitzen und eine ehrfurchtgebietende Bandsäge mit einem dreifachen Draht, um die harten, blauen Kalksteinblöcke zu zerschneiden. Wasser und Karborundum rieselten beständig auf den schnell drehenden dreifachen Draht hinunter, der sich durch das Gestein biß.

Wenn ich nicht mit Bohrarbeiten im Steinbruch beschäftigt war, verbrachte ich meine Arbeitszeit an der Kreissäge, vor der ich große Angst hatte. Es erschien mir ungeheuerlich, damit soliden Stein zu zerschneiden. Ich überwachte die Geschwindigkeit, mit welcher der Stein auf das Sägeblatt von einem Meter fünfzig im Durchmesser zugeführt wurde. Der kritische Moment kam, wenn der erste Zahn faßte. Würde das

Blatt zu schnell in den Stein eindringen, brächen die Zähne aus Industriediamanten ab, und das Sägeblatt wäre nicht mehr zu gebrauchen. Ray und der Boß schienen sich weitaus mehr Gedanken über die damit verbundenen Kosten zu machen als über die möglichen Nebenwirkungen der Diamantsplitter, die durch die Werkhalle jagen und deren Insassen verletzen könnten. Jedenfalls bediente ich das Kontrollrad für den Vorschub mit äußerster Vorsicht.

Am Morgen des fünften Bohrtages winkte Ray mich in eine kleine Stahlkammer hinüber, die seitlich an das langgestreckte Gebäude angebaut war.

»Ich muß das Jelly zum Bohrplatz bringen«, sagte er schroff.

»Das Jelly?«

»Gelatinedynamit, mein Junge. Ich ziehe ja das Zeug vor, das ich selber mache, aber was soll's.«

»Du machst Dynamit?« fragte ich ungläubig.

»So was Ähnliches«, antwortete er. »Diesel und Dünger und noch ein paar Kleinigkeiten. Funktioniert vorzüglich.«

Er griff in die stählerne Pulverkammer hinein und holte aus dem Dunkel eine schwere Pappschachtel hervor. Darauf stand in großen, roten Buchstaben: GELATINEDYNAMIT – HOCHEXPLOSIV – GEFÄHRLICH. Das mußte ich nicht erst gesagt bekommen.

Ich hatte den Kipper zur Pulverkammer hinübergefahren und stand ganz nervös daneben, während Ray die Kiste zu mir hertrug. Als er in die Nähe des offenen Ladebehälters hinten auf dem Kipper kam, stemmte er die Kiste hoch in die Luft.

»Fang!« rief er mir zu.

Mit einem erschreckten Aufschrei machte ich einen Satz nach vorn und versuchte verzweifelt, die Kiste mit ausgestreckten Armen aufzufangen. Doch zu meinem Entsetzen stürzte sie zwischen meinen Armen hindurch zu Boden. Ich schloß die Augen und wartete auf den letzten, blendendweißen Lichtblitz meines Lebens. Ray brach vor Freude in schallendes Gelächter aus.

»Du Blödmann«, sagte er. »Das geht nicht einfach so in

die Luft. Es ist absolut sicher, Jungchen. Man kann es sogar anzünden. Hier, schau her.«

Er nahm eine ordentliche Stange Dynamit heraus. Sie war so dick, wie eine Kaffeetasse rund ist, gut einen halben Meter lang und mit Pappe überzogen. Ein schmieriges, klebriges Zeug, das nach Marzipan roch, stand aus den Enden heraus. Ray zündete ein Streichholz an. Ich sprang nach rückwärts. Er grinste mich herausfordernd an, während er die Flamme immer dichter an den Sprengstoff hielt. Wir standen neben lauter Kisten von dem Zeug, sechshundert Pfund insgesamt, und dieser Irre war drauf und dran, das Dynamit in Brand zu setzen. Ich mochte meinen Augen nicht trauen. Doch gleichzeitig konnte ich mich nicht dazu überwinden, kehrtzumachen und wegzulaufen. Das Gelatinedynamit flackerte auf, als es mit dem Streichholz in Berührung kam, und brannte dann mit schwacher, rauchiger, gelber Flamme gleichmäßig vor sich hin.

Als der Laster den Weg hinaufrumpelte, lehnte Ray sich zu mir herüber. »Es ist nicht das Jelly, um das du dir Sorgen machen mußt, mein Junge«, sagte er. »Das hier ist viel gefährlicher.« Er zog eine Handvoll Glasröhren heraus – Zünder.

»Um Himmels willen, Ray!« schrie ich entsetzt auf. »Was willst du denn damit?« Selbst ich kannte die Regel, daß Sprengstoffe und Zünder niemals zusammen transportiert werden dürfen. Und Ray hatte beides zusammen in einem rumpelnden, vibrierenden Kipper.

Als Ray die Sprengladungen vorbereitete, stand ich daneben. Er drückte ein Loch in eine Stange Gelatinedynamit und band dann etwas daran fest, das aussah wie ein weißes Kabel, an dem man üblicherweise Stecker anschließt. Nur war dieses Kabel mit Kordit gefüllt, nicht mit drei Phasen aus Draht. Die Stange ließ Ray in ein Bohrloch fallen, gefolgt von mehreren Schaufeln voll Kies. Dann kamen noch einmal zwei Stangen, mehr Kies und weitere Stangen, bis schließlich der Kies oben aus dem fünfunddreißig Meter tiefen Loch herausquoll. Eine dünne, weiße Schnur führte am Ende heraus. Als alle Löcher gefüllt waren, verband Ray die zehn korditgefüllten Zündschnüre miteinander und befestigte sie an einem langen elektrischen Draht. Er rollte die Hauptschnur aus und ging vorsichtig rückwärts am Generator vorbei, bis er dreißig Meter von den Sprengladungen entfernt war.

»Jetzt müssen wir aber wirklich aufpassen«, sagte Ray, während er die Drähte überprüfte.

»Warum?«

»Wenn die letzten Ladungen zu dicht an der Oberfläche liegen, werden die Blöcke nach oben und nach hinten geschleudert statt in den Steinbruch hinaus.«

»Was? Du meinst, in unsere Richtung?«

»Ja, könnte immerhin sein. Am besten behält man die Steine im Auge, wenn's losgeht.«

Als er genug mit den beiden Kontakten herumgebastelt hatte und davon überzeugt war, daß alles seine Richtigkeit hatte, reichte er mir den kompakten kleinen Drücker.

»Man los, mein Junge, gönn dir den Spaß.«

Ich hatte eine schwarze Kiste mit einem T-förmigen Griff erwartet, aber der Schalter war ein kleines Ding mit einem Drehknauf daran.

»Mach schon, mein Junge. Einmal kräftig drehen, und die ganze Chose fliegt in die Luft ... hoffe ich.«

Ich zögerte und wollte das Angebot schon ablehnen. Wer würde denn so kindisch sein und zweitausend Tonnen Gestein in die Luft jagen wollen? Ich, beschloß ich und drehte an dem Knopf.

Die Explosion war nicht so laut, wie ich erwartet hatte, weil sie tief im Innern des Gesteins stattfand und daher gedämpft wurde. Fasziniert sah ich zu, wie Wolken aus Rauch und Staub aufwirbelten und riesige Blöcke in den Steinbruch fielen. Einzelne Trümmer schossen hoch in die Luft, und ich konnte beobachten, wie sie dabei einen Bogen beschrieben. Ein Felsblock, so groß wie ein Billardtisch, schien unmittelbar vor mir am Himmel zu schweben, und eine Menge kleinerer Blöcke wurden daneben emporgeschleudert.

»Lauf weg!« rief Ray plötzlich mit einem ganz untypischen

Gefühlsaufwand. Als ich mich umdrehte, sah ich ihn über das nasse, frisch gepflügte Feld hinter uns galoppieren. Ich blickte zurück auf die Felsblöcke, als sie gerade den höchsten Punkt ihrer Flugbahn erreicht hatten und sich anschickten, wieder herunterzufallen. Da begriff ich, daß sie ganz und gar nicht über den Steinbruch hinausflogen – sie wurden zu mir nach hinten geschleudert. Ich ließ den Auslöser fallen und fing an zu rennen. In dem Moment, als ich den Steinen den Rücken zukehrte, wurde die Angst in mir übermächtig. Ich rannte blindlings geradeaus, viel zu entsetzt, um mich umzudrehen und nachzuschauen, wo die Blöcke wohl aufschlugen. Bald hatte ich Ray eingeholt und stampfte mühsam weiter über das Feld, wo große, schwere Erdklumpen an meinen Füßen hängenblieben. Hinter mir hörte ich mehrere dumpfe Schläge und ein metallisch krachendes Geräusch, das meine erschöpften Beine zu einem noch schnelleren Spurt antrieb. Mein Herz schien zerspringen zu wollen, als ich stolperte und mit dem Gesicht voran auf den feuchten Erdboden fiel. Gerade hatte ich mich einigermaßen beruhigt und stand etwas unsicher wieder auf meinen zwei Beinen, da hörte ich Ray ein Stück entfernt lachen. Ich war hundert Meter weiter gelaufen als er. Erschöpft humpelte ich zurück und betrachtete den Dieselgenerator. Die Motorabdeckung schien schwer beschädigt.

»Wo ist der Auslöser?« fragte Ray.

»Weiß ich nicht. Irgendwo hier habe ich ihn fallen gelassen.«

Ich entdeckte den weißen Zünddraht und folgte ihm nach hinten, bis er unter einem großen Felsblock verschwand.

»Zweihundertfünfzig Pfund im Eimer«, grunzte Ray, als er sich auf den Weg nach unten in den Steinbruch machte, um das Ergebnis seiner Explosion zu begutachten.

Vierzehn Tage später reiste ich per Anhalter nach Edinburgh, um das erste Wintersemester meines vierjährigen Studienganges im Fach Englische Literatur zu beginnen.

5. KAPITEL

Eisige Annäherungen

Von meiner ersten Kostprobe im schottischen Winterklettern war ich enttäuscht. Wo blieben all die sagenhaften senkrechten Eiswände? Wir befanden uns ungefähr auf halber Höhe des Red Gully im Corrie-an-t-Sneachda, nachdem wir einen einigermaßen steilen, verwinkelten Schneehang mehr hinaufgewandert als -geklettert waren. In den Dolomiten hatte ich steilere Abfahrten auf Skiern bewältigt. Die Wände des Eisschlauchs rückten immer näher an uns heran, was der ganzen Aktion einen etwas aufregenderen Charakter verlieh, aber der Schwierigkeitsgrad der Route blieb insgesamt unverändert leicht.

Ich blickte auf und sah, daß Adrian stehengeblieben war und das Seil einholte. Bisher waren wir zusammen vorwärts gegangen, und ich hatte bemerkt, daß er viel trainierter war als ich. Weil wir aneinandergeseilt waren, konnte ich nicht anhalten, um mich auszuruhen, sondern mußte mit Adrian Schritt halten. Auf keinen Fall wollte ich ihn bitten, langsamer zu gehen, nachdem ich den Red Gully geringschätzig als viel zu einfach bezeichnet hatte.

Adrian hatte mir geduldig erklärt, daß es sicherlich vernünftig wäre, mit etwas Einfachem anzufangen, weil ich noch nie im Winter geklettert war. Seinen Vorschlag, es mit dem Central Gully zu probieren – einer Route im I. Schwierigkeitsgrad –, hatte ich rundheraus abgelehnt. Vom Boden des Kessels aus konnte ich sehen, daß es sich um nichts weiter als einen mühseligen Schneemarsch handelte.

»Ganz bestimmt nicht«, hatte ich verächtlich gesagt. »Ich möchte in richtigem Eis klettern.«

Dazu hatte ich mit meinem jüngst erworbenen Eispickel drohende, winkende Bewegungen gegen eine nicht vorhandene senkrechte Eisfläche ausgeführt. Ich hatte fantastische Bilder gesehen von Leuten, die in den schottischen Bergen gewaltige Eisfälle erkletterten. Da machte es keinen Spaß, im I. Grad zu klettern. Wie sollte ich je eine Route im V. Grad bewältigen, wenn ich so klein anfing?

»Okay«, hatte Adrian eingeräumt. »Wir nehmen den Red Gully und gucken, wie es geht. Das ist eine gute II, die sollte weiter oben ein paar vereiste Stellen haben.«

Vereiste Stellen, dachte ich mürrisch, während ich durch den Schnee bergauf stapfte. Ich habe in einem Gin mit Tonic schon mehr Eis gesehen.

An jenem Morgen waren wir vom Campingplatz in Glen More ganz in der Nähe des Loch Morlich aufgebrochen. Dies war meine erste Begegnung mit dem Bergsportverein der Universität von Edinburgh *(Edinburgh University Mountaineering Club*, kurz *EUMC)*. Ich hatte mich gezwungen gesehen, meine natürliche Abneigung gegen Vereine, Erste Vorsitzende, Schatzmeister, Präsidenten und gegen all die kleinlichen Kompetenzstreitigkeiten zu überwinden und dem EUMC beizutreten, da ich die Transportmöglichkeit in die Highlands nutzen wollte, die der Verein alle vierzehn Tage anbot. Außerdem lernte ich so andere Kletterer kennen, und ich hätte nichts dagegen gehabt, über die Mitgliedschaft in diesem Bergsportverein einen festen Kletterpartner zu finden, am liebsten einen mit Auto.

Der Bus hatte uns die Straße zum Skigebiet hinaufgebracht und einen bunten Haufen Rucksäcke, Pickel, Kletterer und Seile auf dem Parkplatz am Corrie Cas abgeladen. Von dort führt ein Sessellift in zwei Etappen gut tausend Meter hoch zum Fuße des Cairngorm. So ist Loch Avon im Herzen der Northern Cairngorm Mountains problemlos zu erreichen.

Als wir uns die Schuhe zubanden und die Rucksäcke überprüften, erblickte ich überrascht ein großes Rentier, das völlig unbekümmert zwischen den Bussen und den Autos hin und her schlenderte, bis es schließlich geduldig vor uns stehenblieb. Jemand gab ihm einen Mars-Riegel, den es nachdenklich kaute, mit Papier und allem Drum und Dran, während es uns mit unverändert gelangweiltem Gesichtsausdruck musterte.

»Was macht der denn hier?« fragte ich ungläubig.

»Oh, davon gibt es hier jetzt jede Menge«, sagte Adrian, der gerade seinen Rucksack vor der neugierigen Rentiernase rettete. »Komm, wir bleiben zurück.«

Er schulterte seinen Rucksack und marschierte los.

»He«, rief ich. »Der Sessellift ist da drüben.«

»Weiß ich«, klang es zurück. »Wir laufen. Das ist billiger, und ein bißchen Bewegung wird uns guttun.«

Ich habe das Wandern schon immer verabscheut. Zwar bin ich gelegentlich lange Strecken gewandert, um irgendwo klettern zu gehen, aber niemals, weil ich etwa so gern wandere.

Mein Körper ist nicht zum Wandern gemacht; er ist dafür ganz und gar falsch konstruiert. Meine Beine sind viel zu kurz, und mein Rumpf hat genau die richtige Form, um sich in einen Sitz zu schmiegen und bequem an seinen Bestimmungsort befördert zu werden, am liebsten mit etwas Schnellem und Aufregendem, zum Beispiel mit einem Sportwagen oder einem Hubschrauber. Ich murrte also mißgelaunt vor mich hin, während ich hinter Adrian herstapfte, gezwungen, mit seinen langen Schritten mitzuhalten, weil ich nicht wußte, wo wir hingingen. Außerdem hatte ich weder eine Karte noch eine Trillerpfeife, noch einen Kompaß bei mir, auch wenn mir das nicht viel genutzt hätte. Ich habe nie herausfinden können, wie man einen Kompaß benutzt. Statt dessen habe ich mich lieber auf sorgfältig ausgewählte Partner verlassen, die die Fähigkeit besaßen, sich einfach überall zurechtzufinden.

Vom Parkplatz aus folgten wir der Höhenlinie um den Fiacaill of Coire Cas herum und in den Talkessel selbst. Auf einem schmalen Pfad wanderten wir der Stirnseite des Tales entgegen, von wo aus die gedrungenen schwarzen Felsvorsprünge der Hauptwand zu sehen waren. Tief hineingeschmiegt in den hintersten Winkel des Kessels erhebt sich die Wand mit vier wohlunterschiedenen Pfeilern, jeweils begrenzt von flachen Rinnen und durchsetzt mit Eis und Pulverschnee.

Nach einer kurzen Diskussion über die Route, die wir wählen wollten, machten wir uns auf den Weg den breiten

Schneekegel am Fuße des Red Gully hinauf. Wir waren die letzten, die mit dem Klettern anfingen. Ich hatte bemerkt, daß Dick Nossiter, ein Mitglied des EUMC, auf eine Route in einer Rinne zugegangen war, die ›The Runnel‹ hieß, in der Absicht, sie solo zu gehen. Einen Moment lang spürte ich einen Stich der Eifersucht. Obwohl ›The Runnel‹ den gleichen Schwierigkeitsgrad hatte wie unsere Rinne, sah Dicks Route interessanter aus. Sie gabelte sich weiter oben auf den hundertzwanzig Metern ihrer Gesamtlänge, so daß man am Ende die Wahl hatte. Der linke Zweig führte in einen steilen, schmalen Kamin hinein, der viel spannender aussah als der gesamte Red Gully, aber weil wir als letzte eintrafen, waren auch schon zu viele Kletterer dorthin unterwegs; so blieb uns nur der Red Gully.

Ich schloß zu Adrian auf und ließ mich dankbar neben meinen Pickel in den weichen Schnee fallen. Adrian Clifford war ein großer, bärtiger junger Arzt, zugänglich und freundlich und obendrein stolzer Besitzer eines Autos. Seine langen Nachtschichten als Assistenzarzt im Krankenhaus von Edinburgh machten es zu einem extrem gefährlichen Unterfangen, am Wochenende nach Norden zu fahren. In der Regel hatte er bei seinem Eintreffen seit ungefähr sechsunddreißig Stunden keinen Schlaf mehr gehabt, und ich rechnete immer mit der Nachricht, er sei auf der Strecke nach Loch Lomond ums Leben gekommen, weil er am Steuer eingeschlafen war.

»Die Kletterbedingungen sind ganz einfach«, sagte er.

»Das habe ich auch schon gesehen«, entgegnete ich, das Gesicht im Schnee vergraben.

Ich blickte auf. Adrian starrte hinunter auf den Boden des Kessels. Ich hörte einen Ruf aus der Ferne, einen Warnschrei, und dann sah ich einen Körper aus einer Rinne hervorschießen, die hinter dem Felsvorsprung zu unserer Linken verborgen lag. Er bewegte sich mit unglaublicher Geschwindigkeit. Als er in unser Blickfeld geschossen kam, überschlug er sich in einem wilden Wirbel von Armen und Beinen, während die Eispickel an ihren Handschlaufen lose hin und her schwangen.

»Großer Gott!«

»Schnell!« sagte Adrian. »Wir laufen am besten hinunter.«

Ich konnte meinen Blick nicht von der kleinen Gestalt abwenden, welche die langen, auslaufenden Hänge unterhalb der Felsen hinuntersauste. Sie glitt dahin, den Kopf voran, die Arme V-förmig zu den Seiten ausgestreckt, und machte keinen Versuch, die rasende Talfahrt mit Hilfe der Pickel abzubremsen. Am Ende des Hanges erstreckte sich der Talboden als Durcheinander von Felsbrocken und Gesteinsblöcken – verstreute Überreste eines eiszeitlichen Gletschers. Ein großer, schwarzer Felsen ragte aus dem Schneehang hervor, und die zerbrechliche Gestalt hielt – wie die Biene zum Honigtopf – geradewegs darauf zu. Ich starrte mit offenem Mund. Halb hatte ich Angst zuzusehen, halb war ich fasziniert. Mit übelkeiterregender Plötzlichkeit kam der Körper zum Halten. Kein Geräusch war zu hören, trotzdem zuckte ich zusammen, als ich ihn so gewaltsam zum Stehen gebracht sah, mit dem Kopf voran gegen den Felsen geprallt.

»Komm!« rief Adrian. Er hatte das Seil gelöst und rannte die Rinne hinunter, so schnell er nur konnte. Ich blickte auf den Wirrwarr von Seilschlingen zu meinen Füßen und begann geistesabwesend, sie mir um den Nacken zu legen. Während ich das tat, blickte ich auf den Körper hinunter in der sicheren Erwartung, den Schnee zu einem roten Flecken erblühen zu sehen. Keine Bewegung. Tot. Er muß tot sein, dachte ich. Auf gar keinen Fall kann er das überlebt haben. Plötzlich regte sich ein Bein.

»Adrian! Er lebt noch.«

Im selben Moment rollte sich die Gestalt zu einer Kugel zusammen und erhob sich schwerfällig auf die Knie. Kurze Zeit blieb sie vornübergebeugt und hielt den behelmten Kopf mit beiden Händen, dann stellte sie sich unsicher auf die Füße. Der Gestürzte wandte sich um und blickte zu den schweigenden Klippen hinauf, wo aus jeder Rinne Kletterteams zu ihm hinunterstarrten.

»Ich bin in Ordnung!« rief er.

Die Worte hallten von der Felswand wider, und ich sah ihn mit hoch über den Kopf gestreckten Armen triumphierend dastehen, einen Pickel in der Hand. Noch ehe sein Ruf völlig verhallt war, kippte er langsam vornüber, mit dem Gesicht in den Schnee, bewußtlos.

Eine große Menschengruppe, die Rettungstechniken geübt hatte, eilte zu ihm. Nach einem ausgedehnten Rufwechsel war es Adrian gelungen herauszufinden, daß kein Arzt gebraucht wurde; es handelte sich um Angehörige der Bergrettungsmannschaft der R.A.F., und Dick Nossiter, der Verunglückte, hatte den Zeitpunkt seines Sturzes perfekt gewählt.

Wir beendeten den Aufstieg schweigend – eine einfache, langweilige Schneerinne im zweiten Schwierigkeitsgrad, genau wie ›The Runnel‹, wo Dick uns so gekonnt seine spezielle Art des Todessprungs vorgeführt hatte. In jenen endlosen Sekunden, nachdem er zum Halten gekommen war, hatte ich fest geglaubt, ich sei soeben Zeuge geworden, wie jemand zu Tode stürzte. Die Erinnerung daran begleitete mich auf dem langen Fußweg zurück zum Parkplatz.

Dick saß mit geschwollenem Gesicht und glasigen, blutunterlaufenen Augen im Bus auf dem Weg zurück nach Edinburgh. Die scherzenden Kommentare über seine Kletterkünste hatten einen ungewöhnlich angespannten Unterton, als ließe sich der Ernst dessen, was er erlebt hatte, und wie nah er dem Tod gekommen war, nicht hinwegreden, soviel wir auch lachten.

Nicht lange nach meinem ersten Ausflug in die schottischen Berge nahm ich den Nachtbus des EUMC nach Glencoe, wo ich die Gegend am Coe bei warmem Wetter in Wolken gehüllt vorfand. Es regnete, während wir uns beeilten, die Zelte aufzubauen, ehe die Bar des nahe gelegenen *Clachaig Inn* schließen würde. In der nüchternen Atmosphäre des Schankraums diskutierten wir dann, welche Route wir am nächsten Morgen in Angriff nehmen wollten.

Ich strotzte vor Selbstvertrauen eingedenk des Umstands,

daß ich jetzt ein Mann mit zwei Eispickeln war, stolzer Besitzer eines neuen Eishammers, das heißt eines Werkzeugs, das verdächtig wie ein Geologenhammer aussah und sich als ungefähr genauso effektiv erwies, wenn es ums Eisklettern ging. Ich hatte mich schon gewundert, warum der Verkäufer es so eilig gehabt hatte, den Preis in die Kasse einzutippen, kaum daß ich den Hammer in der Hand hielt.

Immerhin hatte er eine schön geformte Haue, deren Zähne ich gefeilt hatte, bis sie so scharf wie Rasierklingen waren. Der Griff war aus blauem Gummi, und er lag gut in der Hand, als ich damit im Zelt einige Probeschwünge machte. Nick Rose, mein Partner an diesem Wochenende, hatte ihn mir aus der Hand gewunden, ehe ich die Nylonaußenwände des Zeltes zerfetzen konnte. »Was auch immer wir machen«, hatte ich gesagt, als wir durch den Regen zur Bar gelaufen waren, »es wird keine lächerliche II sein.« Nick hatte nichts darauf erwidert.

»Steiles Eis«, sagte ich, als in der Bar die letzte Runde ausgerufen wurde, »das ist es, was wir brauchen.«

»Das ist deine Runde«, entgegnete Nick.

Während ich in der schwitzenden, dampfenden Menschenmenge anstand, fielen mir die Farbfotos hinter der Bar auf. Besonders eines stach mir ins Auge. Es war das Bild von einem bläulichweißen Eisfall mit einem Kletterer, der wie eine Fliege mitten darauf klebte. Als ich genauer hinsah, bemerkte ich, daß der Mann bis auf seine Schuhe und die Fäustlinge völlig nackt war. Es erschien mir ein bißchen extrem, eine derartig ausgesetzte Route so anzugehen.

»Hast du das Foto von dem Typen gesehen, der nackt an dem Eiszapfen hängt?« fragte ich Nick.

»Ja. ›Elliots Downfall‹. So heißt die Route, die er geht.«

»Tatsächlich. Sieht großartig aus. Wo ist das?«

»Hier am Coe«, antwortete Nick argwöhnisch. »An der Westwand des Aonach Dubh.«

»Ganz in der Nähe, was? Nun, warum versuchen wir es nicht einmal?«

»Um Himmels willen, Joe, du hast bis jetzt erst eine II

geschafft. Gleich im V. Grad weiterzumachen ist vielleicht ein bißchen viel.«

»Oh. Ich hatte keine Ahnung, daß das so schwierig ist«, sagte ich. »Aber du kannst ja führen, wenn du willst.«

»Will ich nicht«, entgegnete Nick bestimmt.

»Gibt es etwas anderes, das so ähnlich ist, aber ein bißchen einfacher?«

»Nun, wir könnten es mit dem ›Screen‹ versuchen, denke ich mir. Das ist IV. Grad und ziemlich steil, aber das schlimmste Stück geht im wesentlichen über eine Seillänge.«

»Gut. Das machen wir.«

»Ich weiß nicht. Vielleicht ist es ein bißchen viel ...«

»Nein, wir gehen den ›Screen‹. Ich werde führen. Keine Sorge.«

Und wir stolperten in der Dunkelheit einer warmen, mondlosen Nacht zurück zu unseren Zelten.

»Vielleicht sind die Eisverhältnisse nicht günstig«, sagte Nick, als er in seinen Schlafsack kletterte. »Immerhin ist es nicht besonders kalt, weißt du.«

»Nun, wir werden ja sehen, morgen früh«, erwiderte ich fröhlich, während ich mit meinem neuen Eishammer wild auf den Nachthimmel einhieb. Zu behaupten, ich besäße reichlich Selbstvertrauen, wäre eine Untertreibung gewesen. Ich hatte überhaupt keine Vorstellung davon, was es bedeutete, im IV. Grad eiszuklettern. Bis zu jenem Winter war ich besser gewesen als die meisten Leute, mit denen ich geklettert war. Arroganterweise nahm ich jetzt an, die Eiskletterei würde sich als genauso einfach erweisen. Strotzend vor Eitelkeit, kroch ich im Bewußtsein meiner eigenen Großartigkeit ins Zelt und legte den Hammer voll Besitzerstolz unter meinen Rucksack, der als feuchtes Kopfkissen diente. Einen Moment lang spielte ich mit dem Gedanken, Nick zu erzählen, daß ich beschlossen hatte, meinen Hammer ›Thor‹ zu nennen, aber ich konnte mich gerade noch zurückhalten. Ich mußte ja nicht unbedingt einen völligen Idioten aus mir machen.

Nach einem atemberaubenden Rennen die steilen, heidebewachsenen Hänge an den Flanken des Aonach Dubh hinauf suchten wir uns am nächsten Morgen vorsichtig einen Weg durch nassen Schnee und über Buckel aus glänzendem Wassereis bis zum Fuße des ›Screen‹. Zu meinem absoluten Leidwesen sah ich den Führer einer Seilschaft hoch oben auf dem ersten Kletterabschnitt. Eisklumpen schlugen auf unsere Schultern, als wir einen Schneeanker eingruben, eine Art der Sicherung, die auch ›Toter Mann‹ genannt wird. Nick hängte sich in den Draht ein, der an dem kleinen Blech aus verzinktem Stahl befestigt war, das im Schnee verborgen lag, und erklärte zuversichtlich, jetzt könne ihn nichts mehr umwerfen. Mit einem nervösen Blick auf den steilen Schneehang und die vereiste Rinne unter uns wackelte ich auf meinen Steigeisen unsicher zu ihm hinüber und hängte mich ebenfalls in den Toten Mann ein. Die Steigeisen fühlten sich seltsam an, ganz so, als müßte ich auf Schuhen mit lauter hohen Absätzen gehen. Werde mich schon dran gewöhnen, beruhigte ich mich selbst.

Dick Nossiter, dessen lädiertes Gesicht sich inzwischen von seinem Sturz erholt hatte, lächelte mir von seinem Standplatz aus zu. Sein Seilerster hatte den ersten, zwanzig Meter hohen Eisfall bewältigt und das Seil in einen alten Haken hinten in einer kleinen Höhle eingehängt.

»Sieht so aus, als ob es sich nicht hält«, sagte Dick.

Wasser strömte die Eisoberfläche hinunter. An der Art und Weise, wie der Führer seinen Pickel einsetzte, konnte ich erkennen, daß die oberen fünf Zentimeter aus wäßrigem Eisbrei bestanden. Probeweise schlug ich einmal in das Eis unmittelbar vor mir hinein und verrenkte mir dabei erfolgreich das Handgelenk. Die Spitze meines Pickels kam sofort wieder aus dem dünnen Eis herausgeschnellt, während von dem darunterliegenden Fels die Funken flogen. Fast hätte ich den Hammer fallen gelassen.

»Hast du keine Handschlaufe für das Ding?« fragte Dick.

»Nein«, entgegnete ich spitz, verärgert darüber, daß er meinen ganzen Stolz ein ›Ding‹ nannte. »Keine Zeit gehabt«, log ich. Wozu brauchte ich eine Handschlaufe? »Wird schon für diese Route reichen«, fügte ich voller Selbstvertrauen hinzu. »Ist ja nicht besonders lang.«

Auf Dicks Gesicht machte sich ein leicht verwunderter Ausdruck breit, als er daranging, der Führung seines Partners zu folgen. »Sei vorsichtig, Mann«, sagte er, tat einen Schritt nach oben und war verschwunden.

»Keine Sorge«, versetzte ich, diesmal mit einem erfolgreicheren Schlag gegen das Eis. »Das hier ist schon ein gutes Werkzeug«, murmelte ich zu Nick hinüber, während ich heftig an dem Hammer zerrte, um ihn aus dem zähen Eisbuckel zu befreien, in den ich ihn versenkt hatte.

»Wir hätten ihn Excalibur taufen sollen«, kommentierte Nick trocken. »Und du darfst König Artus sein, wenn du ihn herausbekommst.«

Eine Dreiviertelstunde später hatte Dick immer noch nicht den Haken in der Höhle erreicht. Wir waren durchnäßt und froren. Zwei weitere Kletterer waren an unserem Standplatz zu uns gestoßen und saßen auf der anderen Seite, während sie Dicks Vorankommen mit grimmigem, mißbilligendem Gesichtsausdruck verfolgten. Sie waren älter als wir, und ihre selbstsichere Überlegenheit gab mir ein unbehagliches Gefühl.

Geduld war noch nie meine Stärke. Vielleicht liegt es daran, daß ich als jüngstes von fünf Kindern aufgewachsen bin und immer darum kämpfen mußte, mich zu behaupten. Vielleicht wurde ich auch einfach als grantiger, dickköpfiger kleiner Kerl geboren und habe mich nie geändert. Ich persönlich tendiere mehr zur ersten Theorie.

»Oh, Scheiße! Ich kann nicht länger warten.« Ich stand auf.

»Was machst du denn?« fragte Nick. »Du kannst nicht losgehen, ehe er fertig ist.«

»Mach dir keine Sorgen«, entgegnete ich. »Ich möchte bloß anfangen, bevor das Eis ganz weggetaut ist. Schau her.«

Ich schwang meinen Pickel über mich und ließ den Eisbuckel unter mir zurück. Nach ein paar Hopsern den Eisfall hinauf begann ich mich zu fragen, warum Dick solche Schwierigkeiten hatte. Mir erschien das Vorwärtskommen erstaunlich einfach, einfacher als Felsklettern. Man wählt seine eigenen Griffe und Tritte, indem man hier einen Pickel einschlägt oder dort einen steigeisenbewehrten Fuß aufsetzt.

Das Schmelzwasser, das den Eisfall hinunterströmte, floß über die Griffe meiner Werkzeuge und über meine Handgelenke, bis es in eisigen Rinnsalen tropfenweise meine Achselhöhlen erreichte. Ich schauderte vor Kälte. Als der Neigungswinkel steiler wurde, stellte ich fest, daß ich die Pickel stärker festhalten mußte, und ich begann mir Sorgen zu machen, wie gut sie saßen. Die Neigung drückte mich nach außen, und meine Arme ermüdeten schnell. Immer wieder vergaß ich, an meine Füße zu denken, bis die Frontalzacken meines rechten Steigeisens plötzlich aus dem weichen Eis herausbrachen und ich nur noch an den Hauen meiner Pickel hing. Ich trat wie verrückt gegen das Eis und versuchte, die rasende Angst in meiner Brust niederzukämpfen.

Dick schien überhaupt nicht vorwärts gekommen zu sein. Er klopfte mit einem Pickel gegen das Eis, zweifelnd, ob er die wenigen, unsicheren Seitwärtsbewegungen bis zur Höhle riskieren sollte. Klumpen aus weichem Eis schlugen auf meine Schultern und rutschten mir in den Halsausschnitt hinein. Dick hing mit gespreizten Armen und Beinen ungefähr acht Meter über mir am Wasserfall. Ich blickte hinunter zu Nick und sah ihn gespannt zu uns heraufstarren. Die beiden älteren Kletterer schienen über mich zu lachen. Ich schlug einen Eishaken in den Eisfall und hängte das Seil in die Öse ein. Zwar glaubte ich nicht, daß der Haken in der weichen Eisoberfläche viel aushalten würde, aber ich hatte so ein besseres Gefühl.

Plötzlich rutschte einer von Dicks Füßen vom Eis ab, und ich duckte mich zur Seite. Eis und Matsch fielen mir auf den Kopf, aber danach kam kein Kletterer mit Steigeisen an den Füßen, wie ich schon halb erwartet hatte. Tja, entweder muß ich wieder runter oder weiter rauf und an ihm vorbei, dachte ich. Verdammt will ich sein, wenn ich wieder absteige und den Typen da unten gegenübertrete, die über mich gelacht haben. Als ich auf einer Höhe mit Dicks Füßen war, sah ich, daß er zwischen den Beinen hindurch nach unten blickte.

»Mach dir keine Sorgen«, sagte ich, als ich meinen Eishammer in das Eis unmittelbar unter seinem Schritt einschlug. Plötzlich sah er sehr besorgt aus. »Wenn du still stehenbleibst, klettere ich an dir vorbei und bin dir dann nicht mehr im Weg.«

Ich schlug meinen Pickel unmittelbar links von seiner Hüfte ein und trat höher. Dick zuckte zusammen. Zunächst hatte ich leichte Schwierigkeiten, den Hammer zwischen seinen Beinen herauszubekommen, aber schließlich gab er nach, und ich plazierte ihn im Eis neben dem Pickel. Mir fiel auf, daß Dick deutlich weniger angespannt war, seit ich nicht mehr zwischen seinen Beinen herumhämmerte.

Völlig in das Problem vertieft, an Dick vorbeizuklettern, ohne herunterzufallen oder ihn zu treffen, hatte ich die Anspannung in meiner rechten Hand zunächst nicht bemerkt. Schließlich war ich an ihm vorbei und stand auf meinen Frontalzacken unmittelbar über seinen Schultern. Ich betrachtete die dunkle Höhle zu meiner Rechten. Eine leuchtend bunte Bandschlinge war auf der einen Seite in den Haken und auf der anderen in Dicks Seil eingehängt. Ein paar Bewegungen, und ich würde hinüberreichen und sie greifen können.

Die Haue meines Pickels schien gut eingegraben zu sein, daher langte ich nach rechts hinüber und versuchte, meinen Hammer einzuschlagen. Das Eis löste sich unter meinen Schlägen vom Fels. Ich hatte den Punkt erreicht, an dem Dick schon so lange festsaß, und so langsam wurde mir klar, warum. Das Eis stand unter Wasser. Ich brauchte eine solide Plazierung für jedes Handgerät, um sicher zur Höhle hinüberzukommen.

Ein nadelstichartiger Schmerz begann sich im Ballen meines rechten Daumens auszubreiten. Ich bekam einen Krampf in der Hand, weil ich den feuchten Gummigriff des Hammers so fest gepackt hielt. In jenem Moment begriff ich, warum ich eine Handschlaufe brauchte. Eine Schlaufe würde es mir erlauben, mich am Hammer festzuhalten, ohne ihn so fest greifen zu müssen. Ein erster Anflug von Angst durchzitterte mich. Das ging nicht wie geplant. Es war nicht so einfach, wie ich gedacht hatte.

Was dann kam, geschah ganz langsam. Die Haue des Eispickels riß sich plötzlich los, und der Ruck ließ mich vom Eis wegschwingen; als einziger Angelpunkt blieb mir der verzweifelte Griff meiner rechten Hand am feuchten Gummistiel des Hammers. Einen Moment lang schien ich die Situation unter Kontrolle zu haben, dann bewegte sich der Hammer, meine Hand rutschte ein wenig, und praktisch im gleichen Moment, als sich die Haue aus dem Eis befreite, öffnete sich auch mein verkrampfter Griff, und ich fiel. Gerade noch rechtzeitig dachte ich daran, ein wenig nach rückwärts zu springen, um Dick nicht mit meinen Steigeisen zu verletzen. Dummerweise sprang ich mit etwas viel Elan. So kam ich nicht nur heil an Dick vorbei, sondern auch gleich an allem anderen: Mit einem Gefühl, das mir den Magen umdrehte, sauste ich abwärts.

Es war eine eigentümliche Empfindung. Was folgte, schien sich in Zeitlupe abzuspielen. Ich sah Dicks Beine, mein loses Seil, weißes, pockennarbiges Eis und den Eishaken – alles schoß in einer Serie von Schnappschüssen vorbei, Bilder von meinem Sturz, fotografiert durch die starrenden Verschlüsse meiner Augen mit dem dumpfen Gefühl, daß ich mir gleich weh tun würde. Es folgte ein langsamer, gleichsam schwebender Fall, der mit einer brutal plötzlichen Beschleunigung endete, die mir den Eindruck vermittelte, ich wäre über eine bucklige Brücke geschlingert und hätte meinen Magen irgendwo auf Höhe von Dicks Füßen zurückgelassen. Nick sauste an mir vorbei, der Tote Mann war über den Draht mit seiner Taille verbunden, und dann prallte ich auf.

Ich spürte, wie etwas in meiner Brust knirschte, dann blieb die Luft weg. Mein Kopf mit dem Helm schlug schmerzhaft zur Seite, und etwas krachte gegen mein rechtes Bein. Stille und Atemlosigkeit. Ich lag auf der Seite und starrte unentwegt die beiden älteren Kletterer an, die mich mit einer Mischung aus Sorge und Verachtung musterten. Eine Ewigkeit lang schien ich sie anzublicken, während ich immer wieder würgen mußte. Ich konnte einfach keine Luft bekommen.

Endlich sog ich eine Lunge voll kühler Atemluft ein, gerade als einer der Kletterer den Klebstoff an seinem Zigarettenpapier anleckte und es zusammenrollte.

»Hier«, sagte er und reichte mir die angezündete Selbstgedrehte. »Du hättest ›Geronimo‹ rufen sollen.« Er grinste.

Von oben war ein rutschendes Geräusch zu vernehmen, und Nick sprang an meine Seite, als Dick den Eisfall hintergeschlittert kam. Durch meinen Sturz hatte er die Nerven verloren und war selbst abgestürzt; mit feuchten, vereisten Handschuhen hatte sein Partner das Seil nicht halten können.

»Wir treffen uns dann am Zelt«, sagte Nick, als er den Eisfall hinaufkletterte. Er hatte sich in Dicks Seil eingebunden, nachdem der erklärt hatte, er würde mir hinunterhelfen. Ich wechselte kein Wort mit den beiden Kletterern, weil ich weitere Demütigungen fürchtete. Statt dessen grunzte ich Nick zu und machte mich vorsichtig auf den Weg hangabwärts. Ich wußte, daß ich verletzt war, aber mein erhöhter Adrenalinspiegel schien die schlimmsten Folgen des Sturzes vorerst abzuwehren. Mein rechtes Bein schmerzte, aber beim Ausschreiten geradewegs den Hang hinunter fühlte es sich kräftig an. Nur wenn ich das Bein seitlich belastete, brach es buchstäblich unter mir zusammen. Meine Brust und mein Nacken pochten vor Schmerzen.

Als wir den Coe erreichten, erkannte ich zu meinem Leidwesen, daß wir uns zu weit flußabwärts befanden.

»Wir müssen ungefähr einen Kilometer bergauf gehen, um die Brücke zu erreichen«, sagte Dick düster.

Ich blickte flußabwärts. »Hier ist es nicht besonders tief. Meinst du, wir könnten über diese Steine hinüberkommen?«

»Schon möglich, denke ich.«

Ich sah zu, wie Dick von Stein zu Stein sprang, bis er die Kiesbänke auf der anderen Seite erreicht hatte.

»Komm nach«, rief er. »Es ist nicht so schlimm.«

Wie die meisten Rechtshänder trete ich meist mit dem rechten Bein zuerst vor. Das heißt, ich spiele Fußball damit, setze den rechten Fuß als ersten vom Bordstein hinunter und springe auch über Trittsteine im Wasser mit dem rechten Fuß voran. Ich hatte vergessen, daß mein Bein weh tat. In dem Moment, als ich auf dem ersten Stein landete, fuhr ein scharfer Schmerz die Außenseite meines Beins hinauf, und ich fiel mit einem wütenden Aufschrei kopfüber in die eisigen Fluten des Coe.

Schon möglich, daß er flach war, aber auf seinem eiligen Weg zum Meer machte der Fluß keine Gefangenen. Ich schlingerte und rollte stromabwärts, versuchte, mich an den Steinen festzuhalten oder die Füße ins Flußbett zu graben. Der Coe setzte mich schließlich ab, völlig naß, eisig kalt und in übelster Laune, und das ungefähr hundert Meter flußabwärts von einem kichernden Nossiter. Mißmutig patschten wir zurück zur Dorfkneipe.

Zwei Tage später humpelte ich in die Unfallstation des Krankenhauses von Edinburgh. Anfangs wollten mir die Ärzte nicht glauben, daß ich zwanzig Meter tief gefallen war. Doch dann fanden sie drei gebrochene und drei weitere angebrochene Rippen, einen haarfeinen Riß in meinem rechten Schienbein, stark gezerrte Trapeziusmuskeln im Nacken, die meinen Kopf schief auf die linke Schulter hängen ließen, und eine Blase, die sich scheinbar auf Wanderschaft begeben hatte. »Haben Sie geschrien?« fragte der junge Arzt vom Dienst, während er ungefähr einen halben Liter Blut aus meinem Arm abzapfte.

»Eh, nein, eigentlich nicht ...«

»Das ist gut. Hier, tun Sie mir mal den Gefallen und pinkeln da rein?« Er reichte mir ein kleines Glasgefäß. »Wenn Sie geschrien hätten, wären Ihre Lungen beim Aufprall leer gewesen, und Ihre Rippen wären wie Streichhölzer nach innen eingeknickt.« Er grinste mich an. Ich gab ihm ein volles, feuchtes Glas zurück und trocknete mir die Hände am Laken ab.

»Tut weh, wenn Sie pinkeln, sagen Sie?«

»Ja, schon.«

»Soso. Die ist einfach zur Seite geschwappt – Ihre Blase, heißt das. Sie wird den Heimweg schon wieder finden. Die Rippen brauchen drei bis fünf Wochen. Versuchen Sie, nicht zu lachen oder zu niesen. Oh, und melden Sie sich wieder bei uns, falls sich doch noch irgendwelche Probleme mit dem Wasserlassen ergeben. Sie haben großes Glück gehabt, Mr. Simpson. Auf Wiedersehen.«

Als ich in die Wohnung zurückhumpelte, gebeugt wie ein alter Mann und den Kopf fest auf die linke Schulter geklemmt, ganz wie der Glöckner von Notre-Dame, grübelte ich über die Vorstellung nach, die manche Leute vom Glück haben. Ich fühlte mich überhaupt nicht glücklich, eher so, als wäre ich soeben von der gesamten walisischen Rugby-Mannschaft durchgeprügelt worden. Absolut lächerlich hatte ich mich gemacht, und das nicht zum erstenmal!

6. KAPITEL

Die Lernkurve

»Warum versuchen wir es nicht zuerst mit den Dolomiten, gehen ein bißchen Felsklettern und fahren dann weiter nach Chamonix?« fragte Nick Rose.

»Klingt gut«, entgegnete ich. »Wo ungefähr in den Dolomiten?«

»Cortina«, erwiderte er selbstsicher. »Ich habe einen Kletterführer. Wir könnten diese Route gehen.« Er ließ ein Buch auf den Tisch fallen.

»Östliche Dolomiten, was?« sagte ich, nahm das Buch in die Hand und betrachtete die Seite, die Nick aufgeschlagen hatte. »Nordwand (Via Comici) Cima Grande, 500 m, VI. Grad, A1. Was bedeutet denn hier VI. Grad?«

»Keine Ahnung, aber es wird schon anspruchsvoll sein. Im ganzen Buch gibt es keinen höheren Schwierigkeitsgrad.«

»Bist du denn schon mal mit künstlichen Hilfsmitteln geklettert?« fragte ich.

»Eigentlich nicht, nein. Ich meine, ich habe schon mal an dem einen oder anderen Ding gehangen, weißt du, Schrauben und Haken und so, aber nur weil ich kaputt war. Jedenfalls ist das nicht so wild. Wir werden das schon schnell draufhaben.«

Es war Anfang Juli und sehr heiß. Kein Windhauch regte sich, als ich mich völlig abgestumpft und ganz benommen den kieferbestandenen Hügel hinaufkämpfte. Ich folgte der Straße, die, wie ich hoffte, nach Misurina führte. Mehrere Stunden war ich bereits unterwegs, und so langsam begann ich mich zu fragen, ob ich in Cortina etwa die falsche Richtung eingeschlagen hatte.

Ich ließ den schweren Rucksack von den Schultern gleiten und mußte zu meinem Leidwesen mit ansehen, wie er in einen tiefen, mit Dornensträuchern überwachsenen Graben neben der Straße fiel. Bis ich mir einen Weg durch das dichte Gesträuch gebahnt hatte, fluchend und immer wieder aufheulend vor Schmerz, wenn die Dornen meine Arme attackierten, hatte der störrische Rucksack sich fest im Graben verkeilt, und ich war geschafft. Schließlich zerrte ich ihn aus seinem Versteck hervor und brach als staubiger, verschwitzter Haufen am grasigen Straßenrand zusammen. Da lag ich nun und atmete stoßweise die trockene Luft ein, die nach Pinien roch, auf dem Rucksack ausgestreckt, die Beine im Graben. Ein Auto kam langsam den Berg hinaufgekrochen und steuerte erbarmungslos an mir vorbei, gerade als es mir gelungen war, einen erschöpften Daumen in die Luft zu heben. Der Fahrer hielt nicht an.

Bei dieser Gelegenheit sah ich einen großen Dorn aus der Kuppe meines Daumens herausragen und einen blutigen Kratzer auf dem Handrücken. Ich leckte an dem Kratzer und spürte, wie sich ein weiterer Dorn schmerzhaft in meine Zunge bohrte. Zum hundertsten Mal warf ich einen Blick auf die Karte und in meinen Reiseführer. »Folgen Sie der Straße von Cortina zum See von Misurina. Von dort führt ein guter Schotterweg direkt bis zu den Hütten von Auronzo und Lavaredo hinauf.« Nach der Karte sollten es von Cortina nach Misurina ungefähr fünfundzwanzig Kilometer sein. Aha. Zwei Stunden mit einer Geschwindigkeit von ungefähr fünf Stundenkilometern – das heißt, es sind noch mindestens fünfzehn Kilometer. Und dann die zwei Stunden Plackerei den Berg hinauf vom See bis zu den Hütten. O mein Gott ...

Ein herandröhnender Motor weckte mich aus meinem Hitzekoma; ein Auto kämpfte sich von unten durch den Wald herauf. Als ich den Reiseführer zuschlug, fiel mir die letzte Zeile des Absatzes ins Auge, in dem ich gerade gelesen hatte.

»... die Chancen, als Tramper mitgenommen zu werden, sind gut, wenn man allein und nicht zu schwer beladen ist. Wer es ausprobieren möchte, bemühe sich, möglichst erschöpft auszusehen.«

Da ich ohnehin dem geistigen und körperlichen Zusammenbruch nahe war, schlußfolgerte ich, daß ich nur noch meinen riesigen Rucksack verstecken und den Daumen hinaushalten mußte. Es gelang mir, das widerspenstige Gepäckstück mit einem kräftigen Fußtritt zurück in den Graben zu befördern. Das Auto hielt glückseligerweise an, und ein dunkelhäutiger Fahrer mit Schnauzbart spähte neugierig heraus, während ich unsicher auf den Knien hin und her schwankte. Mir fiel auf, daß ich beide Hände flehentlich ausgestreckt hielt, die offenen Handflächen nach oben gekehrt. Vergiß den Daumen – höchste Zeit für verzweifelte Maßnahmen. Nichts war mehr unter meiner Würde.

»Bon dschourno«, stammelte ich. »Misurina, Lavaredo ...«

»Si, si.« Er nickte energisch und deutete an, daß es nicht länger nötig war, demütig vor ihm zu knien.

Urplötzlich kehrte meine verloren geglaubte Energie zurück, und ich wandte mich um und ging daran, den Rucksack wieder hervorzuholen. Doch das alte Miststück wollte sich nicht kampflos ergeben. Ich hörte, wie der Fahrer ungeduldig etwas sagte.

»Ist schon in Ordnung«, stieß ich atemlos hervor, Kopf und Schultern tief im Dornengesträuch vergraben. »Uno minuto, grazie, okay.« Meine größte Sorge war, hören zu müssen, wie er den ersten Gang einlegte und ohne mich abfuhr. Diesen Moment hatte der Rucksack abgewartet, um mit Macht aus dem Graben hervorgetaumelt zu kommen. Ich fiel auf den Rücken, emsig damit beschäftigt, ihn niederzuringen.

Der Gang wurde eingelegt, und das Auto begann sich zu entfernen, gerade als es mir gelungen war, den Widerspenstigen zu zähmen.

»Nein, warte!« rief ich und stolperte hinter dem Wagen her. Der Fahrer winkte ab, sagte etwas, das ich nicht verstehen konnte, und ließ mich in meiner Verzweiflung einfach stehen. Entrüstet und verärgert bekam ich einen Wutanfall, rannte dem immer kleiner werdenden Fiat hinterher, brüllte und schimpfte, zeigte dem Fahrer den Finger und verfluchte seine Nationalität und seine Mutter. Dann stürmte ich zurück, trat gegen den friedlich schlummernden Rucksack und hörte etwas darin zerbrechen. Als ich, jetzt bis zur Weißglut gereizt, immer wieder auf den Sack einschlug, kam langsam ein Bus um die Kurve geschnauft und hielt zitternd neben mir an. Überrascht starrte ich die Passagiere an, die ihrerseits diesen schmutzigen, wild um sich blickenden Mann musterten, der damit beschäftigt war, seinen Rucksack zu malträtieren. Zischend öffneten sich die Türen, und der Fahrer fragte: »Misurina?« Fast wäre ich in den Bus hineingestürzt, um ihn zu umarmen.

Zufrieden saß ich am Ufer des hübschen, kleinen, runden Sees von Misurina und aß mein viertes Eis zwischen tiefen Zügen aus einer Selbstgedrehten. Ich blickte auf die Uhr. In wenigen Stunden würde es dunkel sein. Also stand ich auf und ging zur Schotterstraße hinüber, wo mein Rucksack im Staub hockte. Ich versetzte ihm einen flüchtigen Fußtritt und wandte mich um, als ein Auto auf mich zukam.

Eine halbe Stunde später setzte mich der Fahrer vor der Lavaredo-Hütte ab. Sein Freund, der Hüttenwirt, stieg ebenfalls aus und schlenderte in das kleine Gebäude mit dem Blechdach und den steinernen Wänden hinüber. Das Auto wendete in einer Staubwolke; laut hupend und mit einem fröhlichen ›Ciao‹ fuhr es wieder nach Misurina hinunter.

Ich drehte mich um und betrachtete die gewaltigen Türme aus gelbem Kalkstein, die über der Hütte aufragten. Ein steiler Geröllhang verlief von der breiten Felsbasis abwärts. Cima Piccolissima, Cima Piccola, Punta Frida und Anticima. Ich erkannte sie sofort nach den Fotografien, die ich mir in Edinburgh angesehen hatte. Von meinem Standpunkt aus wirkten sie angenehm verkürzt, aber ich wußte von einer beeindruckkenden Fotografie, die von hoch oben auf dem Anticima-Südgrat herunter gemacht worden war, daß die Gipfel sich dreihundert Meter und mehr über mir erhoben.

Ich machte kehrt, folgte dem Wirt in die Hütte und bestellte ein sehr teures Bier. Ich war in den Alpen. Und jetzt?

Ein paar Tage später kam ein ebenfalls völlig erschöpfter Nick in die Lavaredo-Hütte getaumelt, und wir bestellten zwei astronomisch teure Biere. Dann packten wir seine Hälfte des Zelts aus und verbanden sie mit dem Provisorium, in dem ich bisher gehaust hatte. Nachdem wir unsere Unterkunft in zwei Hälften aufgeteilt hatten – für persönliche Gegenstände und eine Unmenge Kletterausrüstung; außerdem Benzinkocher und Benzin nach vorn, Schuhe und Pickel unter das hintere Überdach –, machten wir eine Flasche billigen Rotwein auf und betranken uns.

So begann unsere erste Saison in den Alpen. Sie hatte Ähnlichkeit mit einer fast selbstmörderischen Feuertaufe, wie sie jene armen Seelen auf sich nehmen müssen, die über ausreichend Geschick und Begabung verfügen, um sich in ernsthafte Schwierigkeiten zu bringen, die aber keine Erfahrung darin besitzen, wie sie aus diesen Schwierigkeiten wieder herauskommen sollen. Ich hatte genug Bücher gelesen, um zu wissen, daß die Alpen groß, schön und möglicherweise todbringend waren. Als ich zu der riesigen, dreihundert Meter hohen Kalksteinsäule der Gelben Kante oder Spigolo Giallo am Vorgipfel (Anticima) der Kleinen Zinne hinaufblickte, zweifelte ich nicht daran, daß die Alpen groß waren, aber die Gefahren konnte ich nicht sehen. Die Steinschläge, die Gewitter, das nervenaufreibende Abseilen an schlechten Sicherungen und das eisige, nicht eingeplante Biwakieren – ich hatte davon gelesen, und im stillen, denke ich mir, freute ich mich ganz naiv darauf, dies alles zu erleben. Die vielen Worte, die ich verschlungen hatte, über die enormen Leistungen der berühmten Bergsteiger in den Alpen und im Himalaja, sie hatten meine Fantasie zu einer solch fiebrigen Erwartung angeheizt, daß mir niemals eingefallen wäre, ich könnte ein Opfer dieser Berge werden, ein zerschmetterter, blutiger Überrest maßlosen Ehrgeizes.

Toni Kurz, der allein an der Nordwand des Eigers gestorben war, Gervasutti, der bei einem Abseilunfall zu Tode stürzte, Hermann Buhl, der auf der Chogolisa durch eine Wächte fiel – man denke nur daran, was sie alle vor diesen tragischen Unfällen geleistet hatten. In meinen Augen war ihr Tod ein Verlust an menschlicher Größe, aber keine Verschwendung menschlichen Lebens.

Comicis Direttissima-Routen, die, in seinen eigenen Worten, ›dem Wassertropfen vom Gipfel bis zum Boden‹ folgen; all die Versuche, die großen Nordwände der Alpen zu besteigen, und die vielen Akteure in der ruhmreichen Arena des Bergsteigens: Whymper, Mummery, Merkl am Nanga Parbat, Welzenbach, Hillary und Tenzing am Everest, Cassin am Walker-Pfeiler, Bonatti an den Drus, die großartigen Franzosen Lachenal, Rabuffat, Terray und Herzog in verzweifelter Lage an der Annapurna, Desmaison am ›Leichentuch‹, Mazeaud, der den heroischen Kampf am Frêney-Pfeiler überlebte, Bonington und Clough, Brown und Whillans und Patey – von ihnen allen hatte ich gelesen, und mir schien, sie zeigten mir mehr Liebe zum Leben, zum Abenteuer und zur Herausforderung, der man sich stellt, als ich mir je hätte träumen lassen. Für mich waren sie Helden und Vorbilder – Menschen, die mir angst machten durch das, was sie erreicht, was sie gewagt hatten.

Jener lange, heiße Sommer war voller Gefahren, auf die wir uns leichtsinnig einließen, und er war gekrönt von Entzücken und Verwunderung, von einem alles belebenden Nervenkitzel. Wenn ich heute zurückblicke, frage ich mich, wie wir bloß damals davongekommen sind mit dem, was wir getan haben. Niemals werde ich jenes alles durchdringende Gefühl vergessen, etwas Begeisterndes entdeckt zu haben, etwas Wertvolles, eine Steigerung des Lebensgefühls. Von jener Zeit an mußte ich schnell lernen und immer mehr lernen, denn ich wußte, daß es kein Zurück mehr gab.

Ich habe mich früher oft gefragt, warum ich Berge besteigen will, aber schon bald fand ich heraus, daß das nicht nötig ist. Solche Fragen lassen sich nicht beantworten und werden nur von denjenigen gestellt, die nie selbst Bergsteiger waren.

Nick war der ganzen Sache gegenüber vielleicht ein wenig pragmatischer eingestellt. Wir waren beide klein, dunkelhaarig und leicht gebaut. Doch während ich mit einer brennenden Ungeduld reagierte, blieb Nick ein ruhiger, reservierter junger Mann. Gelassen und freundlich, war er das perfekte Gegenstück zu meiner ungestümen Dickköpfigkeit. Er hatte über die großen Gipfelbesteigungen und die Bergsteiger der Alpen genauso viel gelesen wie ich, aber ich unterließ es dennoch, ihm zu erzählen, was ich empfand. Statt dessen verbarg ich mich hinter einer selbstgewählten Maske aus wohlüberlegtem, selbstsicherem Auftreten. Wenn ich vorschlug, wir sollten diese oder jene Route probieren, hatte ich immer eine vernünftige Begründung bereit und verschwieg die Wahrheit.

Diese Wahrheit nämlich schien ein mir unangenehmes Geltungsbedürfnis zu sein. Ich wollte nur anspruchsvolle Routen gehen, große Nordwände, beeindruckende und einschüchternde Felsklettereien. Am liebsten hätte ich eine Liste der schwierigsten Routen im Gürtel getragen, um darauf eine nach der anderen abzuhaken. Ich wollte ein großer Bergsteiger sein, sehnte mich nach dem eitlen Ruhm, der meines Erachtens damit einherging, ein ›Mann aus Stahl‹ zu sein. Damals konnte ich noch nicht begreifen, daß ich niemals etwas sein würde, was nur in meiner prahlerischen Vorstellung existierte. Gleichzeitig schien es mir jedoch irgendwie falsch zu sein, hohl und oberflächlich, solche Dinge herbeizuwünschen. Ich nehme an, es war nur mein Ehrgeiz, prahlerischer Ehrgeiz vielleicht, der hier ein Ziel gefunden hatte, das ihm den Ansporn gab, von dem aber mein schuldbeladenes, sündiges katholisches Gewissen sagte, es sei falsch. Stolz war Sünde.

Daher redete ich mir selbst ein, ich würde klettern, weil die Routen so gut waren, ästhetisch schön und ansprechend, was zum Teil auch stimmte. Doch in jedem Fall war es auch eine einfache Ausrede, die so bequem meine wahren Beweggründe verhüllte.

Warum sonst war ich auf den ›Screen‹ geklettert und hätte mich dabei fast umgebracht? Doch auch das war ein unbequemer Gedanke. Ich wußte, die Bergsteigerei war gefährlich, und zu wissen, was passieren konnte, versetzte mich manchmal in Angst. Aber wenn das so war, dann mußten die Gründe dafür, diese Dinge zu tun, doch sicherlich edel und richtig sein und nicht etwa eine Frage kleingeistiger Selbstverherrlichung? Ich versteckte meine wahren Gefühle – oder zumindest die Hälfte davon, die so unbequem in meinem Kopf saß – und begann, mit der Lüge zu leben. Es dauerte nicht lange, und ich konnte zwischen beidem nicht mehr unterscheiden. Ich verlor jegliche Orientierung, jedes Gefühl dafür, warum ich begonnen hatte, Berge zu besteigen. Ich erinnerte mich nur daran, daß es gut war, am Anfang sehr gut.

Wir fingen vorsichtig an. »Wer zum erstenmal in den Dolomiten klettert, findet am Nordostgrat der Großen Zinne einen guten Einstieg in die Bedingungen am Fels und das ausgesetzte Klettern.« Diese Route war schon 1909 erstmals begangen worden, daher nahmen wir an, sie müßte einfach sein – eine gefährliche Annahme, wie sich später herausstellte. Sie war fünfhundertfünfzig Meter lang – sechsmal so lang wie die längste Felsroute, die wir bisher gegangen waren – und als III. Schwierigkeitsgrad eingestuft, wenn wir die schwierigsten Stellen ausließen. Diese waren bereits IV. Grad, der als ›sehr schwierig bis hart‹ definiert wird. Nach der britischen Skala waren diese Grade einfach, fast ohne Seil zu klettern.

Wir verließen das Zelt vor Sonnenaufgang, jeder mit einer Wasserflasche und Süßigkeiten ausgerüstet, die wir im Laufe des Tages naschen wollten. Die Zeitangabe für die Route im Führer betrug vier Stunden, daher rechneten wir damit, lange vor Einbruch der Dunkelheit wieder unten beim Zelt zu sein.

Achtzehn Stunden später fanden wir uns schließlich damit ab, eine lange, kalte Nacht auf einem bröckeligen Sims irgendwo an der Nordostwand der Cima Grande verbringen zu müssen. Wir hatten erbärmliche fünfzehn Stunden gebraucht, um den ›einfachen‹ Vier-Stunden-Grat zu bewältigen. Der Fels war teils gut, teils fürchterlich gewesen. Je anspruchsvoller die Route, desto sicherer und solider das Gestein. Mehrere Seilschaften waren im Laufe des Tages im Galopp an uns vorbeigezogen, während wir gewissenhaft sicherten und auf jedem Abschnitt schützende Klemmkeile anbrachten. So kletterten wir in Großbritannien. Uns war nicht klargewesen, daß die einzige Möglichkeit, die Route in vier Stunden zu schaffen, darin bestand, auf vielen einfachen Teilstücken gemeinsam vorwärts zu gehen.

Als wir den Grat fast erreicht hatten, querte die Route hinaus auf den Überhang über dem gewaltigen Abgrund der Nordwand. So etwas hatte ich noch nie erlebt, und aus einfachem Klettern im dritten Grad wurde plötzlich das schwierigste Unterfangen, das ich mir je vorgenommen hatte. Ich konnte die Augen von dem leeren Raum unter meinen Füßen nicht abwenden. Vierhundertfünfzig Meter schwankender, wankender Leere zerrten an meinen unsicher schlurfenden Füßen, während ich mich langsam über die Traverse schob. Als Nick unterhalb einer Spalte, die über uns senkrecht zwanzig Meter in die Höhe führte, zu mir stieß, zitterten mir die Beine. Und Nick hatte einen seltsam starren Ausdruck im Gesicht und sehr große Augen, als er nach unten blickte.

»Bei meiner heiligen Tante ...«
»Nichts wie weg hier.«

Ich war froh, daß er mit dem Vorstieg an der Reihe war. Das Gefühl des Ausgesetztseins war lähmend. Ich war zu nichts in der Lage, als mich auf meine diversen Schließmuskeln zu konzentrieren und dafür zu sorgen, daß sie sich nicht öffneten.

Oben angekommen, stolperten wir auf der Suche nach einer Route für den Abstieg unsicher herum. Um uns her stürzten bedrohlich aussehende Steilabfälle in die abendlichen Schatten hinab. Obwohl es laut Führer einfache Kraxelei sein sollte, waren wir doch froh, als wir Haken mit Abseilschlaufen daran entdeckten. Jemand war schon vor uns hier hinuntergeklettert, aber war der Abstieg auch sicher? War der Betreffende schlauer gewesen als wir?

In der Dämmerung begann um uns her ein kalter Regen zu fallen. Wir konnten nicht weitergehen. Bei einer so kurzen Route hatten wir nicht daran gedacht, Stirnlampen mitzunehmen, und jetzt konnten wir kaum die Haken ausmachen. In jedem Fall waren die meisten von ihnen verrostet und sehr unsicher angebracht. Ich sah entsetzt zu, wie Nick in die Dunkelheit hinein abstieg, von einem kleinen, weichen Felshaken aus, der alarmierend nachgab. Als ich ihn genauer untersuchte, sah ich, daß weniger als zwei Zentimeter Stahl in der Spalte steckten. Hastig hängte ich mich aus. Wenn sich der Haken löste, würde ich auf einem sehr schmalen Sims stehend ohne Seil oder irgendwelche andere Ausrüstung zurückbleiben. Nick hatte alles bei sich.

Ein schwacher Ruf drang aus den Schatten zu mir herauf. Nun, wenn er ihn gehalten hat, wird er mich auch halten. Indem ich mir diese scheinbare Logik immer wieder vorsagte, seilte ich mich vorsichtig ins zunehmende Dunkel hinein ab und versuchte, dabei möglichst nicht an dem Seil zu rucken. Als ich Nick erreicht hatte, war es endgültig zu dunkel, um weiterzumachen. Ich wollte mich nur noch ganz klein zusammenrollen und mir mit geschlossenen Augen einreden, daß dies alles nicht wirklich war. Leider war der Felsvorsprung, auf dem wir kauerten, dafür zu schmal, und wir waren gezwungen, uns hinzusetzen, die Beine über den Absturz hinaushängend und zitternd vor Kälte.

Gegen fünf Uhr morgens, wenn die Götter den Temperaturregler sadistischerweise noch weiter herunterdrehen, wohl wissend, daß armselige Sterbliche um diese Zeit am schwächsten sind, beklagte ich mein heimliches Verlangen nach abenteuerlichen Biwaks und stimulierenden Klettertouren.

Als wir über das letzte lose Geröll zum Zelt hinuntertaumelten, fühlte ich mich viel zu stimuliert, um noch irgend etwas zu sagen. Ich konnte an nichts anderes denken als an heißen, süßen Tee und den Schlaf des Vergessens. Eine Unmenge Spaghetti mit Butter und Tomatensoße, hinuntergeschlungen mit triefenden Fingern, ließ ein warmes Gefühl in meiner Brust aufkeimen und eine wachsende Freude bei der Erinnerung an das, was wir getan hatten. Vielleicht war alles nur eine Frage der Verdauung.

»Immerhin haben wir das eine oder andere gelernt, nicht wahr?« sagte ich und griff nach der Weinflasche.

»Ja. Wir sind unfähig.«

»Das ist wahr. Und langsam.«

»Und wir sichern zuviel.«
»Jip. Und wir haben Schwierigkeiten mit der Höhe ...«
»... und mit dem Abseilen ...«
»... und mit dem Biwakieren.«
»Ich frage mich, was diese Typen wohl von uns gedacht haben«, sagte Nick.

Wir blickten uns an und brachen in lautes Gelächter aus bei der Erinnerung daran, wie idiotisch wir den anderen Seilschaften erschienen sein mußten.

»Aber es hat trotzdem Spaß gemacht. Oder etwa nicht?«
»Im nachhinein schon«, stimmte ich zu und schlürfte von meinem Wein.

Zwei Wochen lang kraxelten wir Geröllhänge hinauf und schlugen uns mit den verschiedensten Routen herum. Dann sahen wir klarer. Wir kletterten die großartige Gelbe Kante (V+) und waren begeistert, als wir die Route einfach fanden. Wir seilten uns ohne Zwischenfälle ab und waren schon am frühen Nachmittag wieder beim Zelt. Wir mieden einfache Routen und loses Gestein, nachdem die Geschosse beim Abstieg im Dulfer-Couloir nur so auf uns heruntergeprasselt waren. Als wir den Preußriß hinaufkletterten, wurden wir auf traurige Weise an unser aller Sterblichkeit erinnert. Neben einem der Standplätze, auf einem kleinen, luftigen Sims zweihundert Meter über den Geröllhängen, fiel mir eine kleine Messingplatte ins Auge. Darauf waren ein Name und das Alter des Kletterers eingraviert: neunzehn. Darunter stand auf deutsch:

GESTORBEN DURCH STEINSCHLAG.
KLEINE ZINNE UND DOCH SO GROSS.

»Was steht da?« fragte Nick, der sich gerade auf das schmale Felsband heraufzog.

Ich übersetzte ihm die Inschrift ins Englische.

»Oh«, sagte er und blickte mißtrauisch auf die Felswände über uns. »Und was haben die kleinen Zinnen damit zu tun?«

»Nun, die Italiener nennen diese drei Gipfel die ›Tre Cime‹ die Deutschen sagen ›Drei Zinnen‹. Dies ist die Cima Piccolissima, der kleinste Gipfel oder die Kleine Zinne. Die Inschrift bedeutet also: Kleine Zinne, aber doch so groß, so ernst zu nehmen, heißt das, daß sie diesen Jungen hier getötet hat. Verstehst du, was ich meine?«

»Ja«, sagte Nick. »Nichts wie weg von hier.«

Am nächsten Tag kletterten wir die direkte Route an der Südostwand der Punta di Frida hinauf (VI+). Dafür brauchten wir eine Stunde weniger als im Führer angegeben. Wir kehrten zum Zelt zurück und stellten fest, daß die Kühe mit ihren weit auseinander stehenden Hörnern, die uns nachts mit ihren bimmelnden Glocken wach hielten, das Überzelt losgerissen und den Zelteingang flachgetreten hatten. Wir reparierten einen kleinen Riß und stellten das Zelt wieder auf. Der Himmel hatte sich mit schweren, grauen Wolken bezogen, und wir waren kaum mit dem Zelt fertig geworden, als sich auch schon die Vorboten der Schlechtwetterfront in einem dicken weißen Teppich bei uns niederließen.

Den Rest des Nachmittags und die folgende lange, windige Nacht hindurch schneite es heftig. Ich war überrascht, am nächsten Morgen fast dreißig Zentimeter Schnee vorzufinden, der die ganze Gegend bedeckte, als ich die Zeltwände abklopfte und verschlafen hinausspähte. Dann fummelte ich mit kalten Fingern und aufgeweichten Streichhölzern herum, bis es mir schließlich gelang, den benzingetunkten Bausch in der Vorwärmpfanne des Kochers anzuzünden. In den Eingangsbereich des Zeltes hatten wir eine Plastikplane gelegt, um Schmutz und Dreck draußen zu halten, und ich langte darüber hinweg, um einen Topf mit Schnee zu füllen. Das schlechte Wetter erlaubte mir immerhin, Tee zu kochen, ohne erst zum Fluß hinüberlaufen zu müssen, um Wasser zu holen.

Als die Flammen kleiner wurden, pumpte ich den Kocher auf und sah zu, wie der Brenner mit blauer Flamme in ein zufriedenstellendes Fauchen ausbrach. Nick schlief noch selig in seinem Schlafsack mit dem Kopf am anderen Zeltende. Als ich meinen Ellbogen auf der Plastikplane bewegte, verrutschte sie und ließ die metallene Benzinflasche zur Seite kippen. Ich versuchte gar nicht, sie festzuhalten. Als sie umfiel, sah ich jedoch voll Entsetzen, daß ein Benzinstrahl aus der unverschlossenen Öffnung spritzte. Ich hatte vergessen, den Verschluß wieder zuzuschrauben, nachdem ich die Vorheizwatte eingeweicht hatte.

Einen Moment lang dachte ich, es würde sich nicht entzünden, doch dann gab es ein lautes, zischendes Geräusch, als fast ein Liter Benzin, das über die Plane und gegen den heißen Kocher floß, in Flammen aufging. Mein drei Wochen alter Bart, die Haare in meinen Nasenlöchern, meine Augenbrauen und ein Teil meines Kopfhaares verflüchtigten sich in Sekundenschnelle. Meine erste, instinktive Handlung bestand darin, aus dem Zelt hinauszuklettern und mich in Sicherheit zu bringen. Ich taumelte mit einem ungeschickten Hechtsprung aus dem Kniestand über die Flammen hinweg und fiel draußen mit dem Gesicht voran in den Schnee.

Hinter mir hörte ich einen unterdrückten Aufschrei. Als ich mich umwandte, sah ich den roten Kokon, der Nicks Schlafsack war, hinter der Flammenwand hin und her zappeln. Der Schnürzug am oberen Ende war so eng zusammengezogen gewesen, daß nur seine Nase daraus hervorragte. Als er von dem Zischen des Benzins, das sich entzündete, wach geworden war, hatte er gespürt, wie sich die Hitze im Zelt staute. Die Arme seitlich am Körper eingezwängt, bedeutete es eine verzweifelte Anstrengung, die aufsteigende Panik unter Kontrolle zu behalten, den Schnürzug zu finden und ihn zu lösen.

Eine Sekunde lang starrte ich das in Flammen stehende Zelt überrascht an. Es war alles so schnell gegangen, daß ich gar nicht richtig begriffen hatte, was eigentlich los war. Zum Glück war der Erdboden mit Schnee bedeckt. Ich schaufelte mit beiden Händen einen Haufen zusammen und warf ihn auf die brennende Plastikplane. Eine zweite Ladung saugte das Benzin auf und erstickte die Flammen. Ich kletterte ins Zelt hinein, um Nick herauszuholen, und mußte feststellen, daß er nicht mehr da war.

»Nick?«

»Was, zum Teufel, machst du da eigentlich?« kam wütend die Gegenfrage von draußen.

»Wie bist du denn hier rausgekommen?«

Ich streckte den Kopf aus dem Zelteingang. Da stand Nick, immer noch im Schlafsack, und hielt ein Taschenmesser und ein Stück Salami umklammert.

»Was glaubst du wohl?« entgegnete er bissig.

»Was ... du hast das Zelt aufgeschnitten? Es wird weiterschneien, und du hast das Zelt kaputtgemacht?«

»Ich hielt das für besser, als zu verbrennen.«

»Aber, Mensch, ich hab' doch das Feuer gelöscht.«

»Sieh mal, es gab eine große Explosion, und dann war es verdammt heiß. Ich wußte nicht, was du machst. Ich dachte, du wärst mit mir im Zelt.«

Er richtete sich auf, stieg aus seinem Schlafsack und kam herüber, um die schwelenden Überreste des Zelteingangs zu inspizieren.

»Ich habe die Flasche mit dem Benzin umgestoßen«, sagte ich kleinlaut. »Ich hatte vergessen, sie zuzuschrauben.«

Es dauerte mehrere eisige Stunden, das Innenzelt zu nähen und mit Gewebeband wieder zusammenzuflicken, ehe wir uns mit dem Überzelt in die Hütte zurückziehen konnten, wo wir uns aufwärmten und in angenehmerer Atmosphäre weitermachten.

Ausgeruht und gestärkt – und nicht länger von der Größe der Berge aus der Fassung gebracht –, beschlossen wir, daß es an der Zelt sei, die Comici-Route an der Nordwand der Cima Grande anzugehen. Wir wanderten also zum Fuße der Wand hinüber, um uns den Routenverlauf anzusehen. Der untere Teil war auf ungefähr zweihundertsiebzig Metern überhängend, und obwohl wir wußten, daß manche Leute hier schon frei geklettert waren, schüchterte uns dieser Überhang doch sehr ein. Es kam gar nichts anderes in Frage, als einen der vielen Haken in der Wand als künstliches Hilfsmittel zu benutzen.

Wir kämpften uns die letzten Meter den Geröllhang hinauf auf einen Rest schmutzigen Winterschnee zu, der an der Wand aufgehäuft lag, als wir hinter uns plötzlich einen hohen, pfeifenden Ton hörten und einen Knall wie ein Schuß.

»Was war das?«

»Ich bin mir nicht sicher ...« Nick starrte zum Himmel hinauf, und ich bemerkte, daß ihm der Unterkiefer nach unten sackte. Als ich ebenfalls nach oben blickte, sah ich, daß der Himmel über uns ein seltsames, gesprenkeltes Aussehen angenommen hatte.

»Steinschlag!« brüllte Nick und hielt sich den aufgeschlagenen Kletterführer über seinen helmlosen Kopf. Tiefe, dröhnende Geräusche waren zu hören, Pfeifen und das enervierende, widerhallende Wrumm-Wrumm-Wrumm von Steinen, die sich auf Hunderten von Metern im freien Fall um und um drehten. Ein knatterndes Staccato wie von Maschinengewehrfeuer auf dem Geröll hinter mir ließ meine erstarrten Beine in drei weiten Sprüngen den aufgehäuften Schnee hinaufsetzen. Ohne weiter nachzudenken, tauchte ich in eine kleine Spalte zwischen Felswand und Schnee, die Arme über dem Kopf verschränkt. Ich fiel einen Meter fünfzig tief hinunter und rollte mich zusammen, so klein es ging. Als das Bombardement nachließ, spähte ich unter den Armen hervor.

»Nick! Alles klar?«

»Ja, ich bin in Ordnung. Die Wand hängt so weit über, daß die Steine gute zehn Meter von uns entfernt aufgeprallt sind.«

Als ich mich auf einen Ellbogen aufrichtete, bemerkte ich einen widerwärtigen Gestank, der von dort kam, wo ich lag. Ich blickte nach unten und sah ein Stück rosafarbenes Papier und ein breitgequetschtes Kotbällchen unter meinem Ellbogen hervorschauen.

»Ach, du meine Güte ...« Ich hob den Arm hoch und hielt ihn peinlich berührt auf Abstand zu meinem Körper. Dann kniete ich mich hin. Unter meinen Knien lagen noch mehr Kothaufen. Als ich auf die Füße stolperte, wehte der frisch freigesetzte Gestank aus der Spalte heraus und ließ mich würgen.

»O nein. Ich fasse es nicht!«

Nick lachte beim Anblick meiner besudelten Kleider, die hier und da mit einem Stückchen Papier dekoriert waren. Vor lauter Angst war ich in den einzigen Platz am Fuße der Wand hinabgetaucht, wo Kletterer ein letztes Mal ihren nervös drängenden Darm entleeren konnten, ehe sie die Route in Angriff nahmen. Und jetzt erfuhr ich zu allem Überfluß, daß der Steinschlag mich niemals erreicht hätte.

Nick hielt einen reichlichen Sicherheitsabstand zu mir, als wir zum Zeltplatz zurückgingen.

Drei Tage später lagen wir gemütlich in der heißen Julisonne, tranken billigen Rotwein und fühlten uns wundervoll schlapp und ausgepowert nach zwei Tagen harter Arbeit an der Wand. Wir waren gezwungen gewesen, auf losem Schotter oberhalb von der überhängenden Wand zu biwakieren, und obwohl unser Biwak nicht besonders stilvoll gewesen war, hatten wir doch Grund, ganz angetan zu sein. Immerhin handelte es sich um eine der sechs klassischen Alpennordwände. Vielleicht ist es die einfachste und möglicherweise die sicherste, aber das war uns egal.

Zwei junge Kletterer von der Universität Oxford waren aufgetaucht, während wir in der Wand waren, und hatten ihre Zelte neben unserem aufgeschlagen. Bei unserer Rückkehr fragten sie uns über die Route aus. Sie sollte ihr Hauptziel sein, bevor sie nach Chamonix weiterfuhren. Wir erzählten ihnen, daß es schlau wäre, auf einem kleinen Sims am Fuß der Route zu biwakieren, damit man lange vor den anderen Seilschaften an Ort und Stelle war, die ebenfalls die Wand erklettern wollten.

Ein paar Wochen später traf ich einen der Kletterer aus Oxford wieder. Er erzählte, sie seien die Comici-Route gegangen, aber es wäre dabei fast zu einem tragischen Unfall gekommen.

Sein Partner hatte gerade die letzte Seillänge der überhängenden Hauptwand hinter sich gebracht und sich auf den sanft geneigten Schutthang hinaufgezogen, der die Wand von den steilen Kaminen und Spalten weiter oben trennte. Als er nach einem Sicherungspunkt herumsuchte, fiel ihm ein großer Steinblock ins Auge, der aus dem Felsmeer aufragte, und er beschloß, das wäre ein ausreichend sicherer Ankerpunkt. Er legte eine zwei Meter fünfzig lange Schlinge um den Felsblock, hängte sich ein und rief seinem Partner zu, er solle ihm folgen.

Auf dem Weg nach oben hängte der zweite Kletterer das Seil aus einem Haken nach dem anderen aus, bis zwischen ihm und seinem Seilersten keine einzige Zwischensicherung mehr war. In diesem Moment ergoß sich ein Schauer von Steinen und Kieseln über den oberen Rand der Wand hinaus, ungefähr sechs Meter über ihm. Das Seil wurde schlaff und fiel in Schlaufen an ihm vorbei nach unten.

Auf dem Geröllfeld weiter oben hatte der Felsblock angefangen, sich zu bewegen. Die Schlinge wurde stramm und strammer und zerrte den entsetzten Seilersten unerbittlich auf den Abgrund zu. Weil die Wand überhängend war, konnte er nur den gewaltigen, dreihundert Meter hohen Steilabfall zu den unterhalb gelegenen Geröllhängen sehen.

Zwischen den beiden Kletterern befanden sich keine Haken mehr, die sie davor bewahrt hätten, ins Nichts hinausgerissen zu werden. An der ausgesetzten Wand weiter unten sah der Seilzweite einen riesigen, schwarzen Felsblock über den Rand stürzen und im Bogen in den Abgrund verschwinden. Einen Moment lang dachte er, es sei der Körper seines Freundes gewesen, und er spannte jeden Muskel seines Körpers an in der Erwartung, daß die Wucht des Sturzes ihn von der Wand reißen würde.

Als er sich schließlich auf das Geröllfeld hinaufzog, erblickte er einen stark mitgenommenen Partner, der sich an einem Felsvorsprung festhielt. Im allerletzten Moment war die Bandschlinge unter dem Felsblock hervorgerutscht und hatte ihn freigegeben. Wir waren ganz begeistert, von ihrem Pech zu hören, nicht nur weil wir es amüsant fanden, sondern auch weil wir uns um so besser fühlten, was unsere eigenen Anstrengungen an der Wand anging.

Nach meinen mißlungenen Versuchen, in die Dolomiten zu trampen, beschlossen wir, von Cortina nach Chamonix mit dem Zug zu fahren. Es war eine lange und umständliche Reise, die wir zum größten Teil in vollen Gängen auf unseren Rucksäcken hockend verbrachten, mit verwirrenden Umsteigehalts in Bolzano, Trento, Verona und Turin. Mindestens einmal stiegen wir aus, weil wir dachten, wir müßten umsteigen, nur um völlig die Orientierung zu verlieren und wieder zu unserem ursprünglichen Zug zurückgeschickt zu werden. Der rollte weiter nach Bologna, zur Hauptstrecke quer durchs Land nach Turin.

Als der Zug sich dem Bahnhof von Bologna näherte, fuhr er plötzlich Schrittempo und kam dann zitternd zum Halten. Eine Stunde lang blieb er bewegungslos stehen in schweißtreibender, frustrierender Hitze. Gerade als wir uns erkundigen wollten, was los war, bewegte er sich wieder vorwärts und kroch langsam durch den Bahnhof, ohne anzuhalten. Überrascht sah ich, daß der Hauptbahnsteig und das halbe Stationsgebäude mit Warteräumen, Fahrkartenschaltern und Läden demoliert waren. Gruppen von Polizisten untersuchten den Schutt höchst sorgfältig, und auf dem Bahnsteig waren dunkle Flecke zu sehen. Terroristen hatten zwölf Stunden zuvor eine gewaltige Bombe hochgehen lassen, die den Bahnhof verwüstete und achtzig Menschen tötete. Der Zug ratterte vorbei, und die Passagiere starrten in stummem Entsetzen auf die Szenerie vor den Fenstern.

Chamonix war ganz so, wie ich es mir vorgestellt hatte. Der Montblanc und die Chamonix Aiguilles, wunderschöne Felsnadeln aus rotem Granit, von Eis umhüllt mit hängenden Gletscherterrassen, ragten über der kleinen, geschäftigen Stadt auf. Die Berge hier waren um so vieles größer als die italienischen Klippen, von denen wir kamen. Die Konzentration von Kletterern aus aller Welt war enorm. Sie nahmen jeden Tag so viele Routen in Angriff, daß der ganze Ort von einer hektischen, zielstrebigen Aktivität erfaßt schien. Hubschrauber dröhnten emsig über das Tal und transportierten Versorgungsgüter in hochgelegene Berghütten oder Material für neue Skilifte zu den Baustellen. Außerdem waren sie scheinbar ohne Unterlaß damit beschäftigt, Unfallopfer zu retten. Ein solches Gedränge von Kletterern verzerrt die Realität. In anderen Regionen der Alpen gibt es sehr viel weniger Unfälle, einfach weil es weniger Kletterer gibt. Im Tal von Chamonix, das oft auch die Welthauptstadt der Kletterei genannt wird, steigt der durchschnittliche Blutzoll im Sommer bis auf ein Leben pro Tag und der Himmel weiß wie viele ernsthaft Verletzte.

Wir marschierten zwanzig Minuten weit aus der Stadt hinaus, um auf ›Snells Field‹ zu zelten, einem berühmt-berüchtigten illegalen Campingplatz, der nichts kostete und von vielen armen Kletterern bewohnt war – Briten, Spaniern, Australiern, Deutschen und Amerikanern. Nie habe ich dort auch nur einen einzigen französischen Kletterer übernachten sehen. Von Zeit zu Zeit schlenderten Franzosen gebieterisch durch das Chaos und den Schmutz und inspizierten neugierig die armen Teufel in ihren Plastikpalästen. Meist waren es Gendarmen, bewaffnet mit Schlagstöcken und Tränengas für die gelegentlich ausgetragenen Schlachten, wenn sie versuchten, den Zeltplatz aufzulösen.

Wir schlugen unser Zelt neben einer ausgelassenen Gruppe von Kletterern aus Bristol auf. Ein geschmeidig wirkender, blonder junger Mann kam aus dem Zelt neben unserem heraus und ging zu einem großen, erratischen Felsblock unter den Bäumen hinüber. Ich sah zu, wie er elegant eine schwierige Boulder-Route an der überhängenden Seite des Felsens beendete. Er kletterte präzise und flüssig und bewegte sich ohne Unterbrechungen von einem Haltepunkt zum nächsten. Das Ganze wirkte wie eine Ballettvorführung.

»Der ist gut«, sagte ich zu Nick, der aufgehört hatte, unsere Ausrüstung zu sortieren, und die Vorführung genoß.

»Das ist Arnie Strapcans.«

»Wirklich?«

Ich sah zu, wie er eine neue Bewegungsfolge begann, und spürte einen Stich der Eifersucht. In einer Reihe von Zeitschriften hatte ich über Arnie Strapcans und seine Kletterkünste gelesen. Er hatte entscheidend zur Entwicklung des Felskletterns besonders auf den Meeresklippen im Südwesten Englands beigetragen. Eine Woche nach unserer Ankunft beobachtete ich, wie Arnie mit vollgepacktem Rucksack selbstbewußt vom Campingplatz davonschritt. Er wollte eine Route auf der Brenva-Seite des Montblanc solo gehen. Niemand hat ihn je wieder gesehen.

Als seine Freunde begannen, sich Sorgen zu machen, weil er so lange ausblieb, gingen sie zur Bergwacht und fragten an, ob man ihn suchen könne. Nach einem kurzen Hubschrauberflug wurde die Aktion jedoch abgeblasen. Die Bitte, dennoch weiterzumachen, lehnten die Bergführer ab. Sie sagten, da niemand genau wisse, wo Arnie eigentlich hingehen und welche Route er klettern wollte, mache es keinen Sinn weiterzusuchen. Und obwohl Arnies Freunde zusammenlegten und einen Hubschrauber mieteten, wurde nie eine Spur von ihm gefunden.

Als die Kletterer aus Bristol abgereist waren, kam ein junges Pärchen an und schlug sein Zeit auf dem flachgedrückten Gras auf, wo Arnies Zelt gestanden hatte. Eine Woche später kamen wir von der Besteigung des Cordier-Pfeilers an den Grandes Charmoz zurück und sahen, daß der Mann von seinen Freunden getröstet wurde. Wie sich herausstellte, war er zusammen mit seiner Freundin eine kurze Felsroute an der Aiguille de l'M gegangen. Beim Abstieg hatten sie das falsche Couloir gewählt. Auf seinen Rat waren ihre Bergschuhe am Boden zurückgeblieben; statt dessen trugen sie Kletterschuhe mit glatten Sohlen. Als sie versuchten, solo die vereiste Rinne hinunterzugehen, rutschte das Mädchen plötzlich aus und stürzte an ihm vorbei. Sie war tot, als er sie erreichte.

Er sah verloren aus und war ganz außer sich, weil er sich wegen des Unfalls Vorwürfe machte. Wir empfanden seine Trauer als enervierend und auch den Umstand, daß er dort zeltete, wo Arnie übernachtet hatte. Drei Nächte lang litt er unter Alpträumen und schrie laut in den frühen Morgenstunden, bis wir die Geduld verloren und ihm sagten, er solle die Klappe halten. Zu unserer Erleichterung reiste er am nächsten Tag nach England zurück. Es war uns unangenehm, mit Tatsachen konfrontiert zu werden, an die wir lieber nicht denken wollten.

Dies war nicht die einzige beunruhigende Warnung. Obwohl ich wußte, daß ich nichts anderes wollte als Berge besteigen, hatte ich jetzt eine dunkle Ahnung, daß ich in etwas Wunderbares, aber Verhängnisvolles hineingeraten war und daß auch ich wahrscheinlich nicht davonkommen würde. Ich würde mein Studium beenden, aber nur aus Pflichtgefühl meinen Eltern gegenüber. Dann würde ich bergsteigen.

Die Rettungshubschrauber flogen direkt über den Campingplatz und landeten auf einer Lichtung am Fluß Arve, wenige hundert Meter entfernt. Am ersten Tag in Chamonix war ich zufällig auf den Landeplatz gestoßen, wo ein kleines Gebäude mit Blechdach an einer Schotterstraße stand. Als ich zu dem Haus hinüberwanderte, hörte ich einen Hubschrauber weiter oben aus dem Tal kommen. Ich sah zu, wie er in Schräglage eine scharfe Kurve flog und zu einer perfekten, schnellen Landung ansetzte. Erst dann bemerkte ich das rote Rettungsfahrzeug, das neben dem Gebäude stand. Ein Mann rannte zum Hubschrauber hinüber und duckte sich unter den kreisenden Rotorblättern hinweg. Er lehnte sich zur offenen Seitentür hinein, und ich sah, wie er mit dem Piloten gestikulierte. Ein Mann in Klettermontur stieg aus. Sein Arm war fest gegen die Brust bandagiert, und er blickte mit glasigen Augen ziellos umher. Der Sanitäter aus dem Krankenwagen ging rückwärts und hielt dabei die Griffe einer Trage in den Händen. Der Mann, der die Winde bediente, kam aus dem Bauch des Hubschraubers heraus und trug das andere Ende. Als sie zu dem wartenden Krankenwagen hinübereilten, sah ich, wie der Kopf des Mannes auf der Trage schlaff von einer Seite zur anderen rollte. Seine Augen waren offen und leblos. Ich ging langsam zum Zeltplatz zurück, voll böser Ahnungen.

7. KAPITEL

Nordwände

Die Krankentrage hing in einem Wirrwarr von Seilen an der roten Granitwand herunter, eine einsame Erinnerung an die Tragödie, die sich kürzlich hier abgespielt haben mußte. Ich kletterte vorsichtig daran vorbei, hielt mich an einem der Seile fest und zog mich auf ein schmales Sims hinauf. Das Seil war an drei Haken befestigt, in die ich mich einhängte, ehe ich zu Dave hinunterrief, er solle nachkommen. Er tauchte hinter einem kleinen Vorsprung auf und bewegte sich gleichmäßig auf mich zu.

Ich blickte auf die leere Trage, die im Wind, der vom Gletscher in der Ferne herüberwehte, leicht hin- und herschwang. Auf einem der Aluminiumgriffe war ein Blutfleck zu sehen. Zu meinen Füßen lag ein chaotisches Durcheinander von Seilen, Pickeln, zwei Rucksäcken und einer roten Wasserflasche aus Metall. Ich verstand nicht, warum sie die Trage zurückgelassen hatten. War etwas ganz und gar schiefgegangen? Dave schien sich keine Gedanken zu machen.

»Müssen Japaner gewesen sein«, sagte er, während er in den Rucksäcken herumwühlte. »Wow! Guck dir das an.«

Er zog ein teures Biwakzelt hervor. In dem anderen Rucksack fand ich eine gelbe Stirnlampe mit gesprungenem Reflektor, allerlei Kletterausrüstung und einen Eispickel. »Das können wir niemals alles mitnehmen«, sagte ich, während ich die Stirnlampe in meinen Rucksack stopfte und den Pickel mit meinem verglich. Das japanische Handgerät legte ich zurück, weil ich es für schlechter hielt.

»Wir könnten uns damit abseilen«, schlug Dave vor.

»Was, und den Anstieg abbrechen? Das können wir nicht. Die Route ist in allerbestem Zustand, und die Wettervorhersage könnte nicht günstiger sein.«

»Ja, ich weiß«, stimmte Dave unsicher zu. »Typisch. Wir finden den ganzen Raub hier und können ihn nicht behalten.«

Er blickte zum wolkenlosen Himmel hinauf. Wir hatten keine Wahl. Wir konnten den Anstieg nicht abbrechen. Jede andere Route vielleicht, aber nicht den Walker-Pfeiler – die klassische, schwierige Nordwandführe der Grandes Jorasses. Dies war eine Route, von der die Leute träumten; ich wußte, daß ich sie gehen mußte. Jetzt, an unserem ersten Tag, bei so gutem Wetter, konnte ich unmöglich zurückgehen, nur um materieller Vorteile willen. Widerstrebend kletterten wir von der einsam vor sich hin pendelnden Trage fort. Dave hatte einen Pickel und eine Wasserflasche mitgenommen. Ich hatte die Stirnlampe. Niemals wäre es uns in den Sinn gekommen, daß es unmoralisch sein könnte, die Ausrüstungsgegenstände mitzunehmen. Sie gehörten demjenigen, der sie fand. Die beiden japanischen Kletterer würden mit Sicherheit nicht zurückkommen, um sie zu holen. Nur der Blutfleck auf der Trage ließ mich bei dem Gedanken innehalten, daß wir vielleicht die Ausrüstung Toter mit uns nahmen. Dave bemerkte meinen Gesichtsausdruck.

»Tote klettern nicht«, sagte er grinsend. »Wie heißt es so schön: Wer tot ist, scheidet aus.« Er wandte sich um und suchte sich seinen Weg über das kleine Firnfeld, das sich zwischen uns und der berühmten Fünfundsiebzig-Meter-Verschneidung erstreckte.

Ich hatte Dave Page im vorigen Winter in Edinburgh kennengelernt. Er war zwölf Jahre älter als ich und besaß reichlich Bergerfahrung. Ich bezweifle, daß ich es gewagt hätte, den Walker-Pfeiler ohne einen Partner von Daves Kaliber in Angriff zu nehmen. Der riesige Sporn aus Fels und Eis erhob sich tausendzweihundert Meter hoch am oberen Ende des Leschaux-Gletschers. Als wir uns in der stillen Dunkelheit des frühen Morgens der Wand näherten, fühlte ich mich von der drohenden Gegenwart des großen Berges eingeschüchtert, wie er sich als schwarzer Schatten vor dem sternenübersäten Himmel abzeichnete. Felsbrocken klapperten das zentrale Couloir hinunter, als wir mit unseren Steigeisen schnell die unteren Hänge hinaufeilten.

Dave bewegte sich flink, sicher und zielstrebig, während

ich hinter ihm hergewackelt kam. Er wußte nicht, daß ich keine Schnee- und Eiserfahrung in den Alpen hatte, und ich sagte es ihm auch nicht, für den Fall, daß ihn das dazu bewegen könnte, die Route doch nicht mit mir zu gehen. Doch meine Angst löste sich in Luft auf, als sich die Schatten der Morgendämmerung verflüchtigten. Statt dessen empfand ich eine Mischung aus Verwunderung und Begeisterung darüber, auf einem so großartigen Berg zu sein. Als wir höher stiegen, wußte ich tief in meinem Innern, daß wir es schaffen würden. Es gab keinen rationalen Grund, warum ich das glauben sollte, aber ich war davon überzeugt. Noch nie zuvor hatte ich ein so überschwengliches Gefühl empfunden. Ich stand am Fuße der riesigen Nordwand und wußte ohne jeden Zweifel, daß ich sie bezwingen konnte und daß ich stark und gut genug dazu war. So sicher, wie ich nur je irgend etwas gewußt habe, empfand ich, daß dies ein Ort war, wo ich hingehörte, und daß ich im Begriff stand, das zu tun, was ich tun mußte. Dieser Eindruck war fantastisch irrational und lächerlich selbstbezogen zugleich. Er bedurfte keiner Rechtfertigung, keiner vernünftigen Erklärung. Was vor mir lag, mußte getan werden und gut getan werden. Das war alles.

Ich kletterte ganz benommen vor Aufregung, staunte über den ständig tiefer werdenden Abgrund unter mir und die Wände aus Granit und Eis, die sich zur Gipfelwächte weit, weit über mir aufschwangen. Am zweiten Tag wurde ich bald müde, doch die reine Freude darüber, hier zu sein, erfüllte mich mit neuem Mut. Das Wetter blieb ruhig; keine drohenden Sturmwolken türmten sich über dem Gipfel des Montblanc zur vertrauten Schlechtwettermütze. Einem verworrenen Pfad folgend, schlängelten wir uns den großen Pfeiler hinauf. Wir erkletterten die Fünfundsiebzig-Meter-Verschneidung und den Grauen Turm, der zu der eisigen Gipfelwächte führte. Es wurde dunkel, und wir biwakierten in den vereisten Kaminen der oberen Stirnwand, verbrachten dort frierend eine lange, kalte Nacht. Als sich der Himmel im Osten langsam von Schwarz zu Tiefblau verfärbte und im Horizont ein goldener Streif erschien, wußte ich, daß dies der größte Tag meines Lebens werden würde. Trotz der Kälte kribbelte die Freude in meinen Adern, als ich auf die stecknadelkopfgroßen Lichter auf dem Gletscher fast tausendzweihundert Meter unter uns hinunterblickte. Sie tanzten zögernd über die Eis- und Schneemassen, die noch im Dunkeln lagen, und zeigten an, wo andere Bergsteiger sich der großartigen Route näherten, die wir bald beenden würden.

Auf halbem Weg hatte ich meinen einundzwanzigsten Geburtstag gefeiert, und der Gipfel sollte das perfekte Geschenk zu diesem Anlaß sein.

Wortlos saßen wir, oben angekommen, im Schnee und blickten über die Montblanc-Gruppe hinweg – nach Süden ins bewaldete Italien hinunter, nach Norden auf die Chamonix Aiguilles und weit in der Ferne auf den schlanken Umriß des Matterhorns und die massige Gestalt des Monte-Rosa-Massivs. Meine überschwengliche Aufregung ebbte langsam ab, während wir die neue Welt betrachteten, die sich um uns her ausdehnte. Plötzlich fühlte ich mich sehr müde, wie ausgelaugt.

Vor uns lag der lange Abstieg nach Italien. Noch einen Tag lang mußten wir völlig konzentriert weitermachen, wenn wir uns dem Zugriff des Berges sicher entziehen wollten. Als wir begannen, die steilen, lawinengefährdeten Schneehänge zwischen der Pointe Walker und der Pointe Whymper zu queren, wurde mir mit einem Schlag klar, daß der Traum, den Walker-Pfeiler zu besteigen, ausgeträumt war. Er war Wirklichkeit geworden und hatte seine magische Anziehungskraft eingebüßt. Der Traum war verflogen, weil ich es geschafft hatte. Was kommt als nächstes, fragte ich mich. Was wird mir wieder dieses Gefühl geben? Es war seltsam, daß ich schon so bald von einem Gefühl der Ernüchterung erfüllt schien, gleich jetzt, kurz unter dem Gipfel. Mühsam kletterten wir den felsigen Rocher de Whymper hinab und überquerten den kurzen Grandes-Jorasses-Gletscher auf die Behaglichkeit der Boccalatte-Hütte zu.

Der Glorienschein, den die Route in meinen Augen besessen hatte, war in dem Moment verschwunden gewesen, als ich sie erfolgreich bewältigt hatte. Die erlebte Wirklichkeit war beunruhigend normal und schien alles andere als bemerkenswert. Zurück blieb das Gefühl, etwas Perfektes verloren zu haben; ein Ideal war zerstört. Die Route war abgehakt, der Gipfel erreicht, ich konnte mit eitlem Stolz darauf zurückblicken, aber die Freude war wie weggeblasen. Um diese Freude noch einmal zu erleben, mußte ich ein anderes Ziel finden, eine neue Route, ein weiteres Ideal zum Zerstören. Es war ein Teufelskreis. Wohin würde er mich führen?

Als wir endlich Snells Field erreichten, nachdem wir von Italien aus durch den Montblanc-Tunnel getrampt waren, fiel ich fast um vor Müdigkeit. Am Nachmittag begann es zu regnen, und aus den dichten grauen Wolken war Donnergrollen zu hören, während Blitze in die felsigen Gipfel der Aiguilles hoch über uns einschlugen. Das schlechte Wetter hielt vier Tage an, so daß wir Zeit genug hatten, uns zu erholen. Dann wurden wir langsam unruhig. Mein Herz tat einen Freudensprung, als Dave vorschlug, als nächstes die Nordwand des Eigers anzugehen. Ich dachte an Toni Kurz und Adi Mayr und hatte den Walker-Pfeiler sofort vergessen. Der Eiger. Konnte ich ihn besteigen, obwohl er mich so sehr in Angst versetzte? War ich stark genug für eine so gewaltige Route?

Wenn ich dem Walker großartige Eigenschaften zugesprochen hatte, die er in Wirklichkeit nicht besaß, so war der Eiger für mich ein Alptraum. Aber stell dir mal vor, Joe. Der Eiger und der Walker in einer Saison. Vielleicht auch noch die Schmidt-Route an der Nordwand des Matterhorns. Die großen drei in einem Sommer. Nun, das war ein Traum, den zu träumen sich lohnte.

Oh, und ich konnte träumen. Ich träumte so lebhaft, daß es mir gelang, mir einzureden, es sei möglich. Innerhalb eines Tages wurde meine Angst vor dem Eiger durch ein leicht gruseliges Gefühl der Erwartung abgelöst. Ich konnte es schaffen; ich wußte, ich konnte es.

»Wie kommen wir nach Leysin?« fragte ich Dave im Zelt.

»Oh, keine Ahnung. Vermutlich per Anhalter.« Er wirkte seltsam distanziert, als hätte er etwas vor mir zu verbergen.

Dabei blickte er zu Pete und Pat hinüber, zwei Brüdern, die ihren roten Sprite-Sportwagen mit den charakteristischen Froschaugen neben unserem Zelt geparkt hatten. Der Blick, mit dem er sie ansah, hatte etwas Verschwörerisches.

»Können wir nicht mit dem Zug fahren?« fragte ich.

Dave sah verlegen aus und antwortete nicht.

»Was ist los?« beharrte ich.

»Sieh mal«, sagte er geduldig. »Ich glaube, du hast noch nicht genug Erfahrung für den Eiger.«

»Was? Ich ...«

»Du warst auf dem Walker nicht besonders sicher, als du im Eis klettern mußtest.«

»Aber ...«

»Nein, hör zu«, unterbrach er mich. »Sei ehrlich. Du hast dich nicht sicher gefühlt, oder?« Ich antwortete nicht. »Am Eiger ist viel Eis, schwere, kombinierte Kletterei, und ich glaube nicht, daß du schon so weit bist.«

»Nun, dann laß uns hier ein paar kombinierte Routen klettern, bis ich besser bin.«

»Nein, das kann man nicht über Nacht lernen. Ich gehe mit Scott auf den Eiger.«

»Was? Wer ist Scott?« gab ich ärgerlich zurück.

»Ein amerikanischer Bergsteiger, den ich in einer Bar kennengelernt habe.«

»Du hast ihn einfach so in einer Bar kennengelernt, und jetzt willst du mit ihm auf den Eiger? Wie kannst du wissen, ob er etwas taugt? Wir haben zumindest schon den Walker zusammen gemacht.«

»Er ist gut. Ich weiß, was er gemacht hat.«

Meine Welt brach plötzlich zusammen. Außer Dave kannte ich niemanden, mit dem ich den Eiger in Angriff nehmen konnte. Wir hatten den ganzen Winter über immer wieder davon gesprochen, und jetzt ließ er mich im Stich und beschloß statt dessen, die Route mit einem völlig Fremden zu gehen. Meine Versuche, Dave davon zu überzeugen, daß er mich trotz allem mitnehmen solle, waren von einer verwirrten Mischung aus Wut und ohnmächtiger Frustration gekennzeichnet. Am nächsten Tag brach er gemeinsam mit dem Amerikaner auf.

Ich nahm zusammen mit einem kanadischen Holzfäller namens Doug Pratt Johnson den Zug nach Zermatt. Ihn hatte ich meinerseits in einer Bar kennengelernt. Gemeinsam bestiegen wir die Nordwand des Matterhorns über die Schmidt-Route – eine der sechs klassischen Nordwände –, aber meine Freude war getrübt durch das Wissen, daß ich das Beste nicht erlangen konnte. Bei meiner Rückkehr nach Chamonix war ich ganz niedergeschmettert, als ich hörte, daß Dave am Eiger erfolgreich gewesen war, und zwar in nur zweieinhalb Tagen.

Später sah ich ein, daß er recht gehabt hatte. Ich war damals nicht gut genug. Aber die Wahrheit tut immer weh, und ich habe lange gebraucht, um diese Lektion zu lernen. Ich war viel zu sehr auf bestimmte einzelne Partner angewiesen, die den ganzen Sommer über mit mir klettern sollten. Mit Doug aufs Matterhorn zu gehen, mit einem völlig Fremden, den ich nur einmal in der Bar getroffen hatte, öffnete mir die Augen. Ich entdeckte, daß man jeden beliebigen Partner wählen konnte, der gerade frei war, wenn man nur bereit war, einem Fremden zu vertrauen und ihm zu glauben, daß er tatsächlich das geklettert war, was er behauptete. Es gehört viel Vertrauen dazu, wenn zwei Menschen sich zusammentun, um eine schwierige Route zu gehen. Und dieses Vertrauen ist grundlegend für die ganze Angelegenheit. Du mußt das Vertrauen haben, daß der andere dir den Rücken freihält, daß er dich aus Schwierigkeiten herausholt und dir sogar das Leben rettet. Und er muß dir vertrauen.

Natürlich wird es immer jene Bergsteiger geben, die aus den unterschiedlichsten Gründen mehr Ruhmestaten für sich in Anspruch nehmen, als ihnen zustehen – vielleicht aus Ehrgeiz oder aus Eitelkeit. So zu lügen ist eine gefährliche Form der Täuschung, ein Vertrauensmißbrauch und eine Handlungsweise, die zur Tragödie führen kann. Doug war alles, was er von sich behauptet hatte, und noch mehr – ein bärtiger, großgewachsener, gelassener Mensch und obendrein ein starker, besonnener Bergsteiger mit einem fröhlichen Wesen. Er handhabte den Pickel, als wolle er sechzig Meter hohe Kiefern fällen.

Auf dem Gipfel warf ein riesiges, schwarzes Eisenkreuz seinen Schatten die Südwand hinunter. Es war reich verziert gearbeitet, und die Worte ›Vater der Bergsteiger‹ wurden immer wieder von winzigen, nadelstichgroßen Löchern durchbohrt, die durch Blitzschlag entstanden sein mußten. Wir verbrachten eine lange, kalte Septembernacht im Biwak auf einer Platte aus bröckeligem, grauem Schiefer unmittelbar unterhalb des Matterhorngipfels. Damit zahlten wir den Preis dafür, daß wir mit leichtem Gepäck gegangen waren, ohne Schlafsäcke, und daß wir versucht hatten, die Wand an einem Tag zu ersteigen. Wir hingen an zwei nicht ganz zuverlässigen Haken und erwachten beim ersten Morgenlicht, um festzustellen, daß einer von ihnen über Nacht herausgefallen war.

Wir stiegen ohne Seil über den Hörnligrat ab. An den oberen Türmen liefen sieben Zentimeter dicke Taue hinunter, eine Hilfestellung für bergunerfahrene Kunden, die von ihren Schweizer Bergführern hier heraufgeschleift wurden. Doug war mehrere hundert Meter unter mir, als ich das erste Seil erreichte. Es leuchtete weißglänzend und war offensichtlich erst kürzlich erneuert worden. Ich trug Handschuhe, dikke, grobgestrickte wollene Handschuhe, und es wäre mir nicht im Traum eingefallen, sie auszuziehen. Ich griff nach dem Seil und ließ mich voll Vertrauen über den gewaltigen Absturz der Ostwand hinausschwingen, um Hand über Hand am Seil abzusteigen. Ehe ich wußte, wie mir geschah, sauste ich abwärts. Ich packte fester zu, doch nichts passierte. Die Wolle fand keinen Halt an dem glänzenden, neuen Seil, und ich begriff, so unglaublich es mir erschien, daß ich nicht anhalten konnte. Bei der Geschwindigkeit, mit der ich abwärts sauste, würde ich am Ende des Seils, dort wo es an einen gewaltigen Ringbolzen gebunden war, hart aufprallen und die Ostwand hinuntergeschleudert werden. Ich starrte gebannt auf meine Handschuhe und versuchte, mehr Druck auf das Seil zu geben. Ein scharfer, stechender Schmerz brannte in meinen Oberarmen.

Ich hielt so plötzlich an, daß ich mit dem Gesicht gegen die Felswand schlug. Mein Fuß berührte ein Sims, und ich trat kräftig auf, um das Gleichgewicht wiederzugewinnen. Einen Moment lang hatte ich keine Ahnung, was passiert war. Dann sah ich den gut einen Meter langen Gummiüberzug, der das Seil umschloß. Auf halbem Weg zum Ringbolzen hinunter hatte mich ein Spleiß im Seil gerettet, der mit Gummi überzogen war. Er bot gerade genug Reibungswiderstand, ehe ich die volle Geschwindigkeit aufgenommen hatte. Nach einigem Zögern ließ ich mich langsam weiter hinab.

Als ich von der letzten Wand auf den Pfad zur Hörnlihütte hinunterstieg, hörte ich von oben einen Warnschrei. Instinktiv wandte ich mich um und blickte auf. Die Luft schwirrte von Felsbrocken. Die ersten Steine sausten an meinem ungeschützten Gesicht vorbei, krachten auf den felsigen Pfad, prallten ab und wurden bis zum Gletscher hinuntergeschleudert, weit, weit unter mir. Ich war wie gelähmt vom Anblick der Brocken, die auf mich zusausten, und vom Anblick des Klettergastes, der mich mit flehendem Gesichtsausdruck anstarrte. Bewegungslos blieb ich stehen. Ich wollte mich unter meinem Rucksack verstecken, aber mein Gehirn schaffte es nicht, die Mitteilung weiterzugeben. Die Steine sangen, pfiffen und trommelten an mir vorbei, einige zersprangen über meinem Kopf, aber keiner traf mich.

Als es vorüber war, zitterte ich unkontrollierbar und brüllte hysterisch etwas zu dem bleichen Gast hinauf, der sich eine Seillänge über mir befand. Er wandte sich ab und kletterte schnell davon. Statt schon in dem Moment einen Warnruf auszustoßen, als er die Steine losgetreten hatte, war er abwartend stehengeblieben, um zu sehen, ob sie mich treffen würden oder nicht. Ich machte auf wackeligen Beinen kehrt und ging vorsichtig zur Hütte hinunter, wo ich Doug mit einem breiten Grinsen im Gesicht antraf.

»Großer Gott. Gerade eben hätte ich fast dran glauben müssen«, sagte ich und setzte mich auf ein Bier zu ihm.

»Wie das denn?«

Ich erzählte ihm von dem Seil und den Handschuhen und von dem Steinschlag.

»Weißt du, was man über das Matterhorn sagt?«

»Na, was denn?«

»Man sagt, es sind so viele Leute auf dem Berg, daß du mit größter Wahrscheinlichkeit ums Leben kommst, weil du auf einer Apfelsinenschale ausrutschst oder von einer Flasche Sonnenöl erwischt wirst.«

Ich blickte zu den winzigen Punkten der zahllosen Bergsteiger auf dem Hörnligrat hinauf.

»Das kann ich mir vorstellen«, versetzte ich. »Ich habe gehört, daß bei gutem Wetter im Sommer rund dreihundert Menschen pro Tag den Gipfel erreichen.«

»Tja, und was so dazugehört.«

An einer Holzwand in der Hütte hingen sechs Plastikhelme an rostigen Nägeln. Sie waren alle entweder von einem Rand zum anderen gespalten, oder aber sie hatten faustgroße Löcher.

Daves Bericht von dem Sturm, in dem er und sein Begleiter den Eiger bestiegen hatten, machte mir angst genug, um mich vom Jammern abzuhalten. Sie hatten sich am Götterquergang mit zwei Kletterern aus Northumberland zusammengetan und unter fürchterlichen Bedingungen die Ausstiegsrisse hinter sich gebracht, nur um einen der Northumbrier zu verlieren, als sie über die leichte Westwand abstiegen. Müde und unkonzentriert, war er auf einem Wegstück gestolpert und zu Tode gestürzt, das er an jedem anderen Tag mit den Händen in den Hosentaschen hinuntergelaufen wäre. Sein Tod war eine heilsame Lektion, die ich nie vergessen habe: Wenn du oben bist, hast du erst die Hälfte geschafft.

In den Weihnachtsferien reiste ich per Anhalter nach Chamonix, um mich mit Dave zu meiner ersten Wintersaison in den Alpen zu treffen. Wir hatten uns in der Nash-Bar verabredet. Gerade als wir unser erstes Bier getrunken hatten, kam

Maurice, der Wirt, mit zwei Schnäpsen an unseren Tisch. Er stellte sie vor uns hin und blickte ernst drein.

»Ihr kennt doch einen britischen Bergsteiger namens Pete, oder? Er fährt einen roten Sportwagen. Ich glaube, ihr kennt ihn?«

Wir nickten beide.

»Es tut mir so leid.« Er zuckte mit den Schultern und breitete in einer typisch französischen Geste die Hände aus. »Pete ist tot. Er ist gestern im Chèré-Couloir abgestürzt.«

Pete tot? Ich war wie vor den Kopf geschlagen. Maurice sagte, sie hätten es seinem Bruder Pat erzählt, aber der stünde noch unter Schock, und die Behörden brauchten jemanden, der den Toten identifizieren könne.

»Verstehe«, versetzte Dave. Ich trank meinen Schnaps und blickte zur Seite. Als ich zur Bar gegangen war, hatte ich Petes roten Sportwagen mit den Froschaugen gesehen und mich schon auf das Wiedersehen gefreut. Dave blickte mich fragend an. Ich griff nach meinem Bier.

»Ich gehe«, sagte er darauf ruhig. »Danke, Maurice.« Er stürzte seinen Schnaps hinunter und ging zur Leichenhalle. Als er wiederkam, erzählte er nur, still und bedrückt, es sei Pete.

Pete war das Chèré-Couloir solo gegangen, eine steile Eisroute (IV. Grad) an der Flanke des Montblanc du Tacul. Als er versuchte, von dem obersten steilen Eisaufschwung wegzutraversieren, wurde er beobachtet, wie er Probleme mit einem Steigeisen hatte. Er bemühte sich, die steilen, nur dünn vereisten Felswinde schnell zu queren, um die einfache Abstiegsroute zu erreichen – da fiel er. Er trug keinen Helm und hätte den Sturz möglicherweise überlebt, wären da nicht die schweren Kopfverletzungen gewesen.

Ich bin in jenem Winter nicht geklettert; das Wetter blieb gnädigerweise schlecht. Ich wußte es damals noch nicht, aber der Verschleiß hatte begonnen. Wir fingen an, den Preis für den Spaß zu zahlen. Ich war traurig über Petes Tod und geschockt, wie schnell ich dieses Ereignis als gegeben hinnahm. Sobald ich wußte, wie er gestorben war, schien es, als könnte ich seinen Tod akzeptieren und die Erinnerung daran in mein Weltbild einordnen. Wieder eine Lektion gelernt: Trag immer einen Helm. War das alles? Es schien nicht viel für ein Menschenleben.

Genauer wollte ich nicht hinsehen, genausowenig wie ich in die Leichenhalle gehen wollte. Ich wußte instinktiv, daß man diesen Dingen, diesen Fragen ohne Antwort, am besten aus dem Weg geht.

8. KAPITEL

Die Lawine

Der Blick vom Gipfel der Courtes war beeindruckend: Die Sonne hing als hohe, gewaltige Wärmequelle am azurblauen Himmel, und um uns her erhoben sich überall Berge. Die riesigen Nordwände der Aiguille d'Argentière lagen zu unseren Füßen, die Aiguille du Chardonnet ragte eisbedeckt unmittelbar vor uns auf, und die dunkle Nordwand der Grandes Jorasses befand sich hinter uns.

Wir blieben viel zu lange in der Sonne sitzen. Wir waren müde, aber das war keine Entschuldigung. Wir hatten eine lange, kalte Nacht damit verbracht, die ›Schweizerführe‹ an der Nordwind der Grandes Jorasses zu erklettern – die Erinnerung daran war nicht unangenehm, während die Sonne die letzten frostigen, dunklen Schatten vertrieb. Es lag an der Sonne. Das untätige Herumliegen in ihrem warmen Schein ließ uns zu lange warten. Als wir endlich aufstanden, die Seile einpackten, die Rucksäcke schulterten und zum Rand der Nordostwand aufbrachen, hatten wir bereits die letzte Chance auf einen sicheren Abstieg verspielt.

Die Route, die wir hinunterwollten, führte siebenhundertfünfzig Meter steil abwärts bis zum Gletscher. Sie lag verschneit und unberührt da; seit dem Unwetter vor vierundzwanzig Stunden war sie noch nicht begangen worden. Die Sonne schien voll auf die Wand. Der Neuschnee, der gefallen war, lastete schwer, naß und unsicher auf dem harten, alten Schnee darunter. Zwischen beiden Schichten sickerte Wasser zu Tal.

Wir wußten, daß der Tag schon zu weit fortgeschritten war. Wir hätten warten sollen, bis die Abendkälte den Schnee gefrieren ließ und ihn sicher machte. Wir wußten, wir hatten zu lange in der Sonne herumgetrödelt, aber wir waren müde, von der Sonne erhitzt und folglich durstig, und wir hatten es eilig, wieder hinunterzukommen.

Beim Abstieg war ich auf den ersten fünfzehn Metern nervös. Warnende Zweifel drängten mich, anzuhalten und umzukehren. Ich stand da, war mir nicht sicher, blickte auf meine halb im Schnee versunkenen Beine hinunter und zwischen ihnen hindurch bis zum Gletscher weit unter uns. Der Schnee, den ich bei meinen letzten Schritten losgetreten hatte, glitt weiter hangabwärts. Ich sah Hugh über mir stehen und blickte dann nach links. Auch er wirkte unsicher. Ich wollte, daß er meine Zweifel in Worte faßte, aber er sagte nichts. Vielleicht war er nicht so ängstlich wie ich. Vielleicht dachte er, es würde schon alles gutgehen. Ich stieg weitere fünfzehn Meter ab.

Aus Zweifeln wurde alles beherrschende Angst. Diesem Ort haftete definitiv eine ungute Stimmung an. Irgend etwas würde passieren. Einen Moment lang hatte ich das Gefühl, am Rande der Welt zu stehen. Ich spürte das Herannahen einer dunklen, unbekannten Gefahr – so mußten die Seefahrer in früheren Zeiten sich davor gefürchtet haben, von der Erdscheibe herunterzufallen.

Hugh hatte sich nicht bewegt. Er sah mich an, überließ es mir, das Gelände auszukundschaften. Mir gefiel das gar nicht.

Pinguine drängen sich am Rand von Eisschollen und suchen das Wasser nach Seeleoparden ab. Doch um ganz sicherzugehen, schubsen sie einen ihrer Gefährten ins kalte, grüne Meer und beobachten das Resultat dann ganz genau, um festzustellen, ob sie es riskieren können, dem Unglücklichen zu folgen. Bei diesem Experiment war ich gar nicht gern der Pinguin; viel lieber hätte ich geschubst.

Ich stieg weiter ab, ein paar Schritte, dann blieb ich stehen. Nein! Das gefällt mir nicht. Ich gehe zurück. Am besten gleich, bevor es zu spät ist ... schnell!

Die Worte konnte ich nicht verstehen. Ich hörte nur den Warnschrei, der mir das Herz stocken ließ.

Sofort kauerte ich mich hin, das Gesicht dem Hang zugewandt, und verlagerte mein gesamtes Körpergewicht auf den Pickel. Ich versuchte, ihn tief in den Schnee zu stoßen, weit hinein bis in den Fels des Berges. Noch einmal blickte ich auf. Hugh stand bewegungslos da, starrte schweigend.

Die halbmondförmige Schneewelle war fast über mir. O Gott! Du alter Idiot! Warum hast du nur so lange gewartet?

Ich hatte gedacht, daß sie vielleicht nicht ganz so groß sein würde, hatte gehofft, sie würde über mich hinwegfegen. Doch die Welle traf mich voll an der Brust, warf mich auf den Rücken und riß mir mühelos den Pickel weg, während ich mit ihr zu Tal stürzte.

Ich fiel vor der Welle her, rutschte schnell und immer schneller, brüllte zu Hugh hinauf:

»Schau her, schau her zu mir! Paß auf, wo ich falle. Paß auf ...«

Ich rief aus lauter Angst und hoffte nur, daß er mich im Auge behalten würde, um zu sehen, wo ich schließlich begraben läge. Eine Sekunde lang sah ich ihn deutlich vor mir stehen, stocksteif und immer noch an derselben Stelle, während er mir nachstarrte. Im selben Moment war er auch schon verschwunden, die Welle riß mich um, ließ mich Purzelbäume schlagen, spielte mit mir, während ihre Stärke immer weiter zunahm, je mehr Schnee sie auf ihrem Weg talwärts hinzugewann.

Viel weiter unten, auf der anderen Seite des Gletschers, unterbrach eine Gruppe von Bergsteigern auf der Terrasse der Argentière-Hütte das Teetrinken, um aufzublicken, als sie das immer lauter werdende Donnern der Lawine hörten. Bestimmt dachten sie, die Welle aus stiebend heranbrausendem Schnee sähe beeindruckend aus. Nach ihrem Zeitempfinden dauerte das Ganze nicht länger als dreißig oder vierzig Sekunden.

Ich verlor jegliches Zeitgefühl. Ich hörte mich schreien und schämte mich, obwohl niemand da war, der mich hören konnte. Doch es gab andere Dinge, um die ich mir Sorgen machen mußte: Wie konnte ich dieses unkontrollierte Überschlagen stoppen? Würde es mir gelingen, einen Pickelrettungsgriff anzusetzen? Was mußte ich tun, um meinen Fall aufzuhalten? Da schlug ich gegen die Felsen.

Ich schrie. Ich war nicht verletzt, aber ich schrie wie ein

angeschossenes Kaninchen, schrie wie verrückt, schrie einfach nur, weil ich nicht zum Halten kam. Ich würde sterben.

Hugh sah zu, wie ich kleiner und kleiner wurde, wie ich immer schneller fiel, mich überschlug und verschwand, wie ich dann wieder auftauchte. Die ganze Zeit hindurch versuchte er, meinen Fall zu verfolgen. Allein zurückgeblieben über all dem Lärm und dem gewaltigen Tosen stand er da, von einer Laune des Zufalls vor dem Sturz bewahrt, dessen Zeuge er nun wurde.

Der Schnee, etliche hundert Tonnen Naßschnee, trieb nach links in einen steilen, felsübersäten Eisschlauch hinein. Er wogte und schwappte darin von einer Seite zur anderen, spie Schneewolken über Felsblöcke aus, überschlug sich immer und immer wieder. Ich fiel mit den Schneemassen, orientierungslos, mit Armen und Beinen um mich schlagend, versuchte, die Gewalten, deren Spielball ich war, unter Kontrolle zu bekommen. Mit den Füßen voran krachte ich – immer noch in der Rinne – gegen einen großen Felsblock und wurde aus dem brandenden Schneegewirbel herausgeworfen. Hugh sah eine dunkle Gestalt, die sich um die eigene Achse drehte, dann verschwand ich erneut.

Weiter ging es den Eisschlauch hinunter. Mein Kopf war hangabwärts gerichtet, während der Schnee sich über die Felsen ergoß und mich gegen das Eis preßte. Nasser Schnee drang mir in die Nasenlöcher und verstopfte mir den Mund, lastete stärker und stärker auf mir. Das sausende Zischen der Lawine ließ nach, in meiner Brust baute sich ein Druckschmerz auf, Geräusche waren nicht mehr zu hören. Das dumpfe Dröhnen in meinem Kopf ähnelte der Brandung auf einem Kiesstrand weit in der Ferne, und alles verschwamm zu grauen Schatten.

Irgend etwas krachte mit betäubender Gewalt gegen meine Stirn und rüttelte mich auf, ein weiterer Felsen schleuderte mich an die Luft. Der Aufprall ließ den zusammengepreßten Schnee aus meinem Mund herausfallen, und ich sog begierig die kalte Luft ein, ehe die Wucht des erneuten Ansturms mich wieder unterpflügte.

Ich hatte einen Blick auf den Gletscher unter mir erhascht.

Nah war er jetzt, sehr nah, und der Gedanke, daß ich überleben könnte, kam mir in den Sinn, bis ich mich an den Bergschrund erinnerte – die riesige Spalte an der Stelle, wo Gletscher und Berg aufeinandertreffen. Ich wußte, er war riesig, mindestens zehn Meter breit, und ich hatte keine Chance, darüber hinwegzukommen. Der weit aufgerissene Rachen würde mich verschlingen. Etliche Tonnen Naßschnee würden sich über mich ergießen, mich einschließen, mich zermalmen, mich ertrinken und ersticken lassen. Wieder wurde ich von den Schneemassen überrollt, gerade als ich noch an den Bergschrund dachte, aber dieses Mal kämpfte ich in einer blinden, grellen Panik dagegen an, voll entsetzlicher Furcht, ich könnte lebendig begraben werden. Ich will nicht sterben, ich will nicht sterben. Die Worte schienen wie ein hysterisches Mantra in meinem Kopf zu widerhallen, als müßte etwas passieren, einfach nur weil ich sie dachte – etwas, irgend etwas mußte diese fürchterlichen Schneemassen, die mich wieder und wieder unter sich begruben, aufhalten.

Schwimm. Das ist es, was sie immer sagen. Wenn du von einer Lawine erfaßt wirst, schwimm. Niemand hatte mir gesagt, daß es ein Gefühl ist, als würde man durch feuchten Beton schwimmen, daß Wogen von schwerem Naßschnee meinen Körper in qualvollste Positionen verrenken und verdrehen würden. Schwimmen? Die Autoren der Bergsporthandbücher müssen echte Komiker sein.

Ich war zu lange unten gewesen. Als die Geräusche und Gefühle einem dumpfen, betäubenden Schmerz wichen, spürte ich einen Moment lang Wut, dann ein überwältigendes Gefühl der Resignation. Schließlich beherrschte mich immer mehr die seltsame Vorstellung, daß Ma mir vielleicht helfen könnte, daß sie dem Ganzen ein Ende setzen würde, wie sie es so oft getan hatte, als ich noch ein Kind war. O bitte, Ma, laß es aufhören. Ich werde es auch nie wieder tun. Ich verspreche es. Nichts änderte sich, und die völlige Ruhe der Hinnahme, eine sanfte Schicksalsergebenheit, ließ mich still in einen luftlosen Schlaf sinken.

Dann, als sei sie des Spiels müde, gab mich die Lawine frei.

Plötzlich wurde ich aus dem Eisschlauch hervorgespien. Ich spürte, wie ich frei durch die Luft flog, mit Leichtigkeit über den gähnenden Bergschrund hinweg, und wie ich an der Oberfläche blieb, um ungehindert die letzten Meter über den Gletscher zu rutschen.

Dort fand mich Hugh schließlich eine Stunde später. In der ganzen Zeit, die er brauchte, um über die Wand abzusteigen, hatte ich mich nicht bewegt. Ich saß aufrecht im Schnee, vom Bauch an eingegraben, starrte über den Gletscher hin und sah nichts. Erst lachten wir hysterisch, und dann weinten wir vor Erleichterung, als die Anspannung nachließ.

In meiner Stirn war ein kreisrundes Loch, als hätte jemand auf mich geschossen, und auch meine Wangen waren durchlöchert, wo meine zerbrochenen Steigeisen zwei säuberliche Einstiche hinterlassen hatten. In meinem Mund schmeckte ich metallisches, salziges Blut. Meine Beine waren von gut dreißig Zentimetern kompaktem Naßschnee umschlossen, der hart wie Beton geworden war, als die Lawine zum Stehen kam. Hugh mußte mich mit dem Eispickel freigraben.

Ein Stück grünes Band hing an meinem Handgelenk. Der Pickel war weg. Mit unsicher forschenden Händen tastete ich mein Gesicht ab, suchte nach Verletzungen, wartete auf den plötzlichen, durchdringenden Schmerz eines Knochenbruchs. Hugh half mir auf die Füße, und ich stand auf wackeligen Beinen mitten im Lawinenschutt.

»He, Mann, yeah!« sagte Hugh und schlug sich auf den Oberschenkel. »Wow! Einfach super. Mann, das war die verrückteste Abfahrt, die ich je gesehen habe. Du hättest sehen sollen, wie du abgeschmiert bist. Das war irre, ich meine irre. Meine Kacke, yeah, bist du abgeschmiert ...« Er grinste mich begeistert an.

Hugh kam aus Glencoe, Illinois. Ich kannte ihn seit zwei Tagen. Er war ein liebenswürdiger, unbeschwerter Mensch mit einer Vorliebe für modische Schlagworte. »Vorwärts, du schaffst es, auf zur Sonne«, hatte er mir zugegrölt, als ich erschöpft das letzte Stück der Wand hinauf führte, und ich hatte innerlich gestöhnt. Was, zum Teufel, sollte das bloß?

Jetzt hatten der Schock des Lawinenunglücks und die Aufregung darüber, mich lebendig wiederzufinden, einen unaufhaltsamen Strom von zusammenhanglosen Phrasen ausgelöst, während er mir über den Schnee des Argentière-Gletschers in die Sicherheit der Hütte half. Ich ließ die Worte um mich herschwappen, lächelte über seine Begeisterung, war mir aber gar nicht so sicher, was eigentlich vorging. Als wir eineinhalb Stunden später die Hütte erreichten, waren meine Gedanken auf Wanderschaft gegangen. Ich glaube, Hugh bemerkte den trüben, glasigen Blick in meinen Augen und die langsame, mühevolle Redeweise eines Menschen, der unter einer Gehirnerschütterung leidet. Er setzte mich vorsichtig auf eine hölzerne Bank vor der Hütte, und ich lächelte ihn dümmlich an. Die Besorgnis in seinen Augen nahm ich gar nicht wahr.

»He, Mann, paß auf. Ich hab' dich jetzt soweit, Joe, ich hole Hilfe. Bleib einfach sitzen«, sagte er, und ich grinste ihn freundlich an. Ich saß direkt in der prallen Hitze der Nachmittagssonne und starrte auf die Nordwand der Courtes, die wir soeben bestiegen hatten, und auf die Nordostwand, die ich hinuntergefallen war. Dabei kicherte ich albern. Die sanfte weibliche Stimme, die mich in gebrochenem Englisch ansprach, hatte einen starken italienischen Akzent.

Mit ihren riesigen, schmachtenden braunen Augen und dem lächelnden Mund voll weißer Zähne sah sie wunderschön aus. Sie reichte mir ein Schälchen heiße Schokolade und streichelte mir über die Wange. Ich warf ihr mein bestes, charmantestes Lächeln zu, nicht ahnend, daß meine Augen ziellos an ihr vorbeiblickten, daß auf meinen Wangen und meiner Stirn geronnenes Blut klebte und unter meinen Augen dunkle Blutergüsse anzuschwellen begannen. Ich war verliebt.

Aus irgendeinem Grund hielt die Glasschale nicht still, wenn ich daraus trinken wollte. Ich fröstelte, und mir war in der heißen Sonne unerklärlicherweise kalt. Die Schüssel begann so sehr zu vibrieren, daß heiße Schokolade über den Rand schwappte und mir die Beine verbrühte. Je fester ich zupackte, desto mehr zitterte ich, bis sich schließlich mein ganzer Körper in Zuckungen zu winden schien. Mit starken

Armen packte sie mich an den Schultern und zog mich zu sich heran. Ich roch ihr Parfüm, einen moschusartigen, aufregenden Duft, und starrte auf ihre vollen Brüste unter dem dünnen T-Shirt, als sie mein Gesicht gegen ihre Brust preßte und mich umarmte. Eine Sekunde lang ärgerte ich mich darüber, daß ich ausgerechnet in dem Moment die Kontrolle über meinen Körper verlor, als ich charmant und sexy sein wollte – und das ist alles, woran ich mich erinnern kann. Am nächsten Morgen erwachte ich im Schlafsaal der Hütte mit dröhnenden Kopfschmerzen. Hugh reichte mir einen Kaffee und erzählte mir, das Mädchen sei weggegangen.

»Wohin?« murmelte ich.

»Sie ist unterwegs, Mann, unterwegs zur Sonne.«

»Was?«

»Sie ist klettern gegangen, Mann.«

»Oh.« Die Enttäuschung tat weh. Ich habe sie nie wieder gesehen, habe ihr niemals danken können, kenne nicht einmal ihren Namen.

Hugh ließ mich in Les Praz zurück, einem kleinen Dorf zehn Minuten zu Fuß vom Campingplatz entfernt. »Bist du in Ordnung, Joe?« fragte er.

»Ja, habe mich nie besser gefühlt«, log ich und streckte die Hand aus. Er ergriff sie und schüttelte sie kräftig.

»Okay, okay. Paß auf dich auf, mein Freund.« Und er drehte sich um und ging, schüttelte den Kopf und murmelte etwas von: »Verrückte Abfahrt, einfach irre.«

Mehrere Tage vergingen, ehe meine undeutliche Sprechweise sich normalisierte und ich mich wieder für das Leben interessierte. Wie knapp ich dem Tod entronnen war, schien keine Rolle zu spielen. Es war Zufall, Glück, das war alles, aber ich hatte gelernt, bei schlechten Schneeverhältnissen nie mehr ein Risiko einzugehen.

Die Hälfte meiner Ersparnisse hatte ich für ein neues Paar Steigeisen ausgegeben, um diejenigen, die ich bei dem Lawinenunglück verloren hatte, zu ersetzen, und ich fragte mich, wie ich den Rest des Sommers überleben sollte. Die Gruppe von Bergsteigern aus Sheffield und Manchester – Sean Smith, Murray Laxton, Mark Millar und Paddy Gaunt –, die ganz in meiner Nähe zeltete, lebte in fröhlicher Anarchie dahin. Alle vier machten sich nichts vor, weder über sich selbst noch über ihre Einstellung zum alpinen Klettern. Einer von ihnen hatte gehört, die Franzosen würden einen Armen nicht verfolgen, wenn er etwas zu essen stahl. Ja, ein Pariser Supermarkt sollte sogar abgelaufene Lebensmittel eigens auf einem Tisch bereitstellen, damit die sogenannten Sozialschwachen sich bedienen konnten, kostenlos. Das schien eine noble Einstellung zu sein, praktizierte soziale Verantwortung in einer egalitären Gesellschaft, und wir nutzten sie in jeder Hinsicht aus.

Ich bin ein völlig unfähiger und ängstlicher Dieb. Schon wenn ich an Diebstahl denke, erröte ich fürchterlich in der festen Überzeugung, daß über meinem Kopf ein großes Neonschild hängt mit der Aufschrift: ›Dieb, Dieb‹ – damit alle Welt es sehen kann. Daher lächelte ich leicht befangen und verräterisch, als der weißgekleidete Fleischer mir den Schinken reichte, säuberlich verpackt in weißes, gewachstes Papier, auf dem in großen blauen Lettern der Name des Supermarkts stand.

»Merci bien«, sagte ich, wandte mich den menschenleeren Gang hinunter und schlurfte schuldbewußt von dannen. Mit auffälligen Blicken nach rechts und links schob ich das rechteckige Paket schnell vorn in meine weißen Shorts hinein, während ich spürte, daß meine Ohren schon rot zu leuchten begannen – vor Scham. Ich nahm irgendein Paket aus dem Regal und tat so, als würde ich es interessiert betrachten. Als mir klar wurde, daß ich ein abnormes Interesse an einer Schachtel Damenbinden bekundete, ließ ich sie eilig fallen und ging zu den Kassen hinüber. Ich hatte genug Geld in der Tasche, um eine Stange Brot zu kaufen, die ich sorgfältig auswählte, während ich die Kassiererinnen musterte, um zu sehen, welche am wenigsten Schwierigkeiten machen würde. Schließlich näherte ich mich einer fröhlichen, hübschen jungen Frau, die sich die Nägel feilte, während sie auf Kundschaft wartete.

Als ich die Baguettestange auf das rollende Plastiklaufband gelegt hatte, griff ich in die Vordertasche meiner Shorts, um das Geld herauszuholen. Die Tasche war so eng, daß ich mich winden und mühsam mit den Fingern nach dem Kleingeld angeln mußte. Während die Kassiererin meine verkrampften Bemühungen beobachtete, bemerkte ich, wie sich ihre Augen überrascht weiteten. Ich reichte ihr drei Francs. Warum sie dabei den Kopf schüttelte und kicherte, verstand ich nicht. Ich lächelte unsicher.

»Voilà, merci«, kommentierte ich die schwungvolle Gebärde, und sie lachte mir ins Gesicht. Was sie so amüsant fand, konnte ich mir beim besten Willen nicht vorstellen. Ich dachte, es sei am klügsten, sich anzupassen, und lachte höflich mit, was ihre Heiterkeit nur noch verstärkte. Sie hielt sich die Hand vor den Mund, blickte mir ins Gesicht und dann direkt auf meinen Schritt. Ich sah, ihrem Blick folgend, an mir hinunter und mußte mit Entsetzen feststellen, daß sich im Schritt meiner Shorts eine auffällige, rechteckige Form abzeichnete. Die blauen Schriftzüge waren durch den stark gedehnten weißen Stoff klar und deutlich zu lesen. Während hinter mir lautes Gelächter ausbrach, rannte ich aus dem Laden und flüchtete mich in die Sicherheit der Bar Nationale.

Dort stieß ich auf Murray Laxton, der hinten in der Bar den *Telegraph* las, als ich unbeholfen und mit einigem Unbehagen durch die offene Glastür hereintrat, ein Kilogramm geräucherten Schinken im Schritt.

»Wie geht's, wie steht's?« fragte Murray, während ich mich damit abquälte, den Schinken aus meinen Shorts hervorzuziehen.

»Ist schon bessergegangen«, grunzte ich und knallte das Paket auf den Tisch.

Murray war ein unfehlbar freundlicher und höflicher Mensch. Das ging bald so weit, daß er seine Freunde zur Verzweiflung trieb, weil er sich einfach für alles und jedes entschuldigte, was passierte, auch für Dinge, mit denen er wirklich nichts zu tun hatte. Er ließ sich durch nichts aus der Ruhe bringen und war ein geduldiger, toleranter Freund mit einem spitzbübischen Lächeln und einem Hang zur Pyromanie, wenn es ihn überkam.

»Hast du von Paddy und Mark gehört?« fragte er und nahm sich von dem verschwitzten Schinken und dem Brot.

»Nein. Hatten sie einen Unfall?«

»Eine Art Unfall, aber jetzt geht es ihnen wieder gut.«

Mark Millar und Paddy Gaunt hatten einige Tage zuvor den Campingplatz verlassen, um die erste freie Begehung des Gervasutti-Pfeilers an der Frêneyflanke des Montblanc zu versuchen. Sie waren gemeinsam mit einer Gruppe von Freunden aufgebrochen, die den klassischen zentralen Frêney-Pfeiler unmittelbar links davon in Angriff nehmen wollten. Beide großartigen, hochgelegenen Felsklettereien in hervorragendem, goldfarbenem Granit gehören zu den besten und härtesten Routen in der Montblanc-Gruppe. Sean war mit Richard Cox zum zentralen Pfeiler gegangen, und hinter ihnen folgten vier australische Freunde, geführt von dem unvergleichlichen Johnny Muir. Aus irgendeinem unerklärlichen antipodischen Grund hatten sie beschlossen, sich ›Internationale Turkey-Patrouille‹ zu nennen.

Mark und Paddy hatten sich dafür entschieden, leicht und schnell zu gehen. Bevor sie die Hütte verließen, um zum abgelegenen und ernstzunehmenden oberen Plateau des Frêney-Gletschers aufzubrechen, wo ihre Route begann, hatte Paddy sich aus diesem Grunde ein Paar Haushaltshandschuhe aus Gummi geliehen – ein schwacher Ersatz für warme Fäustlinge, aber sie boten doch einen gewissen Schutz vor der bitteren Kälte im frühen Morgen.

Am späten Abend, als die Sonne am Horizont unterging, zogen sie sich über den letzten, schwierigen Felsabschnitt auf den Pfeiler hinauf. Damit hatten sie eine sehr schnelle und die erste freie britische Besteigung geschafft. Sie konnten Sean, Richard und die Australier noch hören, die am zentralen Pfeiler kletterten, und riefen ihnen ein fröhliches Aufwiedersehen zu, bevor sie sich die Schneehänge zum Gipfel des Montblanc hinauf in Marsch setzten. Sie gingen ohne Seil und bewegten sich schnell das glatte, überfrorene Firnfeld hinauf.

Paddy folgte Mark vorsichtig. Mark ist ein großer, kräftiger Mann, viel schwerer als Paddy, daher machte es Sinn, sich genau in seinen Fußstapfen zu halten. Wenn Mark nicht in eine versteckte Spalte stürzte, würde dem viel leichteren Paddy ebenfalls nichts passieren – zumindest glaubte er das. Ganz in der Nähe des runden Schneegipfels, als Mark nach und nach einen immer größeren Vorsprung gewann, setzte Paddy sorgfältig seinen Fuß in einen von Marks Abdrücken und verschwand mit einem plötzlichen Schneerutsch auf dem Hosenboden in ein kreisrundes Loch hinein, das sich auf einmal unter ihm auftat.

Paddy hatte Glück. Die Spalte war schmal und verlief in einer Art Zickzackprofil von Seite zu Seite. Als er vierzig Meter tief in die Eingeweide des Berges fiel, wurde seine Geschwindigkeit daher durch das ständige Aufschlagen, erst auf der einen eisigen Wand, dann auf der anderen, abgebremst. Er stürzte auf den Boden der Spalte, atemlos, übersät mit Prellungen und Schürfwunden, aber ansonsten unverletzt.

Nach einer Weile bemerkte Mark, daß Paddy ihm nicht länger folgte, und ging in der zunehmenden Dunkelheit der hereinbrechenden Nacht in seinen Fußstapfen zurück bis zu dem Loch, durch das Paddy abgestürzt war. Er rief in die Spalte hinein und war erleichtert, aus der Tiefe das Echo von Paddys Stimme zu hören, der ihm versicherte, es sei alles in Ordnung. Mark holte das Seil aus dem Rucksack hervor und versuchte vergeblich, es zu seinem Freund hinabzulassen. Sosehr er es auch hin und her schnellen ließ – es ringelte sich immer wieder auf einem schmalen Eisband zusammen, zwanzig Meter oberhalb von der Stelle, wo Paddy zitternd auf dem Boden der Spalte stand. Mark begriff, daß es aussichtslos war, und er machte sich auf, um Hilfe zu holen. Eilig kletterte er im Dunkeln über den Gipfel des Montblanc. Mehrere Stunden lang mußte er auf den Aufgang des Mondes warten, damit er seinen Weg an den lauernden Spalten vorbei hinunter zur Gouter-Hütte fortsetzen konnte, um die Bergrettung zu alarmieren.

Während die langen Nachtstunden verstrichen, versuchte Paddy, warm zu bleiben, indem er auf und ab sprang, die Arme um seinen Körper schlug und die Hände mit den Gummihandschuhen in die Wärme seiner Achselhöhlen steckte. Zehn Stunden später drang ein schwacher Morgenlichtschimmer in die Spalte hinunter, und in dem unheimlichen Halbdämmer konnte er eine mögliche Fluchtroute ausmachen. Sie verlief den leicht ansteigenden Boden seiner eisigen Gruft entlang. Er folgte ihr immer weiter aufwärts, bis er an einen Punkt gelangte, wo an einer Wand der Spalte ein Eissims entlanglief. Vorsichtig schob Paddy sich auf dem schmalen Band vorwärts und gelangte an eine Stelle unmittelbar unter dem Einsturzloch. Jetzt stand er auf dem Sims, welches das Seil daran gehindert hatte, ihn zu erreichen. Seine Hände, umhüllt von gelben Gummihandschuhen, waren gefühllos geworden – ein erstes Anzeichen beginnender Erfrierungen. Er begann, sich die engstehenden Eiswände hinaufzustemmen – die Füße auf der einen Seite gegen das Eis gedrückt, die Schultern auf der anderen. Über sich hörte er das immer lauter werdende Geräusch von Rotorblättern. Schließlich tauchte sein Kopf im frühmorgendlichen Sonnenschein auf, und er sah, wie der Hubschrauber sich zu ihm niederließ.

Als Mark und Paddy auf den Campingplatz gestapft kamen, um von ihrem glücklichen Entrinnen zu berichten, wurden sie mit lautem Freudengeheul begrüßt. Paddys Finger waren vom Frost angegriffen, aber sie erholten sich schnell. Auch seine Prellungen und Schürfwunden waren bald verheilt. Nach ihrer Rückkehr nach Sheffield verkaufte Mark die Geschichte von dem Unfall für zweihundertfünfzig Pfund an einen britischen Hersteller von Haushaltshandschuhen, obwohl es Paddy gewesen war, der die Gummihandschuhe getragen hatte. Nach meiner Eskapade mit der Lawine hatte ich die gleichen spöttischen Bemerkungen ertragen müssen wie jetzt die beiden, und ich war erleichtert, daß sich das Hauptinteresse auf Paddy verlagerte. Als komische Figur war er sehr viel besser geeignet als ich.

Paddy war jener schmalen Trennlinie zwischen Leben und Tod näher gekommen als die meisten Menschen. Erst vor kurzem hatte er sich von den schweren Verletzungen erholt, die er sich bei einer Explosion in Spanien zugezogen hatte, als zwei Jahre zuvor in einem Bahnhof neben ihm eine von Terroristen gelegte Bombe explodiert war. Damals hatte ihn die Druckwelle umgerissen, und er war bewußtlos geworden. Als der Rauch sich verzogen hatte, kamen seine beiden Freunde in den Raum gerannt. Sie sahen sich einem Anblick der Verwüstung gegenüber. Fünf Menschen lagen als blutige, leblose Masse auf der einen Seite, andere stöhnten und schrien, als der Schock der Explosion nachließ und die Schmerzen spürbar wurden. Paddy lag zwischen den Toten und atmete unregelmäßig. Er hatte durch die Druckwelle ernste Verletzungen erlitten; mehrere Splitter steckten in seinem Rücken. Daß er überhaupt überlebt hatte, war erstaunlich genug. Die Splitterverletzung erwies sich als nicht so schlimm, wie es zunächst aussah, aber durch die Schockwirkung der ersten Druckwelle waren beide Lungenflügel kollabiert. Daher rührten auch die fürchterlichen Prellungen an Paddys gesamtem Körper. Es waren diese Blutergüsse, die ihn fast umgebracht hätten. Als er soweit wiederhergestellt war und neue Kräfte zu sammeln begann, wandte er sich wieder dem Hochgebirgsklettern zu – nur um auf dem höchsten Berg Europas in eine Spalte zu fallen.

Wenn man ins Tal zurückkehrt, nachdem man zwei oder drei Tage auf einer harten, gefährlichen Route in den Bergen verbracht hatte, sieht man das Leben immer aus einer eigentümlichen Distanz, als wäre die eigene Weltsicht auf subtile Weise verändert worden, als wäre sie einen Moment lang erstarrt in jenen Schwarz-Weiß-Entscheidungsmustern, wie man sie vom Berg her kennt. Dinge, die zuvor wichtig erschienen, die einen besorgt und ängstlich machten, wirken auf einmal recht unerheblich. Geld, Rechnungen, Zukunftsaussichten, Sicherheit – alles, was dem modernen Leben zugrunde zu liegen scheint, ist plötzlich irrelevant geworden. Die Realität besteht eine kurze Zeit lang ausschließlich darin, am Leben zu bleiben und überraschend einfache Freuden zu genießen, etwa reichlich zu essen und zu trinken. Die Touristen, die an den Läden und Bars von Chamonix vorbeischlenderten, wirkten auf mich ziellos und verloren, sie erreichten nichts. Zum Leben gehörte viel mehr, als man uns beigebracht hatte. Vielleicht hatte ich in der Lawine das erste Mal begriffen, was es bedeutete, am Leben zu sein, wie kostbar dieser Zustand ist und wie gefährdet. Eine winzige Nachlässigkeit genügte, und es gab so viel zu verlieren. Doch um wieviel mehr war zu gewinnen, wenn man den Wert des Lebens erkannte!

Im Westen leben wir in einer abgesicherten Gesellschaft, einer Welt, bestimmt von Impfungen und Medizintechnik, die ein langes Leben ermöglichen, um seiner selbst willen. Wir werden ermuntert, vorsichtig zu sein, Risiken aus dem Weg zu gehen, ein sicheres, behütetes Leben aufzubauen, beruhigend untermauert durch Renten, Lebensversicherungen und viele andere Dinge, die uns von der Realität abschirmen. Wir lernen, nach vorn in die Zukunft zu blicken und auf eine bestimmte Vorstellung vom Leben, von dem, was wir erwarten, hinzuarbeiten. Nur selten wird uns gesagt, wir sollten für die Gegenwart leben, nehmen, was wir haben wollen, und nichts zurückgeben. Das menschliche Zusammenleben würde nach derart selbstsüchtigen Prinzipien nicht funktionieren. Gelegentlich brechen Krankheiten, der Verlust von Angehörigen, Arbeitslosigkeit oder Unfälle über die Menschen herein und lassen sie jäh innehalten. Plötzlich erkennen sie, daß nichts auf Dauer sicher sein kann – sosehr sie sich auch bemühen.

Indem ich die Lawine hinter mir ließ, hatte ich mich um so unwiderruflicher meinem einmal gewählten Ziel verschrieben. Ich wußte, was ich wollte, und das war: Bergsteigen. Ich wollte gut genug sein, um in die großen Massive vordringen zu können – in die Anden, den Karakorum und den Himalaja –, in jenen Bergen wollte ich klettern. Ich wollte reisen und das Leben und die Kultur anderer Menschen kennenlernen, wollte ihre Berge besteigen und mich immer wieder in jene Perspektive des Ausnahmezustands begeben, die ich in den Alpen kennengelernt hatte. Auf keinen Fall wollte ich Karriere machen, heiraten oder eine Familie gründen – nichts, was mich anbinden und zurückhalten könnte. Ich wollte einfach nur frei sein. Und in den Bergen zu sein war die befreiendste Erfahrung, die ich kannte. Sie bedeutete ganz das Gegenteil von allem, was man mir beigebracht hatte, zu denken und zu tun. Der Umstand, daß Nichtbergsteiger mich niemals verstehen würden, machte das Klettern um so mehr zu etwas Besonderem, wie ein Geheimnis, das nur ein paar wenige teilen.

Es liegt ein perverses Vergnügen darin, sich in potentiell gefährliche Situationen zu bringen, wohl wissend, daß die eigene Erfahrung und das persönliche Können einen recht sicher bewahren. Mit einem Freund im unwirklichen Mondlicht am Fuße einer riesigen Bergwand zu stehen und die Gewißheit zu spüren, daß man den Gipfel erreichen kann, ist ein wunderbares Gefühl des Selbstvertrauens. Manchem mag es absurd und sinnlos erscheinen, so etwas zu tun. Aber wenn man den Mut hat, hinzugehen und es auszuprobieren, einfach um zu sehen, ob man es kann, dann ist das wie eine Bekräftigung von allem, was nobel und groß ist im Dasein. Die Aufgabe ist durchdacht und sorgfältig abgewogen. Nun gilt es zu handeln, und zwar richtig. Einen Moment lang scheint alles in der Schwebe zu hängen. Wenn du dann zum ersten Tritt hochsteigst oder den ersten Pickelhieb ausführst, begibst du dich in eine neue Perspektive, in eine andere Welt, die absolut und unerbittlich wirklich ist. Die Gewaltigkeit dieses Eindrucks läßt sich nicht beschreiben. Sie ist beim ersten Schritt so gegenwärtig wie beim letzten, am Fuße der Wand ebenso wie auf dem Gipfel, und die Intensität des Eindrucks läßt erst bei deiner Rückkehr ins Tal langsam nach.

Jean-Paul Sartre hat einmal geschrieben: »Der Mensch ist ausschließlich das, was er bezweckt, er existiert nur, insoweit er sich verwirklicht, er ist daher nichts anderes als die Summe seiner Handlungen, nichts anderes als das, was sein Leben ausmacht ... Mit seinem Leben legt sich der Mensch fest, er entwirft sein eigenes Porträt, und es gibt nichts anderes als dieses Porträt.«

Wenn man sich in der Erinnerung genau die Empfindung einer vergangenen Erfahrung zurückrufen könnte, gäbe es kein Fortschreiten. Wir würden nur herumsitzen und von der Vergangenheit träumen. Warum die Gegenwart bemühen, wenn doch die Vergangenheit so schön sein kann? Glücklicherweise meint es die Erinnerung gut mit uns. Sie läßt die schlechten Zeiten verschwimmen und die guten blasser werden. Und sobald das Leben im Tal, in der wirklichen Welt (wenn es denn diese ist), die zeitweilig nachklingende Erinnerung an deinen letzten Aufstieg abgenutzt hat, weißt du, daß du zurückgehen mußt. Wiederum mußt du unter der verschatteten Wand stehen und alles neu in die Waagschale werfen.

Gleichzeitig haftet dem Ganzen durchaus ein Hauch des Wahnsinnigen an. Wie kann ich es überhaupt rechtfertigen, mein Leben zu verlieren, oder das eines Freundes, weil ich etwas so Kurzlebiges zu erlangen suche wie eine vorübergehende Geistesverfassung, ein Ziel, das ganz und gar irrational ist? Warum muß man einen Berg über die schwierigste, gefährlichste Wand ersteigen, wenn man mit den Händen in den Taschen auf der anderen Seite hinauflaufen kann? Oder in manchen Fällen sogar in einer Zahnradbahn oder einer Gondel sitzen? Wenn es einfach nur der Adrenalinstoß ist, den du brauchst, könntest du Achterbahn fahren, Kokain schnupfen, dir eine komplizierte außereheliche Beziehung gönnen; du könntest alle möglichen Dinge tun, die aufregend sind, ohne gleich tödlich zu enden. Warum ein Bezwinger des Nutzlosen sein, ein zwanghafter Anhänger des Absurden?

Jereremy Bentham, ein Theologe und Philosoph des achtzehnten Jahrhunderts, entwickelte eine Theorie, die er ›Deep Play‹ nannte. Ihr zufolge steht das, was ein Spieler riskiert, in einem völligen Mißverhältnis zu dem, was er überhaupt gewinnen kann. Beim Klettern muß man den eigenen Tod oder den eines Gefährten, zumindest aber den Verlust von Zehen und Fingern, in Betracht ziehen. Dem gegenüber steht die vorübergehende Freude des Gipfelstürmens, die Abenteuerlust, die flüchtige Befriedigung eines irrationalen Begehrens. In dem Umstand, daß das Begehren niemals völlig befriedigt werden kann, liegt die Abhängigkeit. Und das Begehren ist möglicherweise zutiefst verwurzelt in der Absurdität des Unternehmens selbst – so wunderbar zweckfrei und bedeutungslos, daß man es einfach wagen muß.

9. KAPITEL

Alpine Müllmänner

Ende des Sommers kehrte ich an die Universität von Edinburgh zurück, um mein Studium fortzusetzen. Die akademische Arbeit erschien mir langweilig und wenig anregend. Ich wollte keine endlosen Traktate darüber lesen, was andere Leute meinten, welche versteckten Bedeutungen in diesem Drama oder jenem Roman zu entdecken waren, wollte nicht lernen, sie auswendig zu zitieren, damit ich meine Prüfungen bestehen und meine Lehrer davon überzeugen könnte, daß ich etwas über Literatur wußte und mir daran lag. Ich war versucht, das Studium abzubrechen, aber ein typisch katholisches Schuldgefühl und das Pflichtgefühl meinen Eltern gegenüber ließen mich weitermachen. Ich hatte bestimmt nicht die Absicht, mit dem Hochschulabschluß irgendeine Karriere zu beginnen.

An einem windigen Tag, während der Regen gegen die Fensterscheiben peitschte und draußen das Herbstlaub zu faulen begann, blätterte ich in einem Klettermagazin und entdeckte zufällig, daß Richard Cox im indischen Garhwal-Himalaja bei einem Erstbesteigungsversuch an der Nordwand des Shivling ums Leben gekommen war. Er war eine volle Seillänge auf das obere Eisfeld abgestürzt, als er sich auf dem letzten Teilstück der schrecklich steilen Gipfelwand befand, und hatte sich dabei ernste Verletzungen zugezogen. Nick Kekus konnte seinen Sturz halten, aber bei dem verzweifelten Versuch, die Wand hinunter abzusteigen, hatte Richard sich vom Seil gelöst und war in der Nacht zu Tode gestürzt. Nick blieb zurück und mußte am nächsten Tag mutterseelenallein absteigen. Es war Richards erste Expedition in die großen Berge gewesen – ein mutiger Versuch an einer extrem schwierigen und noch unbegangenen Route, der ein tragisches Ende gefunden hatte. Ich legte die Zeitschrift beiseite und dachte an Mark und Paddy, wie sie den Seilschaften am zentralen

Frêney-Pfeiler zugewinkt hatten, der Internationalen Turkey-Patrouille und Sean und Richard Cox, die das Leben genossen hatten, von der Sonne durchwärmt in rotgoldenem Granit.

Kurz nachdem ich von Richards Tod am Shivling gelesen hatte, begann ich unter einer ernsthaften Depression zu leiden. Sie überraschte mich, weil ich noch nie zuvor deprimiert gewesen war und keinen vernünftigen Grund dafür erkennen konnte. Je mehr ich versuchte herauszufinden, was mit mir geschah, desto schlimmer wurde es, bis ich mich schließlich in einem ganzen Wirrwarr von Teufelskreisen verfangen hatte.

An einem anderen nassen und windigen Abend Anfang Dezember fand ich mich dann auf der Dean Bridge wieder. Starr blickte ich fünfundzwanzig Meter tief hinunter auf die Sandsteinblöcke weit, weit unter mir. Hinter mir dröhnte der Verkehr vorbei. Ich konnte mich nicht daran erinnern, wie ich dorthin gekommen war. Die Brücke befand sich in der Nähe meines Zuhause, aber ich konnte mich nicht darauf besinnen, die Wohnung verlassen zu haben. Ich fragte mich, ob der Sprung mich wohl umbringen würde. Am ›Screen‹ war ich fast genauso tief gefallen.

Sprung? Was um Himmels willen tat ich hier? Ich mußte verrückt geworden sein!

Ich wandte mich vom Geländer ab und eilte in meine Wohnung zurück, die Schultern gegen den Wind vorgeschoben. Als ich die Tür zu meinem Zimmer hinter mir geschlossen hatte, ließ ich mich auf das Bett fallen und fing an zu weinen. Das ging jetzt schon seit Wochen so, und es wurde schlimmer und schlimmer. Ich wischte mir das Gesicht ab und griff nach der Whiskyflasche. Beim ersten feurigen Schluck wußte ich, was ich zu tun hatte: Ich mußte hier raus, und zwar schnell.

Ich spürte, daß es die Stadt war, die Universität und das fürchterliche Wetter, die mir das antaten. Wenn ich schon langsam verrückt wurde, dann wenigstens in einer freundlicheren Umgebung.

Am nächsten Tag ging ich zu meinem Betreuer, Professor Savage.

»Ich gehe weg«, sagte ich ohne Umschweife.

»Was? Warum?«

»Ich glaube, ich werde verrückt.«

»Aber – Ihr Studium. Sie haben es fast beendet. Nur noch sechs Monate, und alles ist geschafft. Sie haben Ihre Arbeit schon geschrieben, Ihre Noten sind gut – warum jetzt weggehen …?«

»Professor Savage«, unterbrach ich ihn, »letzte Nacht wäre es fast aus gewesen.«

»Was wäre es gewesen? Aus?«

»Ja, aus und vorbei. Wissen Sie, ich hätte mich fast von der Dean Bridge gestürzt, zum Teufel!«

»Warum?«

»O Gott, ich wünschte, ich wüßte es«, versetzte ich müde. »Ich wünschte wirklich, ich wüßte es.«

»Sie könnten sich helfen lassen«, schlug er fürsorglich vor.

»Nein, ich brauche keine Hilfe. Ich muß weg von hier, weg aus diesem Land.«

»Wo wollen Sie hingehen?«

»In die Alpen. Ich habe Freunde, die dort den Winter verbringen. Das wird mir guttun.«

»Und das soll's dann gewesen sein? Die Arbeit von drei Jahren umsonst. Ein guter Abschluß schon fast in Reichweite, und Sie werfen das Handtuch. Klingt gar nicht nach Joe, nicht wahr?«

»Ich weiß. Es tut mir leid. Ich kann einfach nicht mehr.«

»Kommen Sie, Joe. Das ist eine derartige Verschwendung. Ihre Arbeit ist gut. Sehen Sie sich die Noten an, die Sie bekommen haben, sehen Sie …«

»Hören Sie, Professor«, sagte ich kurz. »Ich werde es nicht überleben, wenn ich hierbleibe.«

Vielleicht lag es an der Art und Weise, wie ich ihn ansah, jedenfalls versuchte er nicht länger, mit mir zu diskutieren. Er versprach, einen Studienplatz für mich freizuhalten, falls ich zurückkommen wollte, aber er warnte mich, daß ich meinen angestrebten Abschluß dann nicht mehr erreichen könnte. Der Lehrplan würde sich ändern. Allenfalls könnte ich meinen Magister in Literatur und einem weiteren Fach machen, wenn ich in dem anderen Fach noch ein Jahr dranhängte.

»Und was soll das zum Beispiel sein? Psychologie?« fragte ich sarkastisch.

»Warum nicht«, entgegnete er lachend. »Oder Philosophie. Schon viel passender, finden Sie nicht?«

Zwei Tage später stand ich an einem Kreisverkehr an der Autobahn. In der Hand trug ich ein Pappschild mit der Aufschrift ›Dover‹, auf dem Rücken hatte ich einen riesigen Rucksack und in der Brust ein leichtes Herz. Je weiter ich an jenem Tag nach Süden reiste, desto besser fühlte ich mich. Als die weißen Klippen von Dover im Kielwasser der Fähre immer kleiner wurden, wußte ich, daß ich die richtige Entscheidung getroffen hatte. Sean und Murray hatten sich einen Saisonjob als Müllmänner in einem großen Apartmentkomplex in Chamonix besorgt. Zu dem Job gehörte ein Ein-Zimmer-Apartment. Ich war mir sicher, sie würden dort noch einen mehr unterbringen können.

Ganz durcheinander hatte ich meine Eltern angerufen und ihre tiefe Enttäuschung gespürt. Sie hatten sich ihr Leben lang darum bemüht, ihren Kindern die beste Ausbildung angedeihen zu lassen, die sie sich leisten konnten. Es schien schäbig, sie jetzt so zu behandeln, und als ich auflegte, fühlte ich mich zutiefst schuldig und als Versager. Auf Anraten meines Vaters rief ich seinen jüngeren Bruder an, meinen Onkel, der als Arzt bei der Armee war. Nachdem ich das Gespräch beendet hatte, schien mir eine große Last von der Seele genommen zu sein. Nach Ansicht meines Onkels litt ich unter den Spätwirkungen der Gehirnerschütterung, die ich mir im Sommer zuvor in der Lawine an den Courtes zugezogen hatte. Verzögerte Nachwirkungen, besonders Depressionen, träten bei Kopfverletzungen recht häufig auf – das hätte mit einem chemischen Ungleichgewicht im Gehirn zu tun, sagte er. Ich war erleichtert zu erfahren, daß ich nicht verrückt wurde. Mich in einer ausweglos düsteren und verzweifelten Geistesverfassung zu wissen, war zutiefst erschreckend. Ich befand mich in einem Zustand, wie ich ihn nie zuvor erlebt hatte und auch seither nicht wieder durchleiden mußte.

Zwanzig kalte Trampstunden nachdem die Fähre in Calais angelegt hatte, schritt ich langsam die Rue de Pacard hinunter in Richtung Süd-Chamonix. Die Stadt strahlte eine triste, verlassene Atmosphäre aus. Die Wintersaison hatte noch nicht begonnen. Es gab keine Touristen, die meisten Bars waren geschlossen, die Fensterläden verrammelt, und in den leeren Straßen fiel ein unangenehm feuchter Nieselregen. Zwei Tage später legten die ersten starken Schneefälle einen meterdicken, weißen Teppich über die Stadt, die Lichter gingen an, und die Bierpreise schossen in die Höhe. Der Winter war da. Als der Schnee kam, verschwand meine Depression.

Murray Laxton und Sean Smith waren die ursprünglichen Müllmänner. Sie hatten sich den Job und das Ein-Zimmer-Apartment, das dazugehörte, im vorigen Sommer besorgt. Mark Miller, Rob Spencer und ich stießen während der Wintersaison zu ihnen und übernahmen einen Teil ihrer Pflichten im Tausch gegen einen kostenlosen Schlafplatz auf dem Fußboden. Da die Belegung der Ferienwohnungen mit Wintersportlern wöchentlich wechselte, mußte der gesamte Komplex von Zwei-, Vier- und Sechs-Personen-Apartments jeden Samstag gereinigt werden. Das war unsere Haupteinnahmequelle; außerdem konnten wir auf diese Weise allerlei Eß- und Trinkbares ergattern. Die abreisenden Bewohner ließen eine reiche Auswahl an Lebensmitteln in den Schränken, Kühlschränken und Mülleimern zurück, so daß wir während unseres gesamten Aufenthalts kaum mehr als das frische Brot kaufen mußten.

Jeden Abend wurden die Mülltüten eingesammelt, auf zweirädrige Karren verfrachtet und in die dunkle Winternacht hinausgestellt, wo sie dann an der Hauptstraße zur Abholung bereitstanden. Einer allein hätte damit den ganzen Tag zu tun gehabt, aber wenn man sich die Arbeit durch fünf teilte, wurde daraus oft ein ausgelassenes Wettrennen mit dem Ziel herauszufinden, wie schnell man wohl fertig werden konnte. Freunde, die zu Besuch kamen und im Apartment übernachteten, beschleunigten den Vorgang sogar noch mehr und machten ihn entsprechend gefährlich. Bei einem Zwischenfall mit einem der Karren in der Tiefgarage brach Mark sich die Rippen, und Murray wurde gegen die Decke geschleudert. Danach gingen wir das Ganze etwas ruhiger an. Einmal waren einundzwanzig Personen gleichzeitig in die winzige Wohnung gezwängt – alle mit ihrer Kletter- und Skiausrüstung. Ein Zimmer von fünf Metern im Quadrat verwandelte sich in ein Chaos aus Ausrüstung, Skiern und Bekleidung. Der Boden war von Wand zu Wand mit Schlafsäcken in allen Farben bedeckt, selbst unter den Tischen und Stühlen wurde jeder Zentimeter ausgenutzt; zwei Schlafsäcke lagen sogar im Bad. Die Badewanne war ein begehrter Schlafplatz. Weil kein Schrankplatz zur Verfügung stand, bewahrten die fünf Müllmänner ihre persönlichen Kleidungsstücke in Müllsäcken aus Plastik auf, was eine gute Idee zu sein schien, bis es darum ging zu erkennen, welcher von den völlig identischen Säcken der eigene war. Häufig wurde der Inhalt ausgeschüttet, im ganzen Raum verteilt, wieder eingepackt – manchmal in die falsche Tüte –, weil jemand einen verlorengegangenen Schuh suchte – eine Aktion, die bis zu einer Stunde dauern konnte.

Niemand konnte sich einen Skikurs leisten, daher brachten die Neulinge sich das Skifahren selbst bei. Ihr typisch aggressiver Stil bestand im wesentlichen darin, geradewegs den Berg hinunterzuhalten und umzufallen oder mit einem anderen unglücklichen Skiläufer zu kollidieren, wenn sie wenden oder anhalten wollten. Zu Beginn der Wintersaison unternahmen Mark Miller und Sean Smith eine schöne Besteigung der Nordwand der Pèlerins, während wir anderen es vorzogen, uns auf die chaotische Wärme des Apartments zu beschränken.

Unsere Vorstellungen vom Après-Ski waren fast genauso gefährlich wie das Winterklettern. In der Neujahrsnacht machte jemand den Vorschlag, auf der nahe gelegenen Sprungschanze rodeln zu gehen. Es war eine jener brillanten

Ideen, die einem öfter kommen, gleich nachdem man den Wurm unten aus der Tequila-Flasche gegessen hat. Es schneite leicht, und die Außentemperatur war dramatisch gefallen, aber in unserem benebelten Zustand war das die geringste unserer Sorgen. In der Senkrechten zu bleiben und den schwindelerregenden Hang zu erklettern erforderte alle Konzentration, die uns zur Verfügung stand.

In nüchternem Zustand wäre es offensichtlich gewesen: Sich auf einen kleinen Kinderschlitten aus Plastik zu zwängen und das Ende einer Sprungschanze hinunterzustürzen war eine sichere Methode, schnell und jung zu sterben. Tatsächlich erzählte mir ein Freund Jahre später, wie sechs seiner Kumpane sich in einen Weidenkorb gehockt hatten und darin eine 90-Meter-Schanze in den Alpen hinuntergesprungen waren. Sie starben auf der Stelle. Glücklicherweise war die Skischanze, die wir uns ausgesucht hatten, eine Übungssprungschanze für Anfänger. Murray und mir gelang es bei unseren jeweiligen Sprüngen, etwa zehn Meter weit durch die Luft zu fliegen, ehe wir schmerzhaft auf den steilen Auslaufhang hinunterkrachten und mit beängstigender Geschwindigkeit sechzig Meter weit talwärts schlitterten.

Als ich an der Kante der Schanze abhob, dachte ich einen winzigen Moment lang, alles wäre in Ordnung. Doch leider wurde mir nur allzu schnell klar, daß der Schlitten nicht zum Fliegen gemacht war. In der Luft erwies er sich als ebenso unregierbar wie auf dem Boden. Darüber hinaus entwickelte er die aerodynamischen Eigenschaften eines übergroßen Ziegelsteins.

Ich unterdrückte einen Aufschrei, als er sich immer weiter nach vorn neigte und im Schneetreiben der Winternacht säuberlich einen halben Salto vorwärts vollführte. Einen Moment lang konnte ich die funkelnden Lichter der Stadt sehen, dann fiel mein Blick auf den abwärts geneigten Auslaufhang, und dann hing ich kopfüber, die Füße fest verkeilt, die Knie rechts und links von meiner Kehle, während der improvisierte Gurt sich stramm über meinen Bauch spannte und mich daran hinderte, hinunterzufallen. Hoffnungsvoll versuchte ich, meine

Handgelenke zu bewegen, aber ich konnte die Arme nicht frei bekommen.

Die Flugphase schien lange zu dauern – so lange, daß ich mir schon gratulieren wollte, weil ich über den zehn Meter langen, flachen Teil hinweggelangen würde –, aber nicht lange genug, um zu einem guten Ende zu kommen. Mein Kopf krachte mit betäubender Wucht in den Schnee, und vor meinen Augen tanzten Sterne. Mein Hals wurde gewaltsam nach vorn gebogen und meine Nase mit einem ekligen, alles zermalmenden Gefühl flachgedrückt. Der Schlitten überschlug sich und wäre am Rande des Auslaufs fast zum Stehen gekommen. Ich spähte bereits hoffnungsvoll seitlich unter meinem Helm hervor, der sich beim Aufprall verschoben hatte, als ich auch schon quer weiter den Hang hinunterzurutschen begann. Die Kufe des Schlittens grub sich in den Schnee, er kippte um, und mein Gesicht und die empfindliche Nase wurden erneut in den eisigen Hang gepreßt. Die Arme konnte ich immer noch nicht bewegen; ich mochte um mich schlagen, sosehr ich wollte, ich kriegte sie nicht frei. Nach einer längeren Rutschpartie kam ich endlich heftig atmend zum Stehen und saß auf dem verdammten Schlitten fest.

Unverdrossen entschied Murray, meine Technik beim Absprung sei grob fehlerhaft gewesen, und zog bergauf, um es besser zu machen. So flog auch er mit dem Gesicht voran in den Schnee, nicht ohne Stil, aber mit gleichfalls schmerzhafter Wirkung. Seine sausende Fahrt den Hang hinunter – das Gesicht nach unten gewandt, auf Brust und Knien rutschend und den Schlitten wie den Panzer einer Schildkröte auf dem Rücken – nahm einen schnelleren und direkteren Verlauf als meine. Zerschunden und naß trampten wir in die Stadt zurück und suchten eine Bar auf, um uns einer Form des Après-Ski zu widmen, mit der wir glücklicherweise besser vertraut waren.

Mitte Januar hatte sich das Wetter beruhigt, und es war sehr kalt. Die Saison war bereits fortgeschritten, und viele der bedeckten Spalten mußten gute, tragfähige Brücken haben.

Murray lenkte meine Aufmerksamkeit auf die im Führer beschriebene direkte Route an der Südostwand des Mont Maudit, eines ausgezeichneten Berges, der über den fernen und hochgelegenen Col de la Brenva mit dem Montblanc verbunden ist. Der schwierige, kombinierte Anstieg sollte sechshundert Meter hoch über ausgezeichneten Granit verlaufen und war im Winter noch nicht begangen worden. Der letztgenannte Umstand gab den Ausschlag, und so brachen wir mit unseren riesigen Rucksäcken – übervoll mit Pickeln, Schneeschuhen, Lebensmitteln, Brennstoff und Kletterausrüstung – von der Midi-Téléphérique-Station auf. Wir stellten sofort fest, wie belastend es war, mit einer so unhandlichen Bürde auf dem Rücken Ski zu laufen. Wir ließen die ›Bretter‹ daher am Fuß eines gewaltigen Pfeilers aus überhängendem, goldfarbenem Granit zurück.

Über uns ragte der Grand Capucin auf, während wir uns bemühten, die Schneeschuhe aus Plastik an unseren Stiefeln zu befestigen. Ungeschickt watschelten wir im Schatten der Granitnadeln des Capucin und der Pointe Adolphe Rey in die Maudit-Tacul-Gletschermulde hinauf. Auf der linken Seite waren mehrere große, offene Spalten zu sehen, als wir uns über die zunehmend steile Firnwand auf den Col de la Fourche vorkämpften. Dort begann unsere Route. Wir wollten in einer kleinen Biwakhütte übernachten, Bivouac de la Fourche genannt, die links von der ›Gabel‹ (frz. fourche) auf dem Sattelrücken stand.

Doch die Schneeschuhe waren mehr eine Behinderung als eine Hilfe. Wir kamen nur langsam voran und hatten uns nicht angeseilt, was leichtsinnig war, weil der stark zerklüftete Gletscher sich als ein wahres Minenfeld aus gähnenden Löchern erwies, bedeckt mit einer täuschend glatten Oberfläche von dünnem Schnee. Als es Abend wurde, erhob sich ein beißend kalter Wind, der uns eisigen Schneestaub ins Gesicht blies. Wir konnten es nicht ertragen, das Gesicht direkt in den Wind zu drehen. Von der Hütte war kein Anzeichen zu sehen, nur die schwefelgelben Strahlen unserer Stirnlampen huschten durch das wirbelnde Chaos.

»Irgendwo hier muß sie sein«, brüllte Murray mir ins Ohr.
»Bist du sicher, daß wir auf dem richtigen Col sind?« schrie ich zurück.

»Ja, natürlich.« Angestrengt spähte er in die wirbelnden, um uns herum stürmenden Eispartikelwolken hinein.

»Im Führer steht, man soll auf diesem Grat ein Stück nach links gehen.«

»Ja, aber links von welcher Seite aus?« fragte ich. »Ich meine, von der anderen Seite betrachtet, wäre es von hier aus rechts.«

»Eh?« Murray blickte ratlos drein.

Er kraxelte ein Stück nach links und war bald im Schneetreiben verschwunden. Ich begann, ihm zu folgen, aber der Lichtstrahl meiner Stirnlampe flackerte plötzlich auf und verlosch. Ich verfluchte mich, weil ich billige Batterien gekauft hatte. Als ich mit dem Auswechseln endlich soweit war, sah ich das flackernde Licht von Murrays Stirnlampe langsam auf mich zukommen.

»Ich kann überhaupt nichts mehr sehen!« rief er.

»Mir ist kalt. Laß uns biwakieren. Bei diesen Sichtverhältnissen werden wir die Hütte niemals finden.«

Widerstrebend, aber zustimmend nickte er mir zu, und wir mußten uns damit abfinden, auf den behaglichen Schutz der kleinen Hütte zu verzichten. Ein kleines Stück weiter rechts fanden wir einen passenden, ausreichend breiten Schneefleck und fingen an, ein rechteckiges Loch zu graben, groß genug für uns beide, einer dicht an den anderen gedrängt. Für eine richtige Schneehöhle war der Schnee nicht tief genug, aber die Wände würden vor dem eisigen Wind doch einigen Schutz bieten. Wir arbeiteten schweigend, waren uns beide der kräfteraubenden Kälte und des eisigen Windes bewußt, der die Wärme aus unseren Körpern sog. Trotz der schweißtreibenden Arbeit zitterten wir unkontrolliert.

Murray hatte sich die Stiefel ausgezogen und kämpfte gerade mit seinen beiden Schlafsäcken, als ich im Begriff war, meinen Schlafplatz fertigzustellen. Mit einem letzten Pickelschwung räumte ich etwas festgebackenen Schnee aus dem

Weg, um mich dann erschöpft auf das Handgerät zu stützen. Plötzlich verschwand der Pickel nach unten, und ich landete mit dem Gesicht im Schnee. Mein Arm steckte in einer Art Loch. Ich spähte hinunter und versuchte, im Lichtstrahl der Stirnlampe etwas zu erkennen. Schneestaub wurde immer wieder in das Loch hineingeblasen, so daß es schwierig auszumachen war, was ich sah. Einen schaudernden Moment lang dachte ich, wir befänden uns auf dem Dach einer Spalte; dann wies ich diesen Gedanken weit von mir. Blödmann! Oben auf einem Felsrücken gibt es keine Spalten, dachte ich. Schnell schaufelte ich etwas Schnee in das Loch und legte meine Isomatte darüber.

Die Nacht war lang und windig. Im Morgengrauen erwachte nach und nach ein verwaschen blauer Himmel über dem Tintenschwarz der zurückweichenden Nacht, der Wind ließ nach, und eine kraftlose Sonne begann langsam, uns wieder mit Wärme zu erfüllen. Murray stand als erster auf, um pinkeln zu gehen. Seine beiden Schlafsäcke hingen ihm um die Füße, während er vom Rande des Sattels einen dampfenden gelben Bogen zu Tal schickte. Als er sich umwandte, um wieder in die Schlafsäcke zu kriechen, sah ich, wie ihm vor Überraschung der Unterkiefer herunterklappte.

»Du wirst es nicht glauben«, sagte er.

»Was?«

»Steh auf, und guck es dir an.« Er lachte.

Ich stand auf und blickte nach Norden. Keine zwanzig Meter entfernt sah ich das schwarze, hölzerne Geländer der Hütte. Zwanzig Meter! Ich versetzte meinem Schlafsack einen Tritt und ging zu ein paar Steinen in der Nähe hinüber, um mich ebenfalls zu erleichtern.

»Murray«, sagte ich ruhig, als ich mich wieder zu unserem Biwakplatz umwandte. »Ich würde da wegkommen, wenn ich du wäre, und zwar ganz vorsichtig.« Seltsam fragend sah er mich an.

»Warum?«

»Weil wir unseren Biwakplatz oben auf einer verdammten, großen Wächte gegraben haben, darum.«

Ich konnte die gerollte Eiskremzunge aus Schnee sehen, die über den hundert Meter hohen Hang oberhalb des Brenva-Gletscher-Plateaus hinausging. Mein zurückgelassener Schlafsack lag nur wenige Meter von ihrem Rand entfernt. Plötzlich wurde mir alles klar. Das hatte es also mit dem Loch auf sich gehabt letzte Nacht. In dem tosenden Schneetreiben hatten wir den breiten Buckel der Wächte fälschlicherweise für einen flachen, sicheren Sattel gehalten. Warum sie unter unserem Gewicht nicht zusammengebrochen war, wußte ich wirklich nicht. Ich saß in der schwachen Morgensonne, während Murray höchst vorsichtig unsere Ausrüstung aus dem Biwakloch wiederholte, dem wir uns jetzt am liebsten gar nicht mehr genähert hätten.

Als wir das steile Firnfeld zum Gletscher hinunterkletterten, blickte ich zur Unterseite der Wächte hinauf, die über den Grat hinausging. In der glatten Oberfläche der Schneelocke war eine schadhafte Stelle zu sehen, wo mein Pickel sie durchstoßen hatte.

»Ganz schön blöd, was?« sagte ich, und Murray brach in lautes Lachen aus.

Ein paar Stunden später hatten wir den Bergschrund unter der Südwand des Mont Maudit erreicht. Diese lange, dicklippige Spalte verlief mit ihren harten, blauen Eiswänden als wellenförmiger, klaffender Einschnitt die gesamte Wand entlang, gekrönt von einer kremig-weißen Schneehaube. Wir näherten uns der schmalsten Stelle, und Murray mühte sich ab, sie zu überwinden. Große Schneeklumpen brachen unter seinen scharrenden Füßen los und fielen rauschend in die dunklen, widerhallenden Höhlungen tief unter ihm. Mit einem erschöpften Grunzen zog er sich auf den darübergelegenen Hang hinauf und richtete sich auf.

»Ich klettere nur ein Stück weit hoch und lege eine Pickelsicherung«, sagte er. Kaum hatte er aufgehört zu sprechen, durchbrach ein scharfer Knall die Stille. Beide blickten wir in die Richtung, aus der das Geräusch gekommen war. Zwanzig Meter rechts von uns war ein gewaltiger Block aus Eis und Schnee, die obere Lippe des Bergschrunds, im Begriff, in den offenen Rachen der Spalte zu stürzen. Ein Riß schlängelte sich eilig auf uns zu. In der Schneefläche, wo Murray stand, verwandelte er sich schnell in eine Abbruchkante.

»Scheiiiße!« heulte Murray und begann vor der immer weiter vorrückenden Abspaltung wegzulaufen. Glücklicherweise hatte ich das Seil gerade nicht in einer Sicherungsbremse, daher konnte ich ihn schnell und frei laufen lassen, mit rudernden Armen, den Kopf geneigt, während sein riesiger Rucksack ihn in die klaffenden Kiefer des Bergschrunds zu stürzen drohte. Er verschwand über eine leichte Anhöhe im Hang, immer noch höchst aufmerksam verfolgt von dem Riß. Schließlich lief kein Seil mehr aus. Eine Sekunde lang blieb alles absolut still, und dann war ein ohrenbetäubendes Dröhnen zu hören, als die obere Bergschrundlippe auf einer Länge von ungefähr dreißig Metern in die Tiefe donnerte und mich mit einer Wolke aus Eisstaub überzog.

Der Einsturz füllte praktischerweise den Spalt zwischen mir und dem neuen Rand der oberen Bergschrundlippe aus. Ich setzte einfach meinen Fuß auf den Schutt und folgte dem entspannten Seil über die Anhöhe. Murray fand ich flach auf dem Rücken liegend. Sein Gesicht war tiefrot, und sein Brustkorb hob und senkte sich schweratmend, als wolle er seine Lungen ausspeien. Ich ließ mich, halb amüsiert, halb hysterisch, neben ihm auf die Knie fallen. Mir war nur allzu klar, daß der Einsturz Murray getötet haben könnte, und mir begann zu dämmern, wieviel Glück ich gehabt hatte, daß die Schnee- und Eismassen in den Spalt und nicht über mich hinweg gestürzt waren. Unsere zermalmten Überreste wären in unappetitlicher Weise über das obere Brenva-Gletscher-Plateau verteilt worden.

Der Einstieg zur direkten Route war eine einschüchternde, eisgefüllte Rampe, die diagonal von links nach rechts über eine senkrechte Granitwand verlief. Murray unternahm einen halbherzigen Versuch, sie zu erklettern, ehe er sich meinem Vorschlag beugte, es könnte weiter links einfacher sein. Wir mußten die steile Felswand erklettern, die uns von einem großen, birnenförmigen Hängegletscher trennte. Dann verlief die Route am Rande dieses Gletschers entlang und hinauf zur beeindruckenden Gipfelwand. Ich hatte ein Stück links von uns einen kleinen Kamin entdeckt. Er war weiter unten mit hartem Wassereis ausgefüllt, aber dann öffnete er sich etwas und schien einfache Kletterei auf trockenem Fels zu bieten. Ich dachte, es würde schon einen Weg zurück zum oberen Ende der ersten Route geben, solange man nur im Kamin klettern konnte.

In die schmale Spalte in der Rückwand des Kamins setzte ich einen ›Friend‹, das ist ein Klemmkeil, der sich durch eine besondere Mechanik von allein spreizt. Ich testete ihn durch Ziehen am Seil und bemerkte, daß die Zähne sich tief in das Wassereis an der Kaminwand hineinbissen.

»Er könnte unter Druck losschmelzen«, sagte ich zu Murray. »Trotzdem, fürs erste werde ich mich darauf verlassen.«

Damit hängte ich eine Schlinge in den Friend und belastete ihn langsam mit meinem Gewicht. Das Eis knirschte, während sich die Zähne der Exzenterscheiben in den Riß gruben. Ich langte hinauf, so hoch ich konnte, und versuchte, meinen Pickel einzugraben. Es war hoffnungslos. Funken sprangen von der Haue ab, während ich auf das Eis einschlug. Das harte, spröde Zeug zersplitterte sofort, wenn die Pickelspitze dagegen traf. Was ich für senkrecht gehalten hatte, erwies sich als überhängend, und ich wurde vom Felsen erbarmungslos nach außen gedrückt. Ich spürte, wie die Schlinge Millimeter um Millimeter tiefer rutschte, und blickte auf den Friend. Eine Seite der Exzenter war unter dem Druck meines Gewichts tief in das Eis eingeschmolzen. Gerade fragte ich mich, ob sie wohl im Fels Halt finden würden, als ich die Aluminiumvorrichtung auch schon in einem Sprühnebel von Eissplittern aus der Spalte hervorschießen sah. Ich fiel nach rückwärts, mit dem Pickel hoffnungslos gegen einen grausamen, leeren Himmel fuchtelnd.

Murray zog mich zu sich herauf, während ich versuchte, mir den Schnee aus dem Kragen zu bürsten. Ich war vier Meter tief auf den Rücken gefallen. Überrascht, aber unverletzt hatte ich den schmelzenden Schnee in eisigen Rinnsalen meinen Rücken hinunterrinnen gefühlt.

Eine Stunde später sprangen wir über den Bergschrund und stapften niedergeschlagen zum Col de la Fourche zurück. Ich hatte es geschafft, ganze vier Meter hoch die Wand zu ersteigen, und Murray hatte einen beeindruckenden höchsten Punkt von rund dreizehn Metern erreicht, bevor er die Niederlage eingestand. Anderthalb Tage lang hatten wir uns abgemüht, um nach dreizehn Metern zu scheitern, und das gleiche noch einmal für den Rückweg bis Chamonix. Keine besonders großartige Leistung.

10. KAPITEL

Billiger Nervenkitzel

Als wir den Gipfel der Droites erreichten, war es dunkel. Müde und erschöpft waren wir aus den kalten, unwirtlichen Eisrinnen der oberen Nordwand herausgeklettert. Murray bewegte sich nach rechts, ohne etwas zu sagen. Ich folgte dem natriumgelben Schein seiner Stirnlampe mit den Augen, wie sie von einer Seite zur anderen tanzte und gelegentlich im Schneestaub zu verlöschen schien, den der Wind vor sich hertrieb.

Dreimal ruckte der Knoten an meinem Sitzgurt, und ich richtete mich auf, um dem doppelten Seil nachzugehen, das sich durch den Schnee wand.

»Wo sind wir?« rief ich, als ich vor mir einen dunklen Schatten ausmachen konnte, der im Schnee hockte.

»In der Brèche des Droites. Das ist der Sattel zwischen dem östlichen und dem westlichen Gipfel.«

»Irgendwelche Biwakplätze?«

»Nichts zu sehen«, entgegnete Murray, als ich mich neben ihn fallen ließ. »Aber wenn wir vom Col geradewegs die Südwand hinunter absteigen, kommen wir zum Talèfre-Gletscher. Das ist die übliche Route.«

»Können wir das im Dunkeln wagen?« Ich ließ den Strahl meiner Stirnlampe das Couloir hinunter fallen. »Ich kann überhaupt nichts sehen. Sollten hier nicht Abseilschlaufen sein?«

»Ja, weiter unten. An den Wänden rechter Hand. Ich bin nicht besonders begeistert davon, im Dunkeln. Und du?«

»Ich auch nicht.«

Murray saß rittlings auf dem Col; ein Bein hing über die Nordwand hinunter und das andere zur Abstiegsroute nach Süden. Der Nachthimmel war wolkenlos. Eine milchige Trübung am Horizont kündigte das Aufgehen eines fast vollen Mondes an.

»Das Wetter soll gut bleiben. Laut Wetterbericht noch drei Tage lang. Ich sehe also nicht ein, warum wir im Dunkeln weitermachen müssen.«

»Nein, das wäre dumm. Laß mal sehen, ob wir uns hier nicht einen Schlafplatz ausheben können.« Murray ließ seinen Rucksack von den Schultern gleiten. »Ich gehe und bereite eine Standsicherung vor.«

Er marschierte auf den Gipfel zu; sein Ziel war ein großes Stück Fels, das zehn Meter vom Sattel entfernt zutage trat. Ich begann, in dem pulverigen, kristallinen Schnee zu graben, den Rücken gegen den bitteren Winterwind gerichtet, der schneidend über den Col blies. Ein paar Minuten später stieß ich auf hartes Eis.

Nach einer Dreiviertelstunde anstrengender Schaufelei war es uns erst gelungen, auf dem schroff abfallenden Sattel eine winzige Fläche auszuheben, kaum genug für uns beide zum Hinlegen. Das Seil war an dem Felsen befestigt und lief von uns weg auf der Gratkrone entlang. Sollte einer von uns vom Sattel hinunterfallen, würden wir in einer alle Gedärme abschnürenden Pendelbewegung entweder an der Nord- oder der Südwand des Berges zu hängen kommen. Lieber wollte ich nicht so aufwachen – am Seil baumelnd über einem tausend Meter tiefen Abgrund, gefangen in einem fest zugeschnürten Schlafsack.

Murray legte seinen Schlafsack schnell oben auf die Isomatte aus Schaumstoff und kletterte hinein. Mir fiel auf, daß er die Innenseite gewählt hatte, so daß mir nichts anderes übrigblieb, als mein Bett unmittelbar am Abgrund der Nordwand aufzuschlagen. Die Südseite fiel nicht ganz so steil ab, war aber ebenso hoch. So bekam ich die volle Wucht des bitteren Windes zu spüren, der heulend über den Col fegte.

Als die Müdigkeit – nach zwei Tagen harter Kletterei eine extreme Alpennordwand hinauf – von mir Besitz ergriff, hätte ich fast einen katastrophalen Fehler gemacht. Ich saß mit überkreuzten Beinen auf meinem Schlafsack und bemühte mich verzweifelt, die Plastikaußenschale meiner doppelten Schuhe vom rechten Fuß herunterzubekommen. Sie hatte sich am Innenschuh aus Filz verhakt. Gerade als ich das Zerren aufgeben und den Innenschuh aufknoten wollte, schoß die Plastikschale von meinem Fuß und flog hoch in die Luft. Murray und ich hechteten beide nach dem trudelnden Stiefel, verfehlten ihn, prallten gegeneinander – und ich wußte, ich hatte ihn verloren. Auf einer Höhe von dreitausendneunhundert Metern mitten im Winter den Stiefel zu verlieren war schlimmer, als von dem verdammten Sattel abzustürzen. Wie sollte ich je wieder absteigen? Ich würde mir mit Sicherheit Erfrierungen zuziehen.

Niedergeschlagen setzte ich mich hin und fluchte laut über meine Gedankenlosigkeit. Murrays Gesicht spiegelte einen Ausdruck höflichen Erstaunens wider, während er mir zusah, wie ich gegen den Wind anbrüllte. Ich blickte nach unten und wandte dabei das Gesicht vom eisigen Wind ab. Mein Schuh hing in ausgesprochen prekärer Lage am äußersten Zipfel meines Schlafsacks; allein die geringfügige Haftung der Vibramsohle auf dem glänzenden Nylon ließ ihn in dieser Position verharren. Ich stürzte mich darauf, begrub den Stiefel unter meinem Körper und tastete dann mit der Hand danach. Triumphierend hielt ich ihn in die Höhe und grinste Murray an. Der lächelte, kroch tiefer in seinen Schlafsack hinein und murmelte ›blöder Kerl‹ aus dem Innern seiner Kapuze hervor.

Wir bekamen nur wenig Schlaf. Erschöpfte Momente der Bewußtlosigkeit wurden rüde unterbrochen vom Wegrutschen der Schlafsäcke oder von einem plötzlichen, scharfen Windstoß, der uns aus dem Gleichgewicht zu bringen trachtete. Der Morgen kam auf leisen Sohlen, als der Wind nachließ. Die Sonne erreichte uns früh und ließ die verkrampfte Starre des Biwaks schwinden. Wir saßen genüßlich in ihrer Wärme, tranken schwarzen, süßen Kaffee und rauchten die erste Zigarette des Tages. Dabei beobachteten wir schweigend, wie die aufgehende Sonne ihr Licht über die dunklen Täler und Gletscher unter uns strömen ließ. Die Aussicht auf das Argentière-Becken war atemberaubend; gewaltige Nordwände dehnten sich zu unserer Rechten. Ich konnte die Wand der Courtes sehen, die ich mit der Lawine hinuntergeschossen war, und dahinter den langgezogenen Schneekamm eines Grates, der auf die ferne Nordwand der Aiguille de Triolet zuführte. Wunderschöne, weißbemützte Türme, Wächter aus goldfarbenem Granit, ragten in Abständen immer wieder auf dem Grat in die Höhe.

Unmittelbar vor uns waren der symmetrisch geformte Gipfel des Chardonnet und die zerklüfteten, felsigen Grate seiner Südwand mit einem zarten, weißen Winterschleier überzogen. Die Pyramide der Aiguille d'Argentière erhob sich dreitausendneunhundert Meter hoch von einem Sattel, der sie mit dem Chardonnet verband. Auch dieser Berg war überfroren und mit lauter Spitzen aus Eis verziert. Am anderen Ende des Argentière-Gletschers ragte der Mont Dolent als fast perfekter Kegel über dem A-Neuve-Gletscher auf. Im sanften Licht des frühen Morgens schien er ganz unwirklich zu sein, als habe ihn ein Künstler mit Aquarellfarben dorthin gemalt. Unmittelbar in der Nähe seines Gipfels trafen mehrere Grate dort aufeinander, wo sich die Grenzen Frankreichs, der Schweiz und Italiens berührten. Es war die lange, kalte Nacht wert gewesen, zu einer so überwältigend schönen Szenerie zu erwachen. Die weißschultrigen Gipfel reihten sich einer an den anderen, ein nicht enden wollender Horizont zerklüfteter Bergriesen umgab uns.

»Da ist das Matterhorn.« Murray zeigte in Richtung Schweiz.

»Wo?«

»Da, der längliche mit dem großen, dem Monte Rosa, weiter links.«

»Man kann doch von hier aus gar nicht so weit sehen, oder?«

»Natürlich kann man.« Murray schüttete den Rest Kaffee aus seiner Tasse weg, wandte sich um und zündete den Gaskocher noch einmal an.

Mein Blick fiel auf die Nordwand des Triolet, deren riesige Eisklippen allen drohend entgegenstanden, die es wagen sollten, sich zu nähern.

»Ich wollte schon immer gern auf den Triolet«, bemerkte ich, während Murray eine weitere Tasse Kaffee braute.

»Ich nicht«, gab er über die Schulter zurück. »Die Seraks sind zu gefährlich, und das Ganze ist nichts weiter als ein riesiger Eishang. Langweilig und gefährlich.«

»Die Klippen sind schon ganz solide. Groß, da hast du recht, aber sie sehen mir ziemlich sicher aus«, entgegnete ich und war enttäuscht darüber, wie obenhin er die Route abtat.

»Die sind niemals sicher«, erwiderte er mit Nachdruck. Mehrere Jahre später stürzte unser Freund Roger Baxter Jones zusammen mit einem Klettergast in den Tod, als die Seraks einbrachen.

Ich nippte an dem heißen Kaffee, den Murray mir gereicht hatte, starrte nachdenklich auf das Profil des Triolet in der Ferne und fragte mich, ob er wohl recht hatte. Vielleicht wollte ich diese Nordwand nur besteigen, weil sie als eine der ›großen Nordwände‹ galt, wegen des Prestigegewinns, der für mich damit verbunden wäre. Ich wollte einfach einen weiteren Haken auf meiner Liste der großen Routen haben. Und Murray hatte diese selbstgefällige und großtuerische Seite meiner Kletterambitionen nur allzu schnell durchschaut. Ich konnte mir nicht vorstellen, daß er eine Route aus ähnlich nichtigen Gründen gehen würde, und das machte mich verlegen.

Es war sinnlos, unsere Beweggründe analysieren zu wollen. Wenn wir nur aus Spaß an der Sache oder aus ästhetischen Gründen kletterten, warum wählten wir dann die anspruchsvollsten Routen zur schwierigsten Jahreszeit? Warum gingen wir nicht einfach jene Routen, die wir sicher beherrschten, statt wahre Horroraktionen zu unternehmen, die uns schon beim ersten Schritt am möglichen Ausgang des Ganzen zweifeln ließen? Weil, wie Murray so prägnant ausgeführt hatte, alles andere langweilig wäre. Es machte keinen Sinn, das zu tun, von dem man wußte, daß man es konnte. Besser, man ging bis an die Grenzen; nur so war es möglich, sich zu steigern und dazuzulernen.

Und, um ehrlich zu sein: Ich brauchte den Nervenkitzel

und die Angst. Das Gefühl der Unsicherheit macht süchtig. Beim Bergsteigen ist so vieles äußerst unbequem, erbärmlich und ermüdend, daß es – ohne das aufregende Angstgefühl – sehr schnell unerträglich werden würde. Sicherlich, der prächtige Morgen auf dem Gipfel mit Panoramablick, als wir am Rande der Nordwand hockten, war schön, aber dorthin zu kommen, war hart gewesen. Zwanzig Stunden lang waren wir Eisfelder hinaufgestapft, hatten wir Eisfälle und steiles, kombiniertes Gelände überwunden; zwei unbequeme Biwaks lagen hinter uns, und wieder und wieder waren da die ängstlichen Blicke zum Himmel gewesen, immer auf der Suche nach Anzeichen für einen Wettersturz. Ständig waren wir uns bewußt, wie ausgesetzt wir waren. Auf dem Gipfel ließ mein Gedächtnis mich alle Angst und Anspannung vergessen und fütterte mich ausschließlich mit glücklichen Erinnerungen an die fantastische Route und an die großartigen Stellungen, in denen wir gewesen waren, als wir uns zuversichtlich und sicher fühlten, als wir wußten, daß wir es schaffen würden. Mir war es egal, warum ich mich entschieden hatte, diese Wand zu ersteigen. Ob es angeberische Eitelkeit war oder das tiefempfundene Bedürfnis, eine großartige Route an einer extremen Wand zu klettern, spielte jetzt keine Rolle mehr. Wir hatten es getan, und wir hatten unsere Sache gut gemacht. Das genügte.

Murray unterbrach mich in meinen Gedanken. »Komm schon, laß uns absteigen, bevor die Sonne die Südhänge gefährlich macht.« Ich blickte auf und sah, wie er das Fußende seines Schlafsacks in den Rucksack stopfte.

Drei Stunden später waren wir durch das Firncouloir bis zu dem Punkt abgestiegen, wo es auf den Talèfre-Gletscher stößt. Ein Bergschrund lag zwischen uns und dem Gletscher, und eine zerbrechlich aussehende Schneebrücke erstreckte sich über den Spalt von ungefähr fünf Metern Breite. Der Einschnitt zwischen dem Gletscher und dem Berg schien nicht sehr tief zu sein, aber ich war nicht so dumm, mich davon täuschen zu lassen. So mancher Bergsteiger war in diese Art von Spalten hineingerutscht und bei dem schweren Sturz ums Leben gekommen, hin und her geworfen zwischen dem harten Fels des Berges und dem rutschigen Eis des Gletschers, bis er sich endgültig verklemmte, manchmal Hunderte von Metern unter der Oberfläche.

»Meinst du, wir sollten uns anseilen?« fragte ich Murray besorgt. Die letzte Hälfte der einfachen Abstiegsrinne waren wir solo gegangen, die Seile säuberlich aufgerollt und in unseren Rucksäcken verstaut.

»Nein«, sagte er und trat einen Schritt vor. »Das sieht mir ganz in Ordnung aus.«

Ich stand ungefähr zehn Meter vom Rande des Bergschrunds entfernt und beobachtete sein Vorwärtskommen. Erst machte er einen unbeholfenen Schritt hinunter auf die Brücke und dann vorsichtig einen weiteren Schritt vorwärts.

Ein überraschter Aufschrei, ein rutschendes Geräusch, und Murray war mit schockierender Plötzlichkeit verschwunden. Es war alles so schnell gegangen, daß es ganz den Anschein hatte, als habe er sich einfach in der sonnendurchglühten Luft vor mir aufgelöst.

»Murray?« sagte ich versuchsweise, kaum in der Lage zu begreifen, was geschehen war. Keine Antwort. Der Tag um mich her schien unheimlich still geworden zu sein. »Murray!« Ich trat ein paar Schritte vor und konnte die Stelle sehen, wo die Brücke eingebrochen war. »Ach, du großer Gott, nein! MURRAY ... bist du in Ordnung ...?«

Wieder keine Antwort. Immer mehr wurde ich von einer eisigen Furcht erfüllt. Er ist weg. Einfach so ... weg. Vorsichtig näherte ich mich dem Bergschrund. Plötzlich empfand ich eine Angst davor, als könne er lebendig werden und auch nach mir schnappen. Ständig überprüfte ich den Schnee, denn ich war jetzt ganz und gar von der Furcht erfüllt, daß alles, auf dem ich stand, schwach und zerbrechlich sein könnte. Es ist ein schreckliches Gefühl, wenn man das Vertrauen in die Solidität des Bodens verliert, auf dem man steht.

Unendlich langsam und ohne das geringste Geräusch zu verursachen, schob sich die Haue eines Pickels mit rotem Schaft wie das Schwert Excalibur aus dem Rachen des Bergschrunds und schwang vor, um sich in die gegenüberliegende Gletscherwand einzugraben.

»Murray! Bist du in Ordnung?« Es schien absurd und lächerlich, das zu fragen.

»Einen Moment noch, dann werde ich es hoffentlich sein.«

Die Stimme klang seltsam hohl und emotionslos. Ein kratzendes Geräusch war zu hören, und Murrays Helm erschien neben seinem Pickel, als würde er von einem unsichtbaren hydraulischen Lift senkrecht in die Höhe gehoben. Er wühlte in dem verharschten Schnee am Rande des gähnenden Lochs herum. Dann zog er sich nach oben und aus dem Bergschrund heraus.

»Ich würde nicht über die Brücke gehen.«

Murrays Gesichtsausdruck war seltsam schief, und seine Augen schienen glasig zu sein, als hätte er den Blick in weite Fernen gerichtet. Ich trat vor und blickte in die Tiefen des Bergschrunds hinunter. Hübsche, wabenähnliche Eisstrukturen zogen sich als filigrane Barriere von einer Wand zur anderen. Unter ihrem Spitzengeflecht waren die drohenden Schatten des Abgrunds mehr zu ahnen, als tatsächlich zu sehen.

»Worauf bist du gefallen?«

»Ich weiß es nicht. Ich habe nicht nach unten geschaut, um es herauszufinden.«

Da unten war nichts, das auch nur entfernt solide genug aussah, um einen fallenden Menschen aufzufangen.

»Wenn ich an deiner Stelle wäre, würde ich springen«, sagte Murray und stellte sich auf die Füße.

»Tatsächlich? Nun, du bist nicht an meiner Stelle und mußt es auch nicht ausprobieren«, entgegnete ich und maß den Abstand mit skeptischem Blick.

»Nicht da, du Blödmann. Weiter rechts ist es ganz einfach.«

Ich landete mit einem beruhigend soliden Aufprall, das Gesicht nach unten gewandt, im nassen Schnee des Gletschers und spürte, wie die Haue des Pickels schmerzhaft in meine Rippen stieß. Als ich mich aufrichtete und den schmelzenden Schnee aus meinem Nacken entfernte, sah ich Murray weit vornübergebeugt am Rande des Bergschrunds stehen, während er sein rechtes Bein mit beiden Händen umklammert hielt.

»Was ist los? Bist du verletzt?« fragte ich.

»Nein«, antwortete er mit unsicherer Stimme. »Mein Bein will einfach nicht aufhören zu zittern.« Er ließ los, und ich sah das Bein stark hin und her vibrieren. Murray lachte. »Ich kann kaum stehen. Muß eine Art Reaktion auf den Sturz sein.«

»Ich weiß. Ich fühle mich auch ein bißchen wackelig auf den Beinen, und ich habe nur zugesehen. Mein Gott, ich dachte wirklich, du wärst weg, weißt du.«

»Mmmm ... ich auch.«

Mehrere Zigaretten später hatten wir uns genug beruhigt, um den langen, mühseligen Rückmarsch den Talère-Gletscher hinunter in Angriff zu nehmen bis dorthin, wo er mit dem großen Hauptstrom des Mer de Glace zusammenstieß, und weiter hinunter nach Chamonix.

Endlich hatten wir unsere erste Winterbesteigung geschafft, und wir waren berechtigterweise stolz darauf. Es war noch gar nicht so lange her, daß Winterbesteigungen an der Nordwand der Droites mehrere Wochen dauerten und mit Fixseiltechniken ausgeführt wurden, die einem Belagerungszustand gleichkamen, wie heutzutage im Himalaja. Als wir zur Feier unserer Rückkehr auf ein Bier in die Nash-Bar gingen und unsere vollgepackten Rucksäcke vor der Tür abluden, freuten wir uns schon auf eine gemütliche Palaverrunde. Aus lauter Zufriedenheit über unsere Leistung glühten wir still vor uns hin. Doch wir hatten kaum den ersten Schluck kühles Helles getrunken, als jemand sagte:

»He, habt ihr gehört, daß Andy Parkin letzte Woche die Droites solo gegangen ist? In nur fünf Stunden?«

Fast hätte ich mich an meinem Bier verschluckt, da entgegnete jemand anderes, daß Stevie Haston es in vier Stunden allein geschafft hatte, kurz nach Andy. Wir tranken unser Bier aus und stahlen uns fort in den Wintersonnenschein hinaus. Während wir erschöpft auf das Irrenhaus unseres Apartments zumarschierten, mußte ich über mich selbst lachen. Was für ein Idiot war ich doch! Nur gut, daß keiner von uns den Mund aufgemacht hatte. Großartige Wichtigtuer findet man unter Kletterern so leicht, und wir wären fast in die Falle gegangen.

Bald darauf schlug das Wetter um, und es schneite zehn Tage lang heftig. Der Weihnachtsandrang von Freunden, die zu Besuch kamen, war vorbei, und zu fünft bot das Einzimmerapartment jetzt geradezu palastartigen Luxus. Als das Wetter wieder besser wurde, machten sich Sean Smith und Mark Miller auf, den Nordostgrat der Droites zu besteigen. Am Tag nach ihrem Aufbruch beschloß ich, daß es an der Zeit sei, die Unterhose zu wechseln. Das war eine gewichtige Entscheidung, die noch an Bedeutung gewann, weil ich wußte, daß ich der einzige von uns war, der genug Weitblick besessen hatte, für den sechsmonatigen Aufenthalt in Chamonix zwei Paar Unterhosen mitzunehmen. Die Unterhose, die ich seit zweieinhalb Monaten trug, hatte schließlich den Belastungen des tagtäglichen Einsatzes nachgegeben. Der Gummizug an der Taille war mit dem Rest nur noch durch ein paar dünne, abgewetzte Stoffäden verbunden. Ich durchsuchte das Apartment dreimal, wobei ich mich jedesmal durch einen Berg Schmutzwäsche kämpfen mußte, doch ich fand nichts. Gerade wollte ich zum vierten Mal beginnen, als Rob Spencer hereinkam.
»He, Rob! Hast du meine Buxen irgendwo gesehen?«
»Was?«
»Meine Buxen, meine Unterhose, weißt du.«
»Oh, die schwarzen?«
»Ja, genau.«
»Saubere. Sahen noch neu aus.«
»Ja, ja, ganz genau«, bestätigte ich gereizt. »Wo sind sie?«
»Mark hat sie sich unter den Nagel gerissen.«
»Was!«
»Ja. Er suchte seine und konnte sie nicht finden. Also hat er deine genommen.«

»Aber er hatte kein Paar zum Wechseln mit.«
»Ich weiß. Sie schienen ihm ganz gut zu gefallen.«
»Der Halunke. Der miese, kleine Raffke ...«
»Ist schon in Ordnung. Er wird sie dir zurückgeben, wenn er wieder unten ist.«

Die nächsten vier Tage lang schimpfte ich mißgelaunt vor mich hin über das Recht auf Privateigentum und andere persönliche Freiheiten, während die anderen lachten und sich einen Spaß daraus machten, mich aufzuziehen. Mark und Sean waren überfällig, und am Morgen des vierten Tages gab es auch noch eine schlechte Wettervorhersage. Murray, Rob und ich wußten nicht, was wir tun sollten. Wenn wir die Bergwacht alarmierten, obwohl es nicht nötig war, würden Mark und Sean für den Hubschrauberflug bezahlen müssen. Taten wir es nicht, und sie steckten in Schwierigkeiten und der Sturm würde schlimm werden ...

Am frühen Nachmittag flog die Tür auf, und Mark kam mit schweren Tritten ins Apartment gestampft. Er sah müde aus.

»Sean ist im Krankenhaus. Gibt es Tee?« fragte er sachlich.

»Hier.« Rob reichte ihm eine Tasse. »Was ist passiert?«

Mark grinste und erzählte uns vom Abstieg. Sean hatte sich wegen erster Erfrierungserscheinungen an seinen Fingern größte Sorgen gemacht, denn er brauchte sie für seine kaum begonnene Karriere als Fotograf. Die beiden hatten bereits den Gletscher erreicht, als sie das leise Brummen eines kleinen Touristenflugzeugs hörten. Es kurvte nach links, den Gletscher hinauf, und kreiste einmal über den winzigen Gestalten Sean und Mark. Nicht in der Lage, eine solche Gelegenheit ungenutzt vorübergehen zu lassen, hielt Mark die Arme ausgebreitet über den Kopf und gab das internationale Notsignal. Er hoffte, der Pilot würde sein Zeichen sehen und per Funk einen Hubschrauber anfordern, aber zu seiner Überraschung kreiste das Flugzeug noch einmal, kam dann herangeflogen und landete auf seinen Kufen auf dem Gletscher.

Als er sich von seiner Überraschung erholt hatte, ging Mark zu dem Flieger hinüber und bat darum, daß man sie mitnähme. Der Pilot lehnte dieses Ansinnen jedoch ab. Er sagte, sie wären dann zu schwer, um abzuheben. Die Touristen klickten in der Zwischenzeit mit einer ganzen Batterie von Teleobjektiven fröhlich vor sich hin, ehrlich begeistert, daß sie einen echten Bergsteiger hautnah in der freien Natur erleben durften, statt immer nur winzige Farbflecken wie bunte Käfer an riesigen Fels- oder Eiswänden kleben zu sehen. Kurz nachdem das Flugzeug wieder abgehoben hatte, kam ein Hubschrauber in den Kessel geknattert und herangeschwebt, um Mark und Sean aufzunehmen.

Als Mark aus dem Badezimmer kam, mußte ich wieder an meine Unterhose denken.

»He, Mark, hast du meine Buxen?«

»Ja«, antwortete er und trocknete sich die Haare. »Sie sind im Badezimmer.«

»Danke«, sagte ich und stand auf.

»Leider haben wir vier Tage lang nur Schokolade und Trockenfrüchte gegessen, und das schlägt einem ganz schön auf den Magen. Tut mir leid, ich konnte nicht anders. Du wirst sie durchwaschen müssen.«

»Großartig. Wie rücksichtsvoll von dir.«

Ich ging ins Badezimmer, hob das widerlich beschmutzte Stück Baumwolle mit spitzen Fingern auf und ließ es in den Mülleimer fallen. Ich fragte mich, ob es mir wohl gelingen würde, mein altes Paar zu flicken.

Der österliche Ansturm von Freunden aus Großbritannien, die uns besuchen kamen, wurde noch verstärkt durch das gleichzeitige Auftauchen einer Busladung von zwanzig bitterarmen tschechoslowakischen Kletterern. Ihre Ernährung schien einzig und allein aus Fässern voll Sauerkraut zu bestehen, die sie mitgebracht hatten. Der Umstand, daß Ost und West nicht der gleichen Sprache mächtig waren, stellte kein großes Hindernis dar. Lebhafte Zeichensprache und eine ausgeprägte Vorliebe für Alkohol lösten die meisten Probleme.

Nachdem unsere betrunkene Meute aus der Nash-Bar herausgeflogen war, stolperten wir in Richtung auf eine Bar namens *Choucas* davon. Murray taumelte mit einem Bettlaken über dem Kopf an mir vorbei. Es war mit einem Stück grünem Kletterband befestigt. Für den heutigen Abend war er Lawrence von Arabien. Ein Auto, in dem ein Paar mittleren Alters saß, fuhr vorsichtig an unserer schwankenden Gruppe vorbei. Das Beifahrerfenster stand offen, und eine attraktive, elegant gekleidete Dame blickte uns mit einem Ausdruck vorgeblichen Amüsements und gallischer Geringschätzung an.

»Salut! Ça va?« grölte Murray, während er auf das Auto zugaloppierte. Das Bettlaken flatterte wild hinter ihm her. Die Frau lächelte unsicher. Murray griff nach dem Dachgepäckträger, sprang mit einem Fuß auf, streckte einen durchweichten, übelriechenden Schuh durch das Fenster und machte es sich auf dem Fensterrand bequem. Hunza, ein kleiner, kräftig gebauter Tscheche, und ich griffen ebenfalls nach dem Dachgepäckträger.

Wir hielten uns hartnäckig an den eisüberzogenen Metallstreben fest; unsere Stiefel schleiften im Schnee hinterher, während der Wagen Fahrt aufnahm. Vom Fahrersitz hörte ich eine schimpfende französische Stimme, und dann sah ich Murray in einer bauschenden Wolke Bettzeug von seinem Sitzplatz purzeln. Gleichzeitig gaben die stark strapazierten Metallstreben des Dachgepäckträgers nach, verbogen sich so, daß ich mir die Finger klemmte, und flogen dann vom Dach. Der Wagen schoß eilig davon, ohne anzuhalten. Eine wütende Faust winkte aus dem Fenster auf der Fahrerseite, während Hunza und ich versuchten, uns von dem Dachgepäckträger zu befreien.

Da wir so zwar etwas unwirsch, aber doch immer noch weit vor den anderen vor dem *Choucas* abgeladen worden waren, stolperten wir kurzerhand hinein, um das Bier zu bestellen.

Als ich am nächsten Morgen erwachte, war ich überzeugt davon, sterben zu müssen. Ich hatte das Gefühl, jemand stünde auf meinem Kopf. Ich öffnete blinzelnd die schmerzenden, blutunterlaufenen Augen und begriff, daß Mark tatsächlich auf meinem Kopf stand, weil er an die Toilette heranwollte. Als er fertig war, setzte ich mich vorsichtig auf und blickte über das Chaos aus einundzwanzig verkaterten Leibern hin, die allesamt auf dem engen Raum des Apartments ausgestreckt lagen.

Während der Osterferien tauchte Rob Uttley im Apartment auf, den üblichen monströsen Rucksack als Gepäck. Er war ein hochbegabter Kletterer aus Sheffield, der dort an der Universität studierte. Im Herbst wollte er sich auf seine erste Expedition in den Himalaja zur Annapurna III begeben, worauf er sich mit hartem Training vorbereitete. Den kurzen Abstecher nach Chamonix hatte er unternommen, weil er hoffte, den Walker-Pfeiler im Winter besteigen zu können. Doch da die Wand keine guten Bedingungen aufwies, fand er sich damit ab, vierzehn Tage lang ein teures, ausschweifendes Leben zu führen.

Rob hatte immer ein Lächeln auf den Lippen und einen geistesgegenwärtigen, trockenen Sinn für Humor. Ich war voller Ehrfurcht eingedenk seiner Kletterfähigkeiten und traute mich kaum, ein Wort zu sagen, als ich ihn kennenlernte, aber seine unbeschwerte Art nahm mir bald meine Hemmungen. Rob war klein, drahtig und kräftig gebaut. Elektrisierende Schwingungen gingen von ihm aus, als böte sein Leben nicht Zeit und Raum genug, einen so dynamischen Geist zu beherbergen. In seinen Augen lag ein strahlender, jungenhafter Glanz, äußeres Anzeichen seiner unbezähmbaren Überschwenglichkeit und seiner Freude am Leben. In einer Gruppe stand Rob schnell im Mittelpunkt des Interesses. Als er uns verließ, um in Sheffield weiterzustudieren, vermißten wir seine charismatische Energie.

Kurz nachdem Rob abgereist war, tat ich mich mit einem holländischen Kletterer zusammen, der eines Tages mit einem punkigen Haarschnitt bei uns auftauchte. Sein Kopf sah aus wie das hintere Ende eines Dachses, unbeholfen mit dem Rasenmäher geschoren. Ich fühlte mich sofort zu ihm hingezogen. Während einer langen Schlechtwetterperiode siegte die Langeweile über mich, und ich färbte mir ebenfalls die Haare. Ich hatte gedacht, reines Wasserstoffsuperoxid würde den gewünschten Erfolg bringen, und tauchte aus dem Badezimmer auf, nachdem ich mir unter Schmerzen die Haare damit gespült hatte.

»Was steht da drauf?« fragte ich und reichte Murray die kleine Flasche. Mit einem schelmischen Grinsen im Gesicht las er die französische Gebrauchsanleitung langsam durch.

»Nun, wenn ich das hier richtig verstehe, steht da, das Zeug sei konzentriert genug, um damit sechzig Toiletten zu reinigen. Es hat dir die Haut verätzt«, fügte er hinzu und zeigte auf meine Brust.

Dünne weiße Linien liefen über die Sonnenbräune. Auch auf der Stirn hatte das Superoxid mir die Haut gebleicht. Ich riß mir das Handtuch vom Kopf und starrte besorgt in den Spiegel. Mein Haar hatte immer noch genau die gleiche Farbe. Ich packte ein Büschel und riß kräftig daran. Nichts passierte, was mich erleichterte, denn ich hatte schon erwartet, das Ganze würde als ausgeblichener Schopf toter Haare von meinem Haupt fallen.

»Du brauchst ein Reagenz, glaube ich«, sagte Sean.

»Was ist das?«

»Oh, das ist ein Stoff, der, wenn er mit Wasserstoffsuperoxid zusammentrifft, eine Reaktion auslöst, die das Haar bleicht.«

»Und warum hast du mir das nicht gleich gesagt?« versetzte ich aufgebracht.

»Du hast mich nicht gefragt«, erwiderte er grinsend, »aber du kannst die Packung beim Friseur kriegen.«

Eine Stunde später kam ich mit einer kleinen Schachtel in der Hand zurück, die ich in einem sehr teuren Frisiersalon erstanden hatte. Ich hatte einige Schwierigkeiten gehabt, den gespreizten und geckenhaften Friseur davon zu überzeugen, daß ich mir die Haare selbst färben wollte. Er fuhr mir immer wieder mit den Fingern über den Kopf, tätschelte mir den Hintern und klimperte mit den Augenwimpern.

»Non, non, non ...«, lispelte er mißbilligend und hatte

schon wieder etwas an meinem Haar zu richten. Er zeigte mir die Farbe, die er bevorzugte.

»Nein, danke, Kumpel. Ich möchte blond, weißt du. Le blanc.«

Ich zuckte zur Seite, als seine Hand über meine Hüften streichelte. Nach dieser Zurückweisung schlug seine Stimmung abrupt um, und er behandelte mich hochmütig und herablassend, drückte mir die Schachtel mit der blonden Farbe in die Hand und verlangte in scharfem, ärgerlichem Tonfall einen exorbitanten Preis dafür.

Während ich mir kräftig die Haare frottierte, hielt ich die Augen fest geschlossen.

»Dieses Mal hat es hoffentlich funktioniert«, murmelte ich, als ich die Augen öffnete und ungläubig in den Spiegel starrte. Mein Haar leuchtete in dem kräftigsten, abscheulichsten Orangeton, den ich je gesehen hatte. Es stand wie eine höchst seltsame, schimmernde Aureole um meinen Kopf.

»Großer Gott!« stieß ich hervor. »Der kleine Miesling hat mir Orange verkauft.«

Als die Sticheleien sich gelegt hatten, begann ich langsam, den neuen Look zu akzeptieren. Es war ganz offensichtlich, daß mein orange leuchtender Lichtschopf bei den braven Bürgern von Chamonix erhebliche Emotionen auslöste. Beim Tabakhändler, in Supermärkten und Bars, die ich zuvor ohne Beanstandung aufgesucht hatte, spürte ich jetzt sofort eine aggressive Reaktion. Immerhin bildeten der holländische Grundschullehrer und ich so ein ungewöhnlich aussehendes Team. Er fuhr einen 2 CV, auf den er überall in Leuchtbuchstaben CHAOS geschrieben hatte. Der Holländer schlug vor, wir könnten es mit einer Erstbesteigung der direkten Anfangs- und Schlußetappe des ›Leichentuchs‹ an der Nordwand der Grandes Jorasses versuchen. Das war eine mutige Wahl. An dieser Route waren schon viele Bergsteiger gescheitert, die deutlich besser waren als wir. Durch unsere Haartracht ermutigt, kamen wir zu dem Schluß, daß wir nicht wissen konnten, ob wir in der Lage wären, es zu schaffen, wenn wir es nicht versuchten.

Nachdem wir uns auf das Ziel geeinigt hatten, schleppte der Holländer mich in einen Supermarkt, um etwas Marschverpflegung zu besorgen.

Ich folgte ihm durch den Laden, während eine wahrhaft erstaunliche Menge an Nahrungsmitteln in den Taschen seiner Jacke verschwand. Unfähig, die Anspannung länger zu ertragen, versuchte ich, mich davonzustehlen. Ich war mir wohl bewußt, daß wir die auffälligsten Leute im ganzen Laden waren, wahrscheinlich sogar in der ganzen Stadt: der großgewachsene Holländer mit seinem weißgestreiften Mohikaner-Haarschnitt und drei Ohrringen in einer bunt zusammengewürfelten Mischung aus Kleidungsstücken unterschiedlichster Herkunft und ich mit meinem leuchtend orangefarbenen Haarschopf, einem riesigen roten Federohrring, einem punkigen, schwarzweißen Angorapullover und roten Jeans mit Schlangenhautmuster. Er winkte mir verschwörerisch zu und nahm mir so die Möglichkeit zu fliehen. Nervös schlurfte ich dorthin zurück, wo er neben einem Ladentisch voller Pâté-Dosen stand.

»Was willst du?«

»Stell dich davor, während ich die Sachen anders verstaue.«

Wenn ich bedachte, daß er mich bei weitem überragte und daß er zudem bei dem Versuch, seine neuerworbenen Besitztümer umzuverteilen, houdiniartige Verrenkungen ausführte, bezweifelte ich, daß ich als Sichtschutz viel nützte. Ich stand da, dachte an den Kaugummi-Coup mit Sarah und wünschte mir, irgendwo anders zu sein. Hinter mir war ein lautes, klapperndes Geräusch zu hören, gefolgt von Flüchen in holländischer Sprache. Eine Pâté-Dose kam an meinen Füßen vorbeigerollt. Ich versetzte ihr einen verstohlenen Fußtritt und hoffte, sie würde unter dem Ladentisch gegenüber verschwinden, doch zu meinem Entsetzen prallte sie zurück und trudelte wie verrückt die Mitte des Ganges hinunter. Verzweifelt hob ich die Augen zur Decke, nur um in das blinkende, rote Licht einer Überwachungskamera zu starren, die anklagend auf mich gerichtet war.

»O Shit, sie haben uns gesehen«, sagte ich.

»Wer hat uns gesehen?« fragte der Holländer und zog sich die Jacke fester um die Schultern.

»Die da.« Ich nickte zu der Kamera hinauf.

»Ach, das hat nichts zu bedeuten. Die werden nie überwacht.« Er schlenderte selbstsicher auf die Kassen zu, eine kleine Baguette in der Hand.

Zehn Minuten später folgte ich ihm, überzeugt davon, die Gendarmen dabei anzutreffen, wie sie auf dem Gehsteig vor der Tür ihre Gummiknüppel an meinem holländischen Freund erprobten. Statt dessen fand ich meinen Holländer, wie er sich in der Nash-Bar in aller Ruhe ein Schinkenbrot strich.

»Ah, da bist du ja«, sagte er, auf beiden Backen kauend. »Ich dachte, du hättest dich vielleicht freiwillig gestellt. Du bist nicht besonders gut bei so was, oder?«

»Ich kann mir einen besseren Zeitvertreib vorstellen«, gab ich zu.

Wir kamen oben auf dem Midi aus dem Eistunnel heraus und blinzelten ins Sonnenlicht. Vor uns ragten die Grandes Jorasses in den Himmel; das steile Profil des Walker-Pfeilers beherrschte die umliegenden Berge. Ein paar Skiläufer drängelten sich grob an uns vorbei und schossen einen steilen Eisgrat hinunter, der zu einem kleinen Sattel führte. Über den tausend Meter hohen Steilabfall zu ihrer Linken schienen sie sich keine Gedanken zu machen. Wir stiegen langsam und vorsichtig ab. Dank unserer riesigen Rucksäcke und der Ski auf unseren Schultern waren wir beängstigend wackelig auf den Beinen.

Auf dem Sattel bereiteten wir uns auf die Skiabfahrt ins Vallée Blanche vor. Diese herrliche Route abseits der Pisten führt einen als Skiläufer durch eine sagenhafte Bergwelt im Herzen des Gebirgszugs. Im Winter bietet sie Bergsteigern außerdem einen schnellen und leichten Zugang zu einer Reihe von abgelegenen Kletterrouten.

Als wir gerade loslegen wollten, sprach uns ein Skilehrer in einem schicken roten Anzug voller Abzeichen an und fragte, wo wir hinwollten. Zwei Gäste standen schweigend hinter ihm.

»Jorasses«, lautete meine knappe Antwort.

»Jorasses?« schnaubte er verächtlich. Ich warf ihm einen ärgerlichen Blick zu.

»Oui«, sagte ich. »Jorasses. Linceul (das Leichentuch).«

Er lachte und sagte etwas zu seinen Gästen, die in sein Lachen einstimmten. Mit einem übertriebenen Hüftschwung stieß er ab und wedelte die Hänge hinunter, die zum Eingang des Vallée Blanche führten.

»Was hat er gesagt?« fragte ich meinen holländischen Partner, der ihm wütend nachstarrte.

»Etwas über Punks und Idioten, glaube ich.«

Als es dunkel wurde, saßen wir im Schnee unter den eisgestreiften Wänden des Walker-Pfeilers. Wir hatten eine offene Grube ausgehoben und die Wände möglichst hoch aufgeschichtet, um etwas Windschutz zu haben. Unser Biwakplatz lag direkt unter einer Route, die ›Rolling Stones‹ heißt (eine hoffnungslose tschechische Führe die linke Flanke der Pointe Walker hinauf).

»Glaubst du, wir sind hier sicher?« fragte ich, als ich in meinen Schlafsack kletterte.

»Warum nicht?« entgegnete der Holländer aus den Tiefen seiner daunigen Hülle.

»Nun, ich denke mir, der Name ›Rolling Stones‹ weist auf Steinschlag hin.«

»Nein, nicht im Winter und nicht bei Nacht«, versetzte mein Partner mit beruhigender Selbstsicherheit.

Um Mitternacht schreckte ich hoch. Als ich die Augen öffnete, blickte ich in den sternenübersäten Himmel. Ich spitze die Ohren. Was war das? Was hatte mich geweckt? Die Antwort kam umgehend. Ein surrender, pfeifender, hoher Ton war zu hören, und dann folgten mehrere dumpfe Schläge schnell aufeinander. Steinschlag! Ich wand mich in meinem Schlafsack und versuchte, den Schnürzug zu finden.

»Schnell!« rief ich. »Weg hier, sie treffen uns!«

Eine undeutliche Antwort und noch mehr Aufschläge, die

gefährlich nah klangen. Dann Stille. Sie trat so plötzlich ein, daß ich mich verwundert fragte, ob ich mir die Aufprallgeräusche nur eingebildet hatte. Ich fand meine Stirnlampe, löste den Schnürzug und spähte vorsichtig hinaus. Über die Schneewände, die wir aufgetürmt hatten, konnte ich nicht hinwegblicken. Vielleicht war gar nichts passiert, und wenn doch, dann möglicherweise Meilen von uns entfernt. Etwas besorgt machte ich es mir wieder in der Grube gemütlich.

»Was hast du da herumgebrüllt?« wollte der Holländer wissen.

»Ich glaube, wir wären fast von Steinschlag getroffen worden.«

»Unsinn. Nicht im Winter. Schlaf wieder ein.«

Es gelang uns, die Route ungefähr hundertfünfzig Meter hochzuklettern, ehe wir an einem unmöglichen Überhang aus Pulverschnee scheiterten. Sechs Meter von dem Überhang entfernt wußte ich, daß ich nicht mehr weiterkonnte. Ja, ich bezweifelte sogar, daß ich wieder herunterkommen würde, ohne abzustürzen. Oben auf dem Felsüberhang türmte sich ein drei Meter hoher Buckel aus Pulverschnee. Er sah aus wie aus Schlagsahne, war aber längst nicht so fest.

»Paß gut auf!« rief ich.

Als ich einen Blick nach unten warf, sah ich meinen Partner aufmunternd lächeln und genau auf mich achtgeben. Ich blickte an ihm vorbei die gut hundert Meter bis in die lauernden Schatten des Bergschrunds hinein. Der Haken mochte so stark sein, wie er wollte – ich hatte keine Lust, zwanzig Meter tief diesen Abhang hinunterzustürzen. Schwer atmend vor Angst und Anstrengung, gelang es mir schließlich, die Sicherheit von ›Edmunds Standplatz‹ zu erreichen.

»Laß uns bloß weggehen von hier«, sagte ich.

Nach mehreren haarsträubenden Abseiletappen hatten wir unseren Biwakplatz wieder erreicht. Dort fiel mir eine Handvoll Steine auf, die in der Nähe der Wände, die wir aufgetürmt hatten, tief im Schnee eingebettet lagen. Als wir frühmorgens in der Dunkelheit aufgebrochen waren, hatte ich sie nicht gesehen.

»Da, guck dir die an«, bemerkte ich triumphierend. »Ich wußte doch, daß es letzte Nacht Steinschlag gegeben hat.«

Der Holländer betrachtete die Steine aufmerksam. Sie lagen nur wenige Meter von der Stelle entfernt, wo ich geschlafen hatte. Ich wußte, daß solche Aufschläge einem nicht nur die Knochen brachen, sie ließen sie in winzige Bruchstücke zersplittern.

»Na ja, zumindest waren sie alle auf deiner Seite«, erklärte er ganz zufrieden.

Nach einer beängstigenden Skiabfahrt einen schmalen, gewundenen, von Bäumen gesäumten Pfad hinunter, der mit Baumwurzeln und Steinen nur so übersät war, kamen wir auf einem kleinen Skihang am Rande der Stadt heraus. Der Holländer glitt problemlos vor mir auf die Schneefläche hinaus, während ich wie wild aus den Zwergkiefern hervorgeschossen kam, buchstäblich außer Kontrolle. Zweige und Kiefernnadeln hinter mir herschleifend, sah ich mit Entsetzen direkt vor mir eine Skiklasse von Kleinkindern aufgereiht stehen. Die Lehrerin hatte unter den behelmten Sechsjährigen gerade so halbwegs Ordnung hergestellt, als ich aus dem nahe gelegenen Waldstück hervorgeprescht kam. Ich wußte, wenn ich versuchte auszuweichen, würde ich stürzen und in die Kindergruppe hineinrutschen. Die ungeschützten Spitzen meiner Pickel und Steigeisen konnten schreckliche Verletzungen hervorrufen.

Ein kleiner Junge sah mich mit einem Ausdruck unschuldiger Neugier im Gesicht direkt an, indes ich die Arme und Beine ausbreitete, ihn aufhob und gegen meine Brust drückte. Ich durchschnitt die Reihe, wurde dahinter langsamer und setzte den Jungen vorsichtig ab. Er grinste munter und blickte hinter mich. Als ich mich umdrehte, sah ich die ganze Skiklasse beiderseits von der Stelle, wo ich die Reihe durchtrennt hatte, langsam umfallen, einen nach dem anderen, wie Dominosteine. Ich wußte, ich hatte keines der Kinder berührt, geschweige denn irgendwelche Verletzungen hervorgerufen. Die Lehrerin kam mit einem mörderischen Ausdruck in den Augen auf mich zu. Ich schob den Jungen von mir weg und wandte mich hastig zur Flucht.

Als ich glücklich die Sicherheit des Apartments erreicht hatte, traf ich dort auf einen Mann, der mit Murray Tee trank und besorgniserregend aussah: völlig zerschlagen. Sein Gesicht war übel zugerichtet und aufgedunsen, die Augen dick und blutunterlaufen, und auf seinen Wangenknochen traten purpurrote Schwellungen hervor. An der Stirn und den Wangen hatte er Schürfwunden. Als ich hereinkam, blickte er auf und warf mir ein schmerzverzerrtes, schiefes Grinsen zu.

Sein Name war Pete Barrass, und er hatte gerade einen zweifachen Lawinenabsturz überlebt, als er zusammen mit seinem Partner Andy Nisbet die steilen Hänge des Pas de Chèvre hinuntergestiegen war. Der Schnee hatte plötzlich nachgegeben und ihn eine lange Strecke weit mit sich gerissen, wobei er sich immer wieder überschlug. Die erste Lawine spie ihn ziemlich unversehrt aus. Er stand auf, winkte seinem jetzt weit entfernten Partner zu und rief: »Ich bin in Ordnung!« Als seine Worte von den Wänden der Rinne widerhallten, hatte sich eine zweite, erheblich größere Lawine gelöst und war zu Tal gedonnert. Auf ihrem alles zermalmenden Weg nach unten hatte sie Pete noch einmal hundertfünfzig Meter weit mitgenommen. Glücklicherweise wurde er nicht verschüttet, und als Andy Nisbet ihn erreicht hatte, konnte er schnell mit dem Hubschrauber ausgeflogen werden.

Ein paar Tage später reiste Pete nach Hause ab. Sieben Jahre später sprach mich in einer Eckkneipe in Sheffield ein Mann an und fragte, wie es denn so ginge. Ich starrte ihn verwirrt an. Um keinen Preis der Welt hätte ich Pete erkannt, ohne die Narben, Prellungen und Schwellungen.

Als die schweren, feuchten Lawinen des Frühjahrs an den bewaldeten Talwänden immer häufiger ihre Spuren hinterließen, begann ich an die Rückkehr nach Hause zu denken. Ich wußte nicht, was ich dort tun sollte. Seit ich, um meinen selbstmörderischen Depressionen zu entfliehen, aus der damaligen Situation heraus spontan mein Studium abgebrochen hatte und nach Chamonix getrampt war, hatte ich keinen Gedanken an die Zukunft verschwendet. Sollte ich zurückgehen und weiterstudieren? Ich empfand Gewissensbisse, weil ich meine Eltern enttäuscht hatte, und ein tiefes, beharrliches Gefühl des Versagens.

Meine Eltern konnten nicht nachvollziehen, was mir das Klettern bedeutete. Ich hatte versucht, es ihnen zu erklären, und hatte mich bemüht, die Ernsthaftigkeit der ganzen Angelegenheit zu betonen. Sollte mir etwas zustoßen, sollten sie wissen, daß ich mit dieser Möglichkeit gerechnet hatte. Ich konnte den Gedanken nicht ertragen, sie verletzt und verwirrt zurückzulassen, unfähig, den Tod ihres jüngsten Sohnes zu begreifen. Vor allem mißfiel mir die Vorstellung, sie könnten denken, ich hätte mein Leben verschwendet, ohne jemals die Wahrheit zu verstehen – daß das Klettern für mich die intensivste, lebensvollste Erfahrung war, die ich je gemacht hatte, daß es recht eigentlich das Wesen des Kletterns war, das aus mir und meinen Kletterfreunden die Persönlichkeiten machte, die wir waren. Die Berge waren unlösbar in das Muster unseres Lebens verwoben.

In ganz ähnlicher Weise hatte ich als Teenager beschlossen, daß ich nicht das tun wollte, was die Gesellschaft von mir erwartete. Ich wollte keine Kompromisse eingehen und lehnte die üblichen Vorstellungen von Heiraten und Kindergroßziehen ab aus Angst, diese Dinge würden mich des selbstsüchtigen Wunsches berauben, mit meinem Leben genau das zu tun, was mir gefiel – ein Leben, das ich nur einmal leben konnte, ohne Wiedergeburt, ohne Leben nach dem Tod, Himmel und Hölle, ein Leben, das mit dem Sterben vorbei sein würde. Ergreif die Chancen, die sich dir bieten, und lauf damit weg. Das war zu meinem Glaubensbekenntnis geworden, und es gab kein Zurück mehr.

Niemals hätte ich mir einfallen lassen, daß diese frühen Gewißheiten selbst von der Zeit untergraben werden könnten; daß Selbstzweifel und zu viele Fragen eine Farce aus dem machen würden, was ich einst war und was ich mich aufgemacht hatte zu sein; daß die Zeit mich verändern, daß sie den Prinzipien, an die ich einmal geglaubt hatte, die Treue brechen würde. Es mochte mir zwar gelingen, nichts zu bedauern, doch ich übersah dabei, daß ich rückblickend das, was ich einst gewesen war, höhnisch belächelte.

Nicht daß ich damit rechnete, zu sterben. Ganz im Gegenteil. Hätte ich das geglaubt, hätte ich sofort alles aufgeben müssen. Ich wollte meine Eltern auf gar keinen Fall belügen. Es schien akzeptabel, mir selbst etwas vorzumachen, für mich persönlich eine scheinbar vernünftige Erklärung zu finden, auch wenn sie auf tönernen Füßen stand. So war es mir möglich, an einer Sache teilzuhaben, die schon so viele meiner Freunde das Leben gekostet hatte. Aber das lag auch daran, daß ich mitten darin steckte. Die Tunnelperspektive half. Größtmögliche Aufrichtigkeit, dachte ich, würde meinen Eltern helfen zu verstehen, wie wichtig mir das Klettern war. Tatsächlich gelang es mir nie, ihnen das begreiflich zu machen, und ich lud mir nur eine weitere Bürde von Schuldgefühlen auf. Klettern zu gehen war egoistisch; die quälenden Ängste und Sorgen blieben den Menschen überlassen, die mir nahestanden, während ich mich vergnügte.

Einerseits war ich mir dessen bewußt, andererseits konnte ich nichts dagegen tun, wenn ich das Bergsteigen nicht ganz aufgeben wollte. Und ich konnte wohl kaum ewig am Rockzipfel meiner Mutter hängen, sagte ich mir. Es mußte einmal die Zeit kommen, wenn man auszog, das zu tun, was man wollte, egal um welchen Preis. Ich wußte, daß Ma schon in aller Ernsthaftigkeit angefangen hatte zu beten, wenn ich zum Klettern unterwegs war. Sie sprach mir gegenüber von Schutzengeln, die sich dank ihrer Fürbitten um mich kümmerten. Mein Glaube an einen Gott, welcher Art auch immer, war schon seit langem zerstört, dennoch hatte ich einen enormen Respekt vor Mas Glaubensstärke, und was mich anging, war mir jedes bißchen Hilfe recht.

Jede katholische Erziehung enthält ein Element des Masochismus, besonders wenn sie eng mit Klosterschulen und einem klosterähnlichen Leben verbunden ist. Vielleicht ist es die ständige Berührung mit Schmerz und Leid. In den Kruzifixen, den Kreuzwegstationen, den unzähligen symbolischen Darstellungen des Schmerzes konnte ich kaum einen Ausdruck des Vergnügens, wenig einfache Freude am Leben finden. Sie gehörten zu einer Religion, die unbarmherzig zu strafen und zu kasteien schien; Katholizismus war für mich nur ein Katalog von richtig und falsch, von Sünde und Schuld. Es hatte den Anschein, als müßte man alles von sich weisen, was gut war im Leben, und einzig bestrebt sein, ein Leben nach dem Tod zu erreichen, dessen Existenz sich nicht beweisen ließ.

Es widerstrebte mir zutiefst, wenn Priester vom richtigen Leben predigten, die doch aus ihrem eigenen scheuklappenbewehrten klösterlichen Dasein heraus keinerlei Vorstellung davon haben konnten. Vor allen Dingen aber verachtete ich sie dafür, daß sie mir etwas zu glauben gegeben hatten, das mir als Kind wertvoll erschien, das sie mir aber nicht beweisen konnten, als ich ein alles hinterfragender Jugendlicher geworden war. Sie konnten nur auf ihren Glauben verweisen. Und blinder Glaube ist, als würde man den Kopf im Sand vergraben: Er führt nirgendwohin. Mir mißfiel das Gefühl des Verrats und des Versagens, das mich erfüllte, seit ich begriffen hatte, daß ich nicht gläubig war, daß das Märchen sich in Luft aufgelöst hatte. Das war der schlimmste Betrug, und ich konnte solche Falschheit nicht ertragen.

»Du könntest in jedem Fall versuchen, eine Qualifikation als Bergführer zu erwerben«, schlug Murray vor, als ich darüber nachsann, was ich tun sollte, wenn ich nach England zurückging.

»Ich habe keine Papiere, irgendwelche Scheine, Bergführerprüfungen, solche Sachen.«

»Dann mach sie.«

»Aber ich hasse den ganzen bürokratischen Schwachsinn. Die Hälfte der Leute mit Diplom sind nur ein Haufen Schlappschwänze, wie diese Typen, die zur Bergwacht gehen, nur weil sie es schick finden, als aufgeblasener Popanz herumzulaufen...«

»Das ist ein bißchen übertrieben. Nicht alle sind so...«

»Ja, okay, vielleicht nicht. Um die Wahrheit zu sagen, habe ich etwas gegen diese Leute, weil ich solche Prüfungen nicht mag und weil ich glaube, daß ich sie nicht bestehen würde.«

»Warum denn? Du bist ein guter Bergsteiger, besser als die meisten, die ihre Anerkennung haben.«

»Ja schon ... ich weiß nicht. Ich kann mich ums Verrecken nicht im Gelände orientieren, konnte noch nie mit dem Kompaß umgehen, und ich weiß nichts über Seiltechnik. Nicht die Art von Seiltechnik, wie sie im Buch steht. Das Problem ist, wir können vielleicht alle ganz gut klettern, aber wir haben es uns selbst beigebracht. Unsere Methoden dürften nicht besonders gut ankommen.«

»Es kann nicht so schwer sein, das zu lernen, und Orientierung ist wirklich ein Kinderspiel. Zumindest solltest du es versuchen«, sagte Murray, während er letzte Hand an eine kleine Bombe legte, die er auf dem Küchentisch bastelte. Er fummelte gerade mit einem etwas eigenwilligen Zünder herum und versuchte, ihn oben in die Bombe einzubauen und zu überprüfen, ob er auch wirklich funktionierte. Eine von Murrays liebenswerten Eigenschaften war seine kindliche Freude an allem, was mit Feuer und Explosionen zu tun hatte.

»Glaubst du, das Ding funktioniert?« fragte Rob Spencer zweifelnd.

»Es gibt nur einen Weg, das auszuprobieren«, erklärte Murray mit einem spitzbübischen Grinsen. Er nahm die Bombe vom Küchentisch und wog sie in der Hand. Wir traten alle einen Schritt zurück.

»Warum hast du sie gemacht?« fragte ich hinter einem Müllsack voller Kleider hervor.

»Warum nicht?« Keinem von uns fiel eine Antwort ein.

Die Bombe war ungefähr so groß wie zwei Pakete Zucker und schien aus großen Mengen Zucker, Benzin, Mehl und weiteren unidentifizierbaren Zutaten zu bestehen. Seit zehn Tagen war der Himmel bedeckt, und schnell hatte sich Langeweile breitgemacht. Warum also nicht eine Bombe basteln?

Murray öffnete das Fenster unseres Apartments im dritten Stock und versuchte, die Zündschnur anzubrennen. Zuerst wollte sie nicht so recht, und wir lachten nervös und erleichtert zugleich, während wir ihm von verschiedenen Verstecken im Zimmer aus zusahen. Dann entzündete sie sich mit einem Zischen und einer kleinen Stichflamme und überraschte damit sogar Murray, der sie hastig aus dem Fenster warf. Im Zimmer herrschte erwartungsvolle Stille. Murray spähte vorsichtig über die Fensterbank hinunter. Keine Explosion war zu hören, kein Flammenblitz zu sehen.

Wir eilten zu ihm hinüber und blickten ebenfalls hinaus. Die Bombe, die aussah wie eine unschuldige Zuckertüte, lag im Schnee und sandte einen wenig beeindruckenden Rauchkringel aus, der sich von der Zündschnur himmelwärts schlängelte.

Wir marschierten geschlossen nach draußen und stellten uns neben der rauchenden Bombe auf, während wir erwogen, was nun zu tun sei. Keiner von uns war besonders scharf darauf, sie aufzuheben. Mit einem Skistock danach zu stochern wurde vorgeschlagen, aber abgelehnt, weil niemand sich dazu bereit fand, einen zu holen.

»Also los, Murray.«

»Was?«

»Nun, es ist deine Bombe, laß dir etwas einfallen.«

Den Schwarzen Peter in dieser Weise Murray zuzuschieben gefiel uns anderen gut, doch der Erbauer der Bombe schien seltsam unsicher. Dann schlug seine Stimmung plötzlich um. Er lief zu der Bombe hinüber und trat kräftig dagegen. Sie flog im hohen Bogen durch die Luft, durch den Tritt teilweise aufgerissen, und landete mit einem Klatschen und einem Auflodern auf der Haube eines funkelnagelneuen Autos, das neben unserem Apartmenthaus geparkt stand. Der Inhalt der Zuckertüten verteilte sich gleichmäßig und entzündete sich, so daß der Zucker schmolz und die Papiertüten in Flammen aufgingen.

Glücklicherweise gelang es uns, das Feuer mit mehreren Armvoll Naßschnee zu ersticken und die Motorhaube zu säubern. Die Karosserie des Wagens schien keinen Schaden genommen zu haben, daher marschierten wir wieder hinein, und Murray machte sich daran, eine wirkungsvollere Bombe zu konstruieren. Ich ging hinüber zur Touristeninformation und reservierte für Ende der Woche einen Sitzplatz im Bus zurück nach London.

11. KAPITEL

Gefahrvolles Leben

Der Gipfel des Snowdon war in einen tristen, feuchten Nebel gehüllt. Außer einem heruntergekommenen Café und einem weißen trigonometrischen Punkt aus Beton, der undeutlich durch die gelegentlich aufreißenden Wolken schimmerte, gab es nichts zu sehen.

»Ist es das?« fragte ein Ganove mit kahlrasiertem Kopf in verächtlichem Tonfall.

»Ja, Wayne, das ist es«, entgegnete ich müde.

»Was für ein Haufen Scheiße ...«

»Das reicht!« gab ich scharf zurück und schnitt damit den unvermeidlichen Strom von Schimpfwörtern ab. Für heute hatte ich wirklich genug von Waynes aggressiven Attitüden. Ich war stark versucht, ihm einen Nasenstüber zu verpassen. Leider war Wayne, der kleine Goldschatz, nur einer von zwanzig ganz ähnlich gearteten Scheusalen, die alle meiner Obhut unterstanden. Ich war ihr Lehrer, ihr Bergführer. Und das Schlagen von Schützlingen wird allgemein nicht gern gesehen. Sei's drum, dachte ich, während ich zusah, wie Wayne von mir wegstolzierte. Der kleine Mistkerl würde mich möglicherweise noch zusammenschlagen.

Bergführer! Das war ein Witz. Unbezahlter Sklave schien eine treffendere Beschreibung. Jede Woche zwanzig unwillige Teenager, die auf dem rauhen Pflaster von Manchester und Liverpool groß geworden waren, auf den Snowdon zu schleppen war nicht meine Vorstellung vom Dasein eines Bergführers. Ich arbeitete als freiwilliger Lehrer für ein Outdoor-Zentrum in Llanberis im Norden von Wales. Die Einrichtung hatte einen Vertrag, dem zufolge Kinder aus einer Reihe von Jugendaufbaukursen in unsere Aktivitäten einbezogen wurden. Soweit ich es erkennen konnte, bestand der Sinn dieser Veranstaltungen darin, den Kids das großartige Outdoor-Leben zu zeigen; sie sollten aufregende Dinge tun, zum Beispiel eine Bergwand hinunter abseilen, ein Floß bauen und einen Fluß damit befahren oder felsklettern. Die Wirklichkeit war weit weniger idyllisch.

Es erwies sich als absurd, einem Ganoven wie Wayne beibringen zu wollen, wie man klettert, und ihn dann auch noch davon zu überzeugen, daß das aufregend sei. Wayne hielt Seile für einen höchst überflüssigen Ausdruck von Feigheit, und wirklich aufregend wurde das Klettern, wenn man sechs Meter hohe, glasbestreute Mauern überwand – mit mehreren Videorekordern unter dem Arm. Noch besser war es, fünf Liter ›Snakebite‹ zu trinken (eine Mischung aus Bier und Apfelwein) und dann so richtig auf die Pauke zu hauen – wie es jüngst eine Gruppe im Zentrum getan hatte. Sie zertrümmerten den neuen Billardtisch und den Freizeitraum, während wir, alles andere als heroischen Betreuer, voller Angst in der Küche im Dachgeschoß kauerten.

Wayne war schlimm, doch die Mädchen waren noch schlimmer. Versuchte man ihnen nahezubringen, daß es unzweckmäßig ist, hochhackige Schuhe und enge Röcke zu tragen, wenn man den Snowdon bezwingen will, erntete man Stürme gellender Entrüstung. Sie waren bereit, einen Kompromiß einzugehen, und trugen Gummistiefel zu Miniröcken, während sie schlechtgelaunt den ›Miner's Track‹ hinaufstapften und gleichzeitig die lüsternen Kommentare und Übergriffe von Wayne und seinesgleichen mit knappen, obszönen Bemerkungen zurückwiesen. Dabei setzten sie die ganze Zeit hindurch ihre endlose Beschwerdelitanei fort.

»Können wir anhalten, Sir? – Wie weit ist es denn noch? – Ich kann nicht mehr, Sir ...«

Dann, auf dem Gipfel, egal ob das Wetter schön oder schlecht war, kam die unvermeidliche Frage: »Und das ist es?« Ich muß zugeben, ich konnte sie verstehen. Ich habe das Wandern schon immer gehaßt, und der Gipfel des Snowdon hat auch meine Seele noch nie tief bewegt. Aber ja, immerhin, das war es. Das war es, allem Anschein nach, Bergführer zu sein.

Ich hatte mir Murrays Rat zu Herzen genommen, aber die

Dinge hatten sich nicht ganz so entwickelt, wie ich es erwartete. Ohne irgendwelche Nachweise auf dem Papier brauchte ich zunächst einmal Erfahrung, und ein paar Monate lang für ein Outdoor-Zentrum zu arbeiten und dann mit der Organisation in die Alpen zu gehen schien der ideale Weg, sie zu erwerben. Das würde gut aussehen, wenn ich den Antrag stellte, die harten Prüfungen ablegen zu dürfen, welche die Britische Bergführervereinigung *(Association of British Mountain Guides)* denjenigen abverlangte, die sich als Bergführer qualifizieren wollten. Leider hatte Murray mir nichts von den Waynes erzählt, und er hatte sich auch nicht darüber ausgelassen, was es bedeutete, als freiwilliger Mitarbeiter von zehn Pfund die Woche zu leben. Meinen durchschnittlichen Stundenlohn hatte ich mit zehneinhalb Pence errechnet.

Es wäre gut, so anzufangen, hatte mir Jim Lyons erzählt. Am besten kam man von ganz unten, erwarb man die ersten Erfahrungen auf der untersten Sprosse der Leiter. Wenn ich Bergführer werden wollte, war das genau richtig so. Das hatte ich auch gedacht, bis ich immer mehr den Eindruck gewann, daß ich vielleicht doch ausgenutzt wurde. Inzwischen hatte ich es so langsam satt, bevormundet zu werden.

Nach einem langen Frühling in Wales in Gesellschaft von Wayne und Konsorten machte ich mich auf in die Alpen. Die Anreise bezahlte ich selbst. Als Bergführer in der Ausbildung war ich an einem zehntägigen Kurs im Bergsteigen beteiligt. Der Umstand, daß ich schon einige Alpenerfahrung aufzuweisen hatte, ließ fünf Pfund am Tag für die Betreuung von drei oder vier Kursteilnehmern ziemlich knauserig erscheinen.

Ich war mir wohl bewußt, daß ich über keinerlei Qualifikation verfügte, aber zum damaligen Zeitpunkt besaß nicht einer von unseren Bergführern das *Guide Carnet* der Bergführervereinigung. John Yates, der verantwortliche Leiter der Kurse, war selbst gerade dabei, sich erfolgreich zu qualifizieren, was angesichts seiner vorzüglichen Erfahrungen in den Alpen und im Himalaja kaum erforderlich war. John war ein fröhlicher und gelassener Mensch. Er schien meine alpinen Referenzen als völlig ausreichend zu akzeptieren, um mich allein Tellnehmergruppen führen zu lassen. Ich war geschmeichelt, obwohl mir klar war, daß er keine andere Wahl hatte. Damals waren nur er und ich in Chamonix, um einen Kurs mit neun Teilnehmern durchzuführen. So unternahm ich mit vier Gästen die spektakuläre Midi-Plan-Gratüberschreitung mit beängstigenden, ausgesetzten Teilstücken über dem mehr als tausend Meter hohen Absturz der eisigen Midi-Nordwand. Zwei Tage zuvor waren ein Vater und sein Sohn an dieser Nordwand zu Tode gestürzt, daher war ich erfreut, meine Gruppe in guter Ordnung und Zeit durchbringen zu können. Später sollte ich andere Gäste durch das Couloir du Tour führen, und einen amerikanischen Fotografen brachte ich auf den Glacier du Milieu an der Aiguille d'Argentière hinauf, was mich fast das Leben gekostet hätte. Er war von einem amerikanischen Winterreiseveranstalter beauftragt worden, die Gegend zu fotografieren. Ich versuchte, ihm die einfachsten Regeln des Gehens zu zweit beizubringen und wie man dabei das Seil zu handhaben hat. Doch er schien sich viel mehr für den automatischen Filmtransport seiner Kamera zu interessieren. An einer Stelle, hoch über dem angsteinflößenden Bergschrund am Fuße der Wand, wurde ich durch das Surren seines Kameramotors auf ihn aufmerksam und blickte nach unten. Er hatte die Seilschlingen zu seinen Füßen fallen lassen und schoß eine Aufnahme nach der anderen von den umliegenden Bergen, während er geistesabwesend die eisigen Stufen hinaufstieg, die in den Firn hineingeschlagen waren. Ich schrie ihm eine wüste Beschimpfung zu, mehr aus Angst als aus Verärgerung. Ein Sturz hätte uns mit Sicherheit beide umgebracht. Wie konnte man nur so fantasielos sein?

Nach der Midi-Plan-Gratüberschreitung kehrte Jim Lyons nach Chamonix zurück. Er hatte eine Gruppe von Klettergästen über die Hochroute von Chamonix nach Zermatt geführt. John klärte ihn über den Stand der Dinge auf, und wir waren beide überrascht, als Jim plötzlich wütend wurde, weil er hörte, daß ich allein Führungen übernahm. John hatte vorgeschlagen, ich solle die beiden erfahrensten Kursteilnehmer den tausendzweihundert Meter hohen Frendo-Pfeiler an der

Nordwand des Midi hinaufbringen, eine herrliche, klassische Route der großen Kategorie, die ich im vorigen Sommer gegangen war. Aus irgendeinem Grund war Jim sehr gegen diesen Plan eingenommen, und ich fand seine ablehnende Art höchst beleidigend. Immer wieder bestand er darauf, daß ich nicht qualifiziert sei, obwohl John ihn darauf hinwies, daß wir das alle nicht waren. Ich glaube, auch John war beleidigt, weil Jim sich einfach über seine Autorität als Leiter des Kurses hinwegsetzte. Ich dachte schon, er würde das gesamte Programm an Sommerkursen kurzerhand abblasen, aber geduldig, wie er war, blieb er dabei. Mir reichte es, und ich ging. Die geringe Bezahlung als Entgelt für meine Erfahrung konnte ich noch hinnehmen, aber die beleidigenden Äußerungen von jemandem, für den ich wenig Respekt empfand, vermochte ich nicht zu akzeptieren. Jim und ich, wir waren uns wohl nicht besonders sympathisch. Als junger, ehrgeiziger Kletterer konnte ich es nicht ertragen, wenn ich das Gefühl haben mußte, von älteren Männern herumkommandiert zu werden, und ich brauste viel zu leicht auf, um den Mund zu halten und die Herablassung zu ignorieren. Wie üblich reagierte ich auch diesmal reflexartig und stürmte in der Überzeugung davon, ich könnte nichts erreichen, wenn ich bei diesem Kurs bliebe.

Außerdem hatte ich herausgefunden, daß ich das Bergführerdasein verabscheue. Heute kann ich einsehen, wie intolerant ich im Umgang mit den Leuten war und wie wenig ich ihnen vermitteln konnte, genauso wie ich immer Schwierigkeiten gehabt habe, eine Beziehung zu Kindern aufzubauen. Wenn ich mittlerweile geduldiger und weniger dogmatisch bin, dann liegt das daran, daß ich meine Lektion gelernt habe. Mit dreiundzwanzig war ich nicht in der Lage zu verstehen, warum manche Leute so völlig unfähig waren, wenn es ans Klettern ging.

Die Aufgabe eines Bergführers schien darin zu bestehen, an Klettergäste mit höchst unterschiedlichen Fähigkeiten gefesselt zu sein in Gelände, das einfach, aber gnadenlos war, sollte sich ein Unfall ereignen. Manche der Routen waren entsetzlich gefährlich. Auf einfachen Firnhängen mit drei Kursteilnehmern aneinandergeseilt, blickte ich immer wieder auf meinen Gurt und fragte mich, wie sich wohl ein Bergführerknoten binden ließ – jener Knoten, der genauso fest und sicher aussieht wie ein richtiger, der sich aber auf wundersame Weise sofort löst, wenn er belastet wird. Es gab viele Situationen, in denen ich mit fröstelnder Gewißheit wußte, daß wir alle geradewegs vom Berg gerissen würden, falls irgendwelche Anfänger über ihre Gamaschen stolpern und fallen sollten. Firnhänge hinunterzurutschen und in tiefe Spalten zu stürzen ist in aller Regel eine kurze und endgültige Erfahrung.

Dabei hatte ich gar nichts gegen die Gäste als solche. Ich fand nur, daß der Job unannehmbar gefährlich war, und ich war nicht in der Lage einzusehen, daß sie Angst hatten und nun einmal nicht klettern konnten, daher gelang es mir auch nicht, ihre Fähigkeiten zu verbessern. Ich glaube, daß ich zu egoistisch war, um ein guter Lehrer zu sein. Manchmal starrte ich einen Gast in Schwierigkeiten an und war sprachlos. Ich fragte mich, warum er es nicht schaffte, wenn ich es doch so einfach fand. Der ganzen Situation stand ich so ratlos gegenüber, wie ich es beim Umgang mit den französischen Ladeninhabern war, die kein Wort meiner sorgfältig auf englisch formulierten Fragen verstanden.

Bald darauf tat ich mich mit einem Bergsteiger aus Lancashire zusammen. Sein Name war Ian Whitaker. Wegen seines nahezu unverständlichen Akzents nannten wir ihn auch ›Bolton‹. Er war ein kleiner, fröhlicher junger Mann mit einer Mähne aus dunklem, lockigem Haar und einem offenen Lächeln. Nach einiger Zeit fand ich heraus, daß wir uns im allgemeinen verständigen konnten, wenn wir uns von Angesicht zu Angesicht unterhielten, doch sobald wir mehr als fünfzehn Meter voneinander entfernt waren, konnte ich kein Wort von dem verstehen, was er sagte.

Wir beschlossen, den Bonatti-Pfeiler am Petit Dru in Angriff zu nehmen. Walter Bonatti hatte 1955 die Erstbesteigung dieser atemberaubenden Route allein in fünf Tagen bewältigt. Ich hatte Bonattis Beschreibung der Kletterei in seiner Autobiographie *Berge, meine Berge* gelesen. Dort spricht er von seiner Angst und seiner Begeisterung, während er sich den sechshundert Meter hohen, goldfarbenen Granitpfeiler hinaufkämpfte. Es war eine legendäre Bergsteigergeschichte, vielleicht eine der größten Leistungen in der Geschichte des Alpinismus überhaupt, von gleichem Rang wie die Erstbesteigungen der Nordwände des Eigers und der Grandes Jorasses.

Ian und ich hatten vor, die Südwand des Dru zu ersteigen, um eine Scharte in den Flammes de Pierre zu erreichen. Diese ›Steinernen Flammen‹ bilden einen zerklüfteten, eingekerbten Grat, der zum Gipfel führt. Er hat seinen Namen von den feurigen Explosionen, die ihn erglühen lassen, wenn Blitze seinen zerborstenen Kamm attackieren. Unser Plan bestand darin, uns von der Scharte zweihundertfünfzig Meter tief abzuseilen bis an den Fuß des Pfeilers. Am Ende der Abseilstrecke mußten wir ein schattiges, vereistes Couloir queren. Bonatti hatte diesen Zustieg als erster benutzt. So hatte er erfolgreich das Einstiegscouloir umgehen können, das für seine fürchterlichen Lawinen und den praktisch ständigen Steinschlag verrufen war.

Erst am Fuße von zwei irreversiblen Abseiletappen begriffen wir, daß wir die falsche Route gewählt hatten. Eigentlich sollten wir an einer Folge von brüchigen Wänden und zerklüfteten Kaminen vorbei herunterkommen. Statt dessen fanden wir uns im Nichts schaukelnd wieder, weil die Felswände über die Senkrechte hinausragten und somit überhängend waren. Ich empfand keine großartige Begeisterung darüber, vier Meter vom Fels entfernt frei in der Luft zu hängen. Als ich mich den Seilenden näherte, verfluchte ich mich, weil ich so dumm gewesen war und vergessen hatte, einen Knoten zu machen. Ein Seil war länger als das andere, und ich konnte sehen, daß es fast bis zu einem schmalen Felsband reichte. Ich hatte keine andere Wahl, als zu versuchen, gegen die Wand zu schwingen und nach irgendeinem Fixpunkt zu suchen.

Beladen mit meinem schweren Rucksack, fand ich es recht anstrengend, in Schwung zu kommen. Ich warf meinen Pikkel an seinem Bändel vor und zurück, und die Füße um das schlaffe Seilende geschlungen, gelang es mir schließlich, dicht genug an den Felsen heranzuschwingen, um nach einer vorstehenden Schuppe zu greifen. Da es keine andere Sicherungsmöglichkeit gab, führte ich widerstrebend eine Bandschlinge hinter der Schuppe herum und belastete sie vorsichtig mit meinem Gewicht. Ein knarrendes Geräusch war zu hören und dann ein hohl dröhnendes Echo, aber sie hielt. Ian kam schnell zu mir herunter und seilte sich dann bis in das Couloir ab. Dies war ein furchteinflößender Ort. Der riesige, sonnenbeschienene Pfeiler der Südwestwand erhob sich über uns, lockte uns fort von den kalten Schatten unter den hohen Wänden der Rinne.

Als Ian das harte, schwarze Wassereis überquerte, das mit körnigem Schnee überkrustet war, hörte ich die ersten Steinschlaggeräusche. Mein Magen zog sich sofort zusammen. Ich rief Ian eine Warnung zu. Er hatte bereits mehr als die Hälfte der Eisstrecke überquert, und ich sah, wie er die Schultern einzog. In aller Eile bewegte er sich hastig seitwärts auf den Schutz eines Felsvorsprungs zu. Auf meiner Seite gab es keinen Schutz. Ich beschloß, weiter nach oben zu blicken. Wenn ich die Felsbrocken kommen sah, würde ich ihnen vielleicht ausweichen können. Die Luft um mich her war erfüllt mit schwarzen, schwirrenden Gesteinssplittern. Neben dem vertrauten Dröhnen und Pfeifen war ein seltsames, klopfendes Geräusch zu hören. Die Steine flogen alle weit über mir, vielleicht ganze zehn oder zwölf Meter höher, und sie prallten zwischen dem Couloir und dem Pfeiler fortwährend von einer Seite zur anderen. Die vorspringende Schuppe, an der wir vor einer halben Stunde noch gehangen hatten, wurde von einer Handvoll Steine regelrecht unter Beschuß genommen. Das Ganze war fast so schnell vorbei, wie es angefangen hatte. Stille trat ein, lediglich unterbrochen von den gedämpften Echos der Steine, die etliche hundert Meter weit durch das Couloir unter mir hinunterpolterten. Die Luft fühlte sich an, als sei sie elektrisch aufgeladen, und der explosionsartige Aufprall der Steine ließ einen Geruch nach Kordit und Schwefel zurück.

»Bist du in Ordnung?« rief Ian.

»Was?« brüllte ich zurück, weil ich ihn nicht verstehen konnte.

Er winkte mich zu sich hinüber, und ich schwankte unsicher auf das marmorschwarz glänzende Eis hinaus, meine Pickel und Steigeisen aufsetzend, so schnell ich konnte, ohne abzustürzen. Im Nacken spürte ich das Kribbeln und den Schauder meiner Haare, die sich aufrichteten. Ich zitterte in der Erwartung, auf der offenen Fläche von weiteren Steinbombardements getroffen zu werden.

Als Ian die erste Seillänge den Pfeiler hinauf führte, entdeckte ich einen Schmetterling, der bewegungslos auf einem Schneefleck zu meinen Füßen lag. Ich beugte mich hinunter und berührte ihn sanft mit dem Finger. Er war tot. Es war ein herber und unfreundlicher Ort, an dem diese Kreatur von so zarter und exquisiter Schönheit ihr Leben ausgehaucht hatte. Sie mußte in einem aufsteigenden Wirbel warmer Luft aus dem Tal heraufgetragen worden sein, hilflos umhertaumelnd bis in diese hohen, kalten Regionen, um bei der ersten Berührung mit der schwarzen, nächtlichen Kälte zu sterben. Bonatti hat beschrieben, wie er am Beginn seines Alleingangs den Pfeiler hinauf einen sterbenden Schmetterling fand. Die prägnante Schilderung und die ihr zugrundeliegende Philosophie sind charakteristisch für seine Einstellung zu den Bergen.

Ich sah einen armen Schmetterling, der von der Wärme des Tages dorthin gelockt worden war. Wenige Meter von mir entfernt fiel er mit einem letzten Schlagen seiner Flügel hilflos in den Schnee. Armes, lebendes Wesen, welch ein Unglück für dich, daß du dich sterbend in dieser grausamen Welt wiederfindest, von deren Existenz du nichts ahntest! Mit jenem letzten Flügelschlag hatte ich ein fast menschliches Drama vor Augen. Wer weiß, dachte ich bei mir, mit welchem Entsetzen deine kleinen Augen die letzten Strahlen der untergehenden Sonne verfolgten, die überraschenden Metamorphosen ihrer Farben? Wer weiß, mit welchem Schrecken deine Sinne dich vor der verhängnisvollen Kälte des Frosts warnten, vor der grausamen Gewißheit des Todes und, wie ich, mit dem gleichen unendlichen Bedauern? Ar-

mes Insekt, mein Bruder im Unglück an diesem Ort des Todes, wie sehr fühle ich mit dir und für dich. Deine Tragödie ist auch die meine; wonach ich suche, in meinem Streben nach dem Dru, ist vergleichbar mit dem Rausch, der dich hierherbrachte. Der Dru, dem ich den Kampf angesagt habe, ist für mich nichts anderes als der letzte Strahl des Sonnenlichts, den du erst vor wenigen Minuten für immer verlöschen sahst. Wenn es mir morgen nicht gelingt, mich selbst zu übertreffen, werde ich dein Ende teilen.

Ich verstand sehr wohl, daß das Bergsteigen für Walter Bonatti nie mit einem Todeswunsch verbunden war, sondern vielmehr mit einer rauschhaften Freude am Leben. Ich war beschämt, daß mein Schmetterling mich nicht sonderlich tief bewegt hatte. Später, hoch oben an den beeindruckenden Roten Wänden, wurde ich mit winzigen, silbrigen Insekten überschüttet – Silberfischchen heißen sie wohl –, die den rotgoldenen Granit heruntergestürzt kamen und sich über meine nackten Arme verteilten. Ich schreckte vor Angst zurück. Woher kamen sie? Zwei Alpendohlen krächzten laut und kreisten kunstvoll in den Aufwinden unter uns. Schnell verschlangen sie, soviel sie konnten, von dem urplötzlich herabregnenden Festmahl. Die Silberfischchen, die sie nicht fraßen, fielen sanft in das eisige Couloir hinunter und starben vor Kälte.

Bei herrlichem Sonnenschein kletterten wir schnell über die Platten, Vorsprünge und Spalten des rauhen Granits. Der Dru ist ein wirklich außergewöhnlicher Gipfel. Er hat eine eisige Nordwand aufzuweisen – eine von den sechs klassischen Nordwänden der Alpen –, eine phänomenale, tausend Meter hohe Westwand aus Platten mit glatten, lotrechten Wänden und Überhängen, den spektakulären Südwestpfeiler und eine superbe, kombinierte, moderne Route das Nordostcouloir zwischen dem Petit Dru und dem Grand Dru hinauf. Wenige Berge bieten eine solche Vielfalt großartiger Routen und haben eine ähnlich magische Ausstrahlung. Mit einer winterlichen Spitzendecke aus Eis überzogen und schimmernd im rosagoldenen Alpenglühen, ist der Dru eine der schönsten Sehenswürdigkeiten der Alpen.

Der Bonatti-Pfeiler erhebt sich in Form von mehreren übereinandergeschichteten, steilen Säulen, die Spalten, Überhänge und, hier und da, oben abgeflachte Balkone bieten. Zu Anfang nicht ganz senkrecht, wird er nach und nach immer steiler bis hin zu den massiven, den Anstieg abschließenden Überhängen unmittelbar unter dem Gipfel. Wir waren schnell über die unteren Platten hinweggeklettert und erklommen die Verschneidung, die als ›Eidechse‹ bekannt ist. Bonatti hatte ihr diesen Namen gegeben, weil es vom Tal her so aussieht, als würde eine große, grüne Echse versuchen, sich den Dru hinaufzuschlängeln. Die ausgesetzte Pfeilerwand bot wenig Schatten vor der Sonne. Am Spätnachmittag hatten wir eine Höhe von hundert Metern an einer erschreckend nackten Granitwand erreicht, die von einem dünnen Haarriß durchzogen war, der voller alter Haken steckte. Wir waren versucht, auf einer Reihe von Terrassen und Felsbändern oberhalb der Wände zu biwakieren, doch das Selbstvertrauen gewann die Oberhand, und wir beschlossen, an den riesigen Dächern vorbeizuklettern, die sich über uns erhoben, und dann einen Schlafplatz zu suchen in dem Wissen, daß die Hauptschwierigkeiten alle hinter uns lagen. Sollten wir so weit kommen und das Wetter würde sich nicht halten, könnten wir den Pfeiler über eine luftige Traverse nach rechts verlassen, in Richtung auf die Stelle, wo die Flammes de Pierre an den Gipfelgrat des Berges stießen.

Als es um uns her dunkel wurde, befanden wir uns in heiklem Gelände ohne irgendwelche Anzeichen eines Felsbandes. Die dunklen Schatten der Dächer über uns ließen die hereinbrechende Nacht düster erscheinen, und Nebelschleier begannen aus den Tiefen aufzusteigen, zogen Hunderte von Metern unter uns ihre tanzenden Kreise. Ich hatte es auf meinem kleinen Standplatz recht unbequem und hüpfte bei dem Versuch, die Blutzirkulation in Gang zu bekommen, von einem Fuß auf den anderen. Dabei spähte ich besorgt in die dunklen Schatten der vorspringenden Kante über mir. In der

Ferne hörte ich das Klimpern von Ians Kletterausrüstung und rief ihm die Frage zu, ob er ein Sims gefunden habe. Die Antwort blieb genauso unverständlich, wie es alle Antworten des Tages gewesen waren. Das Seil bewegte sich zögernd nach oben, um dann erneut schlaff nach unten zu tropfen, ein sicheres Anzeichen dafür, daß die Kletterei schwierig war. Eine Ewigkeit später spürte ich, wie das Seil sich straffte, und von oben war ein gedämpfter Ruf zu hören.

Das Seil ruckte dreimal, und ich begann, ihm mit steifen Bewegungen zu folgen. In der Dunkelheit mußte ich mich an unsichtbare Griffe klammern, und ich rief Ian ängstlich zu, er solle das Seil kurz halten. Nach gut zehn Metern schien die senkrecht vorspringende Kante in eine glatte Wand überzugehen. Meine Finger, die sich suchend nach links vortasteten, rutschten in einen vertrauenerweckend scharfkantigen Riß ab, und mit Ians Hilfe kämpfte ich mich sechs Meter hinauf, bis ich die dunklen Schatten seiner Beine sah, die über mir in der Luft hingen. Er saß auf einem schmalen Felsband, ungefähr einen Meter zwanzig breit und einen Meter achtzig lang.

»Das sieht ja ganz gut aus«, sagte ich.

»Ja. Wir können gerade so Kopf an Fuß liegen, wenn wir uns eng nebeneinanderquetschen.«

»Das Sims macht aber einen etwas seltsamen Eindruck, findest du nicht?« bemerkte ich, als ich meine Stirnlampe herausgeholt hatte und mich umblickte. »Es wirkt so freistehend.«

»Das ist es auch«, entgegnete In. »Es ist eine Art Balkon oben auf der letzten Kante von eben. Wir haben den Riß an seiner linken Seite benutzt.«

Ich leuchtete mit der Lampe zwischen meinen Beinen hindurch, die über den Rand baumelten. Unsere Seile hingen in zwei riesigen Schlaufen hinunter, die sanft im leichten Wind schaukelten. Es war mir gerade noch möglich, das obere Ende der Kante auszumachen, die aus grauen, gespenstischen Nebelstreifen auftauchte. Die Seile verschwanden im dunklen Abgrund unter uns. Ich klinkte mich in eine Handleine ein, die Ian über dem Sims angebracht hatte. Sie war durch einen alten Ringhaken geknotet und verlief bis zum anderen Rand des Balkons hinüber, wo Ian sie an eine kleine, vorspringende Granitschuppe gebunden hatte.

»Glaubst du, die ist sicher genug?«

»Klar, völlig sicher«, erwiderte Ian im Brustton der Überzeugung. »Ich habe ihr ein paar kräftige Tritte versetzt, und sie hat sich nicht gerührt.«

»Wollen hoffen, daß du recht hast.« Ich konnte an unserem Felsabsatz nichts wirklich Verdächtiges entdecken. Den ganzen Tag lang waren wir an Dutzenden solcher Balkone vorbeigeklettert.

Eine Stunde später, als Ian gerade dabei war, an seinem Ende unseres Schlafplatzes etwas Übelriechendes zu verrichten und ich schon in meinen Biwaksack gekrochen war, gab es einen gräßlichen Ruck, verbunden mit dem mahlenden Geräusch zersplitternden Granitgesteins, das in den Abgrund stürzt. Meine Arme guckten oben aus dem Biwaksack heraus, als ich fiel, und ich schlug blind um mich, weil ich versuchen wollte, nach irgend etwas zu greifen. Der Sturz konnte nur den Bruchteil einer Sekunde gedauert haben, doch er schien sich endlos in die Länge zu ziehen.

Ich hörte einen erschreckten Schmerzensschrei durch das Getöse, als Tonnen von Granit den Pfeiler hinunterdonnerten. Das Echo verhallte, und alles war wieder still. Das Seil streifte meine Arme, und ich preßte sie an den Seiten fest gegen den Körper, als der Sturz aufhörte und ich an dem elastischen Seil auf und ab hüpfte. Die Handleine hatte gehalten, und einen Moment lang war ich so verwirrt, daß ich mich nicht erinnern konnte, ob ich mich überhaupt eingeklinkt hatte oder nicht. Vorübergehend war ich orientierungslos. Wo war Ian? Ich erinnerte mich an den plötzlichen Aufschrei, während wir stürzten. War das sein letztes Lebenszeichen gewesen?

»Teufel auch!« hörte ich da ganz in der Nähe eine schroffe Stimme. Ich mühte mich ab, aus dem eng zusammengeschnürten Sack herauszukommen. Dicht neben mir hing Ians Kopf auf seine Schulter hinunter. Das gelbe Licht seiner

Stirnlampe wurde von den umgebenden Felswänden reflektiert. In seinem Nacken war Blut zu sehen.

»Bist du in Ordnung?« fragte ich.

»Habe mir die Rübe angeschlagen.« Er stöhnte und hob dann den Kopf.

»Ist soweit okay«, sagte ich, als ich sein verklebtes Haar untersucht hatte. »Nur ein kleines Loch.«

Es dauerte eine Weile, ehe wir begriffen, daß der gesamte Balkon sich gelöst hatte und geradewegs von der Bergwand heruntergestürzt war. Wir fluchten reichlich vor uns hin, ehe wir uns des Ernstes der Lage bewußt wurden. Seite an Seite hingen wir an dem straff gespannten V des Handseils. Als wir die Lampen nach unten richteten, erblickten wir voll Entsetzen die Überreste unserer beiden Seile, die von den fallenden Gesteinsbrocken in Stücke geschnitten worden waren. Unsere gesamte Ausrüstung, einschließlich unserer Schuhe, war mit dem Sims abgestürzt.

Wir blickten einander an und kicherten verunsichert. Keine Seile. Siebenhundert Meter bis zum Gipfel und keine Seile!

Das Handseil bewegte sich plötzlich und ließ uns beide vor Angst aufschreien; mein Herz schlug heftig bei dem Gedanken, erneut abzustürzen. Ich drehte mich um und strahlte das Seil mit der Lampe an. Irgend etwas stimmte nicht. Ich schwang herum, griff nach dem Seil und zog mich zu dem Ringhaken hinauf. Das Seil gab erneut nach, und auch der Haken bewegte sich. Äußerst vorsichtig ließ ich mich wieder ins Seil ab.

»O mein Gott«, flüsterte ich.

»Was ist?«

»Der Haken ist nicht in Ordnung. Er löst sich aus der Wand.«

»Himmel! Wo ist die Ausrüstung? Wir müssen etwas einschlagen.«

»Sie ist weg. Die Klettersachen, die Bergstiefel, einfach alles. Wir können gar nichts machen.«

Ian sagte kein Wort. Ich blickte zu der Schuppe über ihm

hinauf, an der die Handleine befestigt war. Winzige Kieselsteine rieselten vom glatt abrasierten unteren Ende hinab, wo die Schuppe mit dem Sockel verbunden gewesen war. Wir hingen vor einer glatten, senkrechten Felswand. Es gab keine Griffe oder Tritte, und beide Befestigungspunkte konnten jeden Moment losbrechen. Sollte einer von ihnen nachgeben, würden wir beide in den Abgrund gerissen.

»Ich glaube, am besten halten wir ganz, ganz still.«

»Geht klar«, murmelte Ian, nahm einen letzten Schluck aus seiner Wasserflasche und schnippte sie ins Leere. Das blecherne Klappern des Metalls drang von unten zu uns herauf und wurde nach und nach leiser. Es gab nichts, was wir tun konnten.

Den An- oder Abstieg zu versuchen wäre ein selbstmörderisches Unterfangen gewesen. Fünfzehn Meter über uns sprangen drohend die riesigen Dächer vor, und erst siebzig Meter weiter unten befanden sich ein paar Felsbänder. Wir konnten kaum auf Strümpfen bis dorthin absteigen, und wir hatten zu wenig Seil, um uns abzulassen. Es bestand keine Chance, die schwache Sicherheitsleine, die uns am Leben hielt, sicherer zu machen.

So hingen wir ganze zwölf Stunden lang. Die Nacht wollte und wollte kein Ende nehmen. Zwischen Anfällen hysterischen Gekichers und einem dumpfen Gefühl des Grauens schwoll die Angst immer wieder an und ab. Es dauerte nicht lange, und wir begannen unter quälenden Krämpfen zu leiden, dort wo die Sitzgurte tief in die Oberschenkel und in den Bauch einschnitten. Unweigerlich war einer von uns gezwungen, seine Position zu verändern, um den schmerzhaften Druck zu lindern. Die Handleine erzitterte, und eine atemlose Sekunde lang waren wir davon überzeugt, daß wir im Begriff standen, in den Abgrund zu stürzen. Wir sprachen kaum. Die Anspannung machte jede Unterhaltung unmöglich. Wortlos ertrugen wir das Warten. Wir waren sogar unfähig, einander zu trösten. Es gab kein Entrinnen. Wenn du am äußersten Rand einer hohen Felsklippe stehst und dein Freund schubst dich leicht nach vorn, nur um dich gleich wieder zurückzuziehen, hältst du vor Schreck die Luft an, und dein Herz schlägt wie wild. Das ist alles andere als lustig. Jedesmal, wenn sich unsere Handleine bewegte, spürten wir genau so einen heftigen Schreck. Das gespannte Seil übertrug schon die leiseste Bewegung, und unsere überreizte Fantasie erledigte den Rest: Löste sich der Haken aus der Wand? Hörte ich, wie die Schuppe sich bewegte? Wie zum Tode Verurteilte mit gebundenen Händen auf das Fallen der Klappe warten, so warteten wir auf jemanden, irgend jemanden, der uns helfen würde.

Der Hubschrauber schwebte unmittelbar vor uns. Seine Rotorblätter kamen langsam näher – wir zuckten vor Angst zurück. Der Pilot gab uns das Okay-Zeichen mit dem Daumen nach oben, dann stieg die Maschine scheinbar mühelos über unseren einsamen Aufenthaltsort in die Höhe. Ehrfürchtig beobachteten wir, wie die winzige Gestalt eines Mannes an einem hauchdünnen Seidenfaden aus dem Bauch des Hubschraubers abgelassen wurde. Vier weitere Männer befanden sich bereits auf dem Gipfel. Die Rettungsmannschaft war jetzt direkt über uns, sechzig Meter oberhalb der Dächer.

Yves, der letzte, der ausstieg, drehte sich an dem silbernen Drahtfaden wie verrückt um sich selbst. Als er nach unten blickte, sah er, wie seine vier Kollegen sich über die Troyes-Winde beugten. Die schwarze, gußeiserne Madonna auf dem Gipfel des Petit Dru tauchte kurz in seinem Blickfeld auf, während der Draht ihn immer weiter absenkte, auf die vier anderen Bergführer zu. Als er von unten auf den roten Bauch des Hubschraubers blickte, fiel ihm auf, wie dünn der Draht von hier aussah. Zwanzig Meter Drahtseil von sechs Millimetern Durchmesser wirken so dünn wie ein seidener Faden, wenn ein Mensch am Ende hängt. Yves verbannte jeglichen Gedanken daran, daß das Seil reißen könnte, aus seinem Kopf. Er kannte die Belastungsgrenze des Drahts und wußte, daß er nicht reißen würde, aber trotzdem war es am besten, nicht hinzusehen. Die Aussicht, im freien Fall tausendzweihundert Meter tief zu stürzen, ließ sich nicht ganz ignorieren.

Zuvor hatte Yves aus dem Helikopter Instruktionen weitergegeben, als er auf halber Höhe zwischen den vier Männern auf dem Gipfel und den Bergsteigern schwebte. Die beiden Männer sahen erbärmlich klein aus, wie sie an den riesigen Wänden des Pfeilers hingen. Der Pilot hatte den Hubschrauber zentimeterweise auf sie zubewegt, bis Yves deutlich den angespannten Ausdruck in ihren hoffnungsvollen Gesichtern erkennen konnte. Ihre Arme waren ausgestreckt, und einer der Kletterer zeigte auf seine Füße. Beide trugen Socken, aber keine Stiefel. Unter ihnen hingen zwei kurze Seile. Yves konnte erkennen, wo durch die alles abscherende Gewalt des Steinschlags der weiße Kern freigelegt worden war. Unmittelbar über den beiden Kletterern begann eine frische Felsnarbe, die sich bis zu ihren Füßen hinzog, während sie dort an etwas hingen, das eine schwache Handleine zu sein schien.

»Ich habe versucht, direkt heranzukommen«, erklang die Stimme des Piloten in Yves' Kopfhörern. »Es geht nicht. Wir sind zu nah an den Dächern da vorn.« Er zeigte auf die riesigen, stufigen Überhänge fünfzehn Meter über den Kletterern und achtzig Meter unter dem Gipfel. »Die Winde ist die einzige Möglichkeit.« Er drehte sich um und grinste Yves an, der noch einmal auf die Dächer blickte.

Die Fallinie des Pfeilers zog Yves' Blick unwiderstehlich abwärts. Das schattige Couloir lag weit unten, ein schmales, schmutziges Band aus Eis, das sich zwischen dunklen Felswänden dahinschlängelte. Auf der anderen Seite konnte er die Kamine erkennen, wo sie den ganzen Morgen gearbeitet hatten.

Während der Nacht hatten die Kletterer, die unter den Dächern festsaßen, die Bergwacht auf sich aufmerksam gemacht, indem sie mit ihren Stirnlampen Leuchtsignale zur Charpoura-Hütte hinübersandten. Doch als der erste Hubschrauber aufgebrochen war, um die Lage zu erkunden, hatte die Besatzung zwei weitere, schwerverletzte Bergsteiger entdeckt, die sich bereits zu drei Vierteln von den Flammes de Pierre abgeseilt hatten. Nach einer langen, komplizierten Rettungsaktion waren die beiden Opfer, ein Bergführer und sein Klettergast, in Sicherheit gebracht worden. Der eine war vom Hals abwärts gelähmt, der andere von der Körpermitte an. Sie hatten unvorsichtigerweise Felsbrocken auf sich herabgerissen, als sie beim Abseilen das Seil einholen wollten. Dabei hatten sie Glück gehabt, daß die beiden hängenden Kletterer Hilfe benötigten. In den dunklen Tiefen des Couloirs, ohne Sichtverbindung zu einer der Hütten oder einer anderen Stelle, von der Hilfe hätte kommen können, wären die beiden gelähmten Kletterer niemals in der Lage gewesen, die Aufmerksamkeit ihrer Retter auf sich zu ziehen.

»Zumindest sind diese beiden nicht schwer verletzt«, sagte Yves und wandte den Blick zu guter Letzt von der hypnotisch steilen Fallinie des Pfeilers ab.

»Trotzdem würde ich nicht gern über diese Überhänge absteigen.« Der Pilot lächelte in sich hinein, während er den Hubschrauber sachte in einer aufsteigenden Kurve zum Gipfel manövrierte. Yves bereitete sich darauf vor, zu seinen Kollegen hinuntergelassen zu werden, die schon auf dem Gipfel warteten.

»Bonne chance«, sagte der Mann an der Winde im Hubschrauber und klopfte ihm auf die Schulter.

Ich hoffe, ich werd's nicht brauchen, dachte Yves, während er unter dem Helikopter abwärts schwebte. Sobald er sicher den Gipfel erreicht hatte, ging er schnell zu den vier Männern an der Troyes-Winde hinüber. Sie hatten das Gerät sorgfältig plaziert, damit das Drahtseil über die Überhänge direkt zu den beiden in Not geratenen Kletterern hinunterlaufen würde. Der Leiter des Teams traf ein paar kurze Anordnungen, nichts, was sich Yves nicht schon unaufhörlich im Kopf vorgestellt hatte. Die Winde wurde von Hand bedient. Zwei Helfer auf jeder Seite überwachten die Geschwindigkeit beim Ablassen und blieben mit Yves in Funkverbindung. Wenn es soweit war, würden sie ihn wieder aufholen, indem sie auf jeder Seite der Maschine zwei Griffe bedienten.

»Okay, ich bin soweit. Dann mal los«, sagte Yves, aufrecht an dem dünnen Drahtseil zurückgelehnt.

Seine Teamkameraden lächelten aufmunternd und begannen vorsichtig, die Drahtseilbremse zu lösen. Yves machte ein paar Schritte rückwärts und trat über den Rand der ersten Wand unter dem Gipfel hinaus. Das Seil rieb sich laut knirschend an der Felskante; Yves' Nerven waren zum Zerreißen gespannt.

Hör nicht hin. Es ist nichts. Es wird nicht reißen. Ich habe das schon so oft gemacht. Es wird nicht reißen. Er wiederholte diesen Satz wie ein Mantra, sagte ihn im Kopf vor sich hin, schob die angstvollen Gedanken beiseite, bis es ihm gelungen war, sich selbst zu überzeugen. Solange er an den kurzen, geborstenen Wänden vorbei abgelassen wurde, berührte ihn die extreme Steilheit des Pfeilers nicht. Immer wieder blickte er an dem Drahtseil hinauf und dann nach unten, versuchte, sich seine Position an der Wand vorzustellen, wie er sie vom Hubschrauber aus gesehen hatte.

»Langsam, langsam.« Ruhig sprach er in das Funkgerät hinein. Die Antwort klang knisternd aus seinen Kopfhörern. »Okay. Ich nähere mich jetzt den Dächern, die Wand wird steiler, gleichmäßig weiter.« Er stellte fest, daß es ihm half, seine Angst zu vergessen, wenn er Anweisungen weitergab, verbunden mit einem ständigen Kommentar über die Topographie seiner Umgebung.

Die letzte glatte, fast senkrechte Granitplatte brachte ihn an den Rand der Dächer.

»Stopp.« Sein Tonfall war zu scharf gewesen. Der plötzliche Anblick des Abgrunds zwischen den Beinen hatte sein Herz in einen angsterfüllten, schnelleren Rhythmus fallen lassen.

»Was ist los?«

»Eh ... wartet ... einen Moment, bitte.« Er versuchte, seine Gedanken und seinen Mut zusammenzunehmen. Der schmale Streifen des Couloirs war fast siebenhundert Meter unter ihm sichtbar. Nichts behinderte die Sicht. O mein Gott! Wenn ich nur daran denke, daß ich diese Route gern einmal klettern wollte! Er drückte die Augen fest zu und atmete mehrmals bewußt tief durch. Langsam beruhigte er sich.

»Okay«, sagte er gelassen. »Weiter geht's.«

Das Drahtseil knirschte fürchterlich, als er ins Nichts hinaustrat und frei in der Luft hing. Es rieb sich an der scharfen, granitenen Kante des Daches. Das Geräusch – wie Fingernägel, die über eine Tafel kratzen – ließ ihn erschaudern. Yves blickte nach unten. Zwei blasse Gesichter starrten zu ihm herauf. »Ich sehe sie«, sprach er mit triumphierendem Unterton ins Mikrofon. »Genau auf der richtigen Höhe. Macht langsam weiter.«

Er betrachtete die beiden Männer genau. Der ohne Helm hatte Blut im Nacken. Der andere schien unverletzt zu sein und beobachtete ihn mit einer katzengleichen Intensität. Yves sah den Ringhaken mit der Handleine, die daran befestigt war, aber den anderen Ankerpunkt konnte er nicht ausmachen. Er wurde auf einer Höhe mit dem Haken abgelassen und hatte schon beschlossen, sich ebenfalls dort einzuhängen, als er plötzlich einen Warnschrei hörte.

Der unverletzte Mann rief etwas auf französisch, aber Yves konnte die Worte nicht verstehen, weil sein Gefährte gleichzeitig etwas auf englisch brüllte. Die Männer waren sichtlich beunruhigt, aber der Mann am Drahtseil verstand nicht, warum. Er ließ sich weiter zu dem Haken hinunter ab. Als sein linker Fuß in dessen Nähe kam, schlug der unverletzte Mann danach.

»Touche pas, touche pas, il est très mal. MAL!« schrie er.

Yves blickte ihn an und begriff, daß nur größtes Entsetzen einen solchen Ausdruck heftiger Wildheit hervorrufen konnte.

»Stopp«, sagte er in sein Funkgerät. Der Mann entspannte sich sichtlich, seine Schultern fielen zurück.

»Er bricht jeden Moment aus. Der hält nichts mehr«, sagte der hängende Kletterer in schlechtem Französisch und zeigte auf den Ringhaken. Yves blickte zum anderen Ende des Seils. Eine zerschmetterte Schuppe, über die das Seil geschlungen war, schien im Begriff, sich abzulösen.

»Merde!« fluchte er leise. Darum waren sie so außer sich vor Angst. Einen Moment lang spürte er Gewissensbisse, wenn er daran dachte, wie lange sie diese beiden Männer an ihrem seidenen Faden hängen gelassen hatten. Die Rettung der gelähmten Bergsteiger weiter unten hatte fast sieben Stunden gedauert. Um Mitternacht, vor zwölf Stunden, war der Alarm ausgelöst worden. Er schüttelte den Kopf.

»Qui est blessé?« fragte er, obwohl er wußte, welcher von beiden verletzt war.

Der Kletterer, der ihm am nächsten hing, antwortete in entsetzlichem Französisch: »Eh ... er, aber es ist nicht wirklich schlimm. Gar nicht schlimm, nur ein kleines Loch.« Er fiel ins Englische. »Kein Grund, sich Sorgen zu machen. Ich würde mich zuerst mitnehmen, weil ich dir am nächsten bin und am schwersten.«

Der redselige Mann grinste Yves hoffnungsvoll an, der nicht anders konnte und lachen mußte. In dieser Lage noch Humor zu bewahren ...

»Nein. Ich muß erst deinen verletzten Freund mitnehmen. Das ist die Regel.«

Er hob beredt die Schultern.

»Ah ... eine Regel, sagst du, eh? Die kann man nicht übertreten, was? Nur dieses eine Mal ...«

»Nein.« Yves lachte, als er sich die Wand entlang zu dem Verletzten hinüberschwang. »Ich würde meinen Job verlieren, wenn es doch eine ernste Verletzung ist.« Er beugte sich vor, um den Kopf des Mannes zu untersuchen. Die Wunde war rein oberflächlich.

»Siehst du, es ist nichts. Komm, laß uns eine Münze werfen.«

Yves ignorierte den lärmenden Kerl und bereitete sich darauf vor, den Verletzten in seinen Gurt einzuhängen. Ruhig sprach er in sein Funkgerät.

»Okay, okay. Hör zu.« Der unverletzte Mann machte jetzt keine Witze mehr, und Yves wandte sich zu ihm um. »Dieses Seil ist nicht gut, okay? Wenn du plötzlich sein Gewicht wegnimmst, werde ich nach unten fallen. Ich weiß nicht, ob das Seil den plötzlichen Ruck aushält. Verstehst du?«

»Ja. Ich verstehe. Ich werde ihn langsam bewegen, ganz vorsichtig. Mach dir keine Sorgen.«

Bei der Erstbesteigung der Westwand des Siula Grande in Peru, die mit dem Kampf ums Überleben endete, den Joe in seinem Buch Sturz ins Leere *beschreibt.* (FOTO: SIMON YATES)

*Familie Simpson in ihrem Zuhause im Armeestützpunkt Gibraltar –
Da, David, Johnny, Sarah und Joe mit Jane und dem Hund im Vordergrund
und Ma dahinter.* (FOTO: FAMILIE)

Abb. rechte Seite:
Oben: *Der Snells-Field-Campingplatz, Chamonix, 1982.
Von links nach rechts: Sean Smith, Richard Cox, Andy Hislop.*
(FOTO: NICK KEKUS)
Unten: *Mark Miller, Sean Smith und Mike Searle
beim Baden im Karakorum.* (FOTO: YATES)

Doug Pratt Johnson und Joe Simpson nach ihrer Besteigung der Nordwand des Matterhorns. (Foto: Simpson)

Die Nordwand der Courtes. Die Aufstiegsroute und Joes 700 Meter tiefer Sturz sind eingezeichnet. (FOTO: ROLAND GAY COUTTET)

Richard Cox klettert »The Keep«, Kenia, drei Jahre vor seinem Tod auf der Shivling-Expedition. (FOTO: KEKUS)

Ein erschöpfter Joe nach dem Mißerfolg am Mont Maudit.
(FOTO: MURRAY LAXTON)

Angst spiegelt sich in den Augen von Ian und Joe, die auf den Hubschrauber warten, nachdem sie von der Handleine gerettet wurden.
(FOTOS: SIMPSON UND WHITAKER)

Ian hängt über dem Montblanc in der Luft, wollene Handschuhe an den Füßen und 1200 Meter Leere unter sich, bevor er an einem silbernen Faden in die Höhe gezogen wird. (FOTO: SIMPSON)

Stephen Reid machte diese Aufnahme des Bonatti-Pfeilers vom Gipfel der Petite Aiguille Verte am 23. Juli 1983. Neun Jahre später schenkte er sie Joe Simpson. Nach dem Zeitpunkt der Aufnahme muß der Punkt, der unter dem Hubschrauber hängt, Joe sein, der als zweiter gerettet wurde.

Rechte Seite:
Oben: *Das Annapurna-Team, bevor es vom Schicksal ereilt wurde: Nick Kekus, Rob Uttley, Jon Tinker und Trevor Pilling.* (FOTO: KEKUS)
Unten: *Nach einem zweitägigen Maultierritt fährt Joe mit dem Lastwagen nach Lima, zusammen mit einem Mann, dessen zerschmetterte Beine brandig sind.* (FOTO: YATES)

Joe erklettert die überhängenden Eichenblätter aus Bronze bei seiner Erstbesteigung der Nelson-Säule am Trafalgar Square, London.
(FOTO: GREENPEACE)

Abb. rechte Seite:
Entrollen der Botschaft bei der zweiten Besteigung.
(FOTO: GREENPEACE)

Pemba hilft Joe nach dem Sturz am Pachermo.

Abb. rechte Seite: *Das Bein grob mit Bambus geschient, ruht Joe in der Sonne aus.* (Fotos: Mal Duff)

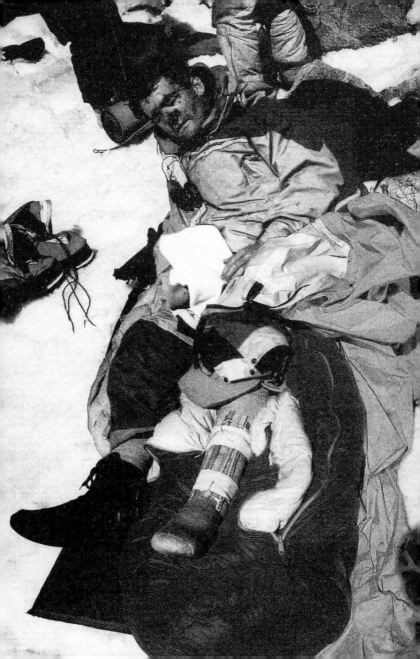

Joe oberhalb von Camp II am Ama Dablam (1990), nachdem die Ärzte ihm gesagt hatten, er würde nie wieder klettern können. Oben bezwingt er einen Turm, und unten ist zu sehen, wie er in einem Schneesturm von der Rampe absteigt.
(Fotos: Perpetual Collection)

»Du hast leicht reden«, brummte der Mann und blickte betont deutlich zu dem Couloir hinunter, weit, weit unter ihnen. Zwei Alpendohlen kreisten in den Aufwinden; sie vollführten extravagante, akrobatische Kunststücke in der Luft.

»Hoch. Langsam und gleichmäßig.« Yves sprach in sein Funkgerät, und sofort hörte er das harte Knirschen des Drahtseils an dem Überhang, sein Sitzgurt straffte sich, und er begann, in die Höhe zu steigen. Die Füße gegen den Granit gestemmt, ließ er den Kletterer unbeholfen herumschwingen, so daß er unter seinem Rücken zu hängen kam.

»Komme gleich wieder«, rief er und blickte den zurückbleibenden Bergsteiger an. Nach dem Gesichtsausdruck des Mannes zu urteilen, schien er davon alles andere als überzeugt. Seine Augen wirkten riesengroß in dem bleichen Gesicht und starrten unverwandt auf den Ringhaken. Allein zurückgelassen, sah er verletzlich und verängstigt aus, wie ein kleines Kind.

Sobald die Dächer hinter ihm lagen, schwang Yves sich an der Granitwand entlang bis zu einem schmalen Sims hoch über dem gewaltigen Absturz der Westwand. Er ließ den verletzten Bergsteiger darauf herunter und klinkte ihn in zwei Haken ein.

»Wie heißt du?« fragte er, blickte dem Mann in die Augen und vergewisserte sich, daß sein Zustand stabil war. Plötzlich schien der sich sehr müde zu fühlen, wie ausgelaugt angesichts der plötzlichen Erlösung vom stundenlangen Hängen.

»Ian.« Er sprach ganz leise.

»Okay, Ian ...« Yves verstummte und suchte seine englischen Sprachkenntnisse zusammen. »Ich lasse dich hier. Ich gehe zu deinem Freund. Du bist sicher hier, ja?«

»Ja«, sagte Ian und schüttelte den Kopf, als wolle er die verwirrenden Eindrücke der letzten Stunden abschütteln.

»Du bist sicher, okay? Bleib hier, und beweg dich nicht, verstehst du?«

»Ja, okay. Ich lauf schon nicht weg.« Er lächelte Yves an.

»Gut, gut.« Yves sprach erneut in sein Funkgerät hinein, das Drahtseil straffte sich, und er schwang die Wand entlang.

»Au revoir, Ian«, rief er, als es zurückging, wieder über die Dächer hinunter.

Als Yves mit dem zweiten Bergsteiger zu dem Sims zurückkehrte, fingen die beiden an, sich angeregt und lachend zu unterhalten, während ihr Retter den Hubschrauber herbeirief. Der kam mit laut dröhnenden Rotorblättern aus Richtung des Grands-Montets-Grats herangekurvt. Das silberne Drahtseil unter seinem Bauch wurde immer länger. Erst schaukelte es quälend weit vom Sims entfernt, so daß Yves gezwungen war, sich weit über das Felsband hinauszulehnen, um danach zu greifen. Beim dritten Versuch erwischte er den Schäkel. Dieser kleine metallene Haken war unten an dem Drahtseil befestigt und besaß einen einfachen Schnappverschluß. Sechzig Zentimeter weiter oben befand sich an dem Drahtseil ein Metallring, der als Handgriff zum Festhalten diente, damit man nicht hintenüberfiel. Yves wandte sich zu Ian um und klinkte ihn aus den Haken in der Felswand aus, wobei er seinen Körper schützend zwischen Ian und dem Absturz beließ. Als er den Schäkel in Ians Klettergurt eingehängt hatte, hob er den Arm und machte eine drehende Handbewegung. Sobald er spürte, daß das Kabel sich straffte und begann, seine Last in die Höhe zu heben, drehte er sich schnell um und schleuderte Ian mit einer kräftigen, schwungvollen Bewegung ins Nichts hinaus. Als der Mann von der Felswand wegtaumelte, war ein angsterfüllter Schrei zu hören. Schnell verschwand er in die Höhe, während der Hubschrauber eilig über den Berg hinweg anstieg, um der Gefahr zu entgehen, daß Steine in den Rotor fallen könnten.

»War das nötig?« fragte der zurückgebliebene Bergsteiger besorgt, als er sah, wie Ian sich über dem Abgrund wie verrückt um die eigene Achse drehte, die wollenen Handschuhe immer noch über die Füße gezogen. Der Kletterer hob die Kamera und machte ein Foto.

»Ich nehme an, du hattest Angst, er würde in Panik ausbrechen, was ich natürlich absolut verstehen kann. Und bei einer Kopfverletzung weiß man ja nie, ganz klar.« Yves wußte, was jetzt kam. »Ich kann dir versichern, daß ich ganz ruhig bin. Völlig cool, das verspreche ich dir. Es wird also gar nicht nötig sein, mich vom Sims zu stoßen. Die können mich doch einfach hochziehen, schön ruhig und gleichmäßig. Verstehst du?«

»Ja. Mach dir keine Sorgen. Ich werde dich nicht stoßen.«

»Ich wünschte, du würdest mir nicht immer erzählen, ich soll mir keine Sorgen machen ... Aaaahh!«

»Salut!« rief Yves, indem er den protestierenden Mann vom Sims schleuderte, und grinste über den Strom von Schimpfworten, der ihm entgegenschlug. Die Augen mit der Hand gegen die Sonne abgeschirmt, sah er zu, wie der Hubschrauber über den Gipfel stieg. Das muß ein feiner Ausblick sein, dachte er und kicherte in sich hinein.

Nach zwei Versuchen gab ich es auf: Es gelang mir nicht, auf den Metallring an dem Draht hinaufzuklettern. Der Nant-Blanc-Gletscher drehte sich schwindelerregend zu meinen Füßen. Unter mir ging es gute tausendzweihundert Meter hinunter. Ich starrte an dem Drahtseil hinauf. Oh, großer Gott, es wird reißen, ich weiß, daß es reißen wird. Ich schloß die Augen und öffnete sie nicht wieder, ehe ich auf dem Boden des Hubschraubers ausgestreckt lag und einen geistig völlig weggetretenen Mann anstarrte, der auf einer kleinen Metallbank saß. Es dauerte eine Weile, ehe ich begriff, daß es Ian war. Ich kroch zu der Sitzbank hinüber und erreichte sie gerade in dem Moment, als der Hubschrauber eine übelkeiterregende, abwärts gerichtete Kurve beschrieb. Die Zentrifugalkraft schien mich zur offenen Tür hinüberzuziehen. Ich spürte, wie Ians Körper gegen meinen gedrückt wurde und wie ich noch weiter zum Ausgang rutschte. Wir griffen beide nach den Sitzgurten, aber in unserer Panik erwischten wir die falschen Enden. Verzweifelt knüpfte ich einen Altweiberknoten in die beiden Bänder mit den Schnallen und stützte mich an einem Wulst auf dem Fußboden ab.

Yves trafen wir zwei Tage später. Er schüttelte uns die Hände und lachte, als wir ihm und den anderen Männern von der Bergwacht zwei Kisten Bier überreichten. Er sagte, noch nie hätte ihnen jemand nach einer Rettung ein Geschenk gemacht, und er schien über unsere Gabe ehrlich erfreut. Wir beschlossen, ihm nicht zu erzählen, daß wir nur mit Hilfe eines Tricks an die beiden Kisten herangekommen waren. Da wir praktisch kein Geld besaßen, hatten wir das Bier kurzerhand aus dem Supermarkt im Ort ›entliehen‹ – als Spanier verkleidet, falls man uns erwischen sollte. Es ist die Geste, die zählt.

Ein paar Tage später reiste Ian ab nach Hause. Er war tief verstört darüber, wie nah wir einem gewaltsamen Tod gekommen waren. Auch ich fühlte mich von dem Unfall nervlich angegriffen.

Vierzehn Tage nachdem unser Sims abgestürzt war, wurde ich Zeuge eines massiven Steinschlags am Dru. Ich hatte einen befristeten Job als Tellerwäscher im Montenvers-Hotel angenommen. Es lag tausendachthundert Meter über dem Mer de Glace und bot eine großartige Aussicht auf die Westwand des Dru. Ich hörte, daß sich auf der Terrasse irgend etwas Aufregendes abspielte, und streckte den Kopf aus dem Fenster. Alles zeigte in die Luft auf riesige Blöcke, die vom Gipfel herabstürzten. Sie waren größer als Hubschrauber, fielen direkt in die weiße, schneegefüllte Nische an der Nordwand und wurden von dort wieder ins Leere hinausgeschleudert. Ich erschauderte bei dem Gedanken, irgend jemand könne auf dem Berg sein, wohl wissend, daß ich Zeuge seines Todes war. Nach und nach bildete sich eine Staubwolke, die dreihundert Meter hoch die Wand hinaufstieg. Zu beiden Seiten erstreckte sie sich mindestens einen Kilometer weit. Glücklicherweise waren nur zwei Bergsteiger von dem Steinschlag betroffen, und sie kamen wundersamerweise mit leichten Verletzungen davon. Der Gipfel des Dru hatte seine Form für immer verändert.

Dies war einer jener massiven Felsstürze, die eher durch kristalline Veränderungen im Granit selbst hervorgerufen werden als durch Frost- und Taueinwirkung. Der Sommer war heiß und trocken gewesen; die Frostgrenze blieb in ungewöhnlich großer Höhe. Daher wurden viele Routen mit Steinschlag geradezu bombardiert.

Nicht lange nach dem Einsturz des Dru stieß ein Freund von mir, der eine Gruppe von Urlaubern bei ihrem ersten Alpenbesuch führte, auf die Leichen von zwei Kletterern, die an der Felsnadel des Pouce in den Aiguilles Rouges aus großer Höhe abgestürzt waren. Das war eine unerfreuliche Einführung in die Schönheit der Alpen, aber er konnte nichts daran ändern. Er führte seine Gruppe zurück zur Seilbahn und alarmierte die Rettungsmannschaften. An der Seilbahnstation traf er zwei englische Bergsteiger, die dort waren, um Rettungsarbeiten zu fotografieren. Sie machten sich sofort auf den Weg zum Unfallort und hielten die schauerliche Bergung der Leichen im Bild fest.

An jenem Abend in der Bar erzählte uns einer der Fotografen, Don Barr, von dem Unfall. Sein Bericht löste allgemeinen Protest aus, verbunden mit humorvollen Warnungen, man dürfe die Toten nicht beleidigen, sonst würde einen schon die gerechte Strafe ereilen.

»Keine Sorge«, entgegnete Don fröhlich. »Ich fahre morgen an den Verdon. Hier ist es mir zu gefährlich. Zuviel Steinschlag.« Er hatte selbstverständlich recht. Die Erinnerung an Simon Horrox' Tod in einer Steinschlaglawine am Fou im letzten Sommer war nur allzu frisch.

»Ich will ein bißchen netten, sicheren Fels klettern, vorzugsweise sonnengebleichten Kalkstein«, kündigte Don selbstgefällig und zufrieden an.

Nicht lange danach erreichte uns die schreckliche Nachricht, daß er vom Blitz getroffen und getötet worden war, als er an den riesigen Klippen der Verdonschlucht kletterte. Das waren ernüchternde Neuigkeiten, und es fiel schwer, unsere schaurigen Warnungen vor der schrecklichen Rache der Toten zu vergessen. Vielleicht hätten wir lieber keine Witze machen sollen.

Obwohl Ian nach Hause gefahren war und er sich geschworen hatte, niemals zurückzukehren, tauchte er im nächsten Sommer wieder auf, fröhlich wie immer und ganz begierig aufs Klettern. Wir nahmen uns gemeinsam eine andere Route am Dru vor, was sich als unglückliche Wahl erwies. Obwohl wir schnell und frei kletterten und auf der direkten Amerikanerführe die Westwand hinauf einen Punkt unmittelbar unterhalb des ›Bloc Coincé‹ erreichten, wurde Ian plötzlich von einem Gefühl des Ausgesetztseins und von Erinnerungen an unseren Unfall am Bonatti-Pfeiler überwältigt. Seine Selbstbeherrschung war augenblicklich dahin. Nachdem wir möglichst schnell mit dem Abseilrückzug begonnen hatten, riß er sich zusammen und kam gut zurecht. Unmittelbar darauf reiste er zu seiner beeindruckenden Haustiersammlung nach Hause. Er wollte Deerhounds züchten. In den Alpen habe ich ihn nie wieder gesehen.

Im September kehrte ich widerstrebend und voll böser Erwartungen nach Edinburgh zurück, um meinen Magisterstudiengang in englischer Literatur zu Ende zu bringen. Als das Wintersemester zur Hälfte herum war, nahm ich eine Ausgabe der Zeitschrift *High* in die Hand und las, daß Rob Uttley nicht mehr unter uns war. Ganz allein war er auf seiner ersten Himalaja-Expedition gestorben. Sein Partner hatte ihn zurückgelassen, weil ihm in seiner Schneehöhle niemand mehr helfen konnte. Ein glänzendes Leben ging mit heftigen Hustenanfällen zu Ende, die in die Bewußtlosigkeit und schließlich zu einem langsamen, kalten Tod führten. Rob Uttley starb an Lungenödemen, die durch die extreme Höhenlage verursacht waren. Ich konnte es nicht glauben.

Sie waren ausgezogen, um die Annapurna III über ihren zweitausendsiebenhundert Meter hohen Südwestpfeiler zu besteigen, eine echte Herausforderung und ein ernstzunehmendes, entlegenes Ziel, typisch für Rob und Jon Tinker, Nick Kekus und Trevor Pilling. Aber die Expedition hatte ein tragisches Ende gefunden. Wieder forderten die Berge ihren Tribut: ein Bergsteigerleben. Trevor war gezwungen gewesen, sich seinen Weg von der Schneehöhle hinunter zu erkämpfen und Rob halb bei Bewußtsein, aber bewegungsunfähig zurückzulassen. Der Sturm brachte auch ihn nach und nach um, und es gelang ihm gerade noch, das Basislager zu erreichen, wo Jon Tinker und Nick Kekus sich auf eine Rettungsaktion vorbereiteten. Das Wetter wurde immer schlechter und zwang sie zum Rückzug. Ein früher, tückischer Wintereinbruch hatte die Berge erreicht, und schon bald war der Weg zur Höhle hinauf abgeschnitten. Schließlich mußten sie akzeptieren, daß Rob wohl gestorben war. Für Nick Kekus bedeutete das einen fürchterlichen Schlag nach der tragischen Erfahrung am Shivling, wo im Jahr zuvor Richard Cox ums Leben gekommen war. Trevor Pilling hatte das einzig Mögliche getan und dabei Glück gehabt, selbst zu überleben, dennoch lastete ein Schuldgefühl auf ihm, weil er Rob zurückgelassen hatte, obwohl es keine andere Wahl gab.

In Wahrheit blieb es unentschuldbar. Ich spürte das, machte mir jedoch lieber etwas vor. Ich konstruierte eine kluge, rationale Begründung, einen psychologischen Puffer gegen die Möglichkeit, daß mir jemals etwas Ähnliches passieren könnte. Wenn jemand einen Unfall hatte, gab es dafür immer einen Grund, und der war naturgemäß menschliches Versagen. Wenn ein Bergsteiger ums Leben kam, weil er einen Fehler gemacht hatte – wie unabsichtlich auch immer –, dann konnte ich aus diesem Fehler lernen. Das gleiche würde mir nicht passieren. Dieser Selbstbetrug funktionierte, solange die Opfer Fremde waren. Dann war es einfach, gefühllos zu sein und sich von der Realität des Todes zu distanzieren. Bei Freunden und Bekannten war das anders. Was für einen Fehler hatte Rob gemacht? Ich wußte es nicht. Er war begabt, stark und ehrgeizig. Er war so viel besser gewesen als ich. Es irritierte mich, daß er so schnell sein Leben verloren hatte, und ich blieb mit einem hohlen Gefühl im Bauch zurück. Wenn schon er, warum nicht ich?

Etwas war in seinem Körper schiefgegangen – der letzte Rest einer Infektion der Bronchien, nicht völlig auskuriert, ein chemischer Rezeptor, der nicht die richtigen Signale ans Gehirn weitergab, eingeschlossene Flüssigkeit, die seine Lungen nach und nach überflutete. Kein noch so hoher Trainingsaufwand hätte verhindern können, daß er von einem Sturm festgehalten wurde, um nach fünf Tagen den heimtückischen, tödlichen Lungenödemen zu unterliegen.

Die unsichtbaren, kumulativen Auswirkungen der Höhenkrankheit waren mir schon immer unheimlich gewesen. Lawinen, Blitzschlag, Kälte, Steinschlag, einen Sturz – all diese Dinge konnte ich mir vorstellen; sie waren klar zu greifen. Ursache und Wirkung ihres Auftretens waren sichtbar und in aller Regel vorhersagbar. Es lag eine Logik darin. Die Höhenkrankheit jedoch schien unberechenbar zu sein, fast willkürlich in ihrem Auftreten – den einen traf es, den anderen nicht.

Zu Beginn der folgenden Sommersaison stürzte Duncan Elgin zu Tode, und Andy Parkin zog sich schlimme, mehrfache Verletzungen zu, während er für *Mountain Adventures* als Bergführer arbeitete. Es gibt nur wenige Menschen, die solche schrecklichen Verletzungen überleben. Schließlich kam Andy durch, nach Notoperationen an seinem Herzen, seiner Milz, seiner Leber, der Hüfte und dem Ellenbogen. Roger Baxter Jones sprang für ihn ein und führte seine beiden Klettergäste den Rest des Kurses hindurch. Das Honorar spendete er für einen Fonds, der eingerichtet worden war, damit Andys Freundin in der Nähe des Krankenhauses in Bern bleiben konnte.

Es gelang mir, die Erfahrung unseres eingestürzten Biwaksimses einzuordnen, sie sorgfältig ganz nach hinten in meinen Kopf zu schieben, von wo sie mich nicht mit plötzlichen Zweifeln überfallen konnte. Bald nachdem ich von Andys Unfall gehört hatte, bestieg ich zum ersten Mal den Montblanc. Ich ging über den großartigen zentralen Frêney-Pfeiler, eine riesige Kerze aus perfektem Granit, die auf der italienischen Seite des Berges aufragt. Ich kletterte auch die Amerikanerführe an der Westwand des Dru und, zusammen mit Phil Thornhill, die harte, kombinierte Route durch das Dru-Couloir, und zwar so langsam wie wohl noch keiner vor uns. Gemeinsam mit Simon Yates bestieg ich solo die Nordwand der Aiguille Blanche de Peuterey, und dann gingen wir weiter den großartigen Peuterey-Grat hinauf. Es wurde eine dramatische Kriechtour daraus, weil ich unter einem Hitzschlag litt. Voller Gier bewältigte ich noch drei weitere klassische Routen, ehe ich bereit war weiterzureisen. Ich wollte fort aus dem

Getriebe der Alpen, wo die Hubschrauber ständig brummen und Kletterer Schlange stehen, um sich ihren Weg die klassischen Routen hinauf zu erkämpfen. Als ich vom Gipfel des Montblanc abstieg, folgte ich einem knietiefen Graben, in dem ich immer wieder auf Erbrochenes, Fäkalien und Müll stieß. Ich sehnte mich nach einem entlegenen Berg, nach einem Ort, der höher lag und mehr Herausforderung bot, wo es keine Rettungsmannschaften und Hubschrauber gab und wo nur deine eigene Urteilsfähigkeit und dein Können da sind, um dich durchzubringen. Nachdem Richard und Rob im Himalaja gestorben waren, beschlossen Simon und ich, daß die peruanischen Anden am besten für uns wären. Sie sind größer als die Wände der Alpen, bieten leichten Zugang zu Sechstausendern, sind ohne bürokratische Schwierigkeiten zu erreichen, und die Reisekosten halten sich in Grenzen.

Als ich wieder in Sheffield war, wo ich mich inzwischen niedergelassen hatte, sprachen wir mit Al Rouse über ein mögliches Ziel in Peru. Die unbestiegene Westwand des Siula Grande schien Herausforderung und Anreiz genug zu sein. Wir machten uns daran, die Expedition zu planen und zu finanzieren.

12. KAPITEL

Cocktailparty in der Brunswick Street

Ich hatte mich schon wieder verfahren. Die Scheibenwischer bewegten sich beinahe lautlos über das Glas der Windschutzscheibe. Durch einen schmalen, verregneten Fensterspalt zwischen zwei riesigen Lautsprechern hinten im Mini blickte ich hinaus. Zu sehen war überhaupt nichts. Einen Moment lang herrschte Stille, weil das Band in der Stereoanlage im Wagen gerade zu Ende war. Ich kurbelte das Seitenfenster herunter und spähte in den Regen hinaus. Ich hielt in einer Straße mit düsteren Häuserreihen aus roten Ziegelsteinen. Auf der nassen, schwarzen Straße zeichnete sich das Licht der Scheinwerfer als silbrige Pfütze ab. Ich hörte das schwere, dumpfe Dröhnen von Reggae-Musik, die aus einem der Blues-Clubs in der Nähe herauspulsierte. Auf der Kreuzung weiter vorn blitzten die Lichter eines vorbeifahrenden Autos auf. Ich versuchte zu sehen, ob es John war. Die ganze Zeit war ich hinter ihm hergefahren, bis er an der letzten Ampel plötzlich verschwunden war.

»Der ist jetzt wahrscheinlich schon auf der Party«, brummte ich und wischte mir die Regentropfen aus dem Gesicht.

Das Mädchen stand in der Tür zur Kneipe. Durch einen Regenvorhang fiel Licht aus der offenen Tür. Es sah aus, als sei sie von einem irisierenden Heiligenschein umgeben. Ich steuerte den Wagen an den Straßenrand und lehnte mich aus dem Fenster.

»Weißt du, wo die Brunswick Street ist, meine Süße?« fragte ich, aber sie schien mich nicht zu hören. Ich tauchte zurück in den Wagen, um die Musik leiser zu stellen, und als ich wieder aufblickte, stand sie an der Autotür, zum offenen Fenster hinuntergebeugt.

Ich sah ein blasses, regenfeuchtes Gesicht mit einem grellbunten Fleck Lippenstift mitten darin. Auf ihrem nackten Bauch zwischen dem Minirock und dem kurzen Oberteil aus

Lycra zeigte sich Gänsehaut. Ihre Oberschenkel waren fett, weiß und von blauen Adern durchzogen. Der Saum ihres Rocks war hochgerutscht, und ich sah dort, wo ihre Schenkel sich berührten, einen gelben Slip aufblitzen.

»Es kostet zehn Pfund, und ich mache es nicht mit dem Mund«, sagte sie.

»Was? Ich ... eh, ich wollte nur wissen, wo Brunswick...«

»Bist einer von den Schnackern, was?« schnaubte sie verächtlich.

»Nein, ich ...«

»Scheißzeitverschwender, du!« Sie richtete sich auf und wandte sich ab.

»Du mich auch, Darling«, rief ich und legte den ersten Gang ein. Die Musik explodierte förmlich in den Lautsprechern, als ich beschleunigte. Grinsend sah ich, daß sie mir den erhobenen Mittelfinger zeigte.

Schließlich fand ich die Brunswick Street im Herzen von Broomhall in Sheffield. Ich parkte hinter Johns Wagen und sah zu, wie der Regen gegen die Windschutzscheibe prasselte. Dann stellte ich die Musik aus und lauschte, ob die Geräusche einer Party zu hören waren. Der tiefe Reggae-Puls wurde lauter, als ich ausstieg und den Wagen abschloß.

Am Ende der Straße standen zwei Mädchen im Schein der Straßenlaterne. Sie trugen knappe Oberteile zu kurzen Röcken und hielten die Arme eng vor der Brust. An diesem feuchtkalten Frühlingsabend fröstelten sie. Ich betrachtete sie und dachte an den Yorkshire-Ripper, der in dieser Gegend festgenommen worden war. Ein Wagen hielt am Straßenrand, und zwischen einem der Mädchen und dem Fahrer spielte sich ein rascher Wortwechsel ab. Sie hielt den Kopf zur Seite geneigt, immer auf der Hut vor der Polizei, während sie schnell und hart ihre Preise nannte. Den Fahrer konnte ich nicht sehen. Er war ein flüchtiger, dunkler Schatten im Wagen. Im Schein der Straßenlaterne sah ich seine Hand kurz durch die Luft fahren, als er um den Preis feilschte. Das Mädchen zögerte und warf ihrer Gefährtin einen hilfesuchenden Blick zu. Die zuckte mit den Schultern; es war nicht ihre Nummer.

Das Mädchen griff nach der Tür, öffnete sie und stieg auf der Beifahrerseite ein. Der Wagen fuhr los; die Scheinwerfer schweiften über die regennasse Straße. Ihre Freundin stellte sich wieder ins Lampenlicht und bog die Hände zu einer Höhlung, um ihre Zigarette vor dem Regen zu schützen. Sie inhalierte tief. Dann schien sie meinen Blick zu bemerken und wandte sich zu mir um, wobei sie das Kinn trotzig und herausfordernd in die Höhe schob. Ich ging eilig die dunkle Straße hinauf und suchte die Häuser nach den typischen Anzeichen einer Party ab. Die Hälfte der Straßenlaternen waren zerbrochen. Nervös blickte ich immer wieder über die Schulter. Ein Freund von mir war in den letzten zehn Tagen hier in der Gegend zweimal überfallen worden, und ich hatte gerade mein Stempelgeld abgeholt. Die Straße war leer. Ich kam am *Underground Blues Club* vorbei, wo man Gras und Red-Stripe-Bier bekommen kann. Ein tiefer Baßrhythmus dröhnte zu mir heraus.

Ich erkannte das Haus an den Griffen und Tritten, die in das Mauerwerk eines schmalen Durchgangs zum Nachbarhaus geschlagen waren. Das war die Kletterwand. Von drinnen hörte ich schrilles Lachen und ein seltsames klapperndes Geräusch, verbunden mit dem hohen Jaulen eines Elektromotors. Ich wußte, daß Murray aus Kleiderbügeln und einem alten Staubsaugermotor einen Cocktailmixer gebaut hatte. Eine Welle von Musik überschwemmte mich, als ich die Haustür öffnete. Das Mädchen an der Ecke sprach mit dem Fahrer eines schwarzen Taxis, während ich hineinging und mir die Regentropfen aus dem Haar schüttelte.

Das Wohnzimmer und die Küche des Hauses waren von Wand zu Wand mit Regalen vollgestellt, die sich unter dem Gewicht der Bücher bogen. Große Lautsprecher standen in den Ecken und waren mit einer beeindruckenden Stereoanlage verbunden, die zwischen Stapeln von Tonbändern und Schallplatten in einem türlosen Schränkchen aufgebaut war. Der wenige verfügbare Raum war dicht mit Leuten vollgestopft. Ich sah Murray über seinen Mixer gebeugt dastehen und wie wild vibrieren. Große Krüge mit Mixgetränken wurden herumgereicht. Auf Brusthöhe hing eine dicke, blaue Rauchwolke, die sich in lauter Wirbeln kringelte, wenn die Leute durch den Raum gingen.

Die Party war seit mehreren Stunden in vollem Gange, und das vordere Zimmer erzitterte im dröhnenden Baßrhythmus, unterbrochen von schallendem Gelächter und dem gelegentlichen laut klappernden Gelärme des Mixers. Die Cocktails waren immer exotischer geworden, je weiter der Abend voranschritt; mehrere Krüge wurden zu gleicher Zeit herumgereicht. Jemand hatte beschlossen, ein Fischcocktail sei eine gute Idee. Er bestand aus Dosensardinen und Sild, in einer cremigen, schokoladenfarbenen Masse verrührt, und auch diese Mischung wurde weitergereicht. Die Haustür stand offen; jedermann konnte hereinkommen und sich der Gesellschaft anschließen.

Der Mixer war mit seinem Elektromotor auf drei Beinen aus Aluminiumstreifen in die Küchenarbeitsfläche geschraubt. Recht gefährlich aussehende Drähte verbanden ihn mit der Stromversorgung. Ein kunstvoll zurechtgebogener Kleiderbügel war am rotierenden Ende des Motors angebracht. Er diente dazu, die Getränke durchzurühren. Man füllte also einen großen Krug mit diversen fruchtigen und alkoholischen Zutaten, wie es einem gerade in den Sinn kam, setzte den Kleiderbügel hinein, schaltete den Strom ein und hielt gut fest. Der Mixer funktionierte mit gewaltiger und beunruhigender Effektivität, solange man es schaffte, den Krug mit einer Hand fest im Griff zu behalten, um mit der anderen das Gerät wieder abzuschalten.

Mich hatte gerade der Fischcocktail umgehauen, daher eilte ich zum Waschbecken, um mir den Mund auszuspülen. Ich entdeckte einen leeren Glaskrug und begann, aus dem beeindruckenden Aufgebot an Flaschen und Fruchtsäften in Tüten neben der Spüle einen neuen Cocktail zusammenzustellen. Ich schnitt die letzten Apfelsinen mit einem gemein scharfen Küchenmesser in Stücke und gab sie mit einem Päckchen Sahne ebenfalls in den Krug. Murray war gerade mit dem Mixer fertig geworden und wanderte durch den Raum, um seine jüngste Kreation anzubieten. Ich manövrierte den Krug unter den Motor und drückte vorsichtig den Schalter. Der Kleiderbügel schlug laut klappernd gegen den Krug und drohte das Ganze in eine ungenießbare Mischung aus Fruchtsaft, Alkohol und Glasscherben zu verwandeln. Es ging weniger darum zu entscheiden, wann der Cocktail ausreichend gemixt war, als darum, die Höllenmaschine auszuschalten, bevor man die Nerven verlor.

Stillvergnügt lachte ich in mich hinein, als der Draht zum Stillstand kam. Das Gemurmel der Unterhaltung und das durchdringende Geheul einer Frank-Zappa-Platte füllten die plötzliche Stille, die das Ausschalten des Mixers zurückließ. Ich wandte mich um und blickte mitten ins Zimmer. Simon Yates saß zwischen meiner Freundin, Jacky Burley, und Sean Smith auf einem Sofa. Die drei lachten herzlich. Überall im Zimmer standen lebhafte, wild mit den Armen fuchtelnde und gestikulierende Gruppen. Große Krüge wanderten schnell von Hand zu Hand. Durch eine blaue Wolke aus beißendem Zigarettenrauch sah ich Murray mit einem schelmischen Grinsen im Gesicht in den Flur hinausgehen. Ich wandte mich wieder dem Mixer zu und befreite den Krug vom Kleiderbügel. Als ich gerade die verschüttete Flüssigkeit unter dem Mixer wegwischen wollte, zischte mich eine wütende Stimme aus nächster Nähe an.

»Eh, Mann, eh, du hast auf meine Jacke gekleckert. Du hast von dem Zeug da was auf meine Jacke geschüttet.«

Als ich mich umdrehte, sah ich einen kleinen, mondgesichtigen Mann von den Westindischen Inseln vor mir stehen, der ein auffallend kariertes, breitschultriges Jackett trug. Er stand breit da, die Beine gespreizt und die Brust drohend herausgedrückt. Ich schätzte ihn auf ungefähr einen Meter fünfzig, denn ich blickte auf ihn hinunter, ein komisches Gefühl für jemanden, der es gewohnt ist, immer der Kleinste zu sein.

»Was?« sagte ich, ganz durcheinander von dem Lärm und dem Gerede um mich her. Ich stand in einer Ecke des Raumes, eng gegen die mit Flaschen bedeckte Arbeitsfläche gezwängt. Den Mann sah ich zum ersten Mal.

»Mein Jackett, Mann.« Er griff mit der linken Hand nach meinem Arm und hielt mit der rechten die Jacke offen. »Du hast was von dem Zeug da auf meine Jacke gespritzt.« Er deutete auf den Krug in meiner Hand.

Begriffsstutzig blickte ich erst den Krug und dann seine Jacke an, während ich versuchte, nüchtern zu werden. Der Mann schien ganz aus dem Häuschen zu sein. Dabei hatte seine Körperhaltung etwas Einschüchterndes an sich. Er war angespannt, als rechne er mit einer plötzlichen Bewegung; sein ganzer Körper zitterte bedrohlich. Die innere Spannung nahm ich sofort wahr, obwohl ich betrunken war. Das bedeutete nichts Gutes.

»Sieh mal, es tut mir leid, Kumpel. Ich hab' dich nicht gesehen. Es war ein Versehen, okay? Ich meine, guck dir die Maschine an. Sie spritzt schon den ganzen Abend hier herum ...«

»Halt die Klappe, eh! Halt bloß die Klappe. Was willst du wegen meiner Jacke machen, he? Sagst du mir das, he? Ich bezahle nicht für die Reinigung. Das wirst du tun, Mann.«

Ich hätte laut gelacht, wäre da nicht der Ausdruck in seinen Augen gewesen. Sie ließen mich ängstlich verstummen. Seine Gesichtszüge waren bemerkenswert kindlich und weich, die Zähne wirkten perfekt, glänzend, weiß und regelmäßig. Sein Blick schien demgegenüber grimmig und verbissen; er paßte ganz und gar nicht zum Gesicht. Ich hatte den Eindruck, einem Wahnsinnigen in die Augen zu blicken. Ich senkte die Augen, unterbrach den Blickkontakt. Hinter ihm konnte ich sehen, wie die Party weiterging. Rauch trieb ziellos durch den Raum und wirbelte umher, während die Leute sich im Zimmer bewegten. Die Musik plärrte. Niemand hatte die Auseinandersetzung bemerkt. Ein großgewachsener, hagerer Schwarzer und ein boshaft aussehender, wieselgesichtiger weißer Mann standen in der Nähe der Tür. Beide hielten einen Walkman in der Hand und starrten auf den Rücken meines Gegners. So langsam wurde ich tatsächlich nüchtern. Dies war ein Überfall. Der kleine Mann vor mir zog meinen linken Arm zu sich hin. Dabei riß er meinen Körper ruckartig herum und nah zu sich heran.

»Ich will Geld für meine Jacke, und zwar sofort, okay?« Er sagte das in einem drohenden, ruhigen Tonfall, mit eigenartig hoher Stimme.

»Sieh mal, es tut mir leid. Ich habe kein Geld, ich ...«

Den Satz, mit dem ich das Vorhandensein von Geld in meiner Hosentasche abstreiten wollte, konnte ich nicht mehr zu Ende sprechen. Plötzlich war das Messer da. Es tauchte aus dem Nichts in seiner rechten Hand auf. Weder hatte er in seine Tasche gegriffen noch die Hand bewegt. Trotzdem war es auf einmal da und zeigte auf meinen Bauch. Jetzt war ich auf der Stelle nüchtern; beim Anblick der Klinge durchzuckte mich eisiger Schreck.

Die Klinge war schmal, mit konkaven Seitenflächen, ohne Spitze. Sie hypnotisierte mich. Der Mann bewegte sie nervös und ruckartig. Das Licht wurde von dem glänzenden Metall reflektiert, und als er das Handgelenk drehte, begriff ich voll Entsetzen, daß es ein Rasiermesser war, das gute alte Rasiermesser zum Kehledurchschneiden. Er redete mit mir, aber ich konnte ihn nicht hören. Ich starrte auf das Rasiermesser.

»He«, zischte er und zog mich zu sich heran. Ich sträubte mich und hielt den Rumpf so weit wie möglich von der Klinge entfernt. Plötzlich redete ich, die Worte sprudelten aus mir heraus. Ich sprach schnell, wollte ihm Honig um den Mund schmieren, dachte einzig und allein daran, von dem Messer wegzukommen, und sei es dadurch, daß ich vor lauter Reden einfach nicht mehr daran denken konnte. Ich starrte ihm in die Augen, während ich redete, hoffte, er würde meine Aufrichtigkeit erkennen. »Kein Geld, es tut mir leid, kein Geld, du brauchst das nicht zu tun, tut mir leid, versuch's bei jemand anderem ... bitte ...«

Er stieß mich mit der freien Hand zurück, übergab das Rasiermesser von einer Hand in die andere und griff auf die Arbeitsplatte. Seine Bewegungen waren erstaunlich schnell. Ich hatte meine Aufmerksamkeit auf seine linke Hand verlagert, nur um seine rechte Hand mit dem Küchenmesser darin in meinem Blickfeld auftauchen zu sehen. Er zielte auf meinen Solarplexus, als wolle er mich erstechen. Das Rasiermesser näherte sich meinem Gesicht, unsicher schwankend. Ich legte den Kopf in den Nacken und zog den Bauch ein. Hinter seinem Rücken ging die Party weiter. Ich wurde überfallen, vielleicht erstochen oder mit dem Rasiermesser aufgeschlitzt, und niemand würde es bemerken, ehe es zu spät war. Ich starrte ihn an, und er hielt mit seinem funkelnden, feuchten Obsidianblick meine Augen gefangen. Ich wollte betteln, wollte sogar weinen, wenn er nur wegging. Der strahlende Glanz des Rasiermessers und die trübe, benutzte Klinge des Küchenmessers hielten mich in ihrem Bann. Ich konnte spüren, wie sie in meinen Körper eindrangen. Mein Magen fühlte sich kalt und leer an. Ich wartete auf eine Bewegung, ganz egal mit welchem Arm, und nahm in Gedanken den Stich oder den säbelnden Hieb quer über mein Gesicht vorweg. Ich wußte, was das Rasiermesser dort oder an meinem Hals anrichten würde. War ihm klar, daß er mich rein versehentlich töten konnte? Hatte er das bedacht?

Ich erinnerte mich an einen Schwarzweißfilm, den ich einmal gesehen hatte, in dem ein Rasiermesser quer über einen Augapfel schnitt, so daß eine gallertartige Masse daraus hervorquoll. Das Ganze sah aus wie ein voller Mond, über den ein Wolkenschleier hinwegzieht. Ich glaube, es war ein Film von Man Ray, und dann wunderte ich mich, warum mir bloß solche Dinge einfielen. Die Klingen blinkten im Lichterschein der Party, während der Mann mich mit seinem manischen, wütenden Blick zwang, die Augen abzuwenden, und da stand ich nun und dachte an Surrealismus und Man Ray.

Sein linker Arm, der Arm mit dem Rasiermesser, bewegte sich ruckartig nach vorn, und ich warf entsetzt den Kopf zurück. Aber der Schnitt kam nicht. Mit der gleichen Bewegung hatte er sich umgedreht und war zwei Schritte auf Nick zugegangen, der sich mit ein paar Freunden unterhielt und nicht bemerkt hatte, was sich abspielte. Ich sah, wie der Mann Nick bedrohte, sah, wie die beiden an der Tür jemanden grob anrempelten und dann in den Flur hinausrannten. Plötzlich spürten die Leute, daß etwas nicht stimmte. Ich konnte sehen, daß sie verwirrt erst den Messerstecher anstarrten und dann die Tür.

Der Mann mit dem Rasiermesser stand mit dem Rücken zu mir. Er befand sich in Reichweite meines Arms, und ich stand neben einer Arbeitsfläche, die mit vollen, leeren und halbleeren Flaschen übersät war. Ich griff nach einer vollen Flasche Wodka. Meine Hand zögerte, bewegte sich auf eine leere Tequilaflasche zu und hielt dann inne, blieb mit geöffneter Handfläche machtlos auf der feuchten Platte liegen. Ich konnte es nicht. Ich wußte nicht, ob eine volle Flasche ihn nicht vielleicht umbringen würde, und wenn eine leere Flasche ihn nicht ohnmächtig werden ließ, würde er wütend werden und sich umwenden. Er würde mit dem Rasiermesser um sich schlagen und mich verletzen. Es hatte keinen Sinn. Ich war noch nie ein guter Kämpfer gewesen. Wenn ich je zugeschlagen hatte, dann immer in Notwehr. Mir fehlte die Härte, der tückische Killerinstinkt, der einen Kämpfer gewinnen läßt. Denk nicht über die Folgen nach, kümmere dich einfach nicht drum, was passieren kann, sei hart und schnell und aggressiv. Ich konnte nicht so sein. Statt dessen stand ich hilflos da und sah zu, wie der kleine Mann Nick terrorisierte. Ich fühlte mich erleichtert, fast froh, daß es Nick war, auf den der Mann einstechen würde, nicht ich. Gott sei Dank läßt er mich in Ruhe ...

Ich sah, wie er sich schnell abwandte. An Nick war kein Blut zu sehen, als der Mann zur Tür flüchtete, während er Nicks Stempelgeld in seine grelle und geschmacklose Jacke steckte. Ich sackte in meiner Ecke zusammen, jemand kam zu mir herüber und fragte, was passiert war. Nick redete laut, das Gesicht unnatürlich blaß. Ich wunderte mich, wie ich wohl aussehen mochte. Die Musik plärrte weiter, und der Rauch zog durch einen Raum voll überraschter und benommener Leute. Ich nahm mir eine Zigarette und zündete sie an. Als ich den Rauch tief in die Lungen sog, fühlte ich mich schwach und schwindelig. Die Zigarette nach unten haltend, atmete ich langsam den Rauch aus und schüttelte den Kopf wie ein Hund, der sich abtrocknen will. Dann fing ich an zu kichern.

Vor dem Haus war ein lautes Krachen zu hören. Die Musik hörte auf. Jemand schrie voller Panik, doch der Schrei klang gedämpft und weit entfernt. Ich lief zur Tür, durchquerte das Zimmer rechts von dem Fenster mit Blick auf die Straße. Wieder ein lautes Krachen, und unzählige Glasfragmente verteilten sich mit einem weißlichen, explosionsartigen Aufblitzen im Zimmer. Dahinter war der natriumgelbe Schein der Straßenlaternen zu sehen. Ein Ziegelstein flog an meiner Schulter vorbei und krachte gegen die Wand. In einem winzigen Zimmer, zum Bersten voll mit Menschen, hatten weder die Glasscherben noch der Ziegelstein irgend jemanden verletzt. Eine Sekunde lang blieben wir alle wie erstarrt stehen, doch dann, als hätte jemand unhörbar das alle bewegende Signal zum Untertauchen gegeben, brachten wir uns an den seitlichen Wänden in Sicherheit.

Alle außer Nick, der sich, begleitet von einem Chor ängstlicher und besorgt warnender Ausrufe, auf einen Stuhl stellte und sorgsam den Kopf durch das zackige, von Splittern gesäumte Loch in der Fensterscheibe steckte. Mir standen die Haare zu Berge, als ich sah, wie die tückischen Glasscherben seinen Hals und sein Genick berührten. Er begann, unseren Angreifern auf der Straße Obszönitäten zuzurufen, die ihrerseits – was niemanden sonderlich überraschte – damit anfingen, noch mehr Ziegelsteine nach dem Fenster zu werfen. Ich konnte sie neben dem Fensterrahmen gegen das Mauerwerk prallen hören. Nick brüllte weiter, trotz unserer flehentlichen Bitten, er möge in Deckung gehen. Und wir konnten ihn von seinem Standort nicht wegziehen, ohne daß er Gefahr lief, sich an den Glassplittern das Gesicht zu zerschneiden.

Auf einmal zog er den Kopf zurück ins Zimmer und kam von dem Stuhl herunter.

»Sie haben gerade auf Keith eingestochen, und Murray ist bewußtlos«, sagte er mit tonloser, ungläubiger Stimme.

»Holt die Polizei! Wo ist das Telefon?« Jemand nahm den Hörer ab.

»Mein Walkman ist weg«, beschwerte sich eine Stimme.

»Meine Brieftasche ...«

»Was ist mit Murray?« sagte Neil Milne energisch.

»Meine Brieftasche ist auch weg...«

»Kommt schon, wir müssen ihnen helfen«, beharrte Neil. »Wir müssen sie hereinholen.«

Er zog mich am Arm, und ich folgte ihm in den Flur hinaus und die Treppe hinunter. Jemand hatte die Tür verriegelt. Das Glasfenster, das sich darüber befand, war in tausend Stücken über die Treppe verstreut. Ein Stein lag auf der Fußmatte. Irgendein Gegenstand krachte laut gegen die Tür. Ängstlich blickte ich Neil an. Er hatte einen ungewöhnlich entschiedenen, wütenden Ausdruck im Gesicht.

»Bist du bereit?« fragte er und öffnete die Tür, ohne auf meine Antwort zu warten, die ein emphatisches ›Nein‹ gewesen wäre. Neil lief auf die beleuchtete Straße hinaus; ich folgte ihm instinktiv.

Murray hockte zusammengesunken da. Er blickte in unsere Richtung, als wir aus der Tür kamen, die Augen trübe und ziellos in die Ferne gerichtet. Seitlich an seinem Kopf war Blut zu sehen. Er schien mit sich selbst zu reden. Wir gingen schnell zu ihm hinüber. Ein scharfer Ruf ertönte, und als ich aufblickte, sah ich den mondgesichtigen Messerstecher vor Neil stehen. Gerade wollte ich ihm wegen der Messer eine Warnung zurufen, als der Arm des Mannes auch schon mit überraschender Schnelligkeit nach vorn schoß. Seine Faust knallte mit drei schnellen Schlägen gegen Neils Kiefer, die der nie im Leben kommen sah. Sein Kopf bog sich dreimal ruckartig im Genick nach hinten.

Neil ging zu Boden. Vor ihm sah ich Keith, Sean Smiths Bruder, zusammengesackt in der niedrigen Hecke am Straßenrand liegen. Der wieselgesichtige Mann lief zu ihm hin und trat ihn boshaft gegen die Brust, drückte ihn noch tiefer in die Hecke hinein. Ich spürte einen betäubenden Schlag seitlich an meinem Kopf, und ein halber Ziegelstein fiel zu Boden. Benommen sank ich auf ein Knie, als jemand gegen mich anrannte und zutrat. Ich wollte die Arme heben, um mich zu schützen, aber es gelang mir nur, meinen Widersacher zum Stolpern zu bringen, der mich statt dessen auf den

Rücken schlug. Er war sofort über mir, hieb und trat auf mich ein, zwang mich, auf dem Boden herumzukriechen, während ich versuchte, seinen Schlägen auszuweichen. Ich wußte, daß ich irgendwie auf die Füße kommen mußte, aber es gelang mir nicht. Ich rollte mich in einer schützenden, fötalen Lage zusammen und wartete darauf, daß es aufhörte. Plötzlich fiel mir das Messer wieder ein, und dieser Gedanke schien mich augenblicklich in Aktion zu versetzen. Ich stieß einen Arm vor, traf irgend etwas, und kam auf die Knie. Neil taumelte an mir vorbei zur Tür. Ich schwankte hinter ihm her, wobei ich einen Stein schmerzhaft gegen meine Schläfe prallen fühlte.

Scheinbar endlos schlugen wir gegen die Tür und riefen, sie sollten uns hereinlassen, aber nichts passierte. Ich wollte schon wieder anfangen zu kichern. Was, zum Teufel, war hier eigentlich los? Das war doch Wahnsinn. Ausgerechnet die beiden kleinsten Männer im ganzen Haus beschließen, nach draußen zu gehen, und jetzt können wir nicht wieder zurück! Das hysterische Kichern blieb mir im Halse stecken, als die Tür sich einen Spaltbreit öffnete und mehrere Arme uns unsanft nach drinnen zogen. Steine krachten gegen das Holz. Der Flur war voller Leute.

»Was ist los?«

»Keine Ahnung. War viel zu sehr damit beschäftigt, mich zusammenschlagen zu lassen«, entgegnete ich.

»Sean ist da draußen.«

»Was?«

»Sean ist rausgegangen, als wir euch reingeholt haben. Er hat gesehen, was sie mit Keith gemacht haben.«

»Ach, du großer Gott! Hat jemand die Polizei gerufen?«

»Ja. Vor Ewigkeiten.«

»Wo, zum Teufel, bleiben die denn?« rief Neil, während wir uns alle von dem Ziegelstein wegduckten, der durch das zerbrochene Oberlicht hereingeflogen kam.

»Hört mal, wir müssen sie wieder reinholen«, sagte Neil. Er hatte immer noch diesen Ausdruck störrischer Entschiedenheit im Gesicht. Ich drückte mich von ihm weg, weil ich mir nicht sicher war, ob er nicht vielleicht vorhatte, mich erneut nach draußen zu zerren, damit ich mich noch einmal sinnlos verprügeln ließ.

»Murray sieht wirklich schlimm aus«, fuhr er fort und sah mich Bestätigung heischend an. Ich nickte stumm. »Und Keith haben sie regelrecht zusammengetreten. Er kann dabei draufgehen.«

»Wir brauchen mehr Leute, größere Leute«, fügte ich hinzu und hoffte, es würden sich ein paar Freiwillige melden. Wieder schlug ein Stein gegen die Tür, als Mark Millar sich seinen Weg die Treppe hinunter bahnte.

»Kommt schon. Wir gehen raus.«

Er zog die Tür auf und rannte geduckt zu Murray hinüber. Aus irgendeinem völlig unerklärlichen Grund folgten Neil und ich ihm. Ich hörte, wie sich die Tür hinter uns schloß. Mark hatte sich den herabgefallenen Deckel einer Mülltonne gegriffen und hielt ihn wie den Schild eines schottischen Kämpfers über Murrays Kopf, während er den halb bewußtlosen Mann zur Tür schleifte. Ich zögerte einen Moment, weil ich mich ängstlich und verletzlich fühlte, als Mark an mir vorbeikam.

»Auf ein Neues«, murmelte ich dann und folgte Neil zu Sean hinüber, der sich über die Hecke lehnte und mit den Armen Keiths Brustkorb abschirmte, den Kopf vornübergebeugt, um auch das Gesicht seines Bruders zu schützen. Der mondgesichtige Mann vollführte einen Tritt im Karatestil, der gegen Seans Schulter krachte. Keith schien bewußtlos zu sein. Der wieselgesichtige Mann wollte erneut auf das hilflose Paar zulaufen, hielt dann aber inne. Mondgesicht rief etwas und winkte dringlich mit der Hand. Die drei machten kehrt und liefen in Richtung Schnellstraße und Stadtzentrum davon. Aus der Ferne war Sirenengeheul zu hören.

Alles war so schnell vorbei, wie es angefangen hatte. Die Straße lag schockierend still da. Ich blickte Neil an, der anfing zu lachen. Ich fluchte. Sean richtete sich langsam auf und stand mit benommenem Gesichtsausdruck etwas wackelig auf den Beinen, als sei er überrascht, das Chaos überstanden zu haben. Keith blickte aus der Hecke hoch und lächelte schwach. Er streckte die Hand aus. Sie war mit dunklem, geronnenem Blut beschmiert, das von der Stichwunde an seinem Daumen stammte. Er hatte die rechte Hand schützend vor den Bauch gehalten, als der Mann zustach.

Murray schwankte unsicher am Fuß der Treppe hin und her. Er murmelte immer noch unverständliche Worte vor sich hin. An seinem Ohr war ein Streifen Blut zu sehen. Ich konnte nicht beurteilen, ob er verletzt war oder nicht. Rachel sprach leise mit ihm, aber er verstand sie nicht. Sein Schädel war gebrochen. Als Murray aus der Tür getreten war, hatte ihn einer der Angreifer mit einem Ast auf die Schläfe geschlagen, der so dick war wie ein Baseballschläger. Keith sagte, Murray wollte nur freundlich sein, wie es nun einmal seine Art war. Er hatte weder die Messer noch die Diebstähle im Zimmer gesehen, nur das wütende Dreiergespann, das die Treppe hinunterstürmte, als er aus der Toilette kam. Murray war ihnen nachgelaufen, um ihnen zu versichern, sie seien herzlich willkommen, dies sei eine für jedermann offene Party und wenn es irgendwelche Probleme gäbe, ließe sich das bestimmt bereinigen. Sie hatten ihn niedergeschlagen und auf Keith eingestochen, als er Murray zu Hilfe eilte.

Murray brabbelte vor sich hin, als die Sanitäter ihn auf die Trage luden. Keith folgte ihm nach hinten in das Rettungsfahrzeug, die Hand schützend gegen die Brust gedrückt. Als der Wagen unter Sirenengeheul abgefahren war, wandten wir uns um und betrachteten die Verwüstung, während die letzten Partygäste sich eilig entfernten. Sie wollten nicht dabeisein, wenn die Polizei kam.

Wir saßen hinten im Polizeiwagen und suchten die Gegend ab. Immer wenn wir uns auf der Straße einem Schwarzen näherten, fuhren die beiden Beamten langsamer, und wir starrten ihn an. Von unseren Angreifern war keine Spur zu sehen. Nach unserer Beschreibung zu urteilen, sagten die Polizisten, sei der mondgesichtige Mann vermutlich für mindestens zwei weitere Überfälle mit dem Rasiermesser vor verschiedenen Blues-Clubs ganz in der Nähe verantwortlich. Die Opfer waren schwer verletzt zurückgelassen worden, mit entstellenden Narben im Gesicht.

Jene Nacht zerstörte meine Illusionen. Als wir später darüber sprachen, sagten einige Leute, wir sollten nicht unseren Angreifern die Schuld geben. Sie seien möglicherweise sozial benachteiligt, arbeitslos, schwarz, kämen aus zerrütteten Familien, brauchten Hilfe und Verständnis. Neil und ich starrten sie stumm an, bis es Neil zuviel wurde und er losbrüllte:

»Seid doch nicht so verdammt blöde! Die brauchen keine Hilfe. Murray und Keith brauchen Hilfe. Woher habt ihr bloß solche idiotischen Vorstellungen? Diese Typen sind Schweinehunde. Es ist mir scheißegal, wie schlecht es denen gegangen ist. Das ist keine Entschuldigung. Schwarz, weiß, arbeitslos, was auch immer – das ändert nichts daran, daß sie hirnlose, gewalttätige, räuberische, gemeine Schweinehunde sind.«

»Und so weiter«, fügte ich mit einem Blick auf Neil hinzu, dessen stark geschwollener Kiefer seinen Ausbruch seltsam verzerrt klingen ließ. Er hatte natürlich recht. Es waren Schweinehunde, und ich haßte sie zutiefst, weil sie mich so ängstlich, so hilflos und so schwach machten. Ich war unfähig, ihnen meinerseits weh zu tun, weil ich eine Vorstellung von Schmerz und den Auswirkungen von Verletzungen besaß und es nicht über mich bringen konnte, sie jemand anderem zuzufügen. In einem Haus voller Kletterer, in dem ein ganzes Arsenal an Eispickeln und Eishämmern im Flur hing, hatte keiner von uns daran gedacht, sich zu bewaffnen. Zum Teil, weil wir nicht wußten, wie man kämpft, zum größeren Teil jedoch, weil wir viel zuviel Angst vor den möglichen Folgen hatten. Uns fehlte die hirnlose Nullmentalität der Ganoven, die uns angegriffen hatten. Sollten sie jemals einen Menschen umbringen – was mich nicht wundern würde –, wäre das ein Unfall: der gedankenlose Tritt gegen die Schläfe, der zur Bewußtlosigkeit führt und Gehirnblutungen hervorruft, oder eine geplatzte, blutende Milz. Sie würden niemals innehalten, um sich die Folgen ihrer Schläge auszudenken.

Seit dem Überfall fühlte ich mich in der Gegend von Broomhall nicht mehr wohl. Es war wirklich zu blöd. Nichts hatte sich verändert. Wir waren mit einer Gruppe böser Männer aneinandergeraten, das hätte überall passieren können. Äußerlich war alles gleichgeblieben, aber in meinem Innern herrschte Aufruhr. Ich fühlte mich von schwarzen Menschen bedroht wie noch nie in meinem Leben. Daß ich ihnen nicht traute, hatte keinen anderen Grund als die Angst, die der kleine, mondgesichtige Mann in mir geweckt hatte. Ich haßte ihn, weil ich mich als Rassist fühlen mußte, obwohl ich wußte, daß ich es nicht war, haßte ihn, weil er mich vergiftet hatte.

Zwei Jahre später tauchte er in dem Büro auf, in dem es das Stempelgeld gab, während ich anstand, um mich in die Liste einzutragen. Ich erkannte ihn sofort und sah weg, als unsere Blicke sich trafen. Mein Herz fing in meiner Brust zu hämmern an, und die Angst war sofort wieder da. Hatte er mich erkannt? Ich riskierte einen zweiten Blick. Er hatte sich abgewandt. Aber er war es, daran gab es keinen Zweifel. Und als ich seine breiten Schultern betrachtete, verwandelte sich meine Angst in Wut. Ich erinnerte mich an Murrays stumpfe, schmerzerfüllte Augen, als er sich in seinem abgedunkelten Zimmer von der Kopfverletzung erholte. Dieser Schweinehund mußte bestraft werden. Doch obwohl ich Haß und Bitterkeit empfand, zögerte ich. Ich wollte die Reihe verlassen und zum nächsten Telefon gehen, um die Polizei anzurufen und auf ihr Erscheinen zu warten. Dann wollte ich auf ihn zeigen und dafür sorgen, daß er unter Anklage gestellt wurde. Ich wollte, daß er in eine Ecke gedrängt und verprügelt wurde, daß er Angst bekam, all die Dinge, die er uns angetan hatte, aber ich konnte es nicht tun. Was war, wenn unsere Anschuldigungen sich als unhaltbar erwiesen, wenn sich nichts beweisen ließ, was dann? Er würde meinen Namen kennen und mein Gesicht, und er würde sich an mir rächen. Also trug ich mich in die Liste ein und ging weg, ohnmächtig und schwach und noch wütender als zuvor.

Die Party war eine Abschiedsfete für Simon und mich gewesen. Eine Woche später waren wir auf dem Weg nach Heathrow zum langen Flug nach Peru. Unser Ziel war die sonnige südliche Erdhalbkugel mit einer märchenhaften

Bergwelt voller Riefen und Säulen, umhüllt von hauchzartem Pulverschnee. Wir ließen ein tristes, in Wolken gehülltes Sheffield hinter uns und flogen erwartungsvoll und ganz aufgeregt über den Nordatlantik nach Süden an Kuba und den Westindischen Inseln vorbei, um über mondhellem, öligglattem Meer und Land, sanft und weich, in Caracas zu landen. In jenem Moment war auch die letzte Erinnerung an den Überfall verschwunden. Jegliche Verbindung mit der Heimat war unterbrochen, als wären wir mit der Zeitmaschine in eine andere Ära gereist.

Auf dem Weiterflug nach Süden, die ›Wirbelsäule‹ Lateinamerikas hinunter, schimmerte der Pazifik plötzlich blau an Steuerbord, während die Berge in Sichtweite kamen, die den riesigen Amazonasregenwald von dem schmalen Wüstenstreifen an der Küste abtrennten. Simon war überzeugt davon, daß er den Siula Grande sehen konnte, jenen Berg, den wir besteigen wollten, und er zeigte ihn mir. Ich war mir nicht sicher, ob es sich um die Cordillera Huayhuash oder die Cordillera Blanca handelte, aber Simon beharrte auf seiner Ansicht. Mir erschien das nicht wichtig. Hauptsache, wir waren da. Wir hatten unser Sprungbrett in die großen Berge erreicht. Der Karakorum und der Himalaja würden folgen. Nepal, Indien, Pakistan, die kanadischen Rocky Mountains, Alaska, Afrika – sie alle erwarteten uns jetzt; der erste Schritt war getan. Ich mußte nicht länger von den Expeditionen anderer Leute lesen und sehnsüchtig darauf hoffen, daß jemand mich einladen würde mitzukommen. Der einzige Weg, ein solches Ziel zu erreichen, bestand darin, es selbst zu tun. Das wußte ich jetzt.

»Warum nicht die Huayhuash?« hatte Al Rouse im letzten Winter vorgeschlagen. »Versucht es doch mit der Westwand des Siula Grande. Sie ist noch nicht begangen und durchaus anspruchsvoll. Das wird euch gefallen.« Dabei hatte er uns verschwörerisch angelächelt. Also flogen wir nach Peru. Unser Reisebudget war schmal, doch wir besaßen um so mehr Selbstvertrauen und waren voll naiver Aufregung davon überzeugt, daß wir unser Ziel erreichen könnten, an dem mindestens vier andere Expeditionen bereits gescheitert waren. Unsere Lehrjahre in den Alpen hatten wir absolviert. Wir waren gute Bergsteiger. Es war an der Zeit, unseren Horizont zu erweitern.

Vier Wochen nachdem wir uns von Murray in seinem dunklen Zimmer verabschiedet hatten, fand ich mich in den düsteren Tiefen einer Gletscherspalte wieder, ohne offensichtliche Möglichkeit des Entkommens. Ich starrte ein durchschnittenes Seil an und begriff, daß entweder Simon tot war oder aber er mich als tot aufgegeben hatte.

Zwei Tage zuvor war es uns gelungen, die Westwand des Siula Grande zu besteigen, doch als wir über den ausgesprochen unsicheren Nordgrat abstiegen, war ich von einer kleinen Eisklippe hinuntergestürzt und hatte mir das rechte Knie bös verletzt. Im eisigen Chaos eines Sturms hatte Simon mich Hunderte von Metern weit den Berg hinunter abgelassen, bis er zu der schrecklichen Entscheidung gezwungen gewesen war, das Seil zu durchtrennen, das uns verband. Es war seine einzige Chance, sich selbst davor zu retten, aus seinem einstürzenden Schneesitz heraus in den Tod gezogen zu werden. Ich war dreißig Meter tief in eine Spalte am Fuß der überhängenden Eiswand gestürzt. Nach und nach begann ich einzusehen, daß Simon tot sein mußte, oder aber er war weitergegangen und hatte mich zurückgelassen, weil er glaubte, der Sturz hätte mich getötet.

Ich war völlig allein, einem Schicksal überlassen, das ich so nicht hinnehmen konnte. In der kalten Dunkelheit einer unversöhnlichen, eisigen Gruft weinte ich leise vor mich hin. Mit meinem zerschmetterten Bein bot sich keine Möglichkeit, aus der Spalte herauszuklettern. Ich hatte es bereits erfolglos versucht. Ebensowenig schien es möglich, einen Ausweg zu finden, indem ich mich an den restlichen fünfzig Metern Seil tiefer in die Spalte hinabließ. Als die hysterischen Tränen und Hilferufe schließlich erschöpft waren, saß ich still und seltsam gelassen auf dem schmalen Eisband, auf das ich gefallen war, nachdem Simon das Seil durchtrennt hatte.

Ich war erschöpft, hungrig und sehr durstig. Doch ich wußte, daß es viele Tage dauern würde, ehe ich im Schutz der Spalte stürbe – vier, vielleicht fünf Tage andauernder Qualen, die mich in den Wahnsinn treiben würden, ehe ich allein sterben müßte.

Bis heute verstehe ich nicht ganz, warum ich so überzeugt davon war, daß Simon gestorben sein mußte oder daß er mich zurückgelassen hatte, weil er annahm, ich sei tot. Hätte ich auch nur den leisesten Zweifel gespürt, hätte ich niemals die Kraft gefunden, mich von dem Eisband abzuseilen. Ich wäre immer noch dort, erfroren in meinem eisigen Grab, das erhalten bleiben würde, solange der Gletscher existierte. Statt dessen ließ ich meine letzte Prusikschlinge auf dem eisigen Sims zurück und knüpfte mit Vorbedacht keinen Knoten ins Seilende. Ich wußte, daß ich mit meinen erfrorenen Händen keinerlei Möglichkeit hatte, die Sicherheit des Eisbandes wieder zu erreichen, sollte am Ende des Seils nur Leere gähnen. Ich hatte nicht den Mut, auf dem Sims zu bleiben und auf den Tod zu warten, allein, verrückt vor Schmerz, Angst und Einsamkeit, und ich war viel zu verängstigt, um mich von dort hinunterzustürzen, ohne Seil, in einen barmherzig schnellen Tod.

Heute versuche ich, nicht mehr an jene Zeit zu denken. Die Entscheidung fiel in einem Zustand des Wahnsinns. Ein paar schreckliche Stunden lang hatte ich in jener Spalte den Kontakt zum Leben verloren, zu jedem Lebenssinn. Jetzt ist da nur noch eine Leere in meinem Kopf, ein Ort, an dem ein paar Erinnerungen weggesperrt sind, damit ich sie niemals ganz hervorholen kann. An manches Detail erinnere ich mich mit überraschender Klarheit, aber ich kann nicht genau nachempfinden, wie mir zumute war, wie leer und ausgedörrt ich mich gefühlt haben mußte, während meine Gedanken von einem Extrem ins andere fielen. Heller Wahnsinn wurde abgelöst von kühler Berechnung, wobei mein Körper sichtlich verfiel.

Als es vorbei war, als Simon mich schluchzend aus der schneedurchwehten Dunkelheit in ein vom Kerzenschein erhelltes Zelt geschleppt hatte, versuchte ich mir einzureden, es sei alles gar nicht wirklich passiert. Eine kurze Zeit lang funktionierte das sogar. Die entsetzlichen Schmerzen des Maultierritts zur Straße und die Fahrt auf dem Lastwagen ins Krankenhaus nach Lima lenkten meine Gedanken von unerträglichen Erinnerungen ab.

Im Krankenhaus tauchten sie dann blitzlichtartig wieder auf. An den warmen, hellen, sonnigen Tagen döste ich zwischen einer Morphiumspritze und der nächsten vor mich hin, während ich mich in der kleinen Abteilung umblickte, voll Verwunderung über einen solchen Luxus. Einen Mann sah ich langsam neben mir sterben; gleichzeitig scherzte ich mit einem anderen Patienten über seine Überlebenschancen. Den Sterbenden habe ich nie gesehen. Sie hielten sein Bett hinter Vorhängen verborgen, aber wir konnten die beiden Glasflaschen sehen, die sich mit dem Zeug füllten, das ihn umbrachte.

Einige Zeit verging damit, die Einzelheiten meines Überlebens am Berg aufzuschreiben – eine leidenschaftslose Chronik der Ereignisse, die ich mit zittrigen, frosttauben Fingern aufzeichnete. Wenn ich müde war oder die Medikamente mich hilflos lächelnd in die Kissen sinken ließen, starrte ich das verhängte Bett an und sah zu, wie die Eitertropfen die Flasche füllten. Drei Tage und Nächte lang saß eine Frau neben dem Bett. Sie bewegte sich kaum. Einmal sah ich sie zwischen den Vorhängen hindurchreichen. Ich begriff, daß sie seine Hand hielt, und blickte weg.

Nachts war es anders. Nachts kamen die Alpträume, und das Morphium ließ mich schwitzen und machte mich fiebrig. Ich träumte von den Stunden allein in der Spalte und wachte auf, weinend wie ein kleines Kind. Jedesmal, wenn ich aufschreckte, sah ich, wie das verhängte Bett von dem sanften gelben Schein eines Nachtlichts erhellt wurde, und ich sah die Frau, die bewegungslos daneben saß. Sie wußte, daß er im Sterben lag. Man konnte sehen, wie sie darauf wartete. Sie hatte den Verlust schon akzeptiert. Ich beobachtete sie still, wie ein Voyeur. Ich wünschte mir, ich hätte den Mann sehen können, ihn sterben sehen. Ich wußte, wo er war.

Als ich wieder in den Schlaf hinüberglitt, sah ich die Sterne über mir kreisen, während ich in einer Felsspalte lag. Mich übermannte das Gefühl, daß ich dort für immer liegenbleiben mußte, und ich kämpfte darum, aus dem Traum aufzuwachen. Die sternenübersäte Schwärze schien auf mir zu lasten, drückte mich erbarmungslos immer tiefer in den Boden hinein, und ich hatte das Gefühl, ich sei bereits gestorben. Ich stellte mir vor, wie ich auf den Moränen lag, wie ich jahrhundertelang augenlos die sternenübersäte Aussicht über meiner Leiche anstarrte. Ich wußte, daß ich im Sterben lag, aber es war gar nicht so schlimm. Ich konnte nichts dagegen tun. Eine Stimme sagte mir, es sei zu spät, und ein Teil von mir stimmte dem zu. Es war gar nicht so schlimm gewesen ...

Ich spürte eine Hand auf meinem Arm, die mich rüttelte, und wurde langsam wach. Ich sah, wie die Schwester in den Tropf an meinem Arm Antibiotika injizierte. Ich blickte an ihr vorbei auf den Mann hinter den Vorhängen und fragte mich, ob er wohl von einer sternenübersäten Schwärze träumte und dabei das Empfinden hatte, die Last seines Lebens in die Erde sinken zu fühlen.

Die Träume hörten auf, als ich nach England zurückkehrte, oder vielleicht hörte ich einfach auf, mich daran zu erinnern. Sie waren in Farbe gewesen, und ich hatte sie mit solcher Intensität und Deutlichkeit durchlebt, daß ich sie nicht von der Wirklichkeit zu trennen vermochte. Vielleicht lag es am Morphium.

TEIL 2

13. KAPITEL

Ende und aus

Als Drogenhändler war er nicht besonders beeindruckend – klein, wie alle Peruaner, die ich kennengelernt hatte, und untersetzt, mit glatt anliegenden, öligen schwarzen Haaren und strahlend leuchtenden Augen. Seine Zähne waren ganz weiß, und er lächelte viel. Sein Lächeln war seine Stärke. Es ließ ihn ehrlich und vertrauenswürdig erscheinen. Ich hatte sofort Lust, mich mit ihm zu unterhalten, als er an unseren Tisch kam. Simon blickte auf, lächelte ihn an und zeigte auf den leeren Stuhl neben dem Hocker, auf dem mein Gipsbein lag. Meine Zehen waren dunkelblaulila angelaufen und standen als fünf dicke, kleine Knollen aus dem weißen Gips hervor. An den Gelenken waren keinerlei Falten zu erkennen. Irgendwie erinnerten sie an dunkelrote Essiggurken. Wenn ich mit den Zehen wackeln wollte, bewegten sie sich gleich alle zusammen. Ich hörte mit dem Zehenwackeln auf und betrachtete den Drogenhändler. Zu jenem Zeitpunkt wußten wir noch nicht, daß er mit Drogen handelte, aber weil wir uns langweilten, hätten wir uns in jedem Fall mit ihm unterhalten.

Vor sechs Tagen war ich aus dem Krankenhaus, der *Clinico Americano*, entlassen worden. Die Schmerzen hatten mittlerweile nachgelassen, und die Ärzte waren es leid gewesen, daß Simon mich jeden Nachmittag abholte, mich in den strahlenden Sonnenschein hinausschob und mich in der nahe gelegenen Bar mit Bier abfüllte.

Im Krankenhaus konnte ich Morphium bekommen, wenn ich es brauchte. Ich drückte einfach auf den Knopf, und eine der Lernschwestern kam und gab mir eine Spritze in den Oberschenkel. Danach fühlte ich mich klebrig und fiebrig, aber es half mir zu schlafen. Ich hätte die Tabletten nehmen können, die wir mithatten, aber dann kamen die Träume. Temazepam ruft herrliche, lebendige Träume in Farbe hervor, aber meine handelten von Gletscherspalten und Schreien in der Nacht. Die Schwester weckte mich dann immer, und die anderen Patienten beklagten sich laut auf spanisch. Nach den Nachmittagsbieren brachte Simon mich auf die Privatstation zurück, wo die anderen Männer lagen und darauf warteten, daß die Schwestern ihnen das Abendessen bringen sollten. Die drei Männer mittleren Alters hatten Probleme mit dem Magen und der Verdauung. Sie aßen dünne Suppen und kleine, leichte Mahlzeiten, während sie neidische Blicke auf meine doppelten Portionen Steak oder gegrilltes Hühnchen warfen.

Erst war da noch ein vierter Mann gewesen, aber er aß nie. Sie hatten ihn schon bewußtlos hereingebracht, mit Blutvergiftung. Sein Bett blieb ständig zugezogen. Ich nahm an, die Frau, die Tag und Nacht bei ihm saß, war seine Ehefrau oder seine Geliebte – wir sprachen nie mit ihr. Wir beobachteten nur die großen Glasflaschen unter seinem Bett, die wie bauchige Apfelweinflaschen aussahen. Jeden Morgen kontrollierten wir, was sie enthielten. In der einen war dicker, öliger, safrangelber Eiter, und die andere füllte sich mit unheilvoll dunklem, bedrohlich aussehendem Blut, das wie gesprenkelt wirkte. Der dicke Mann von gegenüber – ganz gelbe Zähne und schwitzige Glatze – lächelte mir jeden Morgen traurig zu und rief dann herüber:

»Hoy, Gringo! Como estás? La calentura, el dolor ...«

»Ja, ein bißchen Schmerzen, besser ... un poco más«, würde ich entgegnen, und dann würden wir beide auf die Flaschen unter dem verhängten Bett blicken.

»Sí, sí«, sagte er dann leise und nickte mit dem Kopf höflich zu der Frau hinüber, die ihm lächelnd ihr blasses, aschfahles Gesicht zuwandte. Sie war die ganze Nacht hindurch dagewesen, hatte bewegungslos auf ihrem Stuhl gesessen, die Beine sittsam in Knöchelhöhe gekreuzt, die Hände lose im Schoß aufeinandergelegt. So saß sie wortlos da, mit traurigem Blick, ein schattenhafter Geist am Rande meines morphiumgetrübten Bewußtseins. Jeden Morgen streckte der fröhliche, dickleibige Bruchpatient die Arme aus, die Handflächen nach oben gekehrt, und bewegte sie auf und ab, als wolle er die Veränderung im Stand der Flüssigkeiten von Blut und Eiter andeuten. Dazu machte er ein ernstes Gesicht und schüttelte langsam den Kopf. Diese wortlose Pantomime mit den Händen vollführte er immer dann, wenn die Frau nicht hinsah. Sie erzählte mir von der Lebenserwartung eines Menschen in einem verhängten Bett, den ich noch nie gesehen hatte. Nach drei Tagen wachte ich morgens auf, und das Bett war leer. Die Schwestern hatten die Vorhänge entfernt und die Matratze abgezogen. Der dicke Mann nickte mit dem Kopf und fuhr sich in einer eindeutigen Geste mit dem Finger über den Hals. Er war in der Nacht gestorben, als ich tief im Morphiumschlaf lag, und ich hatte nicht mitbekommen, wie sie ihn abholten. Ich fragte mich, ob seine Frau wohl geweint hatte. Ich bezweifelte es; sie sah nicht so aus, als würde sie in aller Öffentlichkeit eine Szene machen.

Zwei Tage nach der Operation nahmen sie mir den Tropf aus dem Arm und spritzten mir eine Woche lang Antibiotika – und Morphium, wenn ich es wollte. Ich weiß noch, wie ich nach der Operation aufwachte und mich an nichts erinnern konnte. Mein Kopf lag schwer in den Kissen, als würde er von einem großen Felsblock heruntergedrückt. Lang auf dem Rücken ausgestreckt, das Gesicht der Decke zugewandt, sah ich den Ventilator langsam über mir kreisen und die große, gläserne Tropfflasche an ihrem Ständer hängen. Dann flutete Schmerz mein Bein hinauf. Ich schnappte nach Luft und begann zu hecheln. Verängstigt sog ich, so schnell es ging, immer wieder die Lungen voll Luft, während die Qualen weiter zunahmen und ich darauf wartete, daß sie endlich ihren Höhepunkt erreichten. Doch der Schmerz ließ nicht nach. Er wurde schlimmer und schlimmer, war viel stechender und brennender als an irgendeinem der endlosen Tage, die ich kriechend und stürzend auf dem Gletscher verbracht hatte. Ich mußte gestöhnt haben, weil ich hörte, wie mich einer der Männer etwas fragte, das ich nicht verstand. Er sprach Spanisch, und meine Zunge war dick und trocken von der Narkose. Mein Atem roch noch nach dem süßlichen Gas, und ich konnte kein Wort auf englisch herausbringen, geschweige denn auf spanisch.

Ich erinnere mich daran, wie ich nach der Klingel suchte, aber sie hatten sie nicht wieder auf das Bett gelegt, und ich konnte den Kopf nicht vom Kissen heben, weil irgend etwas ihn heruntergedrückt hielt. Ich hob den linken Arm, und meine Hand tauchte in meinem Blickfeld auf, mit lauter Plastikschläuchen im Gefolge, die in eine harte, durchsichtige Röhre mündeten, die wiederum in eine Vene auf meinem Handrücken eingeführt war. Außerdem gab es noch verschiedene weitere Anschlüsse, um andere Substanzen zu injizieren, die aus dem Röhrenwerk herausragten, so daß die ganze Vorrichtung aussah wie die durchsichtige Abdeckung einer Ölquelle, als ich sie dicht vor mein Gesicht hielt und genauer hinblinzelte. Ich griff über meinen Kopf nach oben und versuchte, die Schnur mit der Klingel daran zu finden. Der Schmerz wurde immer schlimmer. Ich hatte den Eindruck, als liefe Säure oder geschmolzenes Metall über die Innenseite meines rechten Oberschenkels. Gleichzeitig fühlte ich mich schwer und unbeweglich. Ich konnte sehen, wo die weiße Bettdecke über meinem Bein einen Tunnel bildete. Sie hatten wohl eine Art Korb oder Käfig darübergelegt, um es vor dem Gewicht der Decke zu schützen. Meinen Fuß konnte ich weder fühlen noch sehen. Eine Sekunde lang fragte ich mich, ob sie das Bein vielleicht amputiert hatten. Ich verstand nur ein paar Worte Spanisch, und ich war mir nicht sicher gewesen, was der Arzt machen wollte, als er die Röntgenaufnahmen zeigte und die Operation erläuterte. Vielleicht war etwas schiefgegangen. Ich konnte mich daran erinnern, wie ich versucht hatte, bei der Narkose Widerstand zu leisten. Eine Schwester mit grüner Gesichtsmaske hatte mich zurückgestoßen. Der Schmerz flutete immer noch hoch bis in die Leistengegend. Was hatten sie gemacht? Was, zum Teufel, konnten sie bloß gemacht haben?

Da brach es aus mir heraus, mehr ein Aufschrei als das Wort ›Schwester‹, und der Mann gegenüber sagte etwas. Die Klingel war nirgends zu sehen. Ich rief noch einmal und versuchte, mich auf den Ellenbogen aufzurichten, aber dadurch wurde mein Bein im Bett hochgezogen, die Bewegung zerrte am Verband, und der Schmerz flammte noch heißer auf. Ein geschäftiges Klappern von Absätzen war zu hören, als die Tür sich auch schon öffnete.

»Qué pasa?«

Eine junge Krankenschwester sah sich schnell im Krankenzimmer um und suchte herauszufinden, woher der Schrei gekommen war. Der Mann gegenüber sagte etwas, und sie eilte zu mir her.

»Was ist los?« fragte sie, lächelte und berührte sanft meinen Arm. Ich bat auf englisch um ein Schmerzmittel. Sie verstand mich nicht. Ihre Stirn legte sich in Falten, und ihre lächelnden Augen verdunkelten sich vor Verwirrung.

»Schmerzen. Ich habe schlimme Schmerzen.« Ich sprach ganz langsam, wie mit einem Kind. Ich hörte, wie undeutlich die Worte klangen, bedingt durch die Nachwirkungen der Narkose, schloß die Augen und fühlte mich sofort schwer und schläfrig. Ihre kühle Hand drückte meinen Arm noch einmal, und ich hörte, wie ihre Absätze sich entfernten.

»Nein«, sagte ich, als ich die Augen öffnete und sie an der Tür stehen sah. »Nein, ich brauche jetzt etwas. Bitte ... por favor.«

Die Tür fiel zu, und ich stöhnte.

Mag sein, daß ich ein wenig eingeschlafen war, aber ich bin mir nicht sicher. Plötzlich fand ich mich von drei Krankenschwestern umringt. Sie lächelten mich erwartungsvoll an, während der Schmerz mich durchbohrte. Ich mußte erneut aufgeschrien haben. Dann bat ich um ein Schmerzmittel, um Morphium, und sie blickten einander verständnislos an und kicherten. Ärgerlich zeigte ich auf meinen Arm, um eine Injektion anzudeuten, und sagte »dolores, dolores«, was nach meiner Ansicht ›Schmerzen, Schmerzen‹ auf spanisch heißen sollte. Die Schläuche hingen von der Ölquellenabdeckung an meiner linken Hand hinunter, und plötzlich leuchtete helles Verstehen aus den Gesichtern der drei Mädchen, und Gelächter erklang, als sie meine Hand hielten und die Röhren entfernten. Ich lehnte mich zurück, erleichtert, daß sie etwas gegen den Schmerz tun würden, der mir die Tränen in die Augen trieb. Ich wandte das Gesicht ab, während sie sich an meiner Hand zu schaffen machten.

Ein scharfer, stechender Schmerz ließ mich herumfahren. Eine der Schwestern hatte die dicke Nadel am Ende des Röhrenwerks in eine andere Vene verlegt. Sie klebte sie mit weißem Heftpflaster fest und lächelte mich dabei strahlend an. Nichts hatten sie mir gegeben. Die Röhrchen hätten mir weh getan, dachten sie, daher mußten sie verlegt werden.

»Nein, nein«, sagte ich laut und versuchte, mich aufzusetzen. Eins der Mädchen drückte mich in die Kissen zurück. »Nein, es sind die Schmerzen in meinem Bein ... mucho dolores.«

Sie verlegten den Tropf an meinem linken Arm noch zweimal, während ich mehr oder weniger klar bei Bewußtsein war, ständig gegen die Nachwirkungen der Narkose und den Schmerz ankämpfend. Als sie versuchten, das Röhrenwerk in meinen rechten Arm zu legen, verlor ich die Geduld und brüllte, so laut ich konnte:

»SCHMERZEN!«

Mit dem linken Arm holte ich gleichzeitig kräftig aus und stieß den Fuß, an dem der Tropf hing, um. Es war ein schwerer Ständer aus Metall mit einer Literflasche aus Glas am Haken, und er kippte zur Seite. Ich sah, wie der Patient neben mir rasch den Arm ausstreckte, um sich zu schützen, als der Tropf auf seinen dicken, runden, kürzlich genähten Bauch zu fallen drohte. Doch eine der Schwestern fing Flasche und Ständer auf, ehe sie ihn trafen, und mühte sich ab, alles wieder richtig hinzustellen, während die beiden anderen mich anschrien. Aber dafür war es zu spät. Mir war jetzt alles egal, und ich schrie zurück, wütend und heftig, voller Schmerz und Frustration, bis sie schließlich aus dem Zimmer eilten.

Ich brüllte und fluchte weiter, laut und obszön, obwohl der dicke, alte Mann mir gegenüber mit sanfter, melodiöser Stimme immer wieder sagte: »Calme, calme ...« Dazu wedelte er mit den Händen, die Handflächen nach unten gekehrt, auf freundliche, beruhigende Art. Ich schrie immer noch, als die

Tür aufgestoßen wurde und eine der Schwestern mit entschlossenem und gleichzeitig ängstlichem Gesichtsausdruck auf mich zugeeilt kam. Ich glaube, ich sagte gerade zu dem alten Mann, er solle sich zum Teufel scheren, als die Nadel in meine Pobacke eindrang. Ein flaues, warmes Gefühl kroch mir den Rücken hinauf. Der Schmerz dauerte noch eine Weile an, aber sein Brennen ließ nach. Unter der Einwirkung von Injektion und Narkoseresten schlossen sich meine Augen, und mit einem Fluch auf den Lippen schlief ich ein.

Nach vier durchschwitzten, feucht-klebrigen Nächten voll seltsamer Träume, aus denen ich immer wieder in der festen Überzeugung erwachte, ich sei noch in der Spalte, wurde aus dem Schmerz ein leises Pochen. Seit die Schwestern verstanden, was ich wollte, bat ich immer wieder um Injektionen, verhielt mich im übrigen aber als Patient sehr brav. Das Morphium half mir, die Zeit herumzubringen, und es half mir zu vergessen.

Eines Tages bekam ich Besuch von einer Frau. Sie war Vizekonsulin bei der britischen Botschaft und sprach ein höchst vornehmes Englisch, ganz Gurkenschnittchen und Teegesellschaften im Kolonialstil. Mit meiner Versicherung gäbe es jetzt keine Probleme mehr, beteuerte sie. Dann fragte sie mich, was passiert war. Als ich ihr von dem Seil erzählt hatte, das Simon durchtrennen mußte, von meinem Herumkriechen und unserem Wiedersehen, schlug sie vor Freude über diese wundersame Fügung die Hände zusammen. Wie unglaublich sei das doch alles, sagte sie, und wie froh wäre sie, mich kennengelernt zu haben. Von den neun Unfällen beim Bergsteigen, mit denen sie bisher zu tun gehabt hatte, war dies der einzige mit Überlebenden.

»Die meisten sind einfach verschwunden. Manchmal hatte ich es mit ein oder zwei Leichen zu tun, aber Sie sind tatsächlich der erste Bergsteiger, den ich wirklich kennenlerne. Ist das nicht wunderbar?« Sie sagte das ganz mädchenhaft und aufgeregt, rauschte mit ihrem geblümten Rock aus dem Zimmer und rief mir mit lauter, befehlsgewohnter Stimme auf Wiedersehen zu.

O wie wunderbar, dachte ich, als die Schwester mir eine weitere Nadel voll *Smile Juice* in die Pobacke stach und Simon grinsend mit einem Bündel Bananen hereinkam. Die ganze Woche lang hatte ich ständig dieses Grinsen im Gesicht, bis sie am zwölften Tag sagten, ich solle gehen. Simon kam und half mir, auf Krücken die Treppen hinunterzuhumpeln, hinaus in den strahlenden Sonnenschein und dann in den heißen Innenraum eines klapprigen VW-Käfer-Taxis.

Die Fluggesellschaft hatte versprochen, sie würde versuchen, uns baldmöglichst einen Platz für den Heimflug zu reservieren, aber das konnte noch mindestens zwei Wochen dauern. Ich zog also in das billige, etwas heruntergekommene Hotel in der Nähe der Plaza San Martín um, das Simon für uns ausgesucht hatte. Wir bewohnten ein Doppelzimmer im Erdgeschoß, ganz in der Nähe der lauten Toiletten, wo ich mich in einem Zustand ständiger Angst über den glatten, feuchten Steinfußboden bewegte, auf dem die Gummifüße meiner Gehhilfen seitlich wegrutschten. Immerhin mußte ich so keine Treppen steigen, und es war einfach, die nahe gelegenen Restaurants und Bars zu erreichen. Die Straßen waren trocken. Nur Müll und fauliges Gemüse bedrohten meine langsamen, krückengestützten Schritte. Ich fühlte mich schwach, als hätten meine Muskeln sich aufgelöst. Oft mußte ich anhalten und mich ausruhen, schwer atmend, als befände ich mich in großer Höhe. Das erschien mir seltsam. Ich hätte fit sein müssen, war es aber nicht.

Stück für Stück vergaß ich, woran ich mich nicht erinnern wollte. Mehr als zwanzig Kilogramm Gewicht hatte ich verloren, vierzig Prozent meines gesamten Körpergewichts. Meine Muskeln hatten sich zersetzt, waren absorbiert worden, von meinem verzweifelten Körper gewissermaßen ›aufgefressen‹. Die Erinnerung an das Herumkriechen zwischen Felsblöcken und Geröll war sorgsam ausgelöscht. Seit ich mich nach Tagen der Verzweiflung fast wahnsinnig in Simons Leben zurückgeschleppt hatte, waren kaum mehr als zwei Wochen vergangen, und doch gab sich alles um mich her so erstaunlich normal und unverändert, daß ich das Gefühl hatte, es sei nichts weiter geschehen. Selbst die Träume im Krankenhaus schienen nichts mit der Wirklichkeit zu tun zu haben. Simon benahm sich, als wäre alles wie immer, was es auf eine Art, nehme ich an, auch war. Ich hatte mir in den Bergen das Bein gebrochen, und jetzt warteten wir auf unseren Rückflug. Mag sein, daß ich etwas hohlwangig aussah. Meine Augen mochten einen manischen Schimmer zeigen, der normalerweise nicht darin lag, einen Morphiumglanz oder den ›Tausend-Meter-Blick‹ von jemandem, der zu weit über den Abgrund hinausgeraten ist und jetzt, nach allzu langer Zeit, darum ringt, wieder zurückzufinden. Ansonsten schien alles in Ordnung zu sein.

Wir fragten jeden Tag bei der Fluggesellschaft nach, stapften über den Markt, um Obst zu kaufen, wobei Simon mir mütterliche Aufmerksamkeit zuteil werden ließ, und dann gingen wir in eine Bar. Der schlimmste Teil des Tages war das Aufstehen. Wenn ich mich nach einer Nacht, die ich in Rückenlage verbracht hatte, plötzlich aufsetzte, strömte das Blut mit Macht in die Füße. Mein geschwollenes und eingegipstes rechtes Knie behinderte den Blutstrom jedoch, und meine Zehen liefen schnell dunkel an, bis sie fast lila waren. Ich hatte das schreckliche Gefühl, der Fuß müßte jeden Moment platzen. Der einzige Weg, das Schwarzwerden der Zehen zu vermeiden, bestand darin, ganz langsam aufzustehen und die Kissen nach und nach höher zu schieben, bis ich fast aufrecht dasaß und das steife Bein Stückchen für Stückchen auf den Fußboden absenken konnte. Diese Prozedur konnte bis zu einer Stunde dauern. Dabei rauchte ich eine Zigarette nach der anderen und hörte, wie die Leute auf der Toilette hohl klingende Geräusche verursachten, die in dem leeren, zentralen Innenhof des Hotels widerhallten.

Nach einer Stunde waren die Zehen dann einfach angeschwollen, aber nicht lila, und die Schmerzmittel hatten bereits angefangen zu wirken. Jetzt konnte ich auf meinen Krükken vorsichtig in die mittlerweile leeren, aber überschwemmten Toiletten hinüberwanken und mich, auf einem Bein stehend, waschen, mir die Zähne putzen, beim Nachspülen meine Antibiotika einnehmen und den haarfeinen Riß in meinem Schneidezahn betrachten, wo mich am zweiten Tag der Eiszapfen getroffen hatte. Ich untersuchte ihn jeden Tag genau und beobachtete, wie seine Umgebung nach und nach die matte, graublaue Farbe eines toten Zahns annahm, dessen Nerv durchtrennt war. Der Zahnarzt würde ihn bald abschleifen und überkronen.

Jeden Tag riefen wir bei der Fluggesellschaft an, und jeden Tag sagten sie uns, es gäbe noch mindestens einen Monat lang keine freien Plätze. Erst als sie auf einmal begriffen, daß ich gehfähig war und nicht auf einer Trage liegen würde, daß ich also nur einen Sitzplatz brauchte und nicht vier, stellte sich plötzlich heraus, daß es Ende der Woche einen Flug über Bogotá und Caracas für uns gab. Wir ergriffen die Chance und erzählten kurz darauf der Vizekonsulin davon. Frohgemut bot sie an, uns in der Botschaftslimousine zum Flughafen zu bringen – eine Vorsichtsmaßnahme, so sagte sie, damit die Leute vom Zoll nicht mit Drahtsonden in meinem Gips herumstocherten. Ein Gipsverband galt als verbreitete Methode, Drogen zu schmuggeln, so schien es, und ich zuckte regelrecht zusammen bei dem Gedanken, daß irgendwelche Sonden die Stiche um mein Knie herum erkunden könnten.

Über europäische Reisende, die in Peru Drogen für den persönlichen Gebrauch erwerben, kursieren viele Schauergeschichten. Oft sichert sich der Drogenhändler eine Belohnung, indem er den Käufer bei der Polizei anzeigt, sobald das Geschäft abgewickelt ist. Manche Botschaften warnen vor den entsetzlichen Zuständen im Zentralgefängnis von Lima. Sie rechnen mit einer ungefähren Lebenserwartung von vier Jahren für den durchschnittlichen Westler. Wird man auch nur im Besitz eines einzigen Marihuana-Joints angetroffen, kann die Gefängnisstrafe bis zu sieben Jahre betragen. So läßt sich beweisen, daß die peruanischen Behörden etwas gegen den Drogenhandel tun, indem sie den einen oder anderen unschuldig umherreisenden Hippie inhaftieren, während die

Hauptverantwortlichen, die Kokainbarone, munter weiter ihren Geschäften nachgehen, sicher geschützt durch ein kompliziertes Ränkespiel aus Bestechung und Korruption.

Trotzdem hatten wir zustimmend gegrinst, als der lächelnde junge Mann uns fragte, ob wir Kokain kaufen wollten, und so unser Interesse bekundet. Wir waren das Warten leid, hatten es satt, ständig Bier zu trinken – warum also nicht einen Versuch wagen? Ich bezweifelte, daß die Dinge jemals schlimmer stehen könnten als noch vor zwei oder drei Wochen, und während der junge Mann auf uns einredete, begann mein Herz schneller zu schlagen vor Aufregung über den Deal. Die Vorstellung, daß wir uns damit in größte Schwierigkeiten bringen konnten, war ebenso aufreizend wie die Aussicht auf den möglichen Genuß der Droge.

Unser Drogenhändler sagte, er käme aus Bolivien, sei Student und brauche Geld, daher habe er Kokain mitgebracht, um es in Lima zu verkaufen. Das erschien uns plausibel, und er strahlte uns mit seinem gewinnenden Lächeln an. Wir feilschten um den Preis und darum, ob wir in Dollars oder Solis bezahlen sollten. Er wiederholte immerzu, der Stoff sei von bester Qualität, der reinste Koks, den wir je gehabt hätten. Wir grinsten ihn erwartungsvoll an und tranken schnell unser Bier aus.

»Wir müssen es aber erst probieren«, sagte Simon, und der Mann lächelte und nickte zustimmend.

»Das können wir aber nicht hier machen«, protestierte ich. Der Anblick des weißen Pulvers in braunem Papier unter dem Tisch war kurz gewesen. Ich wußte nur, daß die Farbe stimmte. Der Mann war begreiflicherweise nervös, uns seine Ware zu zeigen. Ich spürte, wie das Blut in meinen geschwollenen Zehen pulsierte.

»Ich springe schnell zurück zum Hotel«, schlug Simon vor. »Das ist gleich um die Ecke, und du kannst hier warten und ihn im Auge behalten.« Er stand auf und steckte das zusammengefaltete Päckchen Papier in die Hosentasche. Ich nahm meine Krücken und schritt langsam auf den Bürgersteig hinaus. Die Sonne brannte gleißend auf die Straße vor dem kühlen, schattigen Durchgang hinunter. Der Drogenhändler wollte Geld haben, und Simon gab ihm ein paar Dollars.

»Den Rest gebe ich dir, wenn das Zeug etwas taugt«, sagte er, und der Mann nickte und lächelte mich vertrauenerweckend an.

»Beste Qualität, Sir«, sagte er. »Allerbeste Qualität.«

»Okay, Joe, behalt ihn im Auge. Ich bin gleich zurück.«

Simon eilte auf die sonnenbeschienene Straße hinaus, wo die Staubteilchen, die vom Verkehr aufgewirbelt wurden, im Licht glänzten. Sobald mein Partner um die Ecke verschwunden und damit außer Sichtweite war, machte sich der Drogenhändler davon. Ich sah sein Grinsen, als er sich umwandte und die Gasse hinunterrannte, meinen Ruf ebenso ignorierend wie die hilflos winkende Krücke. Augenblicklich war er verschwunden. Ich stand da, die Krücken in die Achselhöhlen gestützt, und starrte wie benommen hinter ihm her. Warum in aller Welt hatte Simon beschlossen, daß der Krüppel den Dealer bewachen sollte? Ich fing an zu lachen und spürte, wie die Anspannung des Drogengeschäfts nachließ. Es war für Simon so selbstverständlich geworden, sich um mich zu kümmern und alles mögliche für mich zu holen und zu tragen, daß es ihm niemals in den Sinn gekommen wäre, in diesem Fall nicht selbst zu gehen.

Ich erreichte das Hotelzimmer, gerade als Simon mit aller Macht vor sich hin schnaubte. Seine Augen tränten von der Anstrengung, die Wirkung einer Mischung aus Waschpulver und Steinsalz zu erproben. Er blickte auf, als ich durch die Tür gestampft kam, sah mein Gesicht und brach ebenfalls in Lachen aus.

Zwei Tage später bestiegen wir das Flugzeug für die lange Heimreise. Während die Anden ganz und gar unwirklich an uns vorüberzogen, rauchten wir billige, derbe Zigaretten und tranken Bier, gefolgt von Gin. Ganz gemütlich unterhielten wir uns darüber, ob das wirklich der Yerupaja war, den wir da unten rechts sehen konnten, genau wie auf dem Hinflug, und wir fragten uns verwundert, ob wir all jene Dinge wirklich erlebt hatten. Ich nahm ein paar Schlaftabletten und ein Schmerzmittel zum Bier mit Gin und fühlte mich leicht benebelt. Mein Kopf war wie betäubt. Für den Moment lehnte er es ab anzuerkennen, wie nah ich dem Nichts gekommen war. Simon pulte mit meinem Schweizer Taschenmesser die schwarze Haut von seinen erfrorenen Fingerspitzen. Es war das gleiche Messer, mit dem er das Seil durchtrennt und uns beide vor dem Tod bewahrt hatte. Die Haut ließ sich leicht abziehen, als hätte er die Fingerspitzen in Wachs getaucht. Es tat nicht einmal weh, als das nackte, rohe, rosafarbene Fleisch darunter zum Vorschein kam. Seitdem wir uns den Siula Grande hinuntergekämpft hatten, waren auch meine Finger schwarz und taub. Ich bemerkte, wie Simon eine Pause machte, um einen Zug aus seiner Zigarette zu nehmen, bevor er sorgfältig weiterschnippelte. Der Passagier neben ihm sah fasziniert und angeekelt zu. Ich fragte mich, ob wir je einem Menschen erklären könnten, wie es eigentlich gewesen war. Ich bezweifelte es.

Eine Woche verbrachte ich zu Hause bei meinen Eltern in einer Art Schockzustand. Die Alpträume und Tränen kehrten wieder, und dazu kamen plötzliche Anfälle von Schüttelfrost, immer wenn die Erinnerungen an jene Tage voll tiefempfundener Angst wach wurden, an die langen, dunklen Nächte, in denen ich auf den Aufgang der Sonne warten mußte. Mir war das unangenehm, und ich bemühte mich, meine Eltern davon zu überzeugen, daß Simon mir das Leben gerettet hatte, auch wenn es den Anschein haben mochte, als hätte er versucht, mich umzubringen.

Im nächstgelegenen Krankenhaus entfernte ein gönnerhafter Orthopäde den Gips von meinem Knie. Er untersuchte die Operationswunden auf Anzeichen einer möglichen Entzündung und stattete mich dann mit einem Gips aus, der am Knie eine Art Scharnier hatte, so daß ich das Gelenk beugen konnte. Die peruanischen Röntgenaufnahmen tat er als unwesentlich ab. Irgend etwas an diesem Mann machte mich wütend, eine eingebildete Arroganz, die nur zu viele Ärzte an sich zu haben scheinen. Die Fragen, die ich nach der Ernsthaftigkeit der Verletzung stellte, wurden beiseite gewischt.

Seine ganze Haltung schien auszudrücken, daß Gemeinsterbliche viel zu dumm seien, um auch nur das Geringste von medizinischen Zusammenhängen zu verstehen. Patienten sah man sich an, aber man hörte sie nicht. Ich wäre am liebsten wild fluchend aus der Praxis gestürmt, aber das läßt sich auf Krücken nur schwer effektiv machen. Statt dessen verhielt ich mich ruhig, während ich innerlich vor Wut kochte. Mag sein, daß jener Arzt mir sogar einen Gefallen getan hat. Ich war derartig erbost über seine ganze Art, daß ich beschloß, in Zukunft jeglichen ärztlichen Rat zu ignorieren. Die Weißkittel durften gern an mir herumschnippeln und mich wieder zusammenflicken, aber dann wollte ich verflucht sein, wenn ich auch nur auf ein einziges aufgeblasenes Wort hörte, das sie von sich gaben. Als mein Orthopäde schließlich voll königlicher Würde aus dem Untersuchungszimmer enteilt war, griff ich nach meinen Krücken, klemmte mir die Röntgenaufnahmen unter den Arm und machte mich auf den Weg zur Tür. An der Anmeldung vereinbarte ich den gewünschten neuen Termin nicht. Irgend etwas an dem Mann flößte mir das sichere Gefühl ein, daß er die falsche Diagnose gestellt hatte. Sie paßte einfach nicht mit dem zusammen, was ich von den Peruanern erfahren hatte. Am nächsten Tag fuhr ich nach Sheffield, um eine zweite Meinung einzuholen.

Mr. Kay betrachtete stirnrunzelnd die peruanischen Röntgenaufnahmen. Er war ein hochgewachsener, elegant gekleideter Mann mit lockigem, grauem Haar und einer goldenen Halbbrille. Nachdenklich kaute er an einem der zarten goldfarbenen Bügel.

»Das haben die mit Ihnen gemacht?«
»Ja.«
»Hmmm ... nicht gut, gar nicht gut.«
»Der Arzt in York hat sich die Aufnahmen kaum angesehen.«
»Tatsächlich«, murmelte Mr. Kay leicht geringschätzig. »Als erstes, denke ich, müssen wir dieses Gelenkstück abnehmen.«

Er blickte munter auf und sagte etwas Unhörbares zu seinem Assistenzarzt. Zusammen beugten sie sich vor und deuteten mit Stift und Brillen auf die Röntgenaufnahme. Ich lehnte mich zu ihnen hinüber und versuchte zu verstehen, was sie sagten. Mr. Kay schüttelte wiederholt den Kopf, dann richtete er sich auf, ließ seine Brille in die Tasche gleiten und wandte sich mir zu.

»Tja, das ist ein schlimmer Bruch. Eine Fraktur des Schienbeinkopfes. Ziemlich selten, fürchte ich, und dabei ist dieses Stück zurückgeblieben, das jetzt in die Gelenkfläche vorspringt.« Er zeigte auf einen Fleck auf der Aufnahme.

Wovon, zum Teufel, redet der bloß, fragte ich mich, während ich das verschwommene Schwarzweißbild an der Wand betrachtete. Die festumrissene, weiße Linie des Nagels zeichnete sich deutlich darauf ab.

»Und das ist sehr simpel gemacht«, fügte er hinzu und wies auf den Metallstift. »Die Ärzte in Lima haben getan, was sie konnten, nehme ich an, aber die Peruaner sind Jahre hinter uns zurück. Am besten wären Sie für die Operation nach Hause gekommen, wissen Sie.«

»Tja, das war leider gar nicht so einfach – all die Schwierigkeiten mit der Versicherung und mein geschwächter Zustand ... Außerdem habe ich gedacht, es wäre halt ein einfacher Bruch. Die konnten nicht besonders gut Englisch sprechen. Das war schwierig ...«

»Es gibt keinen ›einfachen‹ Bruch. Schon gar nicht, wenn es sich um ein Gelenk handelt.«

»Ich habe schließlich nicht Medizin studiert«, versetzte ich gereizt.

»Nein, nein, ganz recht.« Dr. Kay zog seine Brille aus der Tasche und ließ sie am Bügel hin- und herpendeln. »Ich würde das Knie am liebsten selbst verriegeln. Sehen Sie, seit der Operation in Peru sind mehr als drei Wochen vergangen, und dieses Stück Knochen hat sich um den Nagel gedreht. Jetzt ragt es nach oben in das Gelenk hinein, hier.« Interessiert spähte ich auf die Röntgenaufnahme.

»Eh ... was genau meinen Sie mit verriegeln?« erkundigte ich mich vorsichtig.

»Ah, ja. Nun, wir versteifen das Gelenk durch einen operativen Eingriff, so daß es sich nicht mehr bewegen läßt. Dazu nehmen wir Knochenmaterial aus der Beckengegend, so ...«

»Sie meinen, ich hätte dann ein steifes Bein, keine Chance, das Knie zu beugen?«

»So ist es. Wir würden es leicht angewinkelt einrichten, aber im übrigen – ja, es wäre steif.«

»Ein einziger, durchgehender Knochen von der Hüfte bis zum Fuß?«

»Ja. Ich sagte bereits, es sieht nicht gut aus.«

»Nein«, entgegnete ich bestimmt. »Auf gar keinen Fall. Wenn Sie das tun, werde ich nie wieder klettern können. Ich werde nicht einmal in der Lage sein, normal zu gehen.«

»Ich glaube nicht, daß wir die Wahl haben, Mr. Simpson. Sehen Sie, diese Dislokation beginnt bereits, mit dem Knochen zu verwachsen.«

»Dann brechen Sie das Ganze doch neu. Schneiden Sie das Knie auf, und packen Sie alles wieder an seinen Platz ...«

Ich wurde gebeten zu gehen, während sie die verschiedenen Möglichkeiten erwogen. In ein paar Stunden sollte ich wiederkommen. Verdrießlich saß ich in einer nahe gelegenen Kneipe. Obwohl ich mir nach dem Unfall geschworen hatte, nie wieder klettern zu gehen, schien es mir doch nicht richtig zu sein, daß die Entscheidung so plötzlich in fremden Händen liegen sollte.

Bei meiner Rückkehr wirkte Dr. Kay fröhlich und zuversichtlich.

»In Ordnung, Joe. Sie heißen doch Joe, nicht wahr?«

»Ja.«

»Gut, in Ordnung! Wir haben beschlossen, daß wir versuchen wollen, den ausgewanderten Knochen zu brechen und wieder an seinen Platz zu befördern.«

»Großartig, das ist wunderbar. Müssen Sie das Knie dazu wieder aufschneiden?«

»O nein, das ist das letzte, was wir wollen. Eigentlich hätten auch die Peruaner nichts dergleichen tun sollen. Wir werden versuchen, den Knochen durch Manipulation von außen wieder zurückspringen zu lassen.«

»Und was genau bedeutet das?«

»Nun, wir nehmen Ihr Bein, so«, sagte er, während er den Vorgang an meinem gesunden Bein demonstrierte, »und biegen das Gelenk aufwärts, so.« Er zog meinen Fuß nach oben zu mir heran, während er den Oberschenkel fest gegen die Unterlage gedrückt hielt. Mein Bein fing an, sich im Knie durchzubiegen, und die Kniesehnen strafften sich.

»Au!«

»Wenn wir das Bein überstrecken, etwa so ...«

»Aua!«

»... glauben wir, daß die Dislokation auf dem Plateau der Tibia wieder an ihren Platz neben dem Femur zurückgedrückt wird, etwa so!« Er rollte die Knöchel seiner Fäuste gegeneinander, um den Bruchvorgang zu veranschaulichen, und ließ mein schmerzendes Bein auf das Bett zurückfallen.

»Sieht so aus, als würde das weh tun«, meinte ich und massierte mein Knie. »Aber was passiert dabei mit den Sehnen und Bändern um das Knie? Ich nehme an, die werden alle reißen, oder?«

»Nein, ich hoffe, wir werden das vermeiden können, insbesondere wenn die Fraktur früh genug bricht.«

»Gut.«

»Problematisch kann es werden, wenn die Dislokation sich nach einem Zeitraum von drei Wochen nicht mehr brechen läßt, falls der Knochen schon zu hart geworden sein sollte. Wenn das der Fall ist, haben wir keine andere Wahl als die Versteifung.«

»Aber wenn es funktioniert, wird mein Bein dann wieder ganz normal?«

»Nein.« Er sagte das mit Bestimmtheit. »Die Aussichten sind nicht besonders gut, selbst wenn es funktioniert.«

»Na, immerhin. Es ist schon toll, daß ich überhaupt die Wahl habe, nehme ich an. Übrigens, was würde mit dem Kniegelenk passieren, wenn es in diesem Gips mit dem Scharnier bliebe?«

»Es würde niemals funktionieren. Das können Sie schon an der Röntgenaufnahme erkennen. Nach dem Datum zu urteilen, hatte sich das Ganze bereits einen Tag nach der Operation verschoben.«

»Das heißt, der Arzt, der mir diesen Gips verpaßt hat, hätte mich zum Krüppel gemacht?«

»Eh, nein, so einfach ist das nicht. Jeder Arzt hat eine andere Vorstellung von der richtigen Behandlungsmethode.«

»Und seine bestand darin, mich zum Krüppel zu machen...«

Ich redete mit einem weißgekleideten Rücken, der sich von mir entfernte. Ausweichmanöver von so unvergleichlicher Eleganz zu erleben fasziniert mich immer wieder.

Vier Monate später, nach zwei Versuchen, das Knie erneut zu brechen, und etlichen Wechseln des Gipsverbands, saß ich erneut vor Mr. Kay, der mich über den Rand seiner Brille hinweg anblickte und die Prognose stellte.

»Nun, Joe, das ist immer noch ein ganz schlimmes Knie, aber ich habe jetzt einige Hoffnung, daß Sie es vielleicht wieder bewegen können. Fünf Grad Beugung, wenn es hoch kommt, würde ich sagen. Wieder klettern zu gehen steht selbstverständlich außer Frage. Es ist zweifelhaft, ob Sie je wieder laufen werden, ohne zu humpeln. Wo der Meniskus durch die Bruchstelle beschädigt ist und diese kleinere Dislokation gegen den Femur reibt, ist das Auftreten einer Gelenkentzündung unvermeidlich. Aber das ist immer noch besser als die Versteifung, und Sie sollten eigentlich froh darüber sein, daß Sie nicht mehr klettern können. Mag sein, daß das ein längeres Leben für Sie bedeutet – wenn auch nicht für das gute alte Knie, schätze ich.«

»Vielleicht«, stimmte ich nicht ganz überzeugt zu. »Aber man weiß ja nie. Andere Menschen haben viel Schlimmeres durchmachen müssen und sind darüber hinweggekommen.«

»Das ist wahr, aber ich möchte Ihnen keine allzu großen Hoffnungen machen. In Ordnung, ich entlasse Sie jetzt, Sie dürfen gehen – und halten Sie sich von den Bergen fern.«

In jenem langen Sommer der Operationen und der schmerzhaften Rehabilitation war Simon in die Alpen gefahren und hatte die Nordwand des Eigers bestiegen. Das versetzte mir einen flüchtigen Stich der Eifersucht, was mich überraschte. Ich hatte ein für allemal beschlossen, niemals wieder bergsteigen zu gehen, aber irgendwie hatte ich trotzdem erwartet, daß meine Entschiedenheit mit der Zeit nachlassen und ich wieder die vertraute Sehnsucht nach den Bergen spüren würde. Das Gegenteil war der Fall. Mit jeder weiteren deprimierenden Neuigkeit im Hinblick auf mein Bein und die medizinische Diagnose, daß es nie wieder richtig funktionieren würde, verhärtete sich mein Entschluß gegen das Bergsteigen.

Mit dem Unfall und dem schrecklichen Kampf ums Überleben hatte ich mich abgefunden. Andere reagierten immer noch betroffen, aber für mich war das einfach etwas, das sich vor einem halben Jahr ereignet hatte. Wenn ich danach gefragt wurde, stellte ich fest, daß ich die Geschichte in ungefähr anderthalb Minuten erzählen und die Einzelheiten meiner Qualen ohne großen Gefühlsaufwand beschreiben konnte. Was ich erlebt hatte, berührte mich nicht mehr. Ich hatte es weit hinten in meinem Kopf abgelegt. Zurück blieb lediglich eine kurze, rudimentäre Geschichte ohne Gefühl. Ich war der Überzeugung, daß ich in eine ausweglose Sackgasse hineingeraten würde, wenn ich immer wieder über die Ereignisse nachdachte und mich sorgte, was nicht alles hätte passieren können. In eine solche Ausweglosigkeit wollte ich mich nicht hineinbegeben.

Simon reiste aus den Alpen weiter nach Pakistan und in den Karakorum. Mir war das egal. Die Ambitionen, die ich einst verfolgt hatte, waren verflogen, scheinbar für immer. Als ich davon hörte, daß Roger Baxter Jones ums Leben gekommen war, als er am Triolet eine Gruppe Touristen führte, war ich darüber ebenso schockiert wie über meine Unfähigkeit, den Umstand zu akzeptieren, daß er tot war. In der Vergangenheit war es mir leichter erschienen, den Verschleiß an Menschenleben hinzunehmen; jetzt, seit ich nichts mehr mit dem

Bergsteigen zu tun haben wollte, erwies es sich als unmöglich. Es bestand keine Notwendigkeit mehr, mich davon zu überzeugen, daß es berechtigt war, ein derart hohes Risiko einzugehen. Plötzlich war ich zum Nichtkletterer geworden, und sofort erschien mir all dies ganz unbegreiflich.

Mit Expeditionen zum Shishapangma, Makalu, Broad Peak und K2 hatte Roger Baxter Jones sich als einer der herausragenden britischen Bergsteiger im Himalaja einen Namen gemacht. Dann hatte er gesagt, er wolle eine Weile von den großen Reisen ausruhen und sich den Lebensunterhalt als Bergführer in Chamonix verdienen. So konnte er mit seiner Frau Christine und seiner kleinen Tochter zusammensein. Er schien den Druck der langen Expeditionen mit ihrem enormen Aufwand an Zeit, Geld und Energie satt zu haben. Eine Unterbrechung würde ihm guttun. Er könnte wieder neue Energie tanken, und der zuständige Sachbearbeiter seiner Bank würde sich beruhigen, hatte er gesagt. Mit seinem natürlichen Humor und seiner Freundlichkeit hat Roger Baxter Jones mich nie eingeschüchtert. Wenn ich mich an ihn erinnere, denke ich an einen Menschen, der immer lächelt und immer fröhlich ist, bereit, dir selbstlos zu helfen, wie er es tat, als Duncan ums Leben kam, und später, als Andy Parkin schwer verletzt in der Schweiz im Krankenhaus lag. Jetzt hatte es den Anschein, als sei eine ganze Generation von britischen Bergsteigern ausgelöscht worden.

Pete Boardman und Joe Tasker waren im Mai 1982 am Nordnordostgrat des Everest verschwunden. Im Herbst jenes Jahres wurde Alex MacIntyre, ein mutiger und begabter Bergsteiger, an der riesigen Südwand der Annapurna von einem einzigen fallenden Stein getötet. Im selben Jahr hatten Doug Scott, Roger und er zuvor eine großartige alpinistische Besteigung der Südwestwand des Shishapangma hinter sich gebracht. Drei Jahre später sollte Roger am Triolet ums Leben kommen, und im nächsten Sommer starb Al Rouse, der mich und Simon ermutigt hatte, nach Peru zu gehen – zusammen mit zwölf anderen Bergsteigern in einem einzigen tragischen Sommer am K2. Es existiert ein beredtes Bild von Boardman,

Tasker, Rouse und Bonington, aufgenommen nach ihrer Besteigung des Kongur, 1981, wie sie in einteiligen roten Anzügen auf dem Gipfel stehen. Innerhalb von fünf Jahren waren alle außer Bonington ums Leben gekommen.

Plötzlich schien mir das Klettern eine wirklich unsinnige Angelegenheit zu sein. Wenn Bergsteiger, die so gut waren, so schnell ihr Leben lassen mußten, was, um Himmels willen, hatte ich dann in Peru erreichen wollen? Das Sterben der Freunde und Gefährten und die schreckliche Erfahrung, auf dem Siula Grande als tot zurückgelassen zu werden, trafen zusammen und veränderten meine gesamte Weltsicht. Es war ein Schock, mich so plötzlich einem Lebensstil entfremdet zu finden, der mir bis dahin so positiv und wertvoll erschienen war. Ihn jetzt mit anderen Augen zu sehen war unbequem. Ich mochte das Gefühl nicht, daß ich mich getäuscht hatte, daß wir alle an der Nase herumgeführt worden waren und daß die Menschenleben, die das Bergsteigen gekostet hatte, nichts weiter als eine sinnlose Verschwendung waren. Doch ich konnte mich nicht der hinterhältigen Vorstellung erwehren, daß dies alles zu nichts führte und wir einfach blind im Kreis herumgerannt waren.

Ich wußte, daß dieses Gefühl nur mich betraf. Simon war genauso begeistert vom Klettern wie seit eh und je, und das galt auch für die anderen Freunde. Mit dem Gefühl, als hätte ich mich in aller Stille selbst aus ihrem Kreis ausgeschlossen, sah ich zu, wie sie auf Expeditionen gingen, und wartete auf die unvermeidliche Nachricht, daß sich ein weiterer Unfall ereignet hatte. Ich sehnte mich nicht danach, mit ihnen zu gehen.

Inzwischen waren die Berichte über unser Abenteuer in Peru zum allgemeinen Gesprächsstoff geworden, und so wurde die Geschichte immer stärker entstellt. Ich bekam einige erstaunliche Versionen zu hören, die keinerlei Bezug mehr zu dem hatten, was tatsächlich passiert war. Eine besondere Faszination schien vom Durchschneiden des Seils auszugehen. Das beschäftigte die Leute. Vielleicht lag hier ein besonders sensibler Punkt in der Bergsteigerseele – das Durchtrennen der sichernden Rettungsleine zwischen den Partnern war tabu. Wie konnte es überhaupt richtig sein, das zu tun? Für manche Kletterer war es schier unvorstellbar, daß eine solche Handlungsweise nicht nur möglich, sondern gerechtfertigt und absolut notwendig sein sollte. Die Grundfesten ihres Verhaltenskodexes waren erschüttert. Das führte nach meiner Einschätzung dazu, daß Simon, der so viel riskiert hatte, um mir das Leben zu retten, geschmäht und verunglimpft wurde für etwas, das er nicht getan hatte – für etwas, das durch müßiges Geschwätz verzerrt worden war.

Später fand ich heraus, daß ein Mitglied im Auswahlausschuß der *Mount Everest Foundation* den Vorschlag eingebracht hatte, Simon solle davon ausgeschlossen werden, jemals finanzielle Unterstützung zu erhalten. Zur Begründung führte er an, sein Verhalten in Peru sei unakzeptabel gewesen. Als Beweis für Simons Fehlverhalten wurde in der nichtöffentlichen Sitzung ein Artikel von mir herangezogen, den ich für die Zeitschrift *High* geschrieben hatte. Darin erläuterte ich, was passiert war. Glücklicherweise war unser Freund Andy Fanshawe, der offizielle Vertreter des *British Mountaineering Council*, bei dem Treffen anwesend und vertrat mit Erfolg die Ansicht, daß Simons Ankläger, was das moderne Bergsteigen betraf, bedauerlicherweise nicht auf der Höhe der Zeit war. Ohne Andy hätte Simon niemals den Grund für diesen Versuch der internationalen Ächtung erfahren. Es mußte dringend etwas getan werden, um diese Ungerechtigkeit auszugleichen.

»Schreib ein Buch. Das ist das Beste, um die ganze Geschichte richtigzustellen«, erklärte John Stevenson, indem er sich vorbeugte, um die Kugeln auf dem Billardtisch anzusprechen.

»Oh, sicher«, entgegnete ich sarkastisch.

Er verfehlte die schwarze Kugel, fluchte unterdrückt und richtete sich dann auf.

»Warum denn nicht? Du hast doch schon ein paar Sachen geschrieben?«

»Ich habe ein paar Artikel mit höchstens tausend Worten

für *High* geschrieben. Das qualifiziert mich nicht gerade als Buchautor, oder?«

»Nun, jeder Schriftsteller muß mal klein anfangen. Du wirst nie herausfinden, ob du es kannst, wenn du es nicht probierst.«

»Wie lang ist ein Buch im Durchschnitt?«

»So achtzig- bis neunzigtausend Wörter, schätze ich.«

»Neunzigtausend! Soviel kann ich nicht schreiben. Mensch, meine Abschlußarbeit an der Uni hatte nur zehntausend Wörter, und da dachte ich schon, ich würde nie fertig.«

»Nein, nein«, sagte John abwinkend. »So darfst du da nicht rangehen. Du arbeitest dich Tag für Tag voran. Du setzt dir ein Ziel von, sagen wir mal, zweitausend Wörtern pro Tag, in Ordnung? Das heißt, du bist in vierzig bis fünfzig Tagen fertig, und das sind nur fünfeinhalb bis sechs Wochen – oder acht, wenn du an den Wochenenden nicht arbeitest. Das ist doch gar nicht so schlimm, oder?«

Ich starrte ihn an. »Nicht so schlimm? Wie viele Bücher hast du denn schon geschrieben? Kein einziges.« Ich sprach den Spielball an und gewann, indem ich die schwarze Kugel in die mittlere Tasche einlochte. »Oh, das macht übrigens ein Pfund«, sagte ich und streckte die Hand aus, weil ich das Spiel gewonnen hatte.

»Was glaubst du denn, wie überhaupt je ein Buch geschrieben wird, um Himmels willen?« fragte John und gab mir das Geld. »Die Leute setzen sich einfach hin und fangen an. Daß es besonders einfach ist, hat noch keiner behauptet.«

»Okay, nehmen wir an, ich schaffe es, dieses Meisterwerk in acht Wochen fertigzuschreiben. Was dann? Ich gehe damit von einem Verlag zum anderen hausieren und warte auf die Absagen, ja?«

»Falsch. Du gehst zuerst zu einem Verlag, überzeugst die Leute davon, daß du eine Geschichte hast, die zu erzählen lohnt, unterschreibst einen Vertrag, der die dazu verpflichtet, das Buch zu veröffentlichen, läßt dir einen Vorschuß von, och, mehreren tausend Pfund geben, und dann fängst du an zu schreiben.«

»Du machst Witze!«

»Nein, so macht man das.«

»Die geben einem wirklich Geld im voraus?« Er nickte. »Und was hindert mich daran, mit dem Geld abzuhauen und keine Silbe zu schreiben?«

»Oh, du müßtest es zurückzahlen, wenn sie dich finden. Aber warum nicht das Buch schreiben und erst mal abwarten? Tausend Pfund im Monat ist eine ziemlich gute Bezahlung, und man weiß ja nie, vielleicht wird es ganz spannend.«

Ich konnte nicht glauben, daß er das ernst meinte. Aber wenn die Verträge, von denen John sprach, wirklich existierten, sollte ich es vielleicht tatsächlich versuchen. Nein, das war unmöglich! – obwohl ich nichts Besseres zu tun hatte: ein arbeitsloser Krüppel ohne Berufserfahrung, der von Arbeitslosenhilfe und Wohngeld lebte und sich ansonsten so durchmogelte (wie John sehr richtig herausstellte). Im Krankenhaus hatten sie es abgelehnt, meinen Körper zum Schleuderpreis von vierzig Pfund für die medizinische Wissenschaft zu erwerben, und auf halbem Weg den Flur zum Spenderzimmer für künstliche Befruchtung hinunter hatte ich einen Rückzieher gemacht. Mein Sperma wollte ich nicht verkaufen. Warum also nicht ein Buch schreiben? Zumindest würde es mich im *Broadfield*, meiner Stammkneipe, mehrere Monate lang über Wasser halten.

Ich fing an, mich nach guten Tips umzuhören, was Verlage und Herausgeber anging. Jim Perrin, Autor und Kolumnist der Zeitschrift *High*, machte mir Mut, mich an Tony Colwell vom Cape-Verlag zu wenden. Die beiden waren keine engen Freunde, aber einige der Bücher, die Tony herausgebracht hatte, gefielen Jim sehr gut, und Jonathan Cape war ein angesehener literarischer Verlag.

Die erste Reaktion war ermutigend. Es fiel leicht, sich mit Tony zu unterhalten, und er vermittelte mir Selbstvertrauen. Aber nach einer Reihe von Telefongesprächen hatte ich immer noch keine definitive Zusage. Er wollte scheinbar, daß ich das Buch schreiben sollte, aber irgend etwas hielt ihn zurück. Ich begann schon zu glauben, es sei alles nur ein schöner Traum gewesen. Tony hatte ich erklärt, daß ich den Vertrag als Anreiz brauchte, um überhaupt anzufangen, sonst würde ich niemals den Mut haben, die Mühe des Schreibens auf mich zu nehmen.

Schließlich einigten wir uns auf einen bescheidenen Vorschuß, und im März 1987 wurde der Vertrag unterschrieben. Dann sah ich mich der ersten Hürde gegenüber – einem weißen Blatt Papier. Zu dem Zeitpunkt, als der erste Scheck eintraf, hatte ich knapp zwanzigtausend Wörter geschrieben. Ich zeigte Tony ein paar Seiten, beschloß, daß sie Blödsinn waren, und warf sie weg. Er schien unverzagt. Ich wollte noch einmal neu anfangen und so aufrichtig und unmittelbar wie möglich berichten, was sich ereignet hatte. Die Geschichte sollte sich gewissermaßen selbst erzählen, und ich wollte zusehen, daß ich schnell damit fertig wurde.

Als ich so weit gekommen war, daß ich beschreiben mußte, wie ich mir beim heiklen Abstieg vom Gipfel des Siula Grande das Bein brach, war ich ganz verzweifelt. Ich stöhnte Tony am Telefon vor, daß ich nicht weitermachen könnte. Er klang irgendwie erschüttert ob meines gequälten Zustands. Nachdem er mich gedrängt hatte, jetzt nicht aufzugeben, ließ er mich mit meinem Frust allein. Ich hatte gehofft, das Schreiben würde eine Art Katharsis für mich bedeuten, die Dämonen aus meinem Kopf vertreiben und mich von schmerzlichen Erinnerungen befreien. Mehr aus Wut über mich selbst als mit einem Gefühl der Angst setzte ich mich schließlich wieder an die Arbeit.

Mehrere Wochen später schrieb ich die letzten Worte und schickte das Manuskript ab. Das Schreiben hatte ganz und gar keine Klärung bewirkt – im Gegenteil. Das Leiden und die Einsamkeit waren erneut über mich hereingebrochen, und ich war regelrecht schockiert gewesen von dem, was auf dem Papier stand – fast als würde jemand anderes die schlimmsten Dinge über mich aufschreiben. Das Schreiben belastete meine Freundin ebenso sehr wie mich. Ich hatte das Gefühl, als hätte ich mich dazu gezwungen, einen Misthaufen umzugraben, und jetzt stand ich da und würgte wegen des ekelhaften

Gestanks, der sich verbreitete. Als das Manuskript abgeschickt war, blieb ich voller Angst und Sorge zurück. Was hatte ich produziert? Was würden die Leute denken? War ich zu ehrlich gewesen, hatte ich zuviel von Angst und Schmerz berichtet? Würde mein Text vor den Kritikern bestehen? Fragen und Selbstzweifel überwältigten mich. Es war ein ungewohntes Gefühl, so unsicher zu sein und die Situation nicht im Griff zu haben, eine Erfahrung, die ich als unangenehm und irritierend empfand.

Nach und nach begann ich zu begreifen, daß ich nie alles im Griff gehabt hatte. Ich gab meinem Leben eine Richtung vor und kam dann mit dem zurecht, was mir infolgedessen zuteil wurde. Die Möglichkeit zur Einflußnahme beschränkte sich jedoch auf die Entscheidung, loszumarschieren. Danach schien ein Glücksspiel daraus zu werden. Letztendlich war ich verantwortlich für das, was mir widerfuhr, weil ich eine Wahl getroffen hatte, die unmittelbar bestimmte Folgen nach sich zog. Trotzdem konnte ich nie wissen, was passieren würde, und deshalb hatte ich auch niemals alles im Griff.

14. KAPITEL

Der Augenblick der Wahrheit

Zwei Jahre dauerte es, ehe ich den Unfall und seine Folgen überwunden hatte – vierundzwanzig Monate lang bestand ich darauf, daß ich nie wieder klettern wollte. Mein Leben war plötzlich leer geworden – ein Leben ohne Zukunftspläne und Ehrgeiz. Trotzdem gab es viel zu tun. Gehen lernen und das Schreiben des Buches nahmen den größten Teil meiner Zeit in Anspruch. Und beide Dinge waren gleichermaßen schmerzhaft.

Die düstere Prognose der Ärzte trug nicht gerade dazu bei, daß ich schnell wieder auf die Beine kam. Ja, ihre zurückhaltende Einschätzung führte dazu, daß ich lange Zeit mehr mit einem psychologischen Problem zu kämpfen hatte als mit einem physischen. Es war nicht leicht, darüber hinwegzukommen, daß man mir erzählt hatte, ich würde nie wieder laufen können, ohne zu humpeln, und dabei das Knie höchstens fünf Grad beugen können. Die einzige erkennbare Möglichkeit, diese Hürde zu meistern, bestand darin, den Männern in den weißen Kitteln nicht zu glauben, sich über ihre Autorität und ihre Erfahrung hinwegzusetzen und einfach anzunehmen, daß sie sich irrten.

Weiße Kittel bedeuten immer Sicherheit und Macht. Man kann sie nicht in Frage stellen und sie schon gar nicht ignorieren. Die Männer, die sie tragen – und in meinem Fall waren es immer Männer –, strahlen eine Überlegenheit und eine schier unangreifbare Selbstsicherheit aus, die von den Leuten im allgemeinen nur zu gern akzeptiert wird: Sie wollen daran glauben. Sie sind ja gezwungen, den Weißkitteln ihr Leben anzuvertrauen, ihre Schmerzen und ihre Angst auf diese gottgleichen Gestalten zu übertragen und darauf zu hoffen, daß es jenen gelingen wird, sie am Leben zu erhalten. Auch ich vertraute den Ärzten rückhaltlos. Bis zu meiner Rückkehr aus Peru hielt ich sie für praktisch unfehlbar, und im stillen tue ich das heute noch, denn wie jeder andere muß ich einfach an ihre Fähigkeiten glauben können. Seit Peru habe ich aber gelernt, zwischen dem rein technischen Reparieren einer Verletzung und der physischen und psychologischen Seite zu unterscheiden, wenn es darum geht, den traumatisierten Verletzten mit seinem Defekt wieder in Gang zu bringen. Chirurgen können schneiden, sägen, transplantieren und nähen, sie können einen zerstörten Körper, so gut sie es eben vermögen, wieder zusammensetzen, aber wenn die Reparaturarbeiten abgeschlossen sind, dann sind es die Physiotherapeuten und der Patient selbst, die den Körper wieder funktionstüchtig machen müssen.

Meine Sitzungen mit der Krankengymnastin waren schmerzhaft und schienen lange Zeit ergebnislos zu bleiben. Nach so vielen Monaten im Gips bestand mein Bein nur noch aus Haut und Knochen. Ich weiß noch, wie ich den weißen Stecken meines Oberschenkels anstarrte, als der letzte Verband abgenommen wurde. Er war nicht dicker als mein Unterarm und mit langen, schwarzen Haaren bedeckt. Der Oberschenkelmuskel schien völlig verschwunden zu sein. Einen langen, schweigenden Moment lang war ich bereit, den Ärzten zu glauben, wenn sie sagten, das Bein würde nie wieder funktionieren. Fast hätte ich um den Verlust geweint, doch dann wurde ich wütend.

Eines Tages, als die Krankengymnastin versuchte, ein Grad Beugung mehr aus meinem Knie herauszuholen, während ich mich bemühte, nicht nach ihr zu schlagen, kam ein Mann mittleren Alters langsam auf Krücken in den Raum gehumpelt. Lautes Gelächter und überraschte Ausrufe schlugen ihm zur Begrüßung entgegen. Der Mann grinste arglos, lehnte seine Gehhilfen an die Wand und setzte sich auf eine Bank in meiner Nähe. Er war dünn und hatte ein hageres, spitzes Gesicht. Zu einem ärmellosen Hemd trug er ein Paar Shorts, aus denen seine dünnen Beine hervorstanden. Sein rechtes Knie war geschwollen und entzündet. Die Operationsnarben liefen wie Einschläge eines Maschinengewehrs kreuz und quer über das Knie. Der Mann beugte sich vor, legte einen kleinen Sandsack auf seinen Fuß und begann, mit dem verletzten Bein Hebeübungen zu machen.

Später fand ich mich in einer Gruppenübungssitzung neben ihm wieder, und in der Trainingspause fragte ich ihn, warum er mit solchem Hallo begrüßt worden war. Seine Antwort trug viel dazu bei, mir klarzumachen, daß es andere gab, die deutlich schlechter dran waren als ich, und daß ich aufhören mußte, so negativ über mein Knie zu denken. Er hatte vor acht Monaten einen Autounfall gehabt, erzählte er mir, und der Weg bis zur Genesung war lang und schmerzhaft gewesen. Zwei Tage nachdem er aus der Physiotherapie als wiederhergestellt entlassen worden war, ging er zusammen mit einem Freund auf den Schießstand, weil der vorgeschlagen hatte, Scheibenschießen sei ein vergnüglicher Zeitvertreib. Keine Stunde nach der Ankunft auf dem Schießstand war es dem Freund irgendwie gelungen, dem armen Mann versehentlich geradewegs durch das erst kürzlich verheilte Kniegelenk zu schießen. Als er das erste Mal nach dem Schuß in die Kniescheibe wieder zur Krankengymnastik gekommen war, hatte es daher ein großes Hallo gegeben. Der Mann schien von Herzen über den ganzen Vorfall zu lachen und blieb völlig gelassen, obwohl er jetzt alles noch einmal durchmachen mußte. Innerhalb einer Woche, nachdem ich diesen Mann kennengelernt hatte, begann mein Kniegelenk sich zu bewegen, nachdem es mehr als einen Monat lang blockiert gewesen war. Vierzehn Tage später hatte ich fast fünfzig Grad Beugung, zehnmal mehr, als die Ärzte für möglich gehalten hatten, und endlich fing ich an, positiv zu denken und zu glauben, daß das Bein wieder richtig funktionieren würde.

Einen Monat später kam ich reichlich angeschlagen mit Neil Milne aus einem Blues-Club in Broomhall gewankt, nachdem wir das Bestehen seiner Abschlußprüfungen gefeiert hatten. Ich taumelte unsicher vorwärts, wollte die Bewegung abfangen und fiel nach hinten, wobei ich mich schwer auf die Pobacken setzte und das steife Knie gewaltsam über seine Blockierung hinweg bog. Ein knorpelig knirschendes

Geräusch war zu hören, und qualvoller Schmerz stieg in meinem Oberschenkel auf.

Ich weiß nicht mehr, wie ich nach Hause gekommen bin. Als ich am nächsten Morgen aufwachte, hatte ich ein Knie von der Größe eines Kohlkopfs am rechten Bein. Drei Tage später war die Schwellung so weit abgeklungen, daß die Ärzte mir versichern konnten, es sei nichts Schlimmes geschehen. Ja, es war mir sogar gelungen, eine Art Behandlung an mir selbst vorzunehmen, indem ich das Knie gezwungen hatte, sich über seinen Spielraum hinaus zu beugen. Normalerweise wird eine solche Operation unter Narkose vorgenommen, nicht unter den Nachwirkungen einer nicht näher bestimmbaren Anzahl von Bieren der Marke *Red Stripe*. Als die Entzündung nachgelassen hatte, stellte ich fest, daß ich rein zufälligerweise den Beugungswinkel um weitere fünfzehn Grad vergrößert hatte.

Ganz vorsichtig begann ich mit dem Felsklettern im Derbyshire Peak District. Unter Richard Haszkos beharrlicher Anleitung und mit seiner Ermutigung gelang es mir, ein paar ganz einfache Klettereien zu bewältigen. Ich wußte, daß ich viel schwierigere Routen gehen konnte, aber mental kam ich damit nicht zurecht. Obwohl ich jetzt den idealen Kletterkörper hatte – dünne Beine und kräftige Arme, dabei um etliche Kilogramm leichter und mit deutlich verbesserter Oberkörperkraft dank der sieben Monate auf Krücken –, kam ich beinahe um vor Angst. Es war nicht nur die Sorge, ich könnte mich wieder verletzen. Ich fühlte mich einfach extrem verwundbar, als wäre ich noch nie zuvor geklettert. Ich war ein blutiger Anfänger ohne Vertrauen in Seile oder Klemmkeile – und schon gar nicht in mich. Mein Selbstvertrauen hatte sich in Luft aufgelöst, und damit war auch mein Können dahin. Die Angst machte mich schwach, unfähig zu klettern. Es war nicht die Art von Angst, mit der wir es immer zu tun gehabt hatten, die Angst, mit der man als Bergsteiger umzugehen lernt, die man unter Kontrolle behält, während man klettert, immer wieder prüfend, wie weit man gehen will, wie nah heran an die Belastungsgrenze, die Art von Angst, die einen am Leben erhält. Diese neue Angst war quälend, zerstörerisch und zuerst so stark, daß ich einfach nicht dagegen ankam. Ich hatte ebensoviel Angst vor der Frage, worauf ich mich möglicherweise wieder einließ, wie vor dem Gedanken, erneut abzustürzen und mich zu verletzen. Ich hatte Angst davor, daß ich Gefallen am Klettern finden könnte und den Dämon wieder zum Leben erwecken würde, der mich dann in die Berge zurücktriebe. Ich wollte nicht mehr in die Berge. Ich hatte genug von Unfällen und vom Sterben. Ich hatte Angst vor der Versuchung. Und ich sagte mir immer wieder vor, daß ich nie wieder bergsteigen wollte.

Felsklettern dagegen war nur zum Vergnügen. Mit moderner Ausrüstung und bei gesundem Menschenverstand gibt es keinen vernünftigen Grund, warum man sich beim Felsklettern schwer verletzen oder gar ums Leben kommen sollte. Bisher hatte ich das Felsklettern als Sport nie besonders ernst genommen, es sei denn als nützliches Training für die Berge. Es gab mir größeres Selbstvertrauen und körperliche Fitneß, aber es ließ sich mit dem Bergsteigen nicht vergleichen. Die Risiken waren nicht annähernd so groß. Die Steinschlaggefahr beispielsweise war minimal, und in Großbritannien bestand keinerlei Gefahr durch Unwetter, Lawinen, Blitzschlag und all die anderen Unwägbarkeiten in den hohen Bergen.

Ich wollte nur zum Spaß felsklettern, weiter nichts. Irgend etwas mußte ich tun, und es mußte mir den Adrenalinstoß geben, der meinen Körper funktionieren und meinen Kopf schnell denken ließ. Abgesicherte Angst, das war es, was ich brauchte, sichere, abgeschwächte Angst. Nichts Ernstes.

Schließlich war ich ganz frustriert von meiner Unfähigkeit, mit dem Felsklettern zurechtzukommen. Es half mir nicht zu wissen, daß ich jetzt physisch stark genug war, um extreme Schwierigkeitsgrade bewältigen zu können, wenn ich bei den einfachsten Felskletterereien nicht vom Boden wegkam, egal ob mit oder ohne Seil. Der Moment der Wahrheit kam im Frühling, als ich, einer Eingebung des Augenblicks folgend, mit ein paar Freunden zu einem Kletterwochenende nach Nordwales fuhr.

Da ich noch nie mit Dave Walters zusammen geklettert war, wußte er nichts von meinen Schwierigkeiten. Ich beschloß, ihm auch nichts davon zu erzählen. Ich war zu dem Schluß gekommen, daß der einzige Weg, an meiner Klettersperre vorbeizukommen, darin bestand, die Blockierung zu umgehen, indem ich sie ignorierte. Dave hatte sich eine klassische, extrem schwierige Route im beliebten Bwlch-y-Moch-Pfeiler der Klippen von Tremadog vorgenommen. Einen Moment lang wurden Zweifel in mir wach, als wir durch die Bäume auf die beeindruckende Felswand mit der charakteristischen, ockerfarbenen Platte des Vektors in der Mitte des Pfeilers zuwanderten. Diese unerfreuliche und ausgesprochen glatte Felsplatte war die Schlüsselstelle der Achtzig-Meter-Route und weitaus schwieriger als die einfachen Zwanzig-Meter-Klettereien, die ich an den Sandsteinklippen von Stanage und Froggat absolviert hatte.

Ich hatte Dave in einem Moment verrückter Tollkühnheit – so schien es jetzt – verkündet, daß ich über die Schlüsselstelle führen würde. Im nachhinein noch einzugestehen, daß diese Route ungefähr acht Schwierigkeitsgrade über allem anderen lag, was ich seit meiner Verletzung geklettert war, schien ein bißchen albern zu sein. Gerade wollte ich Dave dennoch meine Ängste eingestehen, aber wiederum hielt ich den Mund. Im stillen hatte ich mich schon mit einer ehrenhaften Niederlage an der Schlüsselstelle abgefunden, nach einem rein symbolischen Versuch, die Platte zu überwinden. So trabte ich langsam hinter meinem Partner her und spürte, wie mein Knie in der kalten Morgenluft des Apriltages schmerzte.

Zu meinem Erstaunen fand ich den Anstieg bemerkenswert einfach. Ich hatte innerlich eine derartige Angst davor aufgebaut, daß die Realität – ein schöner Tag am Fels – völlig überraschend kam. Je schwieriger die Kletterei wurde, desto mehr nahm meine Konzentration zu, und ich stellte fest, daß ich die komplizierten Bewegungen genoß, bei denen ich darauf Rücksicht nehmen mußte, wie weit mein Knie sich beugen ließ. Es gelang mir, das Problem der ockerfarbenen Platte zu lösen und den schwierigen Überhang und den Riß an der Spitze des Pfeilers zu bewältigen. Die Sonne strahlte angenehm warm auf die Klippen, als ich durch die Bäume zum Fuß der Felsen hinunterwanderte, ganz erfüllt von der kribbelnden Empfindung, die durch den unerwarteten Erfolg geweckt worden war.

Außerdem empfand ich ein Gefühl der Erleichterung. Ich war der Angst entronnen, indem ich mich der Herausforderung ohne Umschweife gestellt hatte. So konnte ich die Furcht selbstbewußt beiseite schieben und über den schwarzen Mann lachen, der mich das Spiel in meinem Kopf zu guter Letzt doch gewinnen lassen mußte, nachdem er mich so lange eingeschüchtert hatte. Es war keine besonders großartige Route gewesen, nichts wirklich Ernstzunehmendes, aber auf ihre Art war sie so herausfordernd wie nur je eine, an die ich mich herangewagt hatte. Selbst im schönsten Sonnenschein hatte sie sich in eine jener drohend aufragenden, dunklen, schattigen Wände verwandelt, unter denen ich einst so gern stand in dem sicheren Wissen, daß ich sie bezwingen könnte, ohne Rücksicht auf die Angst, die ich empfinden mochte.

In den nächsten zwei Tagen bewältigten Dave und ich problemlos neben dem Vektor den Weber, Nimbus, die Schlange und das Nadelkissen – knappe dreihundert Meter anstrengender Felskletterei. An einem einzigen Wochenende war es mir gelungen, einen ganzen Kopf voll eingebildeter Schrecknisse und ängstlicher Erinnerungen wegzuwischen. Auch wenn ich es damals noch nicht wußte – mein feierlicher Schwur, niemals in die Berge zurückzukehren, hatte begonnen zu bröckeln.

Endlich war es mir gelungen, die Erfahrungen aus Peru in die allerdunkelste Ecke meines Hirns zu verbannen. Jetzt konnte ich mich – ganz wie ich wollte – daran erinnern oder auch nicht. All die schrecklichen Träume, die in den ersten Monaten nach dem Unfall meinen Kopf beherrscht hatten, waren aus der Welt meines Bewußtseins vertrieben. Morgens erwachte ich frohgemut aus ungestörtem Schlummer.

Verschwunden waren das Stöhnen, das Sprechen im Schlaf und die Schreie, die John Stevenson und Neil aus der Dachstube in Johns Haus gehört hatten, wo ich schlief, während ich tagsüber darum rang, die Erinnerungen an Peru aufzuschreiben.

Später in jenem Sommer kam Andy Parkin aus Chamonix, wo er zu Hause war, nach Sheffield, um seine Mutter zu besuchen. Er wollte gern klettern gehen, trotz des ausgeprägten Hinkens, unter dem er seit einem schrecklichen Unfall in der Schweiz litt. Dort hatte er sich bei einem Sturz die rechte Hüfte und das Ellbogengelenk zerschmettert, die Milz war eingerissen und die Leber verletzt worden. Sein Herz hatte sich so weit verschoben, daß er nur mit viel, viel Glück den Hubschrauberflug ins Krankenhaus nach Bern überlebte. Es sah so aus, als hätte der Unfall Andys Karriere als einer der weltweit vielversprechendsten alpinistischen Bergsteiger im Himalaja beendet. Zusammen mit Roger Baxter-Jones und Al Rouse hatte er den Broad Peak bestiegen und danach einen höchsten Punkt von siebentausendfünfhundert Metern erreicht, als er mit Doug Scott, Roger und Jean Afanassieff die Erstbesteigung der Südrippe am K2 versuchte. Andy trug sein Unglück mit Fassung, und während er sich von seinen Verletzungen erholte, wandte er seine Aufmerksamkeit und Energie dem Malen zu. Heute verdient er sich den Lebensunterhalt als begabter und erfolgreicher professioneller Künstler.

Ich wußte sehr wohl um Andys Ruf als Bergsteiger und hatte Angst, mich vor ihm zu blamieren. Als wir im Steinbruch angekommen waren, stellte ich fest, daß seine Gegenwart mir einen enormen Zuwachs an Selbstvertrauen gab. Da standen wir nun, beide humpelnd und gleichzeitig über unseren gebrechlichen, verkrüppelten Zustand Witze reißend, während ich mich darauf vorbereitete, eine Felsroute hinauf zu führen, so schwierig, wie ich sie noch nie geklettert war. Wenn Andy nach Verletzungen, die sehr viel ernster und behindernder waren als meine, solche Schwierigkeitsgrade klettern konnte, gab es keinen Grund, warum ich nicht ebenso dazu in der

Lage sein sollte, genausogut oder gar besser zu klettern als zuvor. Ich fing gleich stilvoll an, sicher und beherrscht, ganz anders als meine üblichen, wild zappelnden Bestrebungen, und beendete die Kletterei ohne Sturz oder unsicher vortastende Bewegungen.

Das bewies, wieviel von den eigenen Fähigkeiten im Kopf liegt. Andy zeigte mir, daß ich engstirnig und mit Scheuklappen behaftet gewesen war, was meine Verletzungen anging. Meine Überlebenserfahrung in Peru war voll schrecklicher Angst und so sehr in die Länge gezogen gewesen, daß ich auch mein zerschmettertes Knie mit ähnlich extremen Maßstäben maß. Und die zurückhaltende Einstellung meines Arztes hatte noch dazu beigetragen, diese Haltung zu verstärken. Es war, als sei ich der einzige Mensch, der je eine solche Verletzung erlitten hatte. Sie erhielt dadurch eine Bedeutung, die sehr viel größer war, als ihr eigentlich zukam, bis ich davon geradezu besessen war. Erst durch Andy begriff ich, daß der überwiegende Teil der Verletzung in meinem Kopf lag. Wenn ich damit fertig werden konnte, würde sich der Rest von allein ergeben.

Ein paar Stunden lang war ich an den Wänden jenes Kalksteinbruchs härter und besser geklettert als je zuvor, einfach weil ich mir erlaubt hatte anzunehmen, daß ich es konnte. Schuldbewußt sah ich ein, daß es erbärmlich war, mir vom Selbstmitleid die Chance rauben zu lassen, alle meine Möglichkeiten auszureizen, eine Chance, die viele andere niemals erhielten.

Einen Monat nach Andys Rückkehr nach Frankreich kam die schreckliche Nachricht, daß Al Rouse ums Leben gekommen war, nachdem er den Gipfel des K2 erreicht hatte. Er war allein im Camp IV gestorben, wo er und sechs andere Bergsteiger von einem schlimmen Unwetter zu lange festgehalten worden waren. Julie Tullis, die erste britische Frau, die den Berg bestiegen hatte, lag tot im Zelt nebenan. Nachdem sie sechs Tage lang auf achttausend Metern Höhe bei einem Sturm mit Windgeschwindigkeiten von hundertsechzig Stundenkilometern und schweren Schneefällen festgesessen hatten, kämpften sich die fünf überlebenden Bergsteiger am zehnten August ins Sonnenlicht hinaus. Sie waren gezwungen, einen fantasierenden und bewegungsunfähigen Al allein dem Tod zu überlassen. Von den fünfen erreichten nur zwei, Willi Bauer und Kurt Diemberger, das Basislager.

Fünf Stunden Fußwanderung den Godwin-Austin-Gletscher hinunter und den oberen Baltoro-Gletscher entlang hatte eine andere Gruppe von Bergsteigern Schutz vor dem Sturm gesucht. Im Basislager der britischen Expedition, die die Chogolisa überqueren wollte, warteten Andy Fanshawe, Ulric Jessop, Liam Elliot, Hamish Irvine und Simon Lamb geduldig darauf, daß das anhaltend schlechte Wetter aufhörte. Sie wußten nichts von der Tragödie, die sich hoch oben am K2 abspielte. Erst vierzehn Tage zuvor hatten sie das K2-Basislager besucht und mit Angehörigen des britischen K2-Teams gesprochen. Al hatte hartnäckig darauf bestanden, daß er ein letztes Mal versuchen wollte, den Gipfel über den Abruzzi-Grat zu erreichen. Die K2-Kletterer hatten Andy einen Tip gegeben, bevor er in sein eigenes Lager in der Chogolisa zurückkehrte.

»Brecht auf, wenn der Wind von China her weht. Achtet auf die Federwolke über dem K2.«

Der zehnte August brach klar und schön an – jener Tag, als Al im Camp IV an der Schulter des Abruzzi-Grates zurückgelassen wurde, jener Tag, der als sein Todesdatum angenommen wird, gleichzeitig der Tag, an dem auch Alfred Imitzer und Hannes Wieser in dem tiefen, vom Sturm aufgehäuften Schnee zusammenbrachen und starben, nur hundert Meter von dem Ort entfernt, wo Als Zelt halb vergraben in den Schneewehen steckte, und jener Tag, an dem Dobroslawa »Mrufka« Wolf (Als polnischer Kletterpartner) irgendwo an den Fixseilen oberhalb von Camp III verschwand, während Bauer und Diemberger sich ihren Weg hinunter in die lebensrettende Sicherheit erkämpften. Für Andy war es ein Tag strahlenden Optimismus, als er aufstand, um den klaren, blauen Himmel zu betrachten, wo sich die wunderschöne Pyramide des K2 makellos am oberen Ende des Godwin-Austin-

Gletschers abzeichnete – und er sah eine Federwolke über dem Gipfel hingen. Ein Wind von China! So brach der junge britische Bergsteiger zur ersten erfolgreichen Traverse der Chogolisa auf, eines Berges von atemberaubender Schönheit, und folgte dabei dem Rat eines Freundes, der am selben Tag auf der Himmelspyramide im Sterben lag. Das Team wandte sich die Chogolisa hinauf, einen Berg, der erstmals 1957 von dem großen Hermann Buhl und einem jungen Kurt Diemberger bestiegen worden war – genau in dem Moment, als jener Kurt Diemberger auf dem K2, ganze zwanzig Kilometer entfernt, verzweifelt um sein Leben kämpfte. In einer bizarren, verkehrten Symmetrie der Ereignisse zog das britische Team nach dem Erfolg an der Chogolisa weiter, um einen illegalen Versuch einer Besteigung des Broad Peak zu unternehmen, und tragischerweise stürzte Liam Elliot dabei zu Tode, als auf dem Gipfelgrat eine Wächte einbrach. Den Broad Peak hatten Buhl und Diemberger ebenfalls 1957 erstmals bestiegen. Damals war Buhl ums Leben gekommen, indem er durch eine Wächte stürzte, als sie später die Chogolisa in Angriff nahmen.

Es lag eine tragische Ironie in dem, was sich in jenen Wochen des Sommers 1986 im Karakorum abspielte. Ich war bei meinen Eltern zu Besuch, als die emotionslose Stimme des Nachrichtensprechers von BBC 4 im Radio über den Unfall berichtete. Es ging alles so schnell, daß ich mir nicht sicher war, ob ich richtig gehört hatte. Ich rief John Stevenson an und wußte sofort, daß Al Rouse nicht mehr am Leben war.

Al hatte den K2 so unbedingt besteigen wollen und mit solcher Intensität und Leidenschaft darauf gehofft, daß es den Anschein gehabt hatte, als könne nichts ihn aufhalten. Ich starrte aus dem Küchenfenster auf die Blumenbeete und den grünen Rasen im letzten Licht des Augustabends und fragte mich, ob es seine Leidenschaft war, die ihn umgebracht hatte. Ich dachte darüber nach, wie gefährlich es sein kann, zu viel zu wollen, und besonders gefährlich war es, etwas zu wollen, ohne daß man wußte, warum. Das war die Falle gewesen, in die ich so leicht hineingetappt war.

Hatte ich als Bergsteiger nach dem Motto gelebt: ›Kinder mit'm Willen ...‹ kriegen auf alle Fälle nicht das, was sie sich wünschen? Fast hat es den Anschein, denn nur allzuoft werden Gemeinplätze in den Bergen wahr. In dem Moment, wenn deine Hoffnungen durch eine mögliche Wetterbesserung oder den Anblick eines leichten Weges voran zum Gipfel belebt werden, geschieht etwas, das sie zunichte macht. Der einfache Weg verwandelt sich in einen tödlichen Lawinenhang. Der klare, sonnige Himmel birgt einen starken, eisigen Wind, sobald du den Kopf über die Gratlinie streckst. Denk auch nur eine Sekunde lang, daß du in Sicherheit bist, und vielleicht war es dein letzter Gedanke überhaupt. Manchmal ist es möglich, Gleichgültigkeit vorzutäuschen, so zu tun, als ob man doch nichts erreichen will, und durch einen heimlichen Seitschritt den Berg zu überlisten, bevor er Gelegenheit hat zuzuschlagen, bevor er deine leisen Fußtritte an seinen massigen Flanken vernommen hat.

Aber das ist Unsinn! Al kam durch einen Sturm ums Leben, der ihn in großer Höhe zu lange festhielt, und die Gewalt der Elemente tat ein übriges. Er muß einfach Pech gehabt haben und befand sich am falschen Ort zur falschen Zeit – etwas in der Art. Al war zu gut, um auf irgendeine andere Art umzukommen – das versicherte ich mir selbst immer wieder, ohne recht daran zu glauben.

Als der Sommer in einen feuchten, bleiernen Herbst überging, begann Richard Haszko mich zu bearbeiten. Er hatte als Assistent von Chris Bonington gearbeitet und war dabei über die Fotografie eines Berges gestolpert, der Tupopdam hieß. An jenem Gipfel war Chris vorbeigekommen, als er zusammen mit Al Rouse in den siebziger Jahren unterwegs war, um den Karon Koh zu besteigen. Richard war ganz erpicht darauf, ein Team von Freunden zusammenzubekommen, um im nächsten Jahr eine Besteigung zu versuchen. Er sprach mich eines Abends in der Kneipe an.

»Was hältst du davon?« fragte er und zeigte mir den Farbabzug vom Tupopdam.

»Was ist das?«

»Das ist ein Berg, so ein großes, spitziges Ding, das in den Himmel …«

Ich schnitt ihm das Wort ab, um seinem unbezähmbaren, kindischen Humor den Wind aus den Segeln zu nehmen. »Ja, danke, Richard. Wie heißt er?«

»Tupopdam. Er liegt gleich neben dem Hunza-Tal, sechstausend Meter, bis jetzt noch nicht bestiegen, und wir werden ihn besteigen.«

»Oh, tatsächlich. Na, wie schön für dich.«

»Eh?« Er sah verwirrt aus. »Willst du nicht mitkommen?«

»Nein. Warum sollte ich? Ich habe dir doch gesagt, daß ich das Bergsteigen aufgegeben habe.«

»Ja, ich weiß, daß du das gesagt hast. Aber du hast es doch bestimmt nicht so gemeint, oder?«

»Hab' ich wohl, und hör auf, mich für dumm zu verkaufen.« Ich drehte mich zur Bar um und bestellte einen Halben.

»Es würde dir Spaß machen. John kommt mit und Tom und Andy. Das wird lustig werden, zum Schreien.«

»Ich weiß. Das ist es ja, was mich beunruhigt. Ich habe genug vom Schreien. Danke schön.«

Dabei beließen wir es, und das Gespräch wandte sich wichtigeren Fragen zu, zum Beispiel dem Preis für einen Halben und wessen Runde es war. Doch der Keim war gelegt, und in der fruchtbaren Wärme eines Hirns, das die Größe und Schönheit der Berge vermißte und die Vergangenheit nur zu gern vergaß, ging die Saat auf. Es dauerte keine Woche, da hatte ich Richard angerufen und gefragt, ob noch Platz im Team war.

Den Winter über bewarben wir uns um Fördermittel der Mount Everest Foundation und schickten Hunderte von Bettelbriefen an mögliche Spender und Sponsoren. Neil Milne und ich waren immer noch Untermieter in John Stevensons riesigem, unbeheiztem und kaum bewohnbarem Haus in der Gegend von Netheredge in Sheffield. Wir nahmen diese Gelegenheit zum Kälteklima-Training für den Himalaja mit stoischer Gelassenheit hin. Neil beschwerte sich – mit der

Begründung, er reise nicht nach Pakistan, warum solle er also mit uns anderen leiden –, aber ich versicherte ihm, daß ihm das gut anstünde. Wie auch immer – er hatte keine Wahl.

John selbst ging dieser einmaligen Chance, sich an die Lebensbedingungen in großer Höhe zu gewöhnen, geschickt aus dem Weg, indem er die Wintermonate im zentralgeheizten Heim seiner Freundin verbrachte. Gelegentlich wurde er gesehen, wie er sich vorsichtig dem eigenen Haus näherte, während er argwöhnisch nach einem Mann in einem silbernen Overall Ausschau hielt, der ihn seit Monaten auf einem Moped verfolgte. Mir war zu Ohren gekommen, der Mann sei ein privater Schuldeneintreiber, der für Johns Bank arbeitete.

Wenn er zu Hause war, achtete John peinlich darauf, daß er niemals zur Tür ging, falls es der Mann mit dem Moped sein sollte, und wir wurden regelrechte Experten darin, Fremde mit ausdruckslosem Gesicht anzulügen, während John hinter diversen Möbelstücken schmollte, was keine Kleinigkeit war, denn der Großteil des Mobiliars war versehentlich bei der Gedenkfeier zu Ehren von Al Rouse in einem großen Feuer verbrannt worden.

An einem Novemberabend kehrte unser Hauswirt spät von der Arbeit zurück, bestellte hungrig und erschöpft per Telefon eine große Pizza mit Schinken und Pilzen und sackte vor dem Fernseher zusammen. Kurz darauf klingelte es an der Tür, und dem Pawlowschen Gesetz und seinem knurrenden Magen gehorchend, sprang John auf und eilte in den Flur, um zu öffnen und seine Pizza in Empfang zu nehmen. Die Gläubiger, die ständig und überall im Hinterhalt lauern mochten, waren völlig vergessen.

Zu unserer unverhohlenen Begeisterung wurden wir Zeuge, wie zwei Polizisten unseren hungrigen Vermieter an der Haustür festnahmen und ihn auf die Wache abführten, wo er eine Nacht in der Zelle verbringen sollte, um auf seine Verurteilung wegen Nichtbezahlung von Bußgeldern zu warten. John hatte zu jenem Zeitpunkt genug Geld in der Tasche, um die Geldstrafen dreifach zu bezahlen, aber das interessierte die

Polizei nicht. Er mußte inhaftiert werden. Das war Gesetz. Während wir amüsiert durch das Wohnzimmerfenster zusahen, tauchte der Mann mit der Pizza auf. John schnappte sich sein Abendessen, bezahlte dafür und diskutierte weiter mit den Polizisten. Er winkte mit Händen voll Geldscheinen, um seine Zahlungsfähigkeit unter Beweis zu stellen, während sie ihn ohne viel Aufhebens hinten in die grüne Minna schubsten. Das entschädigte für so manches Jahr, in dem Telefon, Gas oder Strom wochenlang abgestellt waren, weil unser Freund und Vermieter auf mysteriöse Weise verschwunden war, um andernorts bequemer zu leben.

Durch eifriges Training in der Turnhalle wurde mein Knie immer besser. Weil das Gelenk beschädigt war und ich Meniskusknorpel verloren hatte, konnte ich nicht laufen. Das bedeutete, daß ich gezwungen war, lange und ermüdende Stunden damit zu verbringen, meine Beinmuskulatur an diversen Kraftmaschinen zu stärken, die größtenteils vom Marquis de Sade entworfen zu sein schienen. Meine Krankengymnastin hatte mir geraten, soviel Muskulatur wie möglich um das verletzte Gelenk herum aufzubauen. Das war notwendig, um den bereits einmal verrenkten und verletzten Bereich zu schützen.

Gegen Ende des Winters fühlte ich mich stark genug, eisklettern zu gehen, und so führte ich Neil das Point-V-Couloir am Ben Nevis im schottischen Hochland hinauf. Es war eine begeisternde Route, die über mehrere Seillängen fast senkrecht an blauem Wassereis hinaufführte, und das an einem außergewöhnlich schönen Sonnentag im Winter. Auf dem Gipfel ruhten wir im Windschatten des verfallenen Observatoriums aus, wo wir vor dem scharfen, schneidenden Wind auf dem Gipfelplateau geschützt waren, der eisigen Schneestaub vor sich hertrieb. Die Sicht war rapide schlechter geworden, und wir studierten die Karte genau. Es war spät am Tag, und in wenigen Stunden würde es dunkel sein.

»Hast du einen Kompaß?« rief ich Neil ins Ohr.

»Nein«, brüllte der zurück. »Du?«

»Nein, ich weiß nicht, wie man damit umgeht.«

»Großartig.« Er schüttelte ungläubig den Kopf. »Und du bist hier der tolle Bergführer, ja?«

»Nun, wir brauchen nur unseren gesunden Menschenverstand«, verteidigte ich mich. »Wir werden nichts überstürzen und uns beim Gehen anseilen, bis wir die Abseilpunkte oben am Couloir Nummer vier gefunden haben.«

»Und wenn es uns nicht gelingt?«

»Dann gehen wir vom Col zwischen dem Ben und dem Carn Dearg nach Westen hinunter bis zum Ponytrack durch das Red-Burn-Couloir. Von da kommen wir ins Glen Nevis hinunter.« Ich stand auf und wandte das Gesicht vom eisigen Wind ab. Neil zupfte an meiner Jacke.

»Wie sollen wir wissen, wo Westen ist, ohne Kompaß?«

»Eh ... links von uns, wenn es bergab geht.«

»Ja, aber wie sollen wir das wissen, wenn wir nichts sehen können?«

»Ach ... das ist im Moment völlig unwichtig. Wichtig ist, daß wir hier wegkommen und ins Glen Nevis hinunter, ehe wir erfrieren.«

»Aber wir müssen auf der anderen Seite runter. Wir haben doch das Auto an den Staudämmen abgestellt, erinnerst du dich?«

»Keine Sorge«, rief ich durch die gewölbten Handflächen. »Wir können ins Allt a'Mhuilinn hinüberqueren, wo der Track über den Sattel führt. Was auch immer passiert, wir müssen uns dicht auf dieser Seite halten. Wir wollen nicht zum Fünf-Finger-Gully hinüberdriften.«

Ich sah, wie Neils Gesichtsausdruck wechselte und eine Empfindung der Trauer darüber zu ziehen schien, einem flüchtigen Schatten gleich. Er nickte wortlos und wandte sich um, den Kopf gesenkt mit dem Rücken zum Wind. Wir begannen mit dem Abstieg.

Einen Monat zuvor, am Silvestertag, hatten Andy Fanshawe und John Taylor unter ähnlichen Bedingungen versucht, vom Gipfel abzusteigen. Sie hatten eine Karte und einen Kompaß dabeigehabt und wollten über den Red Burn ins Glen Nevis hinunter. Sie folgten ihrer Peilung zunächst ein kurzes Stück nach Süden und dann nach Westen, in der Hoffnung, daß sie so oben im Red Burn herauskommen würden. Unglücklicherweise war ihre Peilung falsch. Nachdem sie tausend Meter weit durch herumwirbelnde Eis- und Schneemassen getappt waren, fanden sie sich am Rand eines zunehmend steilen Geländeabschnitts wieder, der nach links hinunterführte. Dies war das obere Ende des Fünf-Finger-Gullys, eines Eisschlauchs, der hier oben nur leicht geneigt und recht breit schien. Doch schon bald verwandelt er sich in ein steiles, verwundenes Couloir mit kurzen, felsigen Pfeilerstücken, die immer wieder den Abwärtsschwung der Eisfläche unterbrechen. Andy und John erkannten ihren Fehler und begannen, am oberen Rand des Couloirs entlangzugehen, mit einem verkürzten Seil aneinandergebunden. Sei es, daß einer von ihnen ausrutschte, sei es, daß der Wind ein kleines Schneebrett vor sich hertrieb – plötzlich stürzten sie beide auf das schmale obere Ende der Eisrinne zu. Sie waren nicht in der Lage, ihren schneller und schneller werdenden Fall aufzuhalten, und tauchten in die düster drohende Schwärze hinab. Andy erwachte in ruhiger, windstiller Dunkelheit, ganz benommen vom Schock und den Schmerzen. An dem in sich verschlungenen Seil entlangkriechend, fand er seinen Weg zurück zu John, der tot am Fuß des Couloirs lag. John hatte den Helm abgenommen, ehe sie mit dem Abstieg begannen, und hatte sich beim Sturz tödliche Kopfverletzungen zugezogen. Andy, dessen durchbohrte Lungenflügel sich langsam mit Blut vollsogen, hatte mit seinen beiden schwer gestauchten Handgelenken und einem gebrochenen Bein Glück, daß er lange genug überlebte, bis Andy Black und Mal Duff ihn fanden.

John Taylor war ein alter Freund von Neil Milne und Simon Yates gewesen. Sie waren zusammen in Leicester aufgewachsen und hatten alle drei früh mit dem Klettern angefangen. Ich kannte John von zufälligen Begegnungen in den Alpen, von Partys in Sheffield und vom Rißklettern in Derbyshire. Er war ein gelassener, freundlicher Mensch und ein ruhiger, erfahrener Kletterer. Er hatte eine beeindruckende

Liste harter, alpiner Routen vorzuweisen, die er sowohl im Winter wie im Sommer gegangen war. Hinter seinem Lachen und seinen funkelnden, humorvollen Augen war immer seine unerschütterliche Ruhe zu spüren. Sie wirkte so ganz und gar verläßlich und war sicherlich gut zu gebrauchen auf einem Berg, wenn etwas schiefging.

Neil erzählte mir, wie sehr John immer auf Sicherheit bedacht war; wie er hart kletterte, ohne daß er bereit war, sich auf unnütze Risiken oder waghalsige Pläne einzulassen. Er kletterte ebenso sehr wegen der ästhetischen Qualität der Routen die Bergwände hinauf, wie um den Gipfel zu erreichen. Fahrlässig Risiken einzugehen paßte nicht zu einer solchen Einstellung. Ich war traurig, als ich von Johns Tod erfuhr, aber Neil war außer sich. Vielleicht nahm ich den Verlust als unvermeidlich hin, als einen Unfall, wie er beim Bergsteigen eben vorkommt. Es mochte gefühllos sein, so gleichgültig zu reagieren, aber es ist die einzige Möglichkeit, damit umzugehen, wenn man weiter klettern will. Lern die Lektion aus den Fehlern des anderen, leg die Erinnerung an sein Leben zu den Akten, und versichere dir selbst schnellstmöglich, daß alles in Ordnung ist.

Unter Kletterern besteht die Tendenz zu glauben, daß tödliche Unfälle den Leuten, die wir kennen, nur dann passieren, wenn sie im Ausland in den großen Massiven sind. Es erscheint seltsam unfair, geradezu falsch, wenn jemand zu Hause stirbt. Das ist zu nah, zu erreichbar, und es läßt uns verletzlich und ungeschützt zurück. Neil hatte einen seiner ältesten Freunde verloren. Da gab es keine Möglichkeit, auf Distanz zu gehen, und ich sah dem Trauma und Schmerz seiner Trauer hilflos zu und fühlte mich beschämt, daß ich nicht auch um John trauern konnte.

Neil war davon überrascht worden, daß gerade John gestorben war. Er hatte immer damit gerechnet, daß von den dreien – John, Simon und ihm selbst – weder John noch er als erster sterben würde. Neil sagte, er sei viel zu ängstlich und zu vorsichtig in den Bergen, um sich in ernstliche Schwierigkeiten zu bringen. Ich hatte schon immer Neils unkomplizierte und aufrichtige Einstellung zum Klettern bewundert. Er tat nie so, als gefiele es ihm, Dinge in Angriff zu nehmen, die ihm Angst einflößten, nur um zu zeigen, daß er es schaffen konnte. Er machte sich nichts daraus, seine Angst zu zeigen, was vielleicht die schwierigste und aufrichtigste Einstellung ist, die man haben kann. Das machte ihn auch in den Bergen so besonders sicher. John war bereit, sehr viel weiter zu gehen als Neil, aber auch er blieb immer auf der sicheren Seite. Er ließ sich nicht so leicht abschrecken, aber das bedeutete nicht, daß er sich wie verrückt auf alles mögliche einließ. Und Simon war ein so starker und sicherer Bergsteiger, wie ich nur je einen kannte, aber aus irgendeinem Grund war Neil davon überzeugt gewesen, daß es Simon war, der sterben würde.

Das Erstaunliche war, daß er überhaupt angenommen hatte, daß einer von ihnen tatsächlich umkommen würde. Jahrelang hatte er sich innerlich auf den Moment vorbereitet, wenn er erfahren würde, daß Simon, der Freund aus Kindertagen, tot sei. Jetzt war es John, nicht Simon, und während ich Zeuge von Neils Verwirrung und Trauer wurde, spürte ich, wie mir ein Schauder der Abscheu über den Rücken lief, obwohl ich manchmal selbst ähnlich dachte, wenn Freunde zu Expeditionen aufbrachen. Ich bin zwar nicht unbedingt davon überzeugt, daß eine bestimmte Person ums Leben kommen wird, aber man hat doch so seine Intuitionen, wenn das Risiko groß ist. Man kann sich eine Handvoll Freunde ansehen und sich ausrechnen, wen es höchstwahrscheinlich treffen wird. Manchmal sind da diejenigen, die das ganze Potential dafür haben, getötet zu werden, aber es fühlt sich einfach nicht so an, als sei ihre Zeit schon gekommen. Sie haben eine Art Aura, die sie schützt, und du denkst, ganz irrational, nein, es wird ihnen nichts passieren. Bis jetzt ist noch keiner, von dem ich so dachte, gestorben, aber das hat nicht viel zu sagen, wenn man Neils Fehleinschätzung berücksichtigt.

So über den Tod zu denken bereitet dich auf das Schlimmste vor; es ermöglicht dir, schnell mit dem Verlust fertig zu werden. Ein solcher psychologischer Schutzmechanismus versetzt die Leute erst in die Lage, etwas so Irrationales zu tun wie Bergsteigen. Das Akzeptieren der Risiken und der allmähliche Verschleiß der Freunde, mit den Jahren, gehören unweigerlich zusammen; das eine besteht nicht ohne das andere. Gleichzeitig ist es absolut notwendig, daß du dich selbst davon überzeugst – so unlogisch es auch klingen mag –, daß du bei der Austragung dieser Gedankenspiele völlig unbeteiligt sein wirst. Es ist, als würde das Potential für die Katastrophe immer nur bei den anderen liegen, niemals bei dir selbst.

Vielleicht ist dieses Gefühl des Fatalismus eine Möglichkeit, mit dem zurechtzukommen, was man wirklich tut, wenn man hinauf in die Berge geht. Die Realität des Todes wirkt paradoxerweise sehr belebend. Du suchst sie nicht, und du wünschst sie dir nicht, aber sie ist notwendig. Mit dem Tod konfrontiert, wird der Bergsteiger alles tun, um zu überleben, und wenn er Erfolg hat, wird er immer wieder in die Berge zurückkehren, einen Berg nach dem anderen aufsuchen, Jahr für Jahr, um immer wieder den gleichen seltsamen Tanz zu vollführen, an den Grenzen des Lebens entlang. Du erschaffst das Potential des Todes, indem du in die Berge gehst und Risiken auf dich nimmst, und trotzdem willst du nicht sterben. Das scheint keinen Sinn zu machen. Es macht keinen Sinn, bis du dem Abgrund zu nahe gekommen bist. Dann verstehst du, warum du dorthin gegangen bist, und du nimmst wahr, daß du dein Lebensgefühl gesteigert hast, daß du bekräftigt hast, was es bedeutet, am Leben zu sein, indem dir bewußt wurde, wie es sein kann zu sterben. Berge besteigen, auf Zehenspitzen an der messerscharfen Trennlinie zwischen Leben und Tod entlangspazieren ist eine Art, ins letztlich Unbekannte hinüberzublicken, so wird gelegentlich behauptet.

In seinem Buch *Der große blaue Traum* hat Robert Reid geschrieben:

> *Auf den eigentümlichen Spielplätzen ihres Sports lernen die Bergsteiger, was primitive Menschen instinktiv wissen – daß die Berge die Heimat des Todes sind und daß der Aufenthalt im Hochland nicht nur bedeutet, den Tod zu riskieren, sondern auch ihn zu verstehen.*

Des weiteren meint Reid, der Grund dafür, daß der Tod dem Bergsteiger so unverzichtbar ist, liege darin, daß er es ihm ermöglicht, das Leben so zu sehen, wie es wirklich ist. Berge besteigen bereitet einen auf das Sterben vor, führt einen an den Rand einer anderen Welt, in die man ohne Angst hinüberblicken kann. In der städtischen Welt ist unsere größte und tiefste Sorge die Angst vor dem Tod, aber in der natürlichen Welt der Berge ist es möglich, so behauptet Reid, diese Angst zu überwinden. Er glaubt, daß der Tod alles andere als vom Leben abgegrenzt ist, daß er in Wirklichkeit eine gleitende Fortsetzung des Lebens bedeutet und daß der Bergsteiger aus diesem Grund so leicht an den Rand der Welt herantreten kann. Indem er das tut, kann er die wahre Schönheit des Lebens entdecken, weil er das innere Wesen des Todes erfahren hat.

Ohne den Tod würden viele, viele Bergsteiger ihre Pickel und Stiefel einpacken und nach Hause ziehen. Ohne die Bergsteiger wären die Berge immer noch einsam und unirdisch schön, wären die hoch aufragenden, messerscharfen Grate mit ihrer winterlichen Kuchenglasur und der unberührte Schwung der riesigen Eisfelder mit ihren zarten, blaugrauen Schatten nicht weniger perfekt. Dennoch – ohne die lauernde Bedrohung des Todes und die hohle Angst vor dem Sterben wären sie nicht mehr als das: hübsche Bildchen, Abziehfolien fürs Poesiealbum. Die Verlockung, über den Anblick der Naturschönheiten hinaus Einsichten zu gewinnen, würde aufhören zu existieren, und zu einem sehr großen Teil würde die stärkste, unbewußte Motivation der Bergsteiger sich in Luft auflösen wie Rauhreif, den die Morgensonne berührt.

Leider fiel mir diese reflektierende Abhandlung über das Wesen unseres Sports nicht ein, als ich sah, wie Neil seine Angst und Wut darüber, daß er an der Nase herumgeführt worden war, an jedem zerbrechlichen Gegenstand ausließ, den er im Hof finden konnte. Als er ein defektes Fernsehgerät mit dem Vorschlaghammer traktierte, hoffte ich im stillen, daß seine Vorahnungen im Hinblick auf Simons Schicksal jetzt nicht mehr wahr werden würden. Diese klugen Theorien über den Tod machen einen ganz überzeugenden Eindruck, wenn man sie aus sicherer Entfernung betrachtet. Vergleicht man sie jedoch mit der Wirklichkeit eines wütenden Schmerzes, wie er sich vor einem abspielt, sind sie nichts weiter als dumme Ideen, Wortspielereien, und aus dem Bergsteigen wird einmal mehr ein sinnloses Spiel.

15. KAPITEL

Die Seidenstraße

»Hast du dich gegen Tollwut impfen lassen?« fragte John Stevenson, als er die Biergläser auf den Tisch stellte.

»Nein«, sagte ich und nahm einen tiefen Zug von der schäumenden Flüssigkeit.

»Ich finde auch, sechzig Pfund sind einfach zuviel«, sagte John. Fast hätte ich mich an meinem Bier verschluckt.

»SECHZIG!« Ich wischte mir den restlichen Schaum vom Mund, während die anderen sorgsam die Bierspritzer von Armen und Oberkörpern entfernten.

»Ja, das dachte ich zumindest, und überhaupt hat mich die Typhusspritze schon fast umgebracht. Das wollte ich nicht noch mal mitmachen.«

»Kann ich verstehen, und schon gar nicht in den Bauch.«

»Wußtet ihr«, unterbrach Jungle, »daß letztes Jahr in Asien allein mehr als vierzigtausend Menschen an Tollwut gestorben sind?«

»Oh, halt die Klappe, Jungle!«

»Oder war das weltweit?« Er blickte uns mit einem nachdenklichen Stirnrunzeln an und kratzte sich den Bart. »Vielleicht waren es Schlangenbisse und nicht Tollwut ...« Er betrachtete ein fremdartiges Wesen, das er aus dem struppigen, graubraunen Haar hervorgeholt hatte.

»So, du hast dir also eine von diesen Spritzen verpassen lassen, ja?« fragte Tom Richardson.

»Eigentlich nicht, nein«, antwortete er und schnippte den störenden Fremdling weg.

»Und warum nicht, wenn du doch scheinbar so gut über die Sterbestatistik informiert bist?« fragte John, der in seinem Bier nach dem ertrinkenden Fremdling fischte.

»Nun, wenn du dir das logisch überlegst und die Gesamtbevölkerung durch die Anzahl der Sterbefälle teilst, und dann die Zahl der infizierten Hunde ...«

»Und Katzen ...«

»Ja, und Katzen, also, wenn du sie dazunimmst und wirklich darüber nachdenkst, besteht fast keine Chance, sich die Krankheit zu holen. Ja, es ist sogar sehr viel wahrscheinlicher, daß du bei einem Verkehrsunfall ums Leben kommst.«

»Darum hast du dir also den Pieks nicht verpassen lassen, ja?«

»O nein!« Jungle strahlte. »Ich hatte nicht genug Geld.«

Zwei Wochen später standen wir um vier Uhr morgens vor dem Star-Hotel. Die Luft war schwül und feucht. Ein riesiger Haufen Rucksäcke stapelte sich auf dem rissigen Gehweg und quoll bis auf die Straße. Wir waren zu sechst, wie wir da bewegungslos in der erdrückenden, feuchten Hitze standen. Keiner sagte etwas. Die Zeitverschiebung durch den Flug gestern, ein über Kater vom Whisky und die erstickende Atmosphäre von Rawalpindi lähmten uns. Wir warteten schweigend auf den Kleinbus. Vor uns lag die sechzehnstündige Fahrt auf dem Karakorum-Highway nach Gilgit. Von dort verlief die berühmte Seidenstraße weiter durch das Hunza-Tal an der Stelle vorbei, wo der Tupopdam, unser Berg, sich über dem Tal erhob, bis hin zum Kunjerab-Paß an der chinesischen Grenze. Das versprach ein feines Abenteuer zu werden – einmal abgesehen davon, daß die meisten von uns sich viel zu schlecht fühlten, um das, was uns bevorstand, richtig zu würdigen.

In der Ferne war das laute Tuten einer Motorrollerhupe zu hören. Der Mann, der auf dem Bürgersteig gegenüber auf einem Bett aus Rohrgeflecht schlief, bewegte sich, kratzte sich im Schlaf und rollte sich auf die andere Seite. Jungle erhob sich von dem Rucksack, auf dem er gesessen hatte, und wanderte schläfrig auf einen schmalen Durchgang neben dem Hotel zu.

»Wann kommt der Bus?« fragte er.

»Um vier Uhr«, antwortete Richard und fügte hinzu: »Gott, ich wünschte, wir könnten irgendwo eine Tasse Tee bekommen.« Er streckte eine gelbe, belegte Zunge heraus.

»Es ist schon nach vier. Ich hoffe, er hat die richtige Adresse.«

»Der wird schon kommen.«

»Gut, das zu wissen. Ich geh mal pinkeln. Fahrt nicht ohne mich ab.«

Ich folgte Jungle den dunklen Weg hinunter. An der Rückseite des Gebäudes stieß ich auf eine kleine, von einer hohen Ziegelmauer gesäumte Nebenstraße, die teilweise hinter einer Hecke verborgen lag. Von Jungle war nichts zu sehen. Vorsichtig schritt ich die Straße entlang und suchte mir zwischen zerbrochenem Glas und faulendem Gemüse hindurch meinen Weg. Der Geruch nach Urin und Verwesung war stark. An der diagonal gegenüberliegenden Ecke des Hotels kam ich an eine T-Gabelung. Hier kreuzte eine breite Straße meinen Pfad. Geschlossene Geschäfte, deren Vorderfronten mit Metalltüren versperrt waren, säumten die Straße zu beiden Seiten. Ich blickte nach rechts, wo die Besitzer der Läden in Betten aus Rohrgeflecht auf dem Bürgersteig schliefen. Als ich mich umwandte, um wieder die Nebenstraße hinunterzugehen, löste sich ein großer, schwarzer Umriß aus den dunklen Schatten der überwachsenen Wand und bewegte sich lautlos auf mich zu. Erschrocken blieb ich stehen, als ich den Hund auf die Einmündung zuhalten sah. Er hatte einen häßlichen, schiefen Gang und machte einen kranken, boshaften Eindruck.

Tollwut!

Behutsam kroch er vorwärts, den Kopf tief zwischen die knochigen Schultern eingezogen, die dunklen Augen fest auf meine gerichtet. In Sandalen und Shorts fühlte ich mich so gut wie nackt, daher legte ich die Hände mit den Handflächen nach unten auf die Oberschenkel, bereit, die zuschnappenden Kiefer abzuwehren. Langsam ging ich rückwärts, denn plötzlich bekam ich Angst vor der hyänenartigen Haltung des Hundes. Als ich mich bewegte, hielt er an und hob die Schnauze, um zu schnuppern; dabei ließ er den schweren Kopf langsam von einer Seite zur anderen schwingen. Ein tiefes, grollendes Knurren drang aus seiner Kehle, und dann hustete er rauh. Ich sah, wie die Flanken des Tieres sich zuckend hoben und wie die Rippen sich unter seiner Haut abzeichneten. Speichel tropfte von den Seiten des Kiefers. Der Hund würgte noch einmal und sah zu mir auf. Um sein Maul herum war das Fell verklebt und glitschig von Spuckeblasen und Schleim. An der Seite seines Körpers bemerkte ich eine große, offene Stelle. Einen Moment lang hatten wir Blickkontakt, und ich spürte, wie ein Schauder der Angst über meinen Rücken rann. Ich fragte mich, wie ich mich wohl am besten verteidigen könnte, ohne gebissen zu werden.

Das ist aber auch ein elendes, krankes Geschöpf! O Gott, warum habe ich mich bloß nicht gegen Tollwut impfen lassen? Sechzig Pfund, was sind schon sechzig Pfund?

Ich starrte auf die Wand neben mir in der Hoffnung, eine Möglichkeit zum Hochklettern zu finden, um so außer Reichweite zu gelangen. Doch da war nur brüchiges, blättriges Mauerwerk. Wieder trat ich einen Schritt zurück, spürte das Kribbeln in meinem Rückgrat und einen Adrenalinstoß. Mir schauderte, als sich mein Körper bizarrerweise mit Gänsehaut überzog – bei achtzig Prozent Luftfeuchtigkeit –, als hätte mich jemand mit einem feinen Nebel aus Eiswasser besprüht. Wäre da nicht die Angst gewesen, hätte ich die Abkühlung sicher genossen.

Wieder bewegte sich der Hund verstohlen vorwärtskriechend auf mich zu, und ich gab seinem Vordringen immer weiter Raum. Vielleicht hätte ich ganz entschieden stehenbleiben sollen und so unter Beweis stellen, daß ich die größere Bedrohung war, aber ich hatte Angst vor den Kiefern und dem Speichel. Schnell blickte ich hinter mich, weil ich hoffte, Jungle auf der Straße zu sehen. Sie war leer.

Als ich mich wieder dem Hund zuwandte, kam der als dunkler, bewegter Schatten auf mich zugeschossen. Ich warf mich nach rückwärts und hob schützend die Arme vors Gesicht. Der Hund sauste an mir vorbei, ängstlich darauf bedacht, die Freiheit zu erreichen, und rannte schnell hinter mir über die Straße. Einen Moment lang blieb ich still liegen und spürte, wo scharfkantige Steine in meine Handflächen schnitten und mir die Knie aufgeschürft hatten. Ich starrte über die Straße auf die Stelle, wo der Hund verschwunden war. Dann richtete ich mich auf, wischte den Schmutz von meiner Hose und versuchte, mein dröhnendes Herz und die zitternden Hände zu ignorieren. Ich fragte mich, ob der Hund sich wohl auch so fühlte; ob er heftig atmete, im sicheren Schutz eines Strauches, und vor Angst zitterte.

Als ich mich beruhigt hatte, ging ich durch die Gasse zurück und suchte nach einem Platz zum Pinkeln. An einer Stelle, wo ich von der Hauptstraße aus nicht gesehen werden konnte, wandte ich mich um und trat auf das Blattwerk im Hintergrund der Nebenstraße zu. Links von mir hörte ich ein lautes, raschelndes Geräusch, und ein Teil der Hecke schwankte beängstigend. Ich sprang zurück und rechnete schon damit, einen weiteren sabbernden Hund auftauchen zu sehen. Augenblicklich war ich bereit, mich auf der Straße in Sicherheit zu bringen, als Jungle aus den Tiefen des Gebüschs auftauchte und fröhlich grinste.

»Hallo, Joe.« Er strahlte mich an.

»Ach, Jungle, hallo«, entgegnete ich ganz verwirrt. »Eh, sag mal, was machst du denn da in der Hecke? Ich meine, du bist doch schon eine ganze Weile hier, oder nicht?«

»Das ist keine Hecke, du Dummkopf, das ist ein Busch.«

»Gut, dann eben ein Busch. Was, zum Teufel, hast du …« Ich beendete den Satz nicht, als ich das Buschwerk näher betrachtete. »Du meine Güte.«

»Ganz genau. Busch wie wildes Kraut, Gras für alle, himmlisches Rauchvergnügen. Erstaunlich, nicht wahr?« Jungle lachte glücklich und streckte mir mit einer Hand seinen Buschhut hin. Ich spähte hinein und sah, daß er ihn sorgfältig mit Blütenköpfen gefüllt hatte.

»So große habe ich noch nie gesehen«, sagte ich und blickte die Seitenstraße hinunter auf den zweieinhalb Meter hohen und sechzig Meter langen Bewuchs mit Marihuana-Büschen.

»Ich weiß, das ist verrückt!« Die Stimme klang tief aus einem benachbarten Strauch hervor. »Ich habe gestern riesige Flächen davon gesehen, auf dem Weg in die Stadt vom Flughafen.« Kurze, raschelnde Geräusche waren zu hören, das

Blattwerk vibrierte, und dann tauchte in Kopfhöhe Jungles Arm auf.

»Da hast du.« Er winkte mit einer Handvoll Blätter und Blüten. Ich hielt den Hut unter seine Hand, und er ließ die gesammelten Werke hineinfallen.

»Was willst du damit anfangen?« fragte ich naiv.

»Na, was schon, rauchen.«

»Fein. Ja, das dachte ich mir, aber ist es nicht ein bißchen ... frisch, sozusagen, feucht, weißt du?«

»Ich werde das Zeug vorn im Auto hinter die Windschutzscheibe legen und in meinem Hut trocknen lassen.«

Vom Hotel drang ein Ruf zu uns herüber. Der Kleinbus war angekommen. Ich ließ Jungle zurück, wie er sich seinen Weg noch tiefer in das scharf riechende Unterholz bahnte, und ging nach vorn, um beim Aufladen zu helfen.

Der Fahrer war ein junger Mann mit dunkler, teakholzfarbener Haut und einer seidigen, schwarzen Haartolle. Er hatte ein eigentümlich ausdrucksloses Gesicht. Seine tiefliegenden Augen gaben ihm ein geistesabwesendes, starres Aussehen, als wäre er sehr müde oder als stünde er unter dem Einfluß eines Beruhigungsmittels. Wir konnten uns mit ihm nicht mit Worten verständigen, aber als er auf das Dach seines Fahrzeugs kletterte, wurde offensichtlich, was er wollte. Bis wir mit dem Stauen fertig waren, hatte der Kleinbus seine Höhe fast verdoppelt und wirkte jetzt übertrieben kopflastig. Während der Fahrer die Rucksäcke an ihrem Platz verzurrte, schaukelte der Wagen beängstigend hin und her.

Als alles sicher verstaut war, holte unser Mann ein paar brandneue Reifen aus dem Innern des Wagens und band auch sie auf dem Dach fest. Ich konnte nicht umhin festzustellen, daß die Hinterreifen des Transporters völlig abgefahren waren, ohne eine Spur von Profil, so daß sie den ›Slicks‹ eines Formel-1-Rennwagens ähnelten. Mitten um die Reifen herum lief eine tief eingerissene Furche. Ich wies John darauf hin, der lachte und die Aufmerksamkeit des Fahrers darauf lenkte.

»Ist okay«, sagte der junge Mann und ließ den Kopf von einer Seite zur anderen rollen. »Alles ist okay.« Und damit ging er zum vorderen Ende des Wagens und kletterte hinter dem Steuerrad hinein.

»Alles okay«, sagte Richard mit der Autorität des geborenen Anführers. »Er ist aus dem Pandschab.«

Uns wurde sofort klar, daß dieser Fahrer die Geschwindigkeit liebte. Eingestandenermaßen war der Verkehr zu jener Morgenstunde nicht besonders dicht, aber sobald irgendein Fahrzeug in Sichtweite kam, wollte er es sofort überholen. Näherte sich das Fahrzeug von vorn, so bestand die instinktive Reaktion unseres Fahrers darin, den Kleinbus auf Kollisionskurs zu bringen, mit der Hand auf die Hupe zu drücken und das entgegenkommende Fahrzeug unablässig anzustarren. Wenn es sich um einen der riesigen, buntbemalten pakistanischen Lastwagen handelte, die einer motorisierten spanischen Galeone ähneln, wich er im allerletzten Moment aus. Wir waren dankbar, daß ein kleiner Teil seines Hirns die Vorstellung akzeptierte, daß im Zweifel die Masse den Sieg davontrug. Wenn das Fahrzeug kleiner war, hielt er jedoch unnachgiebig darauf zu, bis sein Widerpart ausgewichen war und an uns vorbeischoß, ganz quietschende Reifen und gellende Hupe. Und wir hatten die Arme in die Luft geworfen und vor Angst und Entsetzen laut aufgeschrien. Wer gerade vorn auf dem Beifahrersitz saß, wurde mit einem triumphierenden, arroganten Lächeln und den Worten: ›Ist okay‹ bedacht.

Zunächst war diese Fahrtechnik für uns der reine Terror und das absolute Chaos, doch das Gefühl ließ mit der Zeit nach, als wir die seltsam gefährliche Art und Weise beobachteten, in der auch die anderen Benutzer der Straße fuhren. Es ist erstaunlich, wie schnell man sich an eine drastisch fremde und beängstigende Umgebung anpaßt. Was noch Minuten zuvor selbstmörderisch gefährlich zu sein schien, nahmen wir bald darauf als übliche Praxis hin, als etwas, das es zu ertragen galt; wenn alle anderen es für vernünftiges Verhalten hielten, mußte das ja wohl so sein.

Nachdem er auf eine zweispurige Straße eingebogen war, die von der Stadt weg nach Nordwesten führte, schien unser Fahrer jeweils diejenige Fahrspur zu wählen, die ihm gerade besser gefiel. Dasselbe taten auch alle anderen Fahrer, so daß aus einer zweispurigen Straße zwei parallele, einspurige Straßen wurden, die immer wieder interessante Ausblicke auf selbstzerstörerische Manöver auf beiden Seiten boten. Als wir begriffen, daß unser Fahrer sich nicht darum kümmerte, hörten wir auf zu heulen und zu wehklagen, jedesmal wenn der Tod haarscharf an uns vorbeigerast kam. Nach einer Dreiviertelstunde waren wir alle entweder mit Lesen oder mit Schlafen beschäftigt. Die einzige Ausnahme war der unglückliche Passagier auf dem Vordersitz, der dasaß und in einem Zustand panischen Entsetzens wie gebannt aus dem Fenster starrte, bis er die Gelegenheit bekam, den Platz zu tauschen.

Eine Stunde nachdem wir die Außenbezirke von Islamabad hinter uns gelassen hatten, jagten wir eine gerade, asphaltierte Straße hinunter. Die Bäume am Straßenrand waren ganz weiß vom Staub. Plötzlich war ein lautes Geräusch zu hören, wie der peitschende Schuß eines Gewehrs. Wir schrien alle gleichzeitig auf, während unser Fahrer gegen das plötzliche Schlingern des Fahrzeugs ankämpfte und die Ladung Rucksäcke auf dem Dach sich bemühte, uns seitlich in die Bäume zu kippen. Der Fahrer trat fest auf die Bremse, allen allgemein anerkannten Schleudertheorien zum Trotz. Der darauf folgende abrupte Wechsel vom Umkippen zum Drehen auf der Stelle warf uns alle zu Boden, laut jammernd und fluchend. Bücher, Walkmen, Kassettenhüllen und die glühende Asche von Zigarettenstummeln flogen durch die Luft. Ich erhaschte einen kurzen Blick auf Jungle, der sich auf der Seite liegend um die eigene Längsachse drehte, einen Arm ausgestreckt und die Finger gespreizt bei dem verzweifelten Versuch, den Buschhut voller Pflanzenteile aufzufangen.

Schlitternd und rutschend kam der Bus in einer Staubwolke zum Stehen, direkt neben einer kleinen Hütte, wo es Tee und kalte Getränke zu kaufen gab. Den Besitzer zu wecken erwies sich als unnötig, denn der Anblick unseres Fahrzeugs, wie es geradewegs auf sein Bett aus Korbgeflecht zuhielt, hatte ihn eilig in den dürftigen Schutz seiner Teebude flüchten lassen. Wir rissen die Seitentür des Wagens auf und hasteten ihm nach, halb in der Erwartung, der Bus würde in die Luft fliegen. Jungle folgte uns, den Hut gegen die Brust gedrückt wie ein Mann, der an einer Beerdigung teilnimmt, aber mit einem Ausdruck erleichterter Ekstase im angespannten Gesicht.

Unser Bus wurde mit dem Wagenheber hochgekurbelt; dann montierte unser Fahrer ein Rad ab. Nach einigen komplizierten Manövern gelang es ihm, das instabile Fahrzeug mit einem wackeligen Stapel abblätternder Ziegelsteine zu stützen. Sie zersplitterten und gaben knirschende Geräusche von sich, während wir in schockiertem Schweigen zusahen, wie der Fahrer unter das Chassis kroch und anfing, mit großem Enthusiasmus auf etwas einzuhämmern, das wir nicht sehen konnten. Er schien gänzlich unberührt von der Art und Weise, wie der Wagen über ihm hin- und herschwankte. Sollten die Ziegelsteine nachgeben, würde die volle Last des Motors seinen Brustkorb innerhalb von Sekunden eindrücken. Ich konnte es kaum ertragen hinzusehen, dennoch war ich von dem Anblick wie gelähmt. Entweder mußte er erstaunlich dumm sein, oder aber er hatte einen so tiefen Glauben an den Willen Allahs, daß ein derartiges Risiko ihn einfach nicht kümmerte. Letzteres war wohl der Fall.

Später auf der Fahrt sahen wir immer wieder ähnliche Reparaturen am Straßenrand, die unter der gleichen Mißachtung der Gefahr ausgeführt wurden. Einmal hielten wir an und beobachteten zwei Männer, die versuchten, die gewaltige Achse eines buntbemalten Lastwagens zu reparieren. Genau an jener Stelle war der Karakorum-Highway durch einen Erdrutsch schwer beschädigt worden. Das Fahrzeug stand in einem solchen Winkel hochgebockt, daß es über die Straße hinausging, und eine Ansammlung von ungefähr dreißig Männern hockte neben den beiden, die arbeiteten. Übrig blieb ein schmaler, unsicherer und ausgefahrener Streifen auf der Schluchtseite, auf dem andere Fahrzeuge sich vorbeidrücken konnten. Über ihnen ragte dabei die gewaltige Ladung Holzstämme auf, die seitlich aus dem Lastwagen hervorstand und sichtbar wackelte, während die Männer mit einem kleinen Vorschlaghammer auf die Achse einschlugen. Schließlich schwankte auch unser Bus am Außenrand der abbröckelnden Straße vorbei, und wir hielten dabei die Daumen fest gedrückt, damit durch unser Vorbeifahren nicht etwa die zerbrechlichen Stützen aus dem Gleichgewicht gebracht würden, die allein verhinderten, daß der Lastwagen und seine Ladung auf uns herunterkrachten.

Nachdem er den Grund für unsere eigene Panne gefunden hatte, winkte der Fahrer uns mit einem schmierigen Klumpen Metall zu und rief: »Ist okay.« Damit wollte er andeuten, daß er nach Islamabad zurücklaufen würde, um das erforderliche Ersatzteil zu besorgen.

»Ist okay«, antworteten wir sarkastisch im Chor, indes er begann, die Straße hinunterzuwandern, eine kleine Staubwolke hinter sich aufwirbelnd. Soviel zum Thema Aufbruch im Morgengrauen.

Wir kehrten zu der Hütte zurück, bestellten noch mehr Tee und eine Runde Omelettes und Chapatis für alle und richteten uns ergeben auf eine lange, heiße Wartepause ein. Jungle nutzte die Gelegenheit, seine Ernte im Bus auf der Ablage über dem Armaturenbrett auszubreiten, wo es dank der starken Sonneneinstrahlung durch die Windschutzscheibe schon brennend heiß war.

Nach einer Stunde kehrte er von seinem Ausflug in das örtliche Unterholz mit der Neuigkeit zurück, er habe einen verborgenen Tempel gefunden. Eine Vielzahl von Hinweisschildern hatte ihn auf den nahe gelegenen buddhistischen Tempel aufmerksam gemacht. Alle Rücksichten in den Wind schlagend, folgten wir ihm auf der Suche nach dieser rätselhaften Entdeckung.

Die Sonne stand inzwischen hoch am Himmel, und ihre ungeminderte, sengende Glut hatte begonnen, das Land auszudörren. Wir wanderten durch einen kleinen Hain kümmerlicher Bäume und gelangten auf eine staubige Lichtung, wo eine weitere wackelige Teebude im Schatten einer Platane aufgestellt war. Der Inhaber goß süßen, milchigen Tee in angeschlagene Glastassen und zeigte uns den Weg zum Tempel.

Der erwies sich als ein enttäuschendes Bauwerk aus abblätterndem Mauerwerk und den Überresten mehrerer zerbrochener Treppen. Er war auf einem kleinen, länglichen Hügel gebaut worden, und von den Oberkanten seiner Wände hatte man einen wenig beeindruckenden Blick auf graue Bäume und die Abgaswolken über der nahe gelegenen Straße.

An verschiedenen Stellen kündeten kleine, säuberlich beschriftete Schilder von Art, Herkunft und Entstehungszeitraum einer Statue – entweder waren sie in Wandnischen eingelassen, oder aber sie standen auf Sockeln inmitten offener Vierecke. Wir öffneten die quietschenden hölzernen Läden, die dazugehörten, und fanden nur staubige Leere – und ein weiteres Schild, auf dem stand: ›Jetzt im Museum von Lahore.‹ Der Inhaber der Teebude schien ganz übertrieben stolz darauf zu sein, uns mit großartiger, weit ausholender Gebärde diese Leere vorführen zu können.

Als wir erschöpft zur Straße zurückwanderten, fanden wir den Weg von einem riesigen Wasserbüffel versperrt. Dies war ein Tier von ungeheuren Ausmaßen. Es trug seine riesigen geschwungenen Hörner herausfordernd vor sich her und schnaubte die Luft durch weit geöffnete Nüstern ein und aus. In der Art und Weise, wie der Wasserbüffel uns den Weg versperrte, lag etwas ganz entschieden Bedrohliches. Er ließ seinen bewehrten Kopf schwerfällig vor und zurück schwingen und fixierte uns mit unheilvollem Blick. Die Augen des Untiers waren kornblumenblau und wirkten eigentümlich durchsichtig, was den Büffel noch unheimlicher und fremdartiger erscheinen ließ. Schleim tropfte von dem riesigen Nasenring, als er schnaubte und mit den Hufen im Staub scharrte.

»Ich dachte, die wären ganz zutraulich?« sagte Rickets und machte einen Schritt rückwärts. Rickets war unser Starkletterer, ein ausgemergelter ehemaliger Bergarbeiter, der sich mit einundzwanzig zur Ruhe gesetzt hatte und wahrlich nichts von Wasserbüffeln verstand. In Barnsley gab es keine Büffel.

»Natürlich sind sie das«, versicherte Richard selbstbewußt. »Überall sieht man die Kinder an den Teichen und in den Reisfeldern mit ihnen spielen. Macht euch keine Sorgen …«

Er sprang eiligst und mit gekonntem Schwung in das Unterholz zu seiner Linken, als der Büffel sich zu ihm umdrehte. Dann begann er voll Elan, einen Pfad durch das Blattwerk des Gestrüpps zu bahnen. Uns blieb keine andere Wahl, als unserem tapferen und ruhmreichen Anführer zu folgen, bis wir an der Straße herauskamen, schweißüberströmt und mit Staub bedeckt. Ein lautes, metallisch klapperndes Geräusch und der Bus, der unsicher auf seinem Stapel Ziegelsteine schwankte, zeigten an, daß unser Fahrer mit dem Ersatzteil zurückgekehrt war. Es dauerte mehrere Stunden, bis die Reparatur beendet war, und so wurde es früher Nachmittag, ehe wir erneut auf dem Karakorum-Highway nach Gilgit aufbrachen.

Je tiefer wir in die Berge kamen, desto beeindruckender wurde die Landschaft; die Dimensionen waren riesenhaft. Der Highway selbst, der sich durch das steile, unbeständige Tal wand, welches der Indus sich gegraben hatte, war eine Meisterleistung der Ingenieurskunst. Man erzählt sich, für jeden Kilometer gebauter Straße habe ein Mensch sein Leben lassen müssen, und als wir uns weiter ins Herz des gebirgigen Nordens voranschlängelten, war ich mir schmerzlich bewußt, wie viele Hunderte beim Bau der Straße gestorben sein mußten. Unser Fahrer schien das noch einmal unterstreichen zu wollen, indem er mit ungebremster Geschwindigkeit auf die angsteinflößenden Haarnadelkurven zuhielt. Er hatte die Hand praktisch ständig auf der Hupe, um anderen Fahrzeugen sein Herannahen anzukündigen – ausnahmslos in der Mitte der Straße.

Wenn er einmal kurzzeitig die Hupe losließ, ging es darum, die Kassette im Recorder umzudrehen, von der das hohe, nasale Heulen und Wehklagen der Sitars erklang, das die pakistanische Popmusik ausmacht. Das einzige Band, das unser Fahrer besaß, gellte die ganze Fahrt über auf voller Lautstärke zur heiseren Begleitung der Hupe. Verzweifelt begannen wir, uns die Ohren zuzustopfen, um den Lärm einzudämmen, oder wir drehten unsere Walkmen auf maximale Lautstärke und wickelten einen Schal um den Kopf. Eine hohe weibliche Stimme, die in einer nervtötenden Klage ununterbrochen an-

und abschwoll, brachte uns alle an den Rand des Wahnsinns, bis wir nach und nach den starren ›Tausend-Meter-Blick‹ von Leuten annahmen, die zu weit getrieben wurden, die zuviel gehört haben.

Wenn der Bus mit Höchstgeschwindigkeit auf eine Kurve zujagte, kauerte sich der Fahrer über das Lenkrad und wartete bis zum allerletzten Moment mit dem Bremsen. Im äußersten Scheitelpunkt der Biegung stellte er sich dann auf das Bremspedal, so daß der kopflastige Bus herumschwang und gleichzeitig auf den profillosen Hinterreifen Richtung Straßenrand rutschte. Gerade wenn es den Anschein hatte, als würden wir jeden Moment ins Nichts hinausschießen und zwei- oder dreihundert Meter tief in den donnernden Indus stürzen, legte unser Mann einen kleineren Gang ein, trat auf das Gaspedal, und wir schossen um die Kurve, um sogleich unfehlbar auf die nächste zuzuhalten. Einmal raste unser Fahrer mit einer Hand am Steuer um eine besonders gefährliche Biegung, bremste, schaltete und beschleunigte, während er verschwörerisch über die Schulter grinste und rief: »Zwanzig Mann tot.« Dabei zeigte er über den Straßenrand. »Ist okay«, brüllte er wie ein Irrer und ließ den Bus im Slalom von links nach rechts schleudern, um einem entgegenkommenden Laster auszuweichen. Wenn wir bei einer solchen Gelegenheit die Zeit und die Nerven hatten, blickten wir in die Richtung, in die er zeigte, und entdeckten die zerschmetterten, verkohlten Überreste von Bussen, Lastwagen und Jeeps, die nach fünf Sekunden freien Falls den Boden der Schlucht erreicht hatten. Sollte irgend jemand den Sturz überlebt haben, wären seine Chancen auf Rettung in dieser entlegenen Gegend gleich Null gewesen.

Manchmal deutete das mitleiderregende Jammern vom Vordersitz nicht auf den Anblick einer weiteren Absturzstelle hin, sondern auf einen Teamkameraden, der darum bettelte, mit jemandem von hinten den Platz tauschen zu dürfen. Wir gaben höflich unserer hilflosen Betroffenheit Ausdruck, während wir uns in Büchern oder Zeitschriften vergruben und die Augen von dem glücklosen Opfer abwandten. Nur wenn wir kurz anhielten, um Benzin oder Tee zu tanken, verließ das Team den Bus. Beim Wiedereinsteigen gab es einen kurzen, aber harten Kampf um die hinteren Plätze.

Als die Sonne hinter den hohen Talwänden unterging und Dunkelheit die Schlucht des Indus überschwemmte, waren wir immer noch weit von Gilgit entfernt. Sechzehn Stunden waren wir mittlerweile unterwegs, und doch hatten wir kaum den halben Weg zu unserem Zielort zurückgelegt. Major Asadu Alah Khan, ein Bekannter von Richard und unser üblicherweise stillschweigender Dolmetscher, teilte uns mit, die Reise dauere doppelt so lang wie üblich. Das lag zum Teil daran, daß wir ständig von technischen Pannen heimgesucht wurden, und zum Teil daran, daß unser Fahrer seit beinahe achtundvierzig Stunden nicht mehr geschlafen hatte. Diese Information wurde an mich weitergegeben, als ich auf dem Vordersitz in der Falle saß, ganz gefesselt vom hypnotischen Effekt der Scheinwerfer, die Schneisen in die schwarzen Abgründe jenseits des Straßenrands schnitten. Nervös blickte ich den Fahrer an. Er rieb sich die müden Augen und schüttelte den Kopf, wie man es tut, wenn man im Begriff steht, am Steuer einzuschlafen.

Glücklicherweise trafen wir bald wieder auf einen Erdrutsch, wo ein langes Straßenstück in den Fluß hinuntergerissen worden war. Dazu gezwungen, mit Schrittgeschwindigkeit weiterzufahren, kroch der Bus am äußersten Rand einer grob von Bulldozern geglätteten Fahrspur entlang. Wenn die Räder dort, wo Flüsse über die Straße rannen, tief in die Schlaglöcher auf der schlammigen Oberfläche eintauchten, schwankte der Wagen von einer Seite zur anderen. Der Anblick des Steilabfalls auf der Fahrerseite ließ mich die Tür aufstoßen, so war ich bereit, jeden Moment hinauszuspringen, sollten wir Anstalten machen, uns zu überschlagen. Diesen Luxus bekam das Team hinten nicht geboten, denn deren seitliche Schiebetür öffnete sich zur Schluchtseite hin.

An der Stirnseite des Tals kündigten ein paar verstreute Lichter ein kleines Dorf an. Als wir an dem letzten Teilstück beschädigter Straße vorbeikrochen, gähnte der Fahrer mächtig und beschleunigte den steiler werdenden Hang hinauf in Richtung auf die Lichter. Die Straßen wirkten erstaunlich belebt, als wir in die kleine Siedlung hineinfuhren, deren Häuser beiderseits des Highways aufgereiht standen. Dunkelhäutige, bärtige Pathanen standen im Licht der Sturmlampen, die vorn in ihren Läden hingen, und boten alle nur vorstellbaren Waren feil. An Ständen, die Schußwaffen jeder Art verkauften, herrschte kein Mangel. In anderen Läden waren leuchtend bunt gefärbte Ballen Seide und Brokat oder Regale voll Seife und Zigaretten oder Gewürze und Gemüse ausgestellt. Wir hielten vor dem finstersten Restaurant im Dorf, und der Fahrer wandte sich mit einem freundlichen Grinsen zu uns um: »Ist okay.« Dabei zeigte er hinein.

Als ich ausstieg, sah ich, wie unser Fahrer einen großen Klumpen Haschisch aus der Hemdtasche zog und in den Mundwinkel schob. Nachdem er ein paar Sekunden lang gekaut hatte, bemerkte er meinen Blick und sagte: »Ist okay.« Er legte die Hände an die Wange, um eine schlafende Haltung anzudeuten, und wackelte dann mit dem Finger, während er mich fortwährend angrinste. Ich war mir nicht sicher, wie lange zehn Gramm opiumhaltiges Haschisch ihn wach halten würden, aber ich war mir ziemlich sicher, daß sich seine Fahrkünste dadurch nicht verbessern würden.

Jungle erklärte, die Mahlzeit, die wir serviert bekamen, sei ausgezeichnet, und wir anderen schoben ihm eilig unsere Teller hinüber. Von der fettigen, kalten Brühe in den Schüsseln stiegen Fliegen auf. Sie kreisten um Jungles Kopf. Wir gaben uns damit zufrieden, ein paar kalte Chapatis zu kauen.

Am Eingang des Restaurants stand ein Mann hinter einem Tresen aus Holz und stellte jedem Gast, der den Raum betrat, mehrere Fragen. Meist wurde ihm zum Lohn irgendeine Art von Waffe überreicht – sei es eine Schußwaffe oder ein Messer –, die er in Verwahrung nahm. ›Keine Waffen beim Essen‹ schien zu den allgemein akzeptierten Anstandsregeln zu gehören. Das Arsenal des Mannes an Pistolen, AK47, Gewehren, alten Vorderladern und einem Ding, das aussah wie ein Granatwerfer mit Raketenantrieb, reichte aus, einen braven Mitteleuropäer reichlich nervös zu machen. Als wir auf die Straße hinausschlenderten, behielten wir die schwerbewaffneten Einwohner vorsichtshalber im Auge. Ich hatte mit Interesse beobachtet, daß die wenigsten bewaffnet zu sein schienen, bis sie von dem Mann an der Tür befragt wurden. Erst dann tauchte eine tückische Sammlung von Mordinstrumenten aller Art aus den Falten ihrer Kleidung auf.

Der Bus war wieder einmal zusammengebrochen und mit ihm dieses Mal auch unser Fahrer. Wir fanden ihn auf der vorderen Sitzbank ausgestreckt, die Hände tief im Innern des Motors vergraben. Seine Augen blickten starr und wie benebelt. Ich erzählte den anderen von dem Haschisch, und sie stöhnten im Chor. Wir standen im Kreis um die lang hingestreckte Gestalt, die unsere Gegenwart nicht bemerkte, sondern versuchte, einen Knoten in den Keilriemen zu knüpfen. Als das nicht gelang, machte unser Fahrer sich daran, die beiden Enden mit dem Feuerzeug zu verschmelzen. Doch auch das brachte nicht den gewünschten Erfolg, und wir sahen interessiert zu, wie die tanzende Flamme des Feuerzeugs ihn in ihren Bann schlug. Er starrte sie unablässig an, völlig weggetreten und narkotisiert, bis er sich den Daumen verbrannte und das Feuerzeug in den Motorraum fallen ließ.

Richard, unser ruhmreicher Anführer, sackte in die Knie und begann, vor Verzweiflung mit der Stirn gegen den Bus zu schlagen. Tom fragte Major Khan, ob es möglich wäre, ein anderes Fahrzeug zu finden – und mit etwas Glück vielleicht auch einen anderen Fahrer. Jungle fragte mich, was für eine Art Haschisch der Fahrer gegessen hatte und ob es etwas taugte. Er schien enttäuscht, als ich ihn nur ärgerlich anfuhr. Inzwischen hatte der Fahrer das Feuerzeug aus dem Getriebe gefischt und war auf der Suche nach einem neuen Keilriemen davongestolpert. John kletterte in den Bus und zündete sich eine Zigarette an; er sah müde aus. Andy Cave, unser hagerer Exbergmann, genannt Rickets, war in einer Art katatonischer Trance auf dem Boden des Fahrzeugs zusammengesunken. Der Karakorum-Highway forderte seinen Tribut.

Plötzlich wurde die Nacht von dröhnendem Gewehrfeuer

zerrissen, und das explosionsartige Krachen schwerer Artillerie widerhallte von den schwarzen Bergen.

»Herr im Himmel ...«, rief John, sprang auf die Füße und stieß mit dem Kopf gegen das niedrige Dach.

Stimmengewirr war zu hören, und die Leute liefen eilig die Straße hinunter. Das Restaurant am Ende des Universums leerte sich schnell. Der Mann an der Tür hatte alle Hände voll zu tun, um seine abziehende Kundschaft wieder zu bewaffnen. Bärtige Kämpfertypen eilten hinaus, wischten sich mit kalten Chapatis Dal vom Mund und schlangen die Waffen bequemer über die Schultern. Sie drängten sich an der kleinen Gruppe bestürzter englischer Bergsteiger vorbei und marschierten zielstrebig die Straße hinauf.

»Was ist los?« rief Tom durch den Lärm der Schießerei.

»Keine Ahnung. Ich weiß es einfach nicht. Wirklich, warum müßt ihr immer mich fragen, warum ...«, stöhnte der ruhmreiche Anführer und begann, mit dem ganzen Körper hin- und herzuschaukeln.

»Das ist kein Problem«, entgegnete der Major ruhig. »Nur eine kleine familiäre Auseinandersetzung. Das kommt vor. Wir haben doch alle unsere Familienstreitigkeiten, nicht wahr?«

Wir starrten ihn ungläubig an, während das, was die Belagerung von Beirut zu sein schien, den Nachthimmel erhellte. Richard, der geborene Führer, ließ zu Füßen des Majors ein verzweifeltes Stöhnen hören.

»Familienstreitigkeiten? Nennt ihr das hier so?« fragte ich.

»O ja, Sir. Bestimmt wird der Streit gleich wieder beigelegt. Jemand ist einem anderen Menschen zu nahe getreten, vielleicht der Tochter oder der Mutter eines anderen Mannes. Was es auch ist – kein Problem. Bald werden alle wieder glücklich sein. Kein Problem, überhaupt nicht, Sir. Machen Sie sich keine Sorgen.«

Ich zuckte zusammen, als ein plötzliches Crescendo von Schüssen von den dunklen Bergwänden zurückgeworfen wurde. Ein Polizeijeep, auf dessen Dach zwei Blaulichter blitzten, fuhr ganz langsam die Straße hinauf auf den Herkunftsort der Schüsse zu. Die beiden äußerst besorgt und unglücklich aussehenden Polizisten, die in dem Jeep saßen, waren offensichtlich schon der Ansicht, daß es sich um ein Problem handelte, und wollten lieber nichts damit zu tun haben.

Mitten in dem Aufruhr tauchte unser Fahrer wieder auf, einen nagelneuen Keilriemen in der Hand und einen großen, ungesunden Joint im Mund. Bis das Feuer nachließ und der Polizeijeep mit zwei hocherfreuten, erleichterten Beamten darin zurückgekehrt war, hatte unser Mann den Keilriemen eingebaut und gespannt. Das war ein durchaus zweifelhaftes Vergnügen, weil es bedeutete, daß wir wieder auf den trügerischen, dunklen Karakorum-Highway hinausmußten, mit einem Fahrer, der buchstäblich sprachlos war von Drogenrausch und Schlafmangel.

Irgendwie verlor ich den Kampf um einen Sitzplatz hinten und fand mich einmal mehr neben dem Fahrer eingeklemmt wieder, der mir nur einen schielenden Seitenblick zuwarf, als es ihm nicht gelang, sein übliches ›Ist okay‹ hervorzubringen. Eine kurze Zeit lang, als er den Bus durch die belebten Straßen navigierte, hoffte ich, das Zusammenwirken von Müdigkeit und Drogen würde ihn beruhigen und seine Vorliebe für hohe Geschwindigkeiten abmildern. Wenn es mir nur gelänge, ihn wach zu halten, wäre alles, wie er so schön sagte, okay. Als er jedoch am Rande des Dorfes unglücklicherweise vorübergehend durch einen Traktor behindert wurde, reagierte der gute Mann mit der altbekannten atemberaubenden Beschleunigung, so daß die Passagiere hinten im Bus von den Fliehkräften seines wahnsinnigen Schlenkers um das Hindernis herum hin und her geworfen wurden.

Auf dem kurzen, geraden Stück aus dem Dorf hinaus hatten wir schnell die Höchstgeschwindigkeit erreicht und jagten mit kreischendem Motor bei maximaler Umdrehungszahl in die erste Haarnadelkurve. Die Reifen quietschten, und es roch nach verschmortem Gummi. Die anschließende virtuose Vorführung selbstmörderischer Kurventechnik hätte nach allen anerkannten Gesetzen der Physik einfach keinen Erfolg haben dürfen. Wir rasten aus der Kurve hinaus und eine weitere kurze Gerade hinunter mit der Katapult-Schleuder-Technik, die unser Mann so perfekt beherrschte.

Mehrere Stunden lang reisten wir auf diese Weise weiter, während unser Fahrer die kurzen Joints rauchte, die er in seiner Hemdtasche aufbewahrte, und gelegentlich die Kassette umdrehte. Der Rest des Teams sank in der beruhigenden nächtlichen Schwärze hinten im Bus in einen erschöpften Dämmerzustand. Wenn ich mich umdrehte, konnte ich mitunter die Konturen mehrerer Körper vom glühenden Ende einer nervös inhalierten Zigarette beleuchtet sehen. Manchmal war ein leiser Aufschrei zu hören und das Geräusch von Leuten, die um sich schlagen, wenn in einem von Jungles Joints ein getrockneter Blütenkopf in Flammen aufging und glühende Asche durch den Wagen flog.

Ich beobachtete, wie sich die Augen unseres Fahrers allmählich schlossen, obwohl er sich bemühte, sie offenzuhalten, indem er daran herumrieb und immer wieder den Kopf schüttelte. Im letzten Moment griff ich hinüber und rüttelte ihn am Arm. Er richtete sich ruckartig in seinem Sitz auf, blickte mich verstohlen an und sagte mit schleppender Stimme: »Ist okay.« Es war alles andere als okay! Immer öfter drohten ihm die Augen zuzufallen, bis es zu einer Vollzeitbeschäftigung wurde, ihn überhaupt wach zu halten.

»Hört mal, ihr da hinten«, rief ich in die Dunkelheit hinein. »Macht schon, wacht auf. Ich glaube, wir stecken in ernsthaften Schwierigkeiten.«

Aus dem Dunkel waren ein paar grunzende Laute zu vernehmen. Ich drehte mich wieder nach vorn und warf einen Blick auf die Straße, wie sie sich vor uns im Licht der Scheinwerfer dahinschlängelte. Weniger als fünfzehn Meter entfernt endete sie abrupt, und die Lichtkegel schnitten als parallele Strahlen ins leere Dunkel hinaus. Ehrlich entsetzt schrie ich auf und schlug dem Fahrer auf die Brust, während ich gleichzeitig nach dem Lenkrad griff. Es gelang mir nicht, das Steuer zu erreichen, aber ich spürte, wie der Bus zur Seite schlingerte, als der Fahrer reagierte. Ich war schon voll und ganz auf den abrupten, übelkeiterregenden Sturz eingestellt, sollte der Bus von der Straße stürzen. Statt dessen erklang ein Chor verschiedenster Ausrufe und dumpfer Geräusche von dem unsanft geweckten Team, während der Fahrer mit dem Ellbogen gegen meine Nase stieß und das Lenkrad um die Kurve riß.

»Verdammte Scheiße!« schrie ich den Fahrer an und setzte mich heftig auf. »Halt an, du verrückter Bastard! STOPP!«

»Okay. Ist okay.«

»Das ist, verdammt noch mal, überhaupt nicht okay«, brüllte ich. »Du hättest uns fast alle umgebracht.«

»Nein, ist okay«, entgegnete er und griff nach einem neuen Joint.

»O großer Gott!« Ich wandte mich zu den anderen um. »Hört mal, er muß einfach anhalten. Er kann kaum noch die Augen offenhalten und ist völlig bedröhnt. Ich meine ...«

Rickets sprang plötzlich von seinem Sitzplatz auf und stürzte sich auf den Rücken des Fahrers. Jungle hatte sich den blättergefüllten Hut fest auf den Kopf gestülpt und hockte zwischen zwei Sitzplätzen am Boden. Die Hinterräder quietschten, als der Bus sich ganz fürchterlich in die nächste Linkskurve legte und ich gegen die Tür zurückfiel. Ein lautes Rumsen war zu hören. Rickets prallte mit der Stirn gegen eine vorgewölbte Nahtstelle zwischen zwei Metallteilen im Dach und wurde nach rückwärts gerissen, ohne zu wissen, was ihn zu Fall gebracht hatte. Die Straße verlief ungefähr einen Kilometer weit geradeaus. Wir nutzten die Zeit, indem wir versuchten, unseren Fahrer zum Halten zu bewegen, doch der klammerte sich grimmig an sein Lenkrad und murmelte zunehmend ärgerlich und heftig nur immer wieder: »Ist okay.«

»Warum ziehen wir nicht einfach den Schlüssel aus dem Zündschloß? Das wird den Kerl schon aufhalten.«

»Könnten wir ihm nicht ins Lenkrad greifen und den Wagen gegen die andere Böschung steuern?«

»Das gefällt mir nicht ...«

»Dann laßt es uns mit dem Schlüssel versuchen«, sagte Rickets entschieden.

»Kommst du da ran?«

»Ich glaube, ja ... O Gott! Es geht schon wie ...« Er starrte an mir vorbei auf die Straße vor uns. Eine Reihe von Haarnadelkurven zeichnete sich im Licht der kriechenden, roten Heckleuchten mehrerer Lastwagen in der Dunkelheit ab. Der Bus erzitterte und schwenkte nach rechts, als Rickets sich erneut auf den Fahrer warf.

»Stopp!« Rums. »Agnnh.« Er sackte über der Rückenlehne zusammen, von dem Metallträger an der Decke umgehauen. Mit der rechten Hand versuchte er, nach dem Haar unseres Fahrers zu greifen.

Der Bus vollführte auf der abwärts geneigten Straße eine Reihe fürchterlicher Schlingerbewegungen, und plötzlich befanden wir uns unmittelbar gegenüber der hoch aufragenden, massigen Form eines langsam dahinkriechenden Lasters, der sich mühsam den steilen Anstieg empor auf uns zu quälte.

»Nein ... Aaaahh ... haltet ihn auf!« Im dunklen Innenraum unseres Fahrzeugs brach die Hölle los, als der Fahrer mit dem Bus auf einen winzigen Durchschlupf am Rande des Abgrunds zuhielt. – An der Innenseite zwischen Lastwagen und Felswand war kein Durchkommen, und Bremsen kam offensichtlich nicht in Frage. Ein abrupter, entsetzter Aufschrei war zu hören, dann das knirschende Geräusch der Räder, die auf dem Kiesrand der Straße durchdrehten. Augenblicklich herrschte angespannte Stille, ein überraschender Moment völliger Ruhe.

Ich war mir dunkel der stählernen Seitenwand des Lastwagens bewußt, die neben uns aufragte, hörte das angestrengte Dröhnen seines Motors und das ständige Plärren unserer Hupe, aber all das schienen rein äußerliche Dinge zu sein, jenseits meines Lebensbereichs. Ich konnte spüren, wie die Reifen auf dem rutschenden Kies Halt suchten. Der Bus fing an, sich nach rechts zu neigen. All diese körperlichen Wahrnehmungen schienen nichts mit mir zu tun zu haben. Sie schafften es nicht, bis in die Seifenblase aus Stille und innerer Ruhe vorzudringen, die mich umgab. Die Lautlosigkeit und das Gefühl, daß die Zeit stehengeblieben war, versetzten mich in tiefe Angst und machten mich hilflos. Uns allen war klar, was passierte. Es stand nicht in unserer Macht, das Unvermeidliche zu verhindern.

»Ist okay!« brüllte der Fahrer.

Meine Ohren waren plötzlich wieder frei, als hätte ich hart geschluckt und damit einen Druckausgleich hergestellt. Die Blase zerplatzte, und die Zeit stürzte wieder heftig vorwärts. ›Noch immer am Leben‹ war mein erster Gedanke – ›noch immer im Bus‹ der zweite, als die dröhnende Kakophonie erneut über mich hereinbrach.

»Was?« – Alles, was ich herausbrachte, war ein piepsender Schrei.

»Ist okay. Ja?«

Er grinste mich an, mit glasigen Augen, die Pupillen riesengroß und schwarz. Der Schweiß hatte auf der dunklen Haut seines Gesichts im grellen Strahl der Lastwagenscheinwerfer seltsame Reflexionen entstehen lassen. Doch das Licht wurde bereits schwächer. Ich wandte mich zu den anderen um.

»Der ist verrückt. Der ist, verdammt noch mal, völlig durchgedreht. Wir müssen hier raus, und zwar sofort!«

Das Team starrte mich von weit weg mit leerem Gesichtsausdruck an. Rickets schien sich als erster von der Betäubung des Schocks freizuschütteln, und noch einmal machte er einen Satz auf den Fahrer zu. Wieder schlug er mit dem Kopf krachend gegen den Deckenträger. Mit einem Ausdruck höflicher Überraschung im Gesicht schwankte er auf seinem Sitz hin und her. Eine häßliche Beule zeichnete sich mitten auf seiner Stirn ab.

»Was machen wir nur? Was machen wir ... aaah.«

Ich rutschte in meinen Sitz zurück, als das hintere Ende des Wagens wie wild geworden um eine weitere Kurve schlingerte.

»Ich habe mir immer Kinder gewünscht«, sagte Tom mit trauriger, tonloser Stimme.

»Du hast was?«

»Ich habe sie mir einfach wirklich immer gewünscht. Weißt du, was ich meine?«

»Eh ... nun, nicht genau.«

»Das spielt jetzt keine Rolle mehr«, entgegnete er in einem derartig überzeugten Tonfall, daß ich nicht in der Lage war, etwas darauf zu erwidern. Ein seltsam klagender Laut war jetzt zu vernehmen, der anstieg und wieder abfiel, je nach der Heftigkeit, mit der unser Fahrer seine Manöver ausführte. Es gelang mir, unseren Anführer auszumachen, der vor und zurück schaukelte und sich an meinem Sitz festkrallte.

»Wie bringen wir ihn zum Anhalten?« fragte ich. Er schaukelte stärker und schüttelte nur den Kopf.

»Das nützt mir überhaupt nichts.«

»Mach die Tür auf«, schlug John vor. »Dabei geht zumindest das Licht an. Vielleicht fährt er dann langsamer.«

Als ich am Griff zog, überschwemmte hartes elektrisches Licht den Bus.

»Nein, ist okay!« rief der Fahrer ärgerlich, nahm eine Hand vom Lenkrad und lehnte sich zu mir herüber. Der Bus steuerte auf die Felswand zu, aus der die Straße herausgefräst war. Ich ließ die Tür ins Schloß fallen, und es war wieder dunkel.

»Es hat funktioniert«, rief John. »Er ist langsamer geworden. Fast hätte er angehalten.«

»Fast wäre er gegen die Wand gerast«, entgegnete ich scharf.

»Mach das noch mal ... Oh, nicht schon wieder. Nein.«

Als ich mich umwandte, sah ich die Rücklichter eines weiteren langsam bergauf kriechenden Lastwagens neben uns aufblitzen, während der Bus auf eine winzige Lücke an der Innenseite zuhielt. Zumindest können wir so nicht über den Rand hinausstürzen, dachte ich, als die senkrechte, metallisch glänzende Seitenfläche des Lasters den Bus gegen die Felswand zu drücken drohte. Ein Schatten warf sich nach vorn auf den Fahrer, und ich hörte, wie Rickets mit einem seltsam gurgelnden Geräusch im Gang zusammenbrach. Er fing an zu würgen und rollte sich ganz klein zusammen, wobei er mitleiderregend stöhnte.

»Was ist los mit ihm?« fragte einer von uns.

»Er schlägt dauernd mit dem Kopf gegen die Decke.«

»Muß er sich übergeben? Ich will nicht, daß er mich zu allem Überfluß auch noch vollspuckt.«

»Halt den Mund, Richard, und komm von deinen verdammten Knien runter, du bist im Weg«, versetzte John im Dunkeln. »Joe, mach die Tür auf. Wir brauchen Licht.«

Als das Licht den Bus durchflutete, hatte ich schon mit einer entsprechenden Reaktion des Fahrers gerechnet und zeigte nach hinten auf die niedergestreckte elende Gestalt, die sich am Boden wand.

»Es geht ihm schlecht. Ist ganz schlecht«, sagte ich und tat so, als müßte ich mich fürchterlich übergeben. Der Fahrer blickte erst Rickets an und dann zurück auf die Straße. Der Motor drehte langsamer, und der Bus hielt sanft im Schutz eines Felsüberhangs am Straßenrand.

Noch ehe das Fahrzeug ganz zum Stehen gekommen war, hatte Rickets schon einen Satz zur Seitentür gemacht, den Griff gepackt, daran gezogen und sich hinaus auf die Straße gerollt, alles in einer einzigen, flüssigen Bewegung. Ein wilder, gellender Kriegsruf war zu hören, und auf einmal blockierte das gesamte Team die Tür beim Kampf ums Entkommen. Ich versuchte, über die Rückenlehne nach hinten zu klettern, weil meine Tür zu dicht an der Felswand war; sie ließ sich nicht öffnen. Doch ein dichtes Gedränge zappelnder Körper versperrte den Weg. Plötzlich war das Hindernis verschwunden, und wir fielen alle in einem wirren Durcheinander von Gliedmaßen zur Tür hinaus.

Rickets stand mitten auf der Straße, die Arme hoch über den Kopf erhoben. Sein jämmerlich dünner Körper zeichnete sich grausam im harten Scheinwerferlicht des Lastwagens ab, den wir gerade überholt hatten. In dem Moment, als ich bereits überzeugt war, daß er von dem Laster überrollt werden würde, kam das Monster mit einem lauten Druckluftzischen zitternd zum Stehen. Ein Mann lehnte sich aus dem hohen Führerhaus heraus und rief Rickets etwas zu, der trotzig mitten im Weg stehenblieb, fest entschlossen, nicht mehr in den Bus zurückzukehren.

Mit Hilfe des Majors gelang es uns, den Lastwagenfahrer davon zu überzeugen, daß es viel zu gefährlich war, mit unserem Mann weiterzufahren. Der war wütend und warf uns, dem Major und dem Lastwagenfahrer schlimmste Beschimpfungen an den Kopf, doch wir blieben unbeirrbar. Wir traten ein für allemal in den Streik und boykottierten unser eigenes Fortbewegungsmittel. Der Lastwagenfahrer stimmte schließlich zu, das Team mit in sein großes Führerhaus zu nehmen, und wir begannen schon, dankbar einzusteigen. Den niedergeschlagenen Fahrer mit seinem Bus ließen wir einfach auf der Straße stehen.

»Wartet mal«, sagte Tom plötzlich. »Unsere ganze Ausrüstung ist in dem Bus. Geld, Klamotten, alles. Wir können das nicht einfach so zurücklassen.«

»Was schlägst du also vor?« fragte ich, während ich ins Führerhaus kletterte. John versperrte vor mir den Weg.

»Jemand sollte lieber bei den Sachen bleiben«, verkündete unser Anführer mutig aus den Tiefen des Führerhauses. »Und weil ihr beide hier nicht mehr reinpaßt, könntet ihr doch gleich den Job übernehmen.«

»Auf gar keinen Fall!« sagte John.

»Macht schon, raus mit euch.« Richard trat ungewöhnlich entschieden auf. »Wir lassen dem Fahrer über den Major ausrichten, daß er auf gar keinen Fall diesen Lastwagen überholen darf.«

»Und welche Garantie haben wir, daß er sich daran hält?« fragte John, während wir zu der eilig über uns geschlossenen und verriegelten Tür aufblickten.

»Keine Sorge«, rief der Major von oben herunter. »Ich werde ihm schon deutlich machen, daß er sich an diesen Plan halten muß.«

Langsam rumpelte der Lastwagen los und stieß eine blaue Abgaswolke aus.

»Hier.« John reichte mir eine Zigarette und blickte unseren Fahrer an. »Ich glaube, du wirst sie brauchen.«

Der Bus kroch langsam vorwärts und blieb beim Anfahren an dem steilen Berg hinter dem Laster. Ich warf einen Blick auf unseren Fahrer. Seine Stirn war mit Schweißtropfen bedeckt, und seine Augen waren entschlossen auf die Rücklichter vor ihm gerichtet. Das rubinrote Glühen auf seinem Gesicht gab ihm ein diabolisches Aussehen.

Als wir uns mit Schrittgeschwindigkeit der ersten Kurve näherten, setzte ich mich entspannt zurück, voller Zuversicht, daß unser Mann auch tun würde, was ihm gesagt worden war. Ich inhalierte tief und blies den Rauch der Zigarette mit einem zischenden Geräusch durch die Lippen. Der Arm des Fahrers stieß den Schalthebel ruckartig nach vorn, der Motor heulte auf, und der Bus schoß zur Seite und vorwärts davon. Der Lastwagen blieb zurück, noch ehe einer von uns überhaupt reagieren konnte.

Im Führerhaus des Lastwagens sah das Team zwei weiße Gesichter angstvoll aus dem Bus starren, als der um eine scharfe Linkskurve verschwand. Zwei Stunden später kam der Laster rumpelnd neben dem Bus zum Stehen, der an einer Stelle neben der Straße geparkt war, wo die Schlucht sich zu einer sandigen Wüstengegend verbreiterte. Der Fahrer war besinnungslos über dem Steuerrad zusammengesunken.

»Gut gemacht, Jungs«, sagte Richard, als er aus dem Lastwagen herabsprang. John warf ihm einen bösen Blick zu und schnippte seine glühende Zigarette in Richards Richtung. »Wir können ebensogut noch ein wenig schlafen, bis er sich wieder erholt hat«, fuhr der unbeirrt fort und wischte sich die Asche von der Schulter.

Sechsunddreißig Stunden nachdem wir Rawalpindi verlassen hatten, hielt der Bus glücklich und unversehrt vor dem Hunza-Inn-Hotel in Gilgit. Völlig erschöpft kletterten wir aus der Seitentür und versammelten uns auf der Straße, während wir auf das Abladen des Gepäcks warteten. Als der Fahrer ausstieg, streckte ein großer, schwer gebauter Mann den Arm aus und packte ihn am Kragen. Er zog unseren Mann zu sich herüber und verpaßte ihm einen schweren, seitlich geführten Schlag auf den Kiefer. Wir sahen zu, leicht verwirrt, aber durchaus wohlwollend. Ein zweiter, jüngerer Mann trat vor und verabreichte unserem Fahrer einen zweiten Schlag, der ihn am Kopf traf, obwohl er die Arme schützend darüberhielt. Der große Mann redete in schnellem Urdu auf sein Opfer ein, und als der Fahrer einen Blick unter den Armen hervor riskierte, fing er sich einen weiteren Volltreffer ein, diesmal auf die Schläfe, und er fiel in den Staub. Der junge Mann verpaßte ihm einen gemeinen Tritt in die Nierengegend. Erstaunt und unsicher, was sich hier wohl abspielte, verhielten wir uns ruhig. Dann klärte uns der Major darüber auf, daß der schon vor uns eingetroffene Lastwagenfahrer bereits seine Geschichte erzählt hatte. Jetzt wurde der Mann von seinem Vater und seinem Bruder bestraft, weil er so spät gekommen war. Wir fingen an zu lachen und klatschten dazu, als der arme Kerl die Straße hinunter abgeschleppt wurde.

Der Bus wurde abgeladen, und wir zerrten unsere Rucksäcke in den kühlen Innenhof des Hunza Inn. Vier Tage brachten wir damit zu, Vorräte einzukaufen und nach einem zuverlässigeren Transportmittel ins Hunza-Tal zu suchen. Wir hatten uns erholt und freuten uns darauf, dem Berg zu Leibe zu rücken. Damals wußten wir noch nicht, daß der bei weitem gefährlichste Teil der Expedition bereits überstanden war.

Am letzten Tag in Gilgit lagen wir faul in Liegestühlen auf dem Rasen vor dem Hunza Inn, bestellten grünen Tee und Kekse und versuchten, den Horror der Seidenstraße zu vergessen. Um die Mittagszeit rief uns ein Boy zum Essen, und wir setzten uns zu einem Festmahl. Als wir die Mahlzeit zur Hälfte hinter uns hatten, spürte ich, wie jemand in einer sanften, rhythmischen Bewegung die Rückenlehne meines Stuhls schaukelte. Ich blickte mich um und stellte überrascht fest, daß niemand hinter mir stand. Als ich mich wieder zum Tisch umwandte, bemerkte ich, daß die anderen ebenfalls vor und zurück schaukelten. Die Lampen an den Wänden gaben leise klirrende Geräusche von sich, weil sie immer wieder gegen die verputzte Wand schlugen. Richard starrte mich mit einem entsetzten Gesichtsausdruck an. Die anderen sahen verwirrt aus. Im selben Moment, als auch ich anfing zu begreifen, was da vor sich ging, brachte er das Wort ›Erdbeben‹ heraus. Wir stolperten auf die Füße und stürzten auf die Sicherheit des Türrahmens zu, gerade als die schaukelnde Bewegung aufhörte. Wir prallten gegeneinander und fielen auf die Knie. Die anderen Gäste sahen uns interessiert zu und lachten. Ein paar Minuten später kam John in den Speisesaal. Er wirkte sehr mitgenommen. Als das Erdbeben begann, hatte er auf dem oberen Balkon gedöst. Die Vibrationen hörten genau in dem Moment auf, als er im Begriff stand, sich beide Beine zu brechen, indem er in den darunterliegenden Hof springen wollte.

Am nächsten Morgen brachen wir endlich in die Berge auf. Es sollte eine ausgesprochen gelungene und erfolgreiche Expedition werden. Der Berg war sogar noch schöner, als er auf den Fotografien aussah. Die Kletterei war technisch nicht sonderlich schwierig und auch nicht besonders gefährlich. Der ganze Ablauf der Aktion und die Atmosphäre insgesamt waren sehr viel entspannter als damals in Peru, und zum ersten Mal begriff ich, wie sehr wir die Dinge am Siula Grande forciert hatten, als wir uns zu zweit auf unserer ersten Expedition eine extreme Route vorgenommen hatten, an der schon mindestens vier vorangegangene Expeditionen gescheitert waren. Mit dem absoluten Minimum an Ausrüstung, Nahrungsmitteln und Brennstoff versehen, hatten wir Glück gehabt, überhaupt zu überleben. Ich war stolz darauf, daß wir den Anstieg in gutem Stil zu Ende gebracht und es darüber hinaus geschafft hatten, uns aus einer verzweifelten Lage zu befreien. Aber ich schämte mich auch für die Fehler, die wir begangen hatten. Jetzt, bei meiner Rückkehr in die Berge, erkannte ich bis zu einem gewissen Grad, wie engstirnig ich gewesen war. Damals war es mir absolut wichtig erschienen, eine Erstbesteigung zu unternehmen, eine extreme, neue Route zu bewältigen – fast wäre mir das wichtiger gewesen als mein Leben. Eine solche Einstellung war ausgesprochen dumm und übertrieben ehrgeizig. Sie zeugte von ausgeprägtem Konkurrenzdenken und zuviel Selbstvertrauen. Was hatte ich denn so unbedingt erreichen wollen? Die Berge waren so viel mehr als schwierigste Wände und herausfordernde Grate. Allein schon in ihrer unmittelbaren Nähe zu sein war ein Privileg, nach dem zu streben lohnte.

Am Siula Grande wollten wir Gewicht sparen und hatten daher eine entsprechend kleine Auswahl an Ausrüstung mitgenommen – sechs Eisschrauben, zwei selbstgebaute, unwirksame Schneeanker und ein paar Haken und Klemmkeile –, so daß wir keinerlei Möglichkeit zum Rückzug mehr hatten, sobald das kombinierte Gelände über dem Eisfeld erreicht war. Wir hatten uns weniger als eine halbe Gaskartusche pro Tag zugestanden, um Getränke zuzubereiten, nur fünf Trockenpflaumen, einen halben Riegel Schokolade und eine halbe gefriergetrocknete Mahlzeit für jeden pro Vierzehn-Stunden-Klettertag. Die ganze Expedition war so knapp ausgestattet gewesen, daß wir uns nicht einmal im Basislager vernünftig ernähren konnten, geschweige denn am Berg.

So richtig wurde mir das klar, als wir unsere Ausrüstung im Tupopdam-Basislager abluden. Da gab es Berge von Schokolade, sechsundfünfzig Pfund Thorntons' Karamelbonbons, schachtelweise Süßigkeiten, Dosen mit Thunfisch und Lachs, säckeweise frischen Spinat, Kartoffeln und Zwiebeln, Reis, Hafergrütze, unzählige Tüten mit gefriergetrockneten Mahlzeiten und Suppen. Und außerdem hatten wir einen riesigen, zwei Meter zehn großen Koch namens Kooshnoor dabei mit einem ehrfurchteinflößenden zweiflammigen Paraffinkocher und dem Expeditionsschaf im Schlepp. In Peru war unser einziger Luxus eine winzige süße Limone pro Person und Tag gewesen.

Am dritten Tag auf unserem Anmarsch zum Tupopdam-Basislager stolperten wir eine hochgelegene Bergschulter hinauf, auf der ein paar niedrige Lehmhütten standen. Wir ließen unsere massigen Rucksäcke zu Boden fallen und standen schweigend und bewegungslos da beim ersten Anblick des Berges, der über uns aufragte. Er war viel größer, als wir erwartet hatten, und so viel schöner. Ich spürte das alte, vertraute Kribbeln im Rücken, während der Berg mich zu sich heranlockte und mich gleichzeitig abstieß. Ich wußte sofort, daß es richtig gewesen war, als Richard mich ermutigt hatte, wieder zurückzukehren. Hier fühlte ich mich zu Hause. Hier mußte ich einfach sein.

Auf unerklärliche Art und Weise hatte ich das Gefühl, als würde eine große Last von mir genommen. Das war eine sehr viel klärendere und heilsamere Erfahrung, als es das Schreiben oder eine Psychoanalyse je hätten sein können. Es erfüllte mich mit einem Gefühl der Freude und der Erleichterung zu entdecken, daß ich die Berge liebte; hätte ich ihnen ablehnend gegenübergestanden und nur Bedrohung und Entsetzen in ihren Graten und Wänden gesehen, wären all die Dinge, die ich in der Vergangenheit in den Bergen erlebt hatte, bedeutungslos geworden. Alle Gipfel, die ich erreicht, alle Ängste, die ich gefühlt, und alle Freunde, die ich verloren hatte – alles wäre sinnlos, wäre die reine Verschwendung gewesen. Auf einmal begriff ich, daß meine Angst zurückzukehren ebensosehr die Angst vor einer solchen Desillusionierung gewesen war wie die Angst vor dem, was die Berge mir antun könnten.

»Mannomann«, murmelte Richard, der ängstlich die Ostwand des Tupopdam anstarrte. »Ich hab' sie mir nie so riesig vorgestellt.«

Dieser erste Blick auf unser Ziel nach der Tortur der vergangenen Woche war wie ein eisiger Regenguß, der alles reinwusch. Wir waren völlig überrascht. Gerade eben hatten wir noch die Köpfe hängenlassen und uns mühsam das trockkene Felstal hinaufgequält, da kamen wir auch schon um die Ecke, und er stand vor uns, den Gipfel in den kobaltblauen Himmel gebohrt. Solche ersten Anblicke sind immer seltsame, bittersüße Erfahrungen. Das Ziel erscheint plötzlich wirklich und fest umrissen. Deine Pläne und Träume stehen dir auf einmal leibhaftig gegenüber, und ein wahres Durcheinander widersprüchlicher Gedanken und Gefühle herrscht in deinem Kopf.

»Sieht so aus, als könnten wir eine neue Route die Wand hinauf gehen«, schlug ich nach einer langen Pause vor.

»Du mußt verrückt geworden sein«, sagte Tom erstaunt. »Warum nicht über die linke Schulter? Das ist viel einfacher.«

»Die Wand wäre schneller und direkter. Das ergibt eine viel bessere Linie.«

»Und es wäre tödlich. Guck dir die Eisüberhänge an. Sie bedrohen die ganze Wand.«

»Nein, das tun sie nicht. Wenn du auf der mittleren Rippe bleibst, dann kurz in den Eisschlauch da und wieder zurück auf die Rippe, kann dich gar nichts treffen. Das ist schon ganz sicher.«

Ein fernes Donnergrollen war zu hören, und hoch an der Bergwand bildete sich eine kleine Schneewolke. Innerhalb von Sekunden hatte sie sich ausgebreitet und stürzte die Mitte der Wand hinunter, über die Rippe und den Eisschlauch meiner sicheren Route hinweg.

»In Ordnung«, sagte ich und tat völlig unerschrocken. »Das wäre damit erledigt. Wir nehmen die Route über die linke Schulter.«

Vier Stunden später richteten wir unser Basislager auf einem kleinen Moränenhügel direkt unter der Ostwand ein. Während wir die Zelte aufschlugen und einen Windschutz aus Steinen darum aufschichteten, donnerten drei Lawinen über die Route hinab, die ich vorgeschlagen hatte. Um dem spöttischen Gelächter zu entfliehen, machte ich mich mit Tom auf, den Beginn einer Rinne zu erkunden, welche auf die linke Schulter hinaufführte. Zwei Stunden später kehrten wir zurück, voller Zuversicht, daß es möglich sein würde, die Schulter am Nordwestgrat zu erreichen, indem wir schräg in die Rinne hinauftraversierten. Die Träger und Kooshnoor waren inzwischen mit den restlichen Vorräten eingetroffen, und das Küchenzelt wurde aufgeschlagen.

Dann rannten die Träger eilig über den Moränenrücken zurück ins Tal. Sie wollten unbedingt wieder unten sein, ehe es dunkel wurde. Ihr fröhliches Geschrei und ihre Abschiedsrufe, die von den Bergen widerhallten, wurden schwächer und schwächer und ließen uns schließlich mit dem Berg allein zurück. Kooshnoor, unser Koch, saß vor dem Küchenzelt und hielt das Schaf am Seil. Das Tier stand neben ihm und betrachtete das Camp mit einem feindseligen Gesichtsausdruck, als scheine ihm die dreitägige Bergwanderung aus dem Tal hier herauf nichts Gutes zu verheißen.

»Was sagt er?« fragte Tom, als Kooshnoor ein paar Schnellfeuersätze auf Urdu abschoß.

»Ich glaube, er möchte ein Messer haben«, antwortete Rikkets.

»Warum?«

Kooshnoor vollführte ein paar eindrückliche Handbewegungen, um zu verdeutlichen, was er mit dem Schaf vorhatte. Das Schaf sah erst den Koch und dann uns mit einem seltsam fragenden Gesichtsausdruck an.

Ich ging zu dem Tier hinüber. »Er will es nach Art der Moslems schlachten. Wie heißt das noch?«

»Halal«, sagte Tom, und Kooshnoor nickte zufrieden.

»Halal, stimmt auch. Ich kann mich nicht daran erinnern, daß wir dem zugestimmt hätten, als wir es kauften. Und ihr?«

»Wie sollen wir es sonst töten?« fragte Jungle.

»Schnell, das ist wichtig«, entgegnete ich heftig. Das Schaf schien zu begreifen, daß ich es verteidigte, und kam zu mir herübergeschlurft. Seine großen, goldenen Augen waren immer auf denjenigen fixiert, der gerade sprach. Es blickte mich mit nervenaufreibender Direktheit an. »Das Halal-Schlachten ist verdammt grausam. Die Tiere verbluten langsam, bis sie endlich sterben.«

Kooshnoor machte eine ärgerliche, halsabschneidende Handbewegung und sagte etwas Nachdrückliches. Das Schaf sah besorgt aus.

»Ich glaube, er meint, er wird es nicht essen, wenn wir es nicht auf Halal-Art schlachten«, dolmetschte Tom.

»Das macht nichts. Dann essen wir es eben. Für uns sechs wird es sowieso nicht lange reichen.« Ein Paar goldene Augen starrten mich herzzerreißend an und weckten ein mulmiges Gefühl in mir.

»Ja, aber wenn er es nicht tötet, wer dann?« fragte John und ignorierte das Schaf.

»Ich.« Und bei dieser Antwort wich ich den Augen des Schafes aus. »Wir müssen es so human wie möglich machen.«

»Dann laßt es frei«, schlug Tom vor. »Ich wollte es sowieso nie haben.«

»Du hättest uns sagen müssen, daß du Vegetarier bist, bevor wir es kauften, findest du nicht?«

»Und wie willst du überhaupt human sein? Du hast bestimmt schon jede Menge Schafe getötet, nicht wahr?«

»Ich werde es schnell machen, so daß es gar nichts mitbekommt«, entgegnete ich gereizt.

»Wenn ihr mich fragt«, unterbrach Richard, »sieht es so aus, als ob es sowieso jeden Moment umfällt.« Das Schaf hatte sich hingelegt und machte ganz entschieden einen leidenden Eindruck. Schon unten im Tal war es ein elendes Tier gewesen, doch hier im Basislager wirkte es geradezu jammervoll.

»Und wie willst du es schnell machen?« beharrte Jungle.

»Mit einem verdammt großen Felsblock«, versetzte ich. »Oder mit einem Pickel. Ja, ein Pickel, das müßte schnell gehen. Auf alle Fälle deutlich schneller, als ihm die Kehle durchzuschneiden ... und hör, verdammt noch mal, auf, mich ständig anzustarren«, brüllte ich das Schaf an.

Kooshnoor stand auf und fing an, mit den Armen durch die Luft zu fuchteln und wütend herumzuschreien. Er war ein großer, gut gebauter Mann aus dem Hunza-Tal.

»Da siehst du, was du angerichtet hast«, sagte Jungle. »Man soll sich nie mit dem Küchenchef anlegen. Das ist eine goldene Grundregel, weißt du.«

»Was sagt er jetzt?«

»Ich glaube, er sagt, er wird es auch nicht zubereiten, wenn wir es töten«, sagte Tom.

»Warum nicht?«

»Woher soll ich das wissen? Vielleicht ist es unsauber, beschmutzt, etwas in der Art.«

Die hitzige Auseinandersetzung mit unserem Koch nahm den größten Teil des Nachmittags in Anspruch, und schließlich, als Kooshnoor bereits im Begriff war zu gehen, mußte ich kapitulieren. Das unglückliche Schaf wurde abgeführt und warf mir einen letzten, verzweifelten goldenen Blick zu.

Bis zum Abend hatten wir das arme Schaf vergessen und warteten nur noch gespannt auf unsere Mahlzeit. Der leckere Geruch gebratener Leber zog durchs Lager. Kooshnoor reichte die kleinen Fleischstückchen weiter, die er an Spießen über dem Holzfeuer geröstet hatte. Sie waren ausgezeichnet, und unsere hungrige Vorfreude auf das Hauptgericht nahm weiter zu, wenn wir uns vorstellten, was für Herrlichkeiten uns erst erwarteten. Curry auf Rogan-Josh-Art, Shami-Kebabs, Spinat und Lamm-Korma, vielleicht sogar Lamm-Tikka. Wir bekamen einen Teller Reis mit einer Portion gedünsteter Innereien obenauf.

Irgendwie gelang es Kooshnoor, vier Tage hintereinander das gleiche Gericht zu produzieren, und wir fanden so langsam keine Steine mehr, unter die wir das Essen kippen konnten. Die Gedärme des Schafs schienen sich unendlich in die Länge zu ziehen, und als endlich ein paar magere Fleischstükke auf unseren Tellern auftauchten, hatten sie einen scharfen, überalterten Geruch und Geschmack. Der Tierkadaver, der in einem Jutesack in der heißen Sonne lagerte, begann zu stinken. Aus irgendeinem Grund hing der Kopf, ohne die goldenen Augen, an der Küchenwand.

Am sechsten Tag begannen wir, Vorstöße in die Küche zu unternehmen, um etwas Eßbares zu ergattern, wenn Kooshnoor nicht im Lager war. Unsere Frühstücksmahlzeit aus Hafergrütze verschwand ebenfalls diskret unter den Steinen, ohne daß unser Koch es bemerkte, weil das Getreide auf der Wanderung ins Basislager mit Paraffin in Berührung gekommen war. Dieses Vorgehen barg durchaus ein gewisses Risiko, wie Rickets feststellen mußte, als er von einem aufgebrachten Koch überrascht und mit leeren Händen aus dem Zelt gejagt wurde. Als wir am siebten Tag sahen, daß der Schädel der Länge nach aufgespalten und sein Inhalt entleert worden war, kam es zum offenen Aufstand, und wir lehnten es ab, noch irgendwelche Teile von dem Schaf zu essen.

Neun Wochen bevor ich nach Pakistan geflogen war, hatten die Ärzte zum ungünstigsten Zeitpunkt überhaupt beschlossen, eine Ansammlung von wild wucherndem Gewebe und Knochensplittern aus meinem beschädigten Knie zu entfernen. Sie hatten die Kniescheibe abgenommen und die Ablagerungen aus dem Gelenk herausgespült. Innerhalb von zwei Jahren war das die fünfte Operation an meinem Knie. Ich reiste in den Karakorum ohne große Hoffnung, klettern zu können. Einen Monat vor unserem Abflug vermochte ich kaum zu gehen. Ja, das Knie war nach der Operation so geschwächt, daß ich bezweifelte, ob ich überhaupt das Basislager erreichen würde. Als wir herausfanden, daß wir die Kosten für die Träger falsch kalkuliert hatten und uns daher nur die Hälfte der eigentlich benötigten Anzahl leisten konnten, hatte das zur Folge, daß wir neunzig und – in Toms Fall – hundert Pfund schwere Rucksäcke tragen mußten. Ich war überzeugt davon, daß mein Knie das nicht mitmachen würde.

Doch es blieb mir nichts anderes übrig, als zu sehen, wie weit ich kommen würde. Die drei Tage waren für uns alle die Hölle, aber zu meiner Überraschung erreichte ich nicht nur das Basislager, sondern wurde im Verlauf der Wochen immer kräftiger, so daß ich schließlich mit John und Rickets einen Ansturm auf den Gipfel wagen konnte. Dabei mußte ich allerdings aufgeben. Die Belastung des Knies machte sich schließlich doch bemerkbar, und es wurde gefährlich instabil. Die Besteigung fortzusetzen wäre Wahnsinn gewesen. Mit einer Mischung aus Enttäuschung und Zufriedenheit sah ich meinen beiden Begleitern zu, wie sie von unserem hochgelegenen Lagerplatz aus weiter die Bergwand hinaufkletterten. Vor allen Dingen war ich wirklich froh darüber, daß meine starke emotionale Beziehung zu den Bergen ausgeprägter war denn je.

Als John und Andy zurückkehrten, nachdem sie die Erstbesteigung erfolgreich beendet hatten, wußte ich, daß ich wiederkommen mußte, wenn nicht zum Tupopdam, dann doch mit Sicherheit in die Berge. Sollte ich nicht länger Berge besteigen können, mußte es ausreichen, einfach unter ihnen zu sein. Dies war eine radikale Veränderung in meinem Denken für jemanden, der das Wandern haßte, wenn am Ende nicht etwas zum Ersteigen stand.

Ich kehrte von jenem ersten Besuch im Himalaja mit warmen Erinnerungen an eine Expedition voll Gelächter und Freude zurück. Andy Cave reiste von Pakistan nach Nepal, um sich einer Expedition zur Ama Dablam anzuschließen, einem der schönsten Berge der Welt. Er und Andy Perkins waren gezwungen, hoch am Berg den Rückzug anzutreten, nachdem sie die härtesten Teilstücke bereits hinter sich hatten, da die Schneeverhältnisse sich lebensbedrohlich entwickelten. Andy Cave kehrte nach Sheffield zurück und mußte dort die schreckliche Neuigkeit erfahren, daß Trevor Pilling und seine Freundin als vermißt galten und für tot gehalten wurden. Wahrscheinlich waren sie an einem Berg namens Fluted Peak im Osten Nepals verschollen. Welche neuen Schlüsse ich auch im Hinblick auf das Bergsteigen gezogen haben mochte – der Verschleiß an Menschenleben blieb unvermindert.

Zwei Jahre später kehrten Tom und ich zurück, um es noch einmal am Tupopdam zu versuchen, doch wir schafften es wieder nicht. Diesmal wurden wir von einer Kombination aus stürmischem Wetter und gefährlichen Lawinenbedingungen zurückgetrieben. Wir verbrachten eine lange Nacht in einem Biwak in großer Höhe und beobachteten ein Gewitter, das sich lautlos über den Bergen in China entlud. Glücklicherweise blieb es fern von uns, und wir stiegen von unserem hochgelegenen Lagerplatz ab. Zwar waren wir wiederum gescheitert, aber entschlossen, zurückzukehren und den Berg irgendwann in der Zukunft einmal zu besteigen.

16. KAPITEL

Losgelöst

Wenn du an einem Schornstein hochkletterst, fällt dir erst gar nicht auf, wie eigentümlich die Perspektive ist, wenn du nach unten blickst. Sobald du jedoch hoch genug bist, wird dir plötzlich klar, daß die gewölbten Wände des Schornsteins unter dir in einem entfernten Punkt am Boden zusammenzulaufen scheinen, und über dir nähern sie sich einander auch immer weiter an bis in den Himmel hinein, wie es Bahnschienen tun, die über eine flache Wüstenebene verlaufen – in der Horizontalen. Wenn du den oberen Rand des Schornsteins erreicht hast und nach unten blickst, spürst du ein leicht übelkeiterregendes Gefühl. Es ist ein sehr hoher Schornstein und außerdem ein windiger Tag. Deshalb schwankt alles, was dir Halt bietet, in einem langsamen, wiegenden Rhythmus hin und her, der dich zutiefst erschreckt.

Das gleiche passiert, wenn du dich von einer sehr hohen Brücke abseilst. Zuerst ist da der beruhigende seitliche Anblick des soliden Bogens aus genieteten Stahlträgern links und rechts von dir und die vertrauenerweckende Massivität der Konstruktion insgesamt. Dann rutschst du plötzlich unter den Bogen, und alles, was du siehst, ist leerer Raum, der um dich kreist, während du dich an einem dünnen Spinnenfaden von Seil, das weit, weit hinunterfällt, um die eigene Achse drehst. Wenn du nach unten blickst, siehst du das Ende des Seils, das sich wie ein Seidenfaden einsam in der Luft kringelt, über den Wellen des Flusses oder dem Gezeitenstrom der Bucht. Die Wellenbewegung des Wassers lenkt dein Auge ab, und du kannst dich nicht richtig auf das Gefühl des Ausgesetztseins einstellen. Wenn du dich umwendest, wie du es an einer Klippe am Meer tun würdest, um die beruhigend solide Felswand zu sehen, erblickst du in allen Richtungen nur Leere. Und unter der Brücke weht immer ein Wind, der dich schräg zur Seite drückt, während die Konstruktion über dir erzittert und dröhnt vom vorübereilenden Verkehr. Brücke, Leere, Wind und Wasser – die ganze Situation scheint sich verbündet zu haben, um dir den letzten Nerv zu rauben. Das dünne Seil vibriert wie die gezupfte Saite einer Gitarre, wenn über dir ein Lastwagen vorbeifährt, und es fällt schwer, keine Angst zu empfinden.

Die Angst in den Griff zu bekommen ist lehrreich. Dein Denken scheint sich in zwei einander widersprechende Stimmen zu spalten; die eine warnt dich vor jeder möglichen und unmöglichen Gefahr, während die andere dich mit entschiedenem Befehlston ermutigt, solchen Blödsinn zu ignorieren. Es gibt keinen vernünftigen Grund, sich Sorgen zu machen. Die Brücke steht nicht im Begriff einzustürzen, das Seil wird nicht reißen, und der Wind kann dir nichts tun. Aber irgend etwas Kleines und Mieses in deiner Fantasie fängt an, alle möglichen katastrophalen Konsequenzen heraufzubeschwören.

Was ist, wenn sich jemand an der Befestigung oben auf der Brücke zu schaffen macht?

Sei nicht albern. Die Polizei paßt darauf auf.

Rutscht mein Sitzgurt, oder löst sich der Knoten?

Nein, mach schon weiter, los.

Könnte es sein, daß jemand zum Spaß das Seil durchschneidet? Was ist, wenn ein Schiff kommt und das Seil sich um den Mast schlingt und mich nach unten zieht?

Das tut natürlich niemand, und ein Schiff würdest du schon meilenweit sehen, und dann könntest du das Seil hochziehen. Okay?

Würde ich einen Sturz ins Wasser überleben?

Nein, also denk nicht drüber nach.

Die Angst scheint nur in der Welt unserer Vorstellungen zu existieren. Ohne Fantasie, ohne die Fähigkeit, in die Zukunft zu denken und die Folgen eines bestimmten Ereignisses in allen seinen schrecklichen Einzelheiten vorherzusehen, wären wir praktisch frei von Angst. Ich nehme an, das ist der Grund, warum ernste, gewaltsame Ereignisse wie Verkehrsunfälle, Lawinenunglücke und lange, federnde Stürze häufig als nicht beängstigend geschildert werden, solange sie tatsächlich stattfinden. Es ist, als würde einem so viel passieren, als würden so viele Informationen ans Gehirn übermittelt, daß man gar keine Zeit hat, sich die Konsequenzen auszumalen. Die Dinge scheinen sich in Zeitlupe abzuspielen, als ob die Geschwindigkeit, mit der unser Gehirn arbeitet, unsere Wahrnehmung der Zeit verändert.

Die Zukunft ist eine einfache Tatsache, eine emotionslose Realität: Du wirst tot sein, und das war's. Nur die Gegenwart, das, was dir genau in diesem Moment passiert, betrifft dich. Weil das so ist, kannst du aus dem, was dir jetzt widerfährt, nicht ableiten, wie die Zukunft sein wird. Alles, was du tun kannst, ist: die Gegenwart erleben – weiter nichts. Ohne die Fähigkeit, dir die Zukunft vorzustellen, bist du frei von Angst; plötzlich ist da nichts mehr, wovor du Angst haben müßtest. Du hast keine Zeit, über die Bedeutung des Sterbens nachzudenken oder Angst zu haben, wie es sich anfühlen wird. In der übermächtigen Gewalt des Unfalls verlierst du nicht nur die Zukunft, sondern auch die Vergangenheit. Du verlierst alle nur denkbaren Gründe der Angst, weil du unfähig bist, den Verlust dessen, was du einst warst oder was du künftig sein könntest, zu begreifen. Die Zeit ist für dich erstarrt in den gegenwärtigen Ereignissen und Wahrnehmungen, in den Stößen und Erschütterungen, aus denen du keine emotionalen Schlußfolgerungen ziehen kannst. Ich stürze. Ich falle schnell. Ich werde sterben. Das ist alles. In Wahrheit hast du viel zuviel im Kopf, um dir den leichtfertigen Luxus der Angst erlauben zu können.

Ich bin einmal auf einem gefährlichen Straßenstück in Nordwales zu schnell gefahren, als stellenweise Nebel herrschte. Meine Geschwindigkeit schien mir nicht besonders hoch, zumindest nicht bis ich mit achtzig Kilometern in der Stunde gegen die Schieferwand krachte. Ich wollte nach Llanberis und hatte es eilig, dort anzukommen, ehe die Kneipen schlossen. John und Eileen schliefen hinten im Auto. Vorn neben mir lehnte sich Tim Carruthers auf dem Beifahrersitz vor, um ein Band im Kassettenrecorder auszutauschen, den ich ins Handschuhfach eingebaut hatte. Ich hatte ihm gesagt, er solle sich anschnallen, aber er hatte nicht auf mich gehört. Wir waren in der Nähe des Silver Fountain, als die Sicht plötzlich schlechter wurde.

Ich beschleunigte, weil vor mir klare Nachtluft winkte, und meine Scheinwerfer beleuchteten den Anfang einer schlängeligen Linkskurve in der Straße. Ich umrundete die Kurve und fuhr in eine dicke Nebelwolke hinein. Die Straßenmarkierungen fehlten, daher hielt ich die Augen auf den Straßenrand gerichtet und begann abzubremsen, ohne dabei zu bemerken, daß ich auf eine nicht gekennzeichnete Parkbucht gelangte. Ich sah die gedrungene, solide Schieferwand an ihrem Ende den Bruchteil einer Sekunde, bevor der Wagen dagegenprallte. Dabei fühlte ich mich ruhig und unbeteiligt. Es fehlte die Zeit, den anderen etwas zuzurufen. Wir prallten hart auf, und die Welt um mich her ging in Scherben.

Ich erinnere mich daran, daß ich den dröhnenden Einsatz der Musik hörte und noch dachte: ›Wie hat Tim das bloß so genau hingekriegt, das Tape zu wechseln, bevor wir gegen die Wand prallen?‹ Ich sah, wie er aus seinem Sitz nach vorn geschleudert wurde. Die Windschutzscheibe explodierte geräuschlos in einem Sprühregen eisiger Fragmente; dahinter leuchtete der weiße Glanz der Scheinwerfer. Es erschien seltsam, daß sie nicht zerbrochen waren. Tims Stirn krachte gegen das Armaturenbrett, dann schlug sein Kopf wieder zurück, schwer und langsam von einer Seite zur anderen wackelnd. Es war, als sähe man in Zeitlupe, wie ein Boxer bewußtlos geschlagen wird. Haare und Schweiß fliegen nach hinten, und der Kopf schwankt unkoordiniert auf nervenlosen Nackenmuskeln. Bei Tim war es nicht Schweiß, sondern Blut; ein großer, feuchter Sprühregen von Blut aus einer unregelmäßigen Platzwunde auf der Stirn.

Ich sah fasziniert zu, während ich meinen Arm langsam über der Brust kreuzte und der Sicherheitsgurt fester und schärfer einschnitt, als ich nach und nach über dem Steuerrad zusammensackte. Mein Brustbein gab mit einem Knacken nach, und Johns Körper wurde mit einem schweren, fleischigen Aufprall von hinten gegen meinen Sitz gedrückt, so daß sich der Metallrahmen verbog und ich trotz des Gurtes heftig gegen das Lenkrad schlug.

Ein wahrer Kassettenregen ergoß sich aus dem offenen Handschuhfach nach hinten. Die Plastikhüllen schwebten an mir vorbei, als wären sie gewichtslos, und drehten sich in der Luft langsam um sich selbst. Die Bierdose in Tims Hand purzelte rückwärts und schloß sich dem Strom der Plastikhüllen an, während gleichzeitig der heftige Aufprall sein Hirn in Bewußtlosigkeit sinken ließ. Das Licht der Scheinwerfer wurde sinnlos von den weißen Nebelbänken zurückgeworfen. Eileens Kopf knickte zwischen den Sitzen nach vorn, schlug gegen den Schalthebel und fiel wieder zurück, im selben wahnsinnigen Rhythmus wie Tims Blut, das vor und zurück schwappte.

Dann war es vorbei. Zwischen dem Anblick der Schieferwand und dem abrupten Stehenbleiben hatte nur der Bruchteil einer Sekunde gelegen, doch der schien ein Leben lang zu währen. Alles war auf einmal still. Die roten Rücklichter eines Autos huschten vorbei, und zwei flüchtige, karminrote Augen verschwanden im Nebel. Es war sehr ruhig, und ich hatte das Gefühl, als würde ich den Atem anhalten. Ein nadelscharfer, stechender Schmerz durchbohrte meine Brust. Ich vernahm ein blubberndes Geräusch und gewann den Eindruck, ich könnte in der Stille das Bluten hören.

Die wirkliche Zeit stürzte plötzlich wieder auf mich ein und hinterließ ein leicht wirres Gefühl. Das Geräusch von Tims gurgelndem Atem unterbrach die unnatürliche Stille. Vergangenheit und Zukunft kehrten mit all ihrer Macht zurück. Ich sah Tim an. Er lag bewußtlos da, so wie er über dem Armaturenbrett zusammengesackt war, und blutete heftig. Ich dachte: ›Ich habe es dir doch gesagt. Du hättest den Sicherheitsgurt anlegen müssen, du Blödmann!‹ Vielleicht sagte ich es sogar laut. Ich fragte mich, ob Tim wohl im Sterben lag, und dann, als ich den Schmerz in meiner Brust spürte und bemerkte, daß mein Arm hinter dem Lenkrad eingeklemmt war, sandte ein Anflug von Panik ein Kribbeln der Angst meinen Rücken hinauf.

Ich dachte nach, ruhig, sachlich und ohne Gefühlsaufwand. Dann überwältigte mich die Angst, als ich mir vorstellte, was hätte passieren können. Mir wurde bewußt, daß wir am Leben waren, obwohl wir ebensogut hätten tot sein können. Würde Tim sterben? Und warum hatten die anderen nichts gesagt? Waren sie auch tot? Plötzlich hatte ich genug Zeit, mir vorzustellen, was fast geschehen wäre, und ich fing an zu zittern. Ich wand mich hin und her und versuchte, mich zu bewegen, aber der Druck des Sitzes hielt mich fest eingeklemmt.

Plötzlich stand Eileen am Fenster und blickte mich an. Ihr linkes Auge war nicht zu sehen, und beide Lider waren zu blauschwarzen Pflaumen angeschwollen. Ich erinnerte mich, daß ihr Kopf nach vorn geschnellt war, auf meinen Arm und den Schalthebel, und einen Moment lang blitzte die Erinnerung an lauter Plastikhüllen auf, die gewichtslos an mir vorbeischwebten wie in einem Raumschiff, und an das grelle Scheinwerferlicht.

»Bist du in Ordnung?« rief sie. Ein Auto fuhr im Nebel vorbei; seine Scheinwerfer glühten gelblich. Ich sah, wie die roten Flecken der Rücklichter schwächer wurden.

»Ich bin eingeklemmt«, sagte ich. »Tim blutet. Er ist bewußtlos.«

»Ich weiß. Wir brauchen Hilfe.«

»Wo ist John?«

»Er schläft.« Sie lächelte. »Er ist überhaupt nicht aufgewacht.«

»Was?«

»Er ist derartig sturzbetrunken, daß er noch nicht einmal aufgewacht ist.«

»Kannst du mir hier raushelfen?« fragte ich und bemühte mich, den Türgriff zu erreichen. »Du mußt einmal kräftig seitlich an mir ziehen, damit ich hier rausrutsche.«

Ich glitt ohne Probleme aus dem Wagen. Eileen half mir, Tim hinten ins Auto zu bringen, wo er weiter gurgelte und reichlich auf meine Jacke blutete. Ich nahm es ihm übel. Das schien kleinlich, aber ich war nicht ich selbst. John war auf dem Boden hinter meinem Sitz aufgewacht, hatte sich einmal kräftig geschüttelt und war dann unsicher vorn ums Auto herumgewandert. Wir fanden ihn, wie er seine Hand langsam vor und zurück bewegte, wo früher die Windschutzscheibe war. Auf seinem Gesicht lag ein Ausdruck der Verwunderung.

»Ja, John«, sagte Eileen. »Wir hatten einen Unfall.«

»Aha«, versetzte er, und sein Gesicht hellte sich auf. »Das habe ich mir gedacht. Erstaunlich, was diese dreifachen Gins mit dir machen. Hab' überhaupt nichts abbekommen. Nicht mal einen Kratzer.« Er sagte das voll Zufriedenheit und ging davon, um die Schnauze des Wagens näher zu betrachten – oder vielmehr das Nichtvorhandensein derselben.

Der Mann, der uns abschleppte, sagte, das Profil der Straße sei völlig verkehrt. Nach den Angaben der Polizei hatten sich in den letzten beiden Monaten in der Kurve sieben Unfälle ereignet. Nachdem wir im Krankenhaus von Llandudno behandelt worden waren, nahm man uns mit zur Polizeiwache. Die Polizisten argwöhnten, ich hätte getrunken, aber das Alkoholtestgerät zeigte nichts an, ganz wie ich erwartet hatte. Dann hieß es, ich wäre wohl zu schnell gefahren. Ich beschwerte mich über die fehlenden Straßenmarkierungen. Daraufhin verloren sie das Interesse und sagten, wir sollten gehen. Ich war ganz benommen vor Schreck über das, was uns fast passiert wäre. Den Wagen hatte ich drei Wochen zuvor für fünfhundertfünfzig Pfund gekauft. Der Schrotthändler gab mir siebzehn Pfund für die Überreste und berechnete vierzig Pfund fürs Abschleppen.

Angst ist ebenso wenig angeboren wie der Gleichgewichtssinn und muß erst mühevoll erlernt werden. Die Kampf- und Fluchtinstinkte aller Tiere sind keine intuitiven Reaktionen, sondern sorgfältig kontrollierte Handlungsweisen. Genauso wie sie gelernt werden, kann man sie auch verlernen. Angst läßt sich beherrschen und rational erklären, man kann verstehen, warum man sie hat, und man kann sie ignorieren. Manche Leute können das besser als andere, aber jeder tut es. Die Straße zu überqueren ist eine gute Übung in Sachen Selbstbeherrschung. Du darfst deiner impulsiven Fantasie keinen

Raum lassen und ihr keine Gelegenheit geben, dir etwas vorzumachen, sonst könnte sie dich davon überzeugen, daß der Lastwagen da vorn dich am Ende doch überrollen wird.

Gleichzeitig ist Angst in aller Regel ein positiver, hilfreicher Mechanismus. Sie übermittelt dir ständig Warnungen – paß gut auf, tu das nicht, fahr langsamer, denk an die Stufe –, ohne die man schnell tot wäre. In einer Welt voll lauter, widersprüchlicher Informationen, die immer mehr unsere konfusen Gedanken beherrschen, ist es eine gute Sache, die Angst als Aufpasser im Kopf zu haben. Sie ist auf der Hut vor dem Unfall, der sich ereignen könnte, beobachtet wachsam die geringsten Anzeichen der Gefahr.

Der Trick besteht eigentlich darin, Angst in sorgsam ausgewählten Stichproben zuzulassen. Das macht die Selbstbeherrschung aus. Wähle diejenige Angst, die du haben möchtest oder brauchst, um zu reagieren, und verzichte auf den Rest. Untersuche jede neue Angst, die in dir entsteht, genau, begreife, wovor sie dich warnt, und handle danach. Für den Bergsteiger bedeutet das meist, daß er ständig in einem Zustand kontrollierter Angst handeln muß. Erst wenn die Angst wirklich unerträglich wird, weiß er, daß er seine Grenzen erreicht hat oder sich schon jenseits davon bewegt und lieber etwas dagegen tun sollte. Zieh dich zurück, pack schnell den nächsten Griff, oder bleib bewegungslos da, wo du bist – was auch immer dir als der beste Weg erscheint, der Ursache der Angst aus dem Weg zu gehen.

Genau wie Schornsteine sind Leitern extrem beängstigend, wenn man sie erklettert. Und Leitern an Schornsteinen sind das absolute Ende. John und ich haben für Greenpeace viele Leitern bezwungen und so manchen Schornstein. Ich bin einmal eine sehr lange Leiter an einem hohen, dünnen Stahlschornstein hinaufgeklettert und habe oben an der Spitze ganze drei Tage verbracht, allein mit meinen Gedanken und dem beißenden Nordostwind, der vom Meer über das öde Gewirr der Chemiefabrik unter mir hereinwehte. Es war das erste Mal, daß ich als Teil einer Protestaktion für Greenpeace kletterte, und dieses erste Mal war am allerwenigsten vergnüglich. Der schneidende Winterwind brachte Sturm und Regen mit dichten, schwarzen Wolken über die Mündung des Humber herein und verwehrte so den Blick auf Spurn Head und Sunk Island. Bei Nacht, wenn die Navigationslichter von der dunklen Bucht herüberfunkelten und die triste Industrielandschaft von Cleethorpes und Grimsby vorübergehend nicht zu sehen war, mochte ich den Wind fast, wenn er mir nicht so viel Angst gemacht hätte. Arbeiter aus der Chemiefabrik schlugen mit Gerüststangen ständig gegen den stählernen Schornstein, um mich wach zu halten und mich nervös zu machen. Hohle, dröhnende Echos zitterten den Schornstein herauf, während der Wind ihn fünfzehn lange Zentimeter weit von einer Seite zur anderen schwingen ließ. Meine Fantasie sagte mir immer wieder, er würde umfallen oder die Seile, die das Brett hielten, seien verrutscht oder die Säurewolke käme, und ich redete mir ein, daß das nicht wahr sei. Doch es fiel nicht leicht, diesen Selbstversicherungen Glauben zu schenken.

Am ersten Tag wurde in der nahe gelegenen Stadt ein Mann ermordet. Niemand konnte sich daran erinnern, wann es in Cleethorpes zuletzt einen Mord gegeben hatte, und die Schlagzeilen in den Lokalzeitungen waren entsprechend groß. Ich wurde auf meinem Schornstein gar nicht erwähnt, obwohl ich doch versuchte, die Humber-Einmündung vor Tod und Zerstörung und massiver Verschmutzung durch Säure und Schwermetalle zu bewahren. Trotzdem blieb ich hoffnungsvoll oben. Nach einer langen Nacht, in der die Fernfahrer mich über ihre Funksprechgeräte riefen und mich ›Weihnachtsmann‹ nannten, während die Arbeiter gegen den Schornstein schlugen, um mich wach zu halten, beobachtete ich den Sonnenaufgang durch eine Wolke Schwefelsäuredampf aus einem benachbarten Schornstein. Ich spähte durch die beschlagenen Froschaugen meiner Gasmaske, hielt einen Daumen in das Loch gerammt, wo in der Nacht einer der beiden Filter herausgefallen war, und kämpfte mit der Angst, ich müßte ersticken.

Wäre jetzt jemand bei mir, hätte ich nicht solche Angst, theoretisierte ich, während die Säurewolken vorbeitrieben. Der Anblick eines Partners hätte mir beruhigend versichert, daß alles in Ordnung sei.

Später, als der Wind drehte und die Säurewolken davontrieben, überprüfte ich die Seile auf mögliche Beschädigungen und versuchte, mir nicht vorzustellen, sie könnten schmelzen. Ich rief mir in Erinnerung, daß sie aus Polypropylen waren und daher von der Säure nicht angegriffen würden, aber etwas stellte mir darauf die Gegenfrage, ob ich denn sicher sei, daß das auch stimmte. Oder wußte ich es vielleicht nur vom Hörensagen? Und wieder fing ich an, mir Sorgen zu machen. Im Laufe des Tages kam es in einer nahe gelegenen Chemiefabrik zu einer Explosion, und die Leute hatten mit einem Leck zu kämpfen, was in den Nachrichten groß herauskam. Die Fabrik stellte die gleiche Chemikalie her, die auch von der Firma Union Carbide in Bhopal (Indien) produziert worden war, als dort die Fabrik in die Luft flog und Tausende im Schlaf vom Tod überrascht wurden. Niemand konnte sich daran erinnern, wann man in England je so knapp der Katastrophe entronnen war, und die Zeitungen waren voll davon. Es war deprimierend für mich, nicht in den Nachrichten erwähnt zu werden.

Weil sich niemand über die tote Bucht Gedanken zu machen schien, sagte ich dem Greenpeace-Team, ich würde noch eine Nacht und einen Tag bleiben, um zu sehen, ob wir es dann in die Schlagzeilen schafften. Spät am nächsten Nachmittag kletterte ich den rostigen, schwankenden Schornstein hinunter und ergab mich der Polizei. Mir war kalt, meine Haut fühlte sich klebrig an von der feuchten, säurehaltigen Luft, und ich war erschöpft von der ununterbrochenen Anstrengung, mir einzureden, daß ich keine Angst zu haben brauchte, und das drei Tage hintereinander. Arbeiter aus der Fabrik standen in weißen Overalls am Fuße der Leiter im Kreis. Einige von ihnen hielten Gerüststangen in der Hand. Ich fühlte mich eingeschüchtert. Dann fingen sie an, mir begeistert zuzujubeln und zu klatschen, und ein paar kamen dichter heran und schlugen mir auf die Schulter. Als ich zum Polizeiwagen hinüberging, hörte ich Rufe wie: »Gut gemacht, Junge« und: »Das ist ein feiner Kerl.« Alle außer den Managern schienen zu lächeln. Die standen in ihren dreiteiligen grauen Anzügen auf der anderen Seite und sahen mit ihren weißen Bauhelmen aus Plastik auf dem Kopf reichlich albern aus, während sie sich bemühten, ernst zu bleiben. Bevor ich in den Polizeiwagen kletterte, zeigte ich ihnen den langen Finger, und die Arbeiter lachten und grölten lauter. Als wir vom Fabrikgelände hinunterfuhren, hörte ich einen von ihnen mit einer Gerüststange gegen den Schornstein schlagen, so als würde er sagen, wir wollten dir nichts tun, wir mußten nur unseren Anweisungen folgen. Ich blickte mich um und sah durch das rückwärtige Fenster einen Manager im Anzug ärgerlich mit dem Mann gestikulieren.

Die Polizisten nahmen meinen Fotoapparat und belichteten den Film mit den Aufnahmen, die ich vom illegalen Ablassen von Chemikalien gemacht hatte, und sie erzählten mir mit einem höhnischen Grinsen, daß ich gar nicht in die Nachrichten käme, weil die Bergarbeiter gerade ihren bereits ein volles Jahr währenden Streik aufgegeben hatten. Sie ließen mich ohne weitere Anklageerhebung ziehen, und ich kam tatsächlich nicht in die Nachrichten. Aber ich erinnerte mich an ihr dummes Lachen und an den einzigen noch existierenden Fischer, der sagte, im Humber lebe nichts mehr. So wurde ich zum Anhänger von Greenpeace.

Jahre später fand ich mich hoch oben auf der allerletzten Sprosse einer fünfzehn Meter hohen Leiter wieder. An der Rückseite meiner Oberschenkel spürte ich den Druck von Johns Körper. Die Leiter war in einem heiklen Winkel sehr steil angelehnt, und unter uns drohten die scharfen Granitkanten mehrerer Stufen. Ein feiner Regen wehte kalt aus Nordost herüber, und die steinerne Säulenplatte, an der die Leiter lehnte, war naß und rutschig. Ich trat vorsichtig von der obersten Sprosse auf den geneigten Stein. Sofort rutschten meine Füße ab, und ich versuchte, wieder auf die Leiter zu gelangen, die sich weiter seitlich verschoben hatte. John starrte mich voller Angst an, als ich den Fuß auf die oberste Sprosse zurückstreckte. Es war offensichtlich, daß ich die Leiter wegschieben würde, wenn ich zutrat, und dann würde er abstürzen. Weil wir aneinandergeseilt waren, würde ich auch fallen.

»Ich muß wieder zurück«, jammerte ich, »es ist ganz naß hier und voller Taubenschiß.«

»Geht nicht. Du würdest mich wegschieben.« Von unten war lautes Rufen zu hören, und Johns Arm zuckte. »Scheiße!«

»Was?«

»Einer von den Bullen hat die Seile zu fassen gekriegt.«

»Sag ihm, wir brauchen sie.«

John rief nach unten, und wieder zog etwas an seinem Arm.

»Großer Gott! Wenn der nicht aufpaßt, reißt er uns hier noch runter.«

»Was hat er gesagt? Hat er das Seil immer noch?«

»Er hört nicht auf mich. Ich glaube, er ist wütend, sehr, sehr wütend.«

»Also, ich werde versuchen, das Sims da vorn zu erreichen«, sagte ich. »Dort bin ich in Sicherheit, und von unten können sie mich nicht sehen. Dann fange ich an zu schreien.«

»Du willst sie reinlegen und so tun, als wärst du drauf und dran abzustürzen, meinst du?«

»Ja, und du sagst, sie sollen die Seile loslassen. Tu so, als wärst du ganz verzweifelt. Du weißt schon.«

»Ich bin, verdammt noch mal, verzweifelt!« versetzte John bissig. »Wenn der noch einmal so an mir zieht, bin ich weg.«

Sobald ich das Sims erreicht und mich gesichert hatte, fing ich an zu schreien und zu John hinüberzubrüllen. Ich gab, was ich konnte, bis meine Stimme vor Entsetzen brach und die Leute am Boden still wurden und aufhörten, sich abzumühen. Sie wußten, jemand schwebte in Lebensgefahr, und dieses Wissen lähmte sie. Sogar die Polizisten waren erstarrt – alle außer dem dämlichen Inspektor, der die Seile in der Hand hielt. Ich schrie so laut und so gut, daß ich mir selbst Angst einjagte. Der panische Klang meiner Stimme überzeugte mich davon, daß ich wirklich in Schwierigkeiten war, und ich hatte das sichere Gefühl, gleich würde ich abrutschen. Das war natürlich nicht der Fall, aber mein Kopf sagte mir, es sei so. Ich packte fester nach dem glitschigen Granit, schrie lauter und empfand noch mehr Angst.

Ich hörte, wie John den Polizisten etwas zurief. Er klang ehrlich erschrocken und wütend, während bei mir alles nur Verstellung war – oder doch sein sollte. Die Polizisten fingen an, auf ihren Vorgesetzten einzureden. Sie versuchten, ihn davon zu überzeugen, daß er die Seile loslassen solle, und als er sich zu ihnen umwandte, paßte er einen Moment lang nicht auf. Eins der Seile glitt ihm aus der Hand. In Sekundenschnelle hatte John es hoch- und weggezogen. Eilig holte er es ein und schrie vor Begeisterung. Sobald dieses Seil sicher außer Reichweite war, band er das zweite Seil, das der Polizeiinspektor immer noch festhielt, von seinem Sitzgurt los und warf es mit einem verächtlichen Lachen nach unten.

Er kam schnell zu mir auf das Sims herauf, und zögernd tasteten wir uns um die breite Basis des Säulenkapitells herum. Die Verzierungen der Säule boten ein paar schmutzgefüllte, glitschige Griffe, und Wolken von Tauben segelten in aufgeregten Kreisen über den Platz. Gelegentlich kamen sie zu uns herüber und streiften uns fast mit ihren Flügelschlägen. Doch das machte uns nichts aus. Wir waren frei und konnten unsere Besteigung fortsetzen, den Blitzableiter der Nelson-Säule auf dem Trafalgar Square in London hinauf, bei einer der erfolgreichsten landgestützten Greenpeace-Aktionen überhaupt. Als wir uns schließlich sieben Stunden später abseilten, wurden wir von einem Polizeibeamten verhaftet, der vor Wut fast geplatzt wäre. Aber da war nicht viel, was er machen konnte. Wir hatten sorgfältig darauf geachtet, keinen Landfriedensbruch zu begehen oder in krimineller Weise irgend etwas zu beschädigen, und er konnte uns nur mit einer Geldstrafe von zehn Pfund belegen, weil wir ein Ortsstatut verletzt hatten, das speziell den Trafalgar Square betraf.

John und ich haben zusammen Schornsteine bestiegen, Gebäude aller Art, Brücken, Wolkenkratzer und Denkmäler.

Und wir haben die verschiedensten Fahnen und Transparente daran aufgehängt aus Protest gegen die Ungerechtigkeiten dieser Welt. Wir behängten das britische Parlament, Harrods, Australia House und Tower Bridge mit Spruchbändern, um Pilotwale, Känguruhs, Pelztiere und die Ozonschicht zu retten. In Wien kletterten wir ein gewaltiges, Dutzende Meter hohes Riesenrad hinauf, um ein Transparent gegen die andauernden Atombombentests anzubringen. Glücklicherweise wußten wir nicht, daß mit Maschinengewehren bewaffnete Mitglieder der Eliteeinheit ›Cobra‹ hinter uns her waren. In Kanada wurden wir ertappt, als wir in einer Höhe von hundert Metern an den Wolkenkratzerwänden des Hauptquartiers der Kernenergieindustrie in Toronto hingen. Wir wurden der Piraterie angeklagt und verurteilt, weil wir als blinde Passagiere gereist waren, nachdem wir die Säureverklappungsschiffe in der Nordsee geentert hatten. Mit Hilfe schlechtsitzender Eisschrauben sind wir höchst unsicher die zweihundert Meter Schornstein des Elektrizitätswerks von Ferrybridge hinaufgeklettert, und das in einem Sturm mit Windgeschwindigkeiten bis zu hundert Stundenkilometern. Wir haben uns mit mächtigem Bammel von der Hängebrücke von Clifton abgeseilt und dabei ein riesiges Spruchband ausgerollt, das die Rettung der britischen Flüsse forderte. Ja, wir lernten sogar, mit einem Propellerantrieb auf dem Rücken Fallschirme zu fliegen in der verrückten Hoffnung, wir könnten so Flugzeugträger mit Nuklearwaffen an Bord auf hoher See entern.

Kurz und gut, wir verschrieben uns zunächst nicht der Umweltschutzbewegung, sondern dem Adrenalinstoß der Angst und der Begeisterung, der mit solchen Aktionen verbunden ist. Unsere Einstellung änderte sich allerdings schon bald angesichts der schrecklichen Fakten, die uns die Greenpeace-Vorkämpfer enthüllten: über eine Welt am Rande der Selbstzerstörung, einen Planeten, auf dem eine einzige Tierart es geschafft hat, in einem Bruchteil der Zeit seit ihrem Bestehen das gesamte System an den Rand des Zusammenbruchs zu bringen. Während der kalte Krieg die Welt noch fest im

Griff hatte, beschrieb ein Umweltschützer den Zustand der Erde mit einer Analogie, die einen frösteln läßt:

Der Planet Erde ist 4600 Millionen Jahre alt. Wenn wir diese unvorstellbare Zeitspanne zu einer verständlichen Vorstellung komprimieren wollen, können wir die Erde mit einem Menschen vergleichen, der 46 Jahre alt ist. Über die ersten sieben Jahre seines Lebens weiß man nichts ... erst im Alter von 42 Jahren begann die Erde, Früchte zu tragen. Dinosaurier und die großen Reptilien traten gerade vor einem Jahr auf, als der Planet 45 wurde. Die Säugetiere erschienen vor acht Monaten auf der Bildfläche, und Mitte letzter Woche entwickelten sich menschenähnliche Affen zu affenähnlichen Menschen, und noch am Wochenende umhüllte die letzte Eiszeit die Erde.
Den modernen Menschen gibt es seit vier Stunden. Innerhalb der letzten Stunde hat er sich der Landwirtschaft zugewandt. Die industrielle Revolution begann vor einer Minute. In jenen sechzig Sekunden biologischer Zeit hat der moderne Mensch eine Müllhalde aus dem Paradies gemacht. Er hat sich über jedes vernünftige Maß hinaus vermehrt, Tausende von Arten ausgerottet und den Planeten nach Brennstoffen durchwühlt. Jetzt steht er da wie ein unvernünftiges Kind, stolz auf seinen meteoritengleichen Aufstieg, am Vorabend eines Krieges, der das Ende aller Kriege bedeuten wird, und ohne Achtung für diese Oase des Lebens im Sonnensystem.

Auch wenn die Bedrohung durch den Atomkrieg heute geringfügig kleiner geworden ist, schreitet die Zerstörung des Planeten doch zügig weiter voran. Es ist eine erschreckende Vorstellung, daß wir es nicht nur geschafft haben, das Klima zu verändern, sondern obendrein die Struktur unserer Atmosphäre zu schädigen und die riesigen sauerstoffproduzierenden Regenwälder zu zerstören. Irgendwie ist es dem Menschen gelungen, das sensible System aus dem Gleichgewicht zu bringen, das die Erde bewohnbar macht. Diese Realität ist sehr viel beängstigender als irgendein Berg, auf dem ich je gewesen bin.

Weder John Stevenson noch ich müssen uns dafür rechtfertigen, wenn wir sagen, daß unsere Greenpeace-Aktionen das Lohnendste waren, was wir je getan haben. Einmal in unserem Leben haben wir allen egoistischen Ehrgeiz beiseite gelassen und uns der moralischen Herausforderung gestellt, indem wir zum Protest aufriefen, das Recht auf unserer Seite. Zum Dank bekamen wir ein Vorstrafenregister, aber das kümmerte uns überhaupt nicht. Normalerweise sind wir beide gleichgültig unpolitisch in unserer Weltanschauung, und der Umstand, daß wir uns dieser Sache so verschrieben haben, ist eher dem zu verdanken, was wir durch Greenpeace erfuhren, als irgendeinem moralischen oder ethischen Bestreben unsererseits. Als Teilnehmer an achtzehn Direktaktionen, von denen einige lebensbedrohlich waren, wurden wir fast ebensooft verhaftet, mit Geldstrafen belegt und so manches Mal tätlich angegriffen. Trotzdem freuen wir uns schon darauf, wenn wir wieder einmal gerufen werden, um irgendein verrücktes Bravourstück zu vollbringen und so die Aufmerksamkeit auf eine neue Umweltkatastrophe zu lenken, gegen die dringend etwas unternommen werden muß.

Eine Einschränkung habe ich allerdings zu machen: Ich werde nie wieder mit einem motorisierten Fallschirm fliegen. Nachdem ich hoch über Derbyshire einen teilweisen Ausfall des Motors erleben durfte und plötzlich die aerodynamischen Eigenschaften eines Schlackensteins entwickelte, zog ich mir infolge des Aufpralls in glücklicherweise dicker und nachfedernder Heide eine Bandscheibenverletzung zu. Diese Erfahrung hat mich definitiv davon überzeugt, daß die Angst vor dem Fliegen keine Form der Angst ist, die ich in den Griff bekommen kann.

Ich nehme an, es ist lediglich die Vorstellung, daß wir die Dinge im Griff haben, die uns alle im inneren Gleichgewicht hält. Sobald wir annehmen müssen, daß wir die Kontrolle verlieren, beginnt die Angst, das heikle Gleichgewicht unserer geistigen Gesundheit zu gefährden. Tod durch Ertrinken, Verbrennen oder einen Sturz sind archetypische Formen der Angst, die wir alle kennen, obwohl nur wenige Lebende solche Erfahrungen gemacht haben. Wir schaudern beim Gedanken an den Schmerz, ehe wir im Unbekannten enden, und glauben fälschlicherweise, dies sei unsere schlimmste Angst. Die gewaltsame und betäubende Realität eines Autounfalls oder eines Absturzes in einer Felswand ist in Wirklichkeit so brutal, daß für Angst gar keine Zeit bleibt. In den meisten Fällen handelt es sich um eine Erfahrung tiefer, ruhiger Resignation, eine Hilflosigkeit, die so groß ist, daß das Wissen, daß wir nichts tun können, uns gefühllos werden läßt.

Unkontrollierte Angst ist eine zermürbende Erfahrung, ein Gefühl, das an der Substanz deines Hirns zu nagen scheint und dich in einen scheußlichen, schmerzvollen Zustand der Furcht versetzt, in dem nichts Gutes bestehenbleibt. Werde ich gewinnen oder verlieren? Woher soll ich das Geld für die Rückzahlung der Hypothek bekommen? Sind meine Kinder in Sicherheit? Mögen die Leute mich? Bin ich ein Versager? Wirke ich dumm oder langweilig? Bin ich gut genug, stark genug, mutig genug? Mache ich einen ernstlichen Fehler? Diese Art von Angst bringt nichts als Elend mit sich – Elend in deinem Kopf, der keine Antworten auf deine Fragen weiß und dich in einem quälenden Schwebezustand beläßt. Die archetypischen Ängste kennen immerhin den Kampf- und Fluchtimpuls mit seinem Adrenalinstoß und das Gefühl, daß man etwas erreicht und neues Selbstvertrauen gewonnen hat, wenn man sich der Angst stellt.

Wenn du beschließt, unter einer gewaltigen eisigen Bergwand zu stehen und den entscheidenden Schritt nach oben zu tun, dann hast du den Trost, daß du deine Angst selbst wählst; du setzt dich der Gefahr willentlich aus. Indem du der nahen Zukunft und allem, was sie dir bringen wird, mit offenen Armen und einem klaren Kopf entgegentrittst, voll Vertrauen, daß du Erfolg haben wirst, gelingt es dir, deine Angst in den Griff zu bekommen. Aber du hast keine Kontrolle über deine elterlichen Sorgen oder die Selbstzweifel des gestreßten Geschäftsmanns oder die Welt der Einsamen und Verzweifelten. Hat man sich diesen Dingen erst einmal überlassen, halten eingebildete Ängste der oben geschilderten Art uns gefangen. Sie sind die Strafe für unsere Fähigkeit zu denken, die Buße, die das Leben uns aufgibt.

Auf eine gewisse Art hört der Bergsteiger auf zu leben, wenn er anfängt zu klettern. Er tritt aus der allgegenwärtigen Welt der Sorgen hinüber in eine Welt, wo es weder Raum noch Zeit für solche Zerstreuungen gibt. Ihn beschäftigt allein, die Gegenwart zu überleben. Gedanken an Gasrechnungen, an die Ratenzahlungen fürs Haus, an geliebte Menschen und Feinde lösen sich in Luft auf angesichts der absoluten Notwendigkeit, sich auf das Nächstliegende zu konzentrieren. Der Bergsteiger führt ein isoliertes Leben unkomplizierter Schwarz-Weiß-Entscheidungen – bleib warm, iß etwas, sei vorsichtig, ruh dich gut aus, paß auf dich und deinen Partner auf, sei wachsam. Hab' ein Auge auf einfach alles, bis nichts mehr existiert als die Gegenwart und es keine nagenden Ängste mehr gibt, die dein Selbstvertrauen schwächen könnten.

Nur für den Augenblick zu leben, ausschließlich für die Gegenwart, bringt einen überraschenden Gewinn. Wenn man sich dem Bedürfnis entzieht, in die Zukunft schauen zu wollen, während man gleichzeitig die Fesseln der Vergangenheit abstreift, wenn man so in der Gegenwart und nur für die Gegenwart handelt, scheint es mir, als erreiche man eine absolute Freiheit. Wenn es dir gelingt, einfach nur dazusein, bist du freier, als du dir je hättest vorstellen können. Indem ich an die Wahrheit dieser Einsicht glaube, komme ich einem Verständnis der existentialistischen Weltsicht so nahe, wie es mir nur möglich ist. Jean-Paul Sartre machte geltend, daß ›die Wirklichkeit allein verläßlich ist‹ und daß alle Hoffnungen, aller Ehrgeiz, alle Träume und Erwartungen trügen. Er schrieb, der Mensch sei ›nichts anderes als eine Reihe von Vorhaben‹ und: ›... er existiert nur, insoweit er sich verwirklicht, er ist daher nichts anderes als die Summe seiner Handlungen, nichts anderes als das, was sein Leben ausmacht.‹

In der absoluten Freiheit, die man erlangt, wenn man ausschließlich in der Gegenwart lebt – und sei es auch nur für kurze Zeit –, spüre ich, daß ich erlebe, was er meint. Der Bergsteiger läßt sich auf ein hohes Risiko ein, und damit ruht die gesamte Verantwortung für seine Existenz einzig und allein auf den eigenen Schultern. Obwohl dies für jeden einzelnen Moment seines Lebens gilt, ist es niemals offensichtlicher als nach dem Übergang in jene nicht festgelegte, gleichsam schwebende Welt der gegenwärtigen Realität. Egal welche Handlungsweise er wählt, sie betrifft ihn unmittelbar und damit auch seinen Partner, dem er verpflichtet ist wie sich selbst. Sartre sagt, der Existentialismus sei ›keine Philosophie des Quietismus, weil er den Menschen über sein Handeln definiert; ebensowenig vertritt er ein pessimistisches Menschenbild, denn keine Doktrin könnte optimistischer sein: Das Schicksal des Menschen bleibt ihm selbst überlassen. Genausowenig ist er ein Versuch, den Menschen vom Handeln abzuhalten, denn er sagt ihm, daß es keine Hoffnung gibt außer in seinem Handeln und daß das einzige Ding, das ihm erlaubt zu leben, die Tat ist. Er ist eine Ethik des Handelns und der Selbstverantwortung.‹

Wenn man sich auf einem hohen, kalten Berg befindet, gibt es intensiv erlebte Momente, in denen man ganz genau so empfindet. Es gibt heikle, flüchtige Zeiten, wenn die Grenze zwischen Leben und Tod zu verschwimmen scheint, wenn die Vergangenheit und die Zukunft aufhören zu sein und du frei bist. Es hat mit der Hingabe an die Gegenwart zu tun, daß es so schwierig ist, auf das zurückzublicken, was man getan hat, und zu erklären, warum man sich dafür entschied. Vielleicht muß man einfach akzeptieren, daß irgendwann der Moment kommen wird, wenn dein künftiges Selbst zurückblickt und sich darüber lustig macht, was du einst warst; es ist die Zeit, die alles verrät, an das du einst glaubtest. Wenn du zurückblickst, verlierst du den Bezug zur Gegenwart und kannst dich selbst nie wirklich erklären.

Wenn der Bergsteiger sich an der unsicheren Grenze zwischen den Welten von Leben und Tod entlangtastet und dabei vorsichtig auf die andere Seite hinüberspäht, ist es, als wäre er unsterblich, weder am Leben noch eigentlich tot. Wenn er vom Berg herunterkommt und unsicher wieder ins Leben tritt, versucht er zu verstehen, was er soeben erlebt hat

– mit wenig Erfolg. Ihn quält eine unwiderstehliche Erinnerung an jene Tage, aber er ist nicht in der Lage zu sagen, was eigentlich passiert ist. Der Finger läßt sich nicht genau auf die Stelle legen, und doch zweifelt er nicht daran, daß sich etwas ereignet hat. Doch mit der Rückkehr der Zeit und der Sorge um Vergangenheit und Zukunft läßt seine Gewißheit nach, bis schließlich nichts weiter übrigbleibt als die trübe Erinnerung an einen Schatten, kaum auszumachen in einem weit entfernten, von der Zeit verschlissenen Korridor. Es gab eine Zeit, da wußte er, was er gesehen hatte, wußte, daß es wirklich war, aber jetzt ist er sich nicht mehr sicher. Alles scheint unwirklich, und er verharrt zitternd, im Begriff zurückzukehren, um noch einmal nachzuschauen, um sich zu vergewissern, daß er es tatsächlich gesehen hat. Die Ungewißheit versetzt seine Gedanken in Unruhe, bis er schließlich zur Rückkehr gezwungen ist. Wenn die nagenden Ängste und Sorgen der Gegenwart ihn erneut bedrängen, erinnert er sich an jenen schwer faßbaren Zustand, als die Zeit stillstand, an jene Tage, als seine Wahrnehmung in eine andere Dimension des Lebens hinüberglitt, und er sehnt sich danach, dorthin zurückzukehren.

Mir ist es nie gelungen, jene schattenhafte Erinnerung an die Berge loszuwerden. Selbst als ich mir nach Peru eingeredet hatte, daß ich nie wieder klettern würde, konnte ich die betörenden Erinnerungen nicht vergessen, ebenso wenig wie das Gefühl, an einem Ort gewesen zu sein, wo es überirdisch schön ist, eine unberührbare Welt gesehen zu haben, die ich noch einmal sehen möchte.

17. KAPITEL

Außer Kontrolle

Als *Sturz ins Leere* im Sommer 1988 erschien, fand in der Buchhandlung Sherratt und Hughes in Sheffield eine Buchvorstellung statt. Es in dem Laden aufgestapelt zu sehen erfüllte mich mit einem Gefühl kindlicher Freude und Begeisterung. Ich hatte ein Buch geschrieben, und jetzt konnten auch andere es sehen. Ich war ganz furchtbar stolz auf mich – nicht weil ich dachte, das Buch sei etwas Besonderes, sondern einfach weil ich es geschafft hatte, überhaupt eins zu schreiben. Als ich mit dem Schreiben anfing, trieb mich kein besonderer Ehrgeiz. Ich wollte nur die Wahrheit darüber erzählen, was Simon Yates und mir am Siula Grande in Peru passiert war, wollte aufrichtig und mit Gefühl davon schreiben. Ganz weit hinten in meinem Kopf mochte ein Schimmer der Hoffnung glimmen, daß das Buch vielleicht in die engere Wahl für den Boardman-Tasker-Gedenkpreis für Bergsteigerliteratur käme, doch ich verdrängte den Gedanken sofort wieder und sagte mir: Sei nicht albern. Das kann überhaupt nicht angehen.

Mein Verlag organisierte eine rasante zweiwöchige Autorenreise, die darin bestand, daß ich durchs Land eilte, um die Geschichte von Peru unzähligen Journalisten zu erzählen, auch im Radio, bis mir schließlich der Kopf brummte vor banalen Fragen über Bergsteigen und Todessehnsucht. Ich fühlte mich vom plötzlichen Aufflackern des Medieninteresses und dem Anflug von Berühmtheit, der damit einherging, peinlich berührt, aber ich war mir sicher, daß das bald vorbei sein würde. Außerdem fühlte ich mich schuldig. Es erschien mir ganz und gar nicht richtig, wegen eines schlimmen Unfalls bekannt zu werden: Berühmtheit sollte doch wohl auf erfolgreichem Handeln beruhen und nicht auf Fehlschlägen. Meine Unfähigkeit, das Buch getrennt vom Bergsteigen zu sehen, brachte mir eine Menge Seelenqual ein.

Darüber hinaus gab es einen tiefer liegenden Grund für mein Unbehagen. Ich war mir nur allzu deutlich bewußt, wie oft ich in den Bergen knapp dem Tode entronnen war. Ich mochte gar nicht an die vielen Widrigkeiten denken, mit denen ich mich immer wieder herumgeschlagen hatte, um am Ende doch zu überleben. Ohne jeden Zweifel hätte bereits der 700-Meter-Sturz in der Lawine an den Courtes mich töten können. Warum er es nicht tat, vermag ich nicht zu sagen. Warum die Handleine am Dru nicht riß oder warum ich in der Spalte in Peru nicht einen Meter weiter rechts gelandet bin – das sind Fragen ohne Antworten, nur ein Tumult beängstigender Gedanken. Das Buch und meine plötzliche kleine Berühmtheit führten mir um so drastischer all die Freunde und Bekannten vor Augen, die nicht solches Glück gehabt hatten.

Viele von ihnen waren innerhalb kürzester Zeit gestorben und fast alle bei ihrem ersten Kletterunfall. Rechnete man den Sturz am ›Screen‹ mit ein, hatte ich vier potentiell tödliche Abstürze überlebt, und tief in meinem Innern wußte ich mit Sicherheit, daß ich einen weiteren nicht überstehen würde. Ich empfand ein ausgeprägtes Schuldgefühl, einfach weil ich überlebt hatte. Während ich einerseits über die Aufnahme des Buches erfreut war, begann ich andererseits ein tiefes Gefühl der Besorgnis zu entwickeln im Hinblick auf das, was mit mir geschah. Ich hatte das Gefühl, die Kontrolle zu verlieren.

Zuerst verkaufte sich *Sturz ins Leere* nur langsam. Das überraschte mich nicht. Zu dem Schuldgefühl und dem Gefühl, als Bergsteiger ein Betrüger zu sein, gesellte sich der Eindruck, ich sei als Schriftsteller ein Hochstapler.

Eines Abends spielte ich in der Kneipe eine Runde Snooker mit einem sehr ernsthaften jungen Mann, der anfing über Bücher und das Schreiben von Büchern zu sprechen. Es stellte sich heraus, daß er seit Jahren als Autor um den Erfolg rang, ein Hörspiel nach dem anderen verfaßte, auch Kurzgeschichten und Romane, und sie an jedermann sandte, der bereit war, sie anzusehen. Bisher hatte er nur wenig Erfolg gehabt und sehr viele Ablehnungen bekommen. Als er mich fragte, womit ich denn meinen Lebensunterhalt verdiente, murmelte ich etwas über *Sturz ins Leere* ins Bierglas und versuchte, das Thema zu wechseln. Doch immer wieder fragte er mit einer Mischung aus Bewunderung und Neid, wie ich das bloß geschafft hätte. Ich wurde von einem Gefühl der Zerknirschung geradezu überwältigt. Das Schreiben als solches hatte ich überhaupt nicht ernstgenommen, und alles, was damit zusammenhing, war mir einfach in den Schoß gefallen, während dieser Mann sich so sehr bemüht hatte, ohne irgend etwas zu erreichen. Ich schlug ihn beim Snooker und fühlte mich noch schlechter. Das war kein guter Abend für einen Katholiken.

Bald darauf bekam ich einen Anruf von Dorothy Boardman, die mir höflich mitteilte, das Buch habe den Boardman-Tasker-Preis für Bergsteigerliteratur des Jahres 1988 gewonnen. Sie gratulierte mir. Alles, was ich herausbrachte, war ein lahmes ›Danke schön‹, ehe ich mit einem Gefühl absoluten Unglaubens den Hörer auflegte. Bis dahin hatte ich nicht einmal gewußt, daß das Buch in die engere Wahl gekommen war. Ich hielt große Stücke auf den Boardman-Tasker-Preis. Er bedeutete für mich, daß ich nun von Gleichgesinnten anerkannt wurde, von Leuten, die kletterten, die wirklich wußten, worum es beim Bergsteigen geht. Mit stolzgeschwellter Brust eilte ich ganz begeistert in die Kneipe, fest entschlossen, kein Wort verlauten zu lassen, sondern mich nur sternhagelvollaufen zu lassen. Ein Geheimnis bewahren und sich betrinken sind völlig unvereinbare Dinge, daher war ich gewaltig erleichtert, als ich die Kneipe betrat und mit einem Chor von Glückwünschen begrüßt wurde. Wieder einmal durfte ich feststellen, daß ich, wie so oft, der letzte war, der etwas mitbekam.

Kurz nach der Preisverleihung hielt ich im Rahmen eines Symposiums über Survival vor der *Royal Geographical Society* einen Diavortrag über das Abenteuer in Peru. Während des Mittagessens, welches vom Publikum gemeinsam mit den Vortragenden eingenommen wurde, stellten John Stevenson und ich fest, daß wir keinen Wein in erreichbarer Nähe hatten.

»He, das gefällt mir gar nicht«, sagte ich und spähte neidisch nach den drei fast vollen Flaschen, die rechts von uns in regelmäßigen Abständen auf dem Tisch aufgereiht standen.

»Ich werde mal sehen, was sich da machen läßt«, sagte John mit einem spitzbübischen Funkeln in den Augen.

Er lehnte sich zur Seite und sprach leise mit seiner Tischnachbarin. Ihr Gesichtsausdruck wechselte von höflichem Interesse zu einem entsetzten Ausdruck der Betroffenheit. Ich sah, wie sie sich nach vorn beugte und mich diskret anblickte, ehe sie etwas zu John sagte und dabei mißbilligend die Lippen vorschob. Sie wandte sich ab, sprach mit ihrem Tischnachbarn, und ein angeregtes Plaudern glitt über die gesamte Länge des Tisches hin. Plötzlich tauchten drei Weinflaschen vor mir auf, während eine ganze Reihe besorgter, erwartungsvoller Gesichter den Tisch entlang zu mir herspähte.

»Was, zum Teufel, hast du bloß gesagt?« zischte ich John zu, der schnell mein Glas vollschenkte. Ich nahm einen Schluck, um meine Verlegenheit zu verbergen, während er sich ebenfalls bediente.

»Oh, nichts Besonderes, wirklich«, entgegnete er obenhin. »Ich habe einfach behauptet, daß du aufgrund der schrecklichen Erfahrungen, die du ja in deinem Diavortrag so plastisch schilderst, ein kleines Problem mit dem Trinken hast, das fast an Alkoholismus grenzt ...«

»Du hast was?« fuhr ich auf und verschüttete etwas von meinem Wein.

»Ssssch!« beruhigte er mich. »Mach keinen Aufstand. Es hat doch funktioniert, oder etwa nicht?«

»Ja, aber ... du kannst doch nicht einfach sagen, daß ich ... das ist ... die werden denken, daß ich völlig bekloppt bin.«

»Das wirst du auch sein, wenn wir erst mal diese drei Flaschen intus haben«, versicherte John fröhlich und schenkte nach. Fast hätte ich mich an meinem Wein verschluckt, so unangenehm war ich mir der erwartungsvollen Gesichter bewußt, die mein Abgleiten in ein hoffnungsloses Stadium des Alkoholismus verfolgten. Es gelang mir, schwach und, wie ich hoffte, überzeugend mitgenommen zu lächeln, und ich versuchte, meine Hände zum Zittern zu bringen.

»Zum Wohl«, sagte John und hob das Glas. Ich funkelte ihn an, und er grinste zurück.

Ich hatte so viele mittellose Jahre damit verbracht, mich auf jede nur denkbare Art und Weise durchzuschlagen, um das wenige zusammenzubekommen, das ich zum Klettern brauchte, während ich zwischendurch glücklich und anarchisch von Arbeitslosenhilfe lebte, daß ich keinen Gedanken an die Möglichkeit verschwendete, das Buch könnte Geld einbringen. Ich tat die Preisverleihung als einmaligen Glücksfall ab und sah darin nichts, das mein Leben in materieller Hinsicht entscheidend verändern würde. Die tausend Pfund Preisgeld verschwanden erstaunlich schnell in der Kasse des *Broadfield*, meiner Stammkneipe. Als Tom Richardson versuchte, mir die Vorstellung des Steuernzahlens nahezubringen, wies ich ihn darauf hin, daß das Buch noch nicht einmal seinen Vorschuß wieder eingebracht hatte und ich irgendwelche Tantiemen erst bekommen würde, wenn das geschehen sei. Doch er hielt mir entgegen, das Sozialamt würde meinen Wohngeldzuschuß streichen, allein schon weil die Möglichkeit künftiger Einnahmen bestand. Das beunruhigte mich zutiefst.

Einige Wochen lang war ich unsicher und aufgeregt. Ich habe es nie als Schande empfunden, schamlos Almosen anzunehmen, und mir gefiel die Vorstellung nicht, ich könnte die Sicherheit des regelmäßig eintreffenden Schecks vom Sozialamt verlieren. Im Hinterkopf wußte ich, daß ich eines Tages einer regelmäßigen Arbeit nachgehen müßte, und dann würde ich das Geld für diese frühen Jahre der Trägheit zurückzahlen. Da ich jetzt aber in diese unerfreuliche Richtung gedrängt wurde, trug ich mich wohl oder übel für ein staatliches Förderprogramm für junge Unternehmer ein, obwohl ich der Ansicht war, daß es sich dabei lediglich um eine zynische Art und Weise handelte, die Arbeitslosenzahlen zu drücken, während die tatsächlichen Aussichten auf Erfolg gering waren. Die Wahrheit lag jedoch viel eher darin, daß ich mich dem Programm mit dieser Einstellung näherte, weniger in seinem eigentlichen Charakter. Ich gründete eine Firma unter dem

Namen *Cunning Stunts*, aber da keine Möglichkeit bestand, daß ich mit dem Schreiben Geld verdienen könnte, rechnete ich fest damit, mich am Ende des Jahres, wenn das Programm auslief, wieder unter die Empfänger von Arbeitslosenhilfe einzureihen.

Diese beruhigende Aussicht schwand nur zu bald, als ich mich mit meinem Lektor Tony Colwell zum Mittagessen im Londoner *Groucho Club* in Soho traf.

»Ich habe gute Neuigkeiten für dich«, sagte Tony mit einem breiten Lächeln, noch ehe wir uns gesetzt hatten.

»O fein«, entgegnete ich, während ein schnieker Kellner herangeschwänzelt kam und uns beide herablassend musterte. Er hatte einen von Natur aus geringschätzigen Gesichtsausdruck, hervorgerufen durch die verächtlich gekräuselte Oberlippe des professionell Unverschämten. Sein Blick maß mich von Kopf bis Fuß.

»Was möchten Sie trinken, Sir«, wandte er sich dann mit frostiger Stimme an Tony und ignorierte mich hochnäsig. Mir sträubten sich die Nackenhaare.

»Ach ja«, sagte Tony und blickte von der Speisekarte auf. »Was möchtest du, Joe? Ein Glas Wein?«

»Wein? Nein, danke. Zum Mittagessen trinke ich nie Wein.«

Der Kellner zog eine Augenbraue in die Höhe und blickte gelangweilt zu den anderen Gästen hinüber. Ich begann, den Mann höchst unsympathisch zu finden. »Ich hätte gern ein großes Alt, bitte«, sagte ich mit einem fröhlichen Lächeln, von dem ich hoffte, daß es entwaffnend wirken würde.

»Wir servieren kein Bier vom Faß, Sir«, versetzte der Kellner mit mehr als einer Andeutung von Spott. »Und Altbier servieren wir auch nicht.« War das Wort ›Alt‹ in seiner Vorstellung gleichbedeutend mit schlimmsten ungehobelten Nordlandmanieren?

»Gut«, entgegnete ich und versuchte, nicht die Beherrschung zu verlieren, »was servieren Sie dann?«

Er ratterte eine kurze Liste spanischer und mexikanischer Biere herunter, von denen ich kein einziges kannte. Ich war mir sicher, sie würden in kleinen, schicken Flaschen abgefüllt sein und nach verdünnter Rattenpisse schmecken. Während ich den Kellner wütend anstarrte, fragte ich mich, wie lange er wohl in einer Kneipe in Sheffield überleben würde.

»Ich hätte gern zwei davon, und ein Glas, bitte.«

»Was möchtest du zuerst hören? Die gute Nachricht oder die sehr gute Nachricht?« fragte Tony.

»Was?« sagte ich. Er hatte mich dabei überrascht, wie ich dem davoneilenden Kellner einen üblen Blick nachwarf. »Oh, zuerst die gute Nachricht.«

»Okay, wir haben ein Angebot für eine Taschenbuchausgabe des Buches von Pan ...« Er fuhr fort, über den Vorschuß und die Staffelung der Autorenprozente und den Zeitpunkt der Veröffentlichung zu reden. Ich war natürlich erfreut, weil ich nicht damit gerechnet hatte, daß es eine Taschenbuchausgabe des Buches geben würde, und der zusätzliche Vorschuß kam mir sehr gelegen. Aber das änderte nichts daran, daß ich in zwölf Monaten wieder auf Arbeitslosenhilfe angewiesen sein würde.

»Möchtest du denn gar nicht die sehr gute Nachricht hören?«

»Sag schon.«

»Wir haben die amerikanischen Rechte an Harper und Row in New York verkauft ...«

»Oh, gut«, sagte ich, den größten Teil meiner Aufmerksamkeit dem Kellner zugewandt.

»... gegen einen sehr hohen Vorschuß.« Fast flüsternd artikulierte Tony bedächtig den Betrag in Dollars. Dann lachte er, hocherfreut über den Ausdruck auf meinem Gesicht.

»WAS? ... Du willst mich doch wohl nicht verkohlen?« fragte ich, überzeugt davon, daß Tony irgendein dummes Spiel mit mir spielte.

»Ganz und gar nicht. Wir wollen nur wissen, ob du das Angebot annimmst.«

»ANNEHMEN?« schrie ich und sah, wie an den anderen Tischen mehrere Köpfe in unsere Richtung gedreht wurden, wohl in der Absicht herauszufinden, was der Lärm zu bedeuten hatte. »Was heißt hier annehmen? Natürlich nehme ich an. Gib mir einen Stift.« Doch dann fiel mir etwas ein. »Dieser Vorschuß ... wer bekommt das Geld? Ich meine, hat Cape das Buch verkauft? Behält der Verlag das Geld?«

»Nein, es gehört dir. Wir behalten nur die Prozente für die Vermittlung.«

»Ach, du großer Gott ... Das glaube ich nicht ... meine Güte. Bist du sicher, daß sie das richtige Buch gelesen haben?«

»Ja, sie haben es gelesen.«

»Gut. Dann ist das so in Ordnung, nicht wahr? Gar nicht schlecht, würde ich sagen. Ich hätte gern noch mal zwei von den komischen Bieren, Mann«, rief ich dem vorübereilenden Kellner zu. Dann war ich einen Moment lang sprachlos.

»Wieviel ist es genau? In Pfund, meine ich.«

»Oh, so um und bei ... warte mal, ja ...« Tony starrte auf die Tischdecke, während er sich auf die Rechnung konzentrierte, ehe er eine Zahl nannte.

»Jesus, Maria und Joseph!« rief ich aus. »Jetzt willst du mich aber verschaukeln.«

Er wollte mich nicht verschaukeln. Wir verließen den *Groucho Club*, und ich machte mich auf den Weg zum Greenpeace-Büro in Islington. Noch war ich ganz betäubt von dem Schock. Immer wieder sagte ich mir, daß es strenggenommen gar nicht so viel Geld war – nur etwas mehr als das doppelte Jahreseinkommen vieler Leute. Aber das war eine unglaubliche Lüge. Für mich war es ein Vermögen. Ich hatte jahrelang glücklich und zufrieden von weniger als viertausend Pfund im Jahr gelebt. Die zehnfache Summe war schlichtweg unvorstellbar. Und alles nur für ein Buch, und das war noch nicht einmal besonders dick. Mir wurde angst und bange ...

Eine Woche später rief Larry Ashmead von Harper und Row an und sagte, ich müßte mir den Januar für eine Publicity-Tour durch die Vereinigten Staaten freihalten. Wäre da nicht die Satellitenverzögerung beim Telefonieren gewesen und sein Akzent – ich hätte immer noch an einen gemeinen Scherz geglaubt. Immer mehr verlor ich die Kontrolle über mein Leben. Es passierten lauter Dinge, die nichts mit mir zu tun hatten. Das Geld beunruhigte mich. Ich wollte es haben, aber es versetzte mich auch in Angst. Was in aller Welt sollte ich damit tun? Wie den Leuten vom Finanzamt meinen plötzlichen Einkommenszuwachs erklären? Ich hatte in meinem ganzen Leben noch keine Steuererklärung ausgefüllt. Was sollte ich bloß machen? Nach und nach steigerte ich mich in einen Zustand quälender Angst hinein, der mir die letzte Kraft raubte. Einerseits fand ich, was passierte, großartig, andererseits wühlte es mich innerlich völlig auf, während ich mich bemühte, das zu ignorieren. Vorher war ich glücklich und zufrieden gewesen. Ich hatte nicht darum gebeten, reich und berühmt zu werden, und mir gefiel die Art und Weise nicht, in der sich mein Leben veränderte, ohne meine Zustimmung. Oberflächlich betrachtet machte ich den Eindruck, daß ich die Dinge nahm, wie sie nun einmal kamen, aber im Innern fühlte ich mich zunehmend verwirrt und unglücklich.

Ich vertraute mich Tom an. Er war höchst amüsiert über meine mißliche Lage, besonders als ich mich so bestürzt darüber zeigte, daß ich auf die tröstliche Normalität der wöchentlichen Wohngeldüberweisung verzichten sollte.

Die nächsten Monate waren eine einzige schnelle Folge verrückter Ereignisse. Mitte Januar flog ich von Manchester nach New York, fest überzeugt, daß die Amerikaner mir bei der Landung auf dem JFK-Flughafen erzählen würden, es sei alles ein großes Mißverständnis gewesen; sie hätten den falschen Autor bestellt. Statt dessen wurde ich von einem Mann mit einer Tafel in der Hand erwartet. Darauf stand: ›Joe Simpson. Harper Row.‹ Ich schob mich vorsichtig an ihm vorbei, ohne mich zu erkennen zu geben, um erst einmal herauszufinden, wer das war. Der Mann trug die Uniform eines Chauffeurs, komplett mit Schirmmütze, und als ich mich vorstellte, winkte er mich zum Ausgang hinüber und nahm mir mit geschicktem, geübtem Schwung den kleinen Koffer aus der Hand.

Vor dem Flughafengebäude stand eine weiße, langgestreckte Limousine mit Rauchglasscheiben und einer Fernsehantenne. Ich ging an dem Biest vorbei und rechnete damit, jeden Moment eine Art Rockstar daraus hervorkommen zu sehen, während ich nach dem Chauffeur Ausschau hielt. Ich hörte, wie ich von rückwärts gerufen wurde, und als ich mich umdrehte, sah ich den Chauffeur die Hintertür der Limousine aufhalten. Ich konnte bloß lachen, und als ich einstieg, stolperte ich über die Schwelle und fiel der Länge nach in den riesigen, dunklen Innenraum. Der Chauffeur lehnte sich höflich zu mir herein und erläuterte die diversen Annehmlichkeiten – so die verschiedenen Fernseh- und Rundfunkkanäle, die Bar mit den Getränken und die unzähligen Knöpfe für das Trennfenster zum Fahrgastraum und die Klimaanlage –, während ich hilflos kichernd hinten auf dem Boden lag.

Zehn Tage verstrichen wie in einen Dunstschleier gehüllt, bedingt durch die Zeitverschiebung. Ich konnte mich nie richtig von meinem ersten Flug erholen, weil ich immer nur einen Tag in jeder Stadt blieb, und obendrein schien ich in der falschen Richtung durch die Zeitzonen zu fliegen. Ich nahm an einer verwirrenden Vielzahl von Live-Shows im Fernsehen und im Radio teil – vier oder fünf am Tag –, neben unzähligen Interviews mit Journalisten, entweder am Telefon oder in lauten Zeitungsredaktionen. Untergebracht wurde ich in den besten Hotels – im Westin St. Francis in San Francisco und im Beverly Hills Hilton –, doch trotz ihrer luxuriösen Ausstattung waren das öde und einsame Aufenthaltsorte. Eine Suite kann niemals mehr sein als ein Platz, an dem man acht Stunden lang schläft. Ich trank allein in den Hotelbars und fühlte mich verloren.

Jeden Abend sprach ich per Telefon und Satellitenverzögerung mit meiner Freundin Jacky und wünschte mir, ich wäre nicht in den Staaten. Einmal, als die Tour ungefähr zur Hälfte vorbei war, beschloß ich, meinen Freund Jim Curran anzurufen, um ein bißchen zu plauschen. Mir schien, als sei eine Ewigkeit vergangen, seit ich die Heimat verlassen hatte, obwohl ich tatsächlich erst seit vier Tagen weg war und Jim meine Abreise völlig vergessen hatte. Überzeugt, daß ich anrief, um herauszufinden, in welcher Kneipe sich heute abend alle trafen, beantwortete er meinen Anruf brüsk mit: ›Im Byron‹ und legte den Hörer auf.

Auf New York folgten Boston, Pittsburg und Cleveland, und immer noch hatte ich nichts von Amerika gesehen. Die Innenstädte waren sich alle gleich – riesige Wände aus Glas und Beton schienen in eins zu verschmelzen. Ich konnte mich nur an die Skyline von Manhattan erinnern. Morgen dann Seattle – und noch mehr dumme Fragen, warum ich klettere, nach Todessehnsucht und Mut und lauter Dingen, an die ich noch nie gedacht habe. Und alles in einer Aussprache, die ich manchmal nicht verstehen konnte. Alle waren so fröhlich, so wunderbar unsinnig erfreut, mich kennenzulernen, was ja ganz nett schien, bis ich begriff, daß es zu ihrem Job gehörte. Ich wußte, daß ich nur einer unter tausend Gästen war, die an diesen Shows teilnahmen, und die kurze Fünf-Minuten-Kameraderie diente als Öl im Getriebe, doch auf mich begann sie zu wirken wie Säure. Ich zog die unverblümten Umgangsformen der Bergsteiger dieser falschen Zuneigung bei weitem vor.

In Seattle gönnte man mir einen Ruhetag. Entschlossen, der Monotonie des Hotellebens zu entfliehen, fragte ich den Türsteher, wo man denn am besten den Abend verbringe. Ich mußte seine Litanei hochklassiger und hochpreisiger, vorgefertigter Touristenkultur unterbrechen und ihm erklären, daß ich mich bei einem Bier und einer Runde Billard entspannen wollte. So landete ich schließlich in einer heruntergekommenen Bar am Wasser und spielte bis spät in die Nacht Poolbillard mit einer Gruppe angsteinflößender, aber nicht besonders guter Ganoven. Es war viel einfacher, sich in ihrer Gegenwart wohl zu fühlen, als bei all den anderen Leuten, die ich bisher kennengelernt hatte. Ich schwankte zurück ins Hotel, durch meine Gewinne beim Billard um fünfzig Dollar reicher und froh, daß die Reise fast vorbei war.

Denver, Los Angeles, Pasadena, San Francisco, Chicago und zurück nach Hause. Ich landete in einem verregneten Manchester, ganz durcheinander vom Jet-lag und der Anstrengung. *Sturz ins Leere* ließ mich immer tiefer in einem

Strudel der Selbstzweifel versinken. Ohne es zu wollen, schien ich einen riesigen weißen Elefanten geschaffen zu haben, und ich begriff bestürzt, daß ich ihn möglicherweise nie wieder aus meinem Leben verbannen konnte. Ich würde auf immer der Mann bleiben, der von einem Berg gestürzt und in die Zivilisation zurückgekrochen war, um ein Buch darüber zu schreiben. Es hatte ganz den Anschein, als könnte ich nichts daran ändern. Übersetzungen in fremde Sprachen kamen eine nach der anderen, und schon bald wurden Verhandlungen über die Filmrechte aufgenommen. Mein naiver Versuch, die Geschichte so zu erzählen, wie sie sich ereignet hatte, um unseretwillen und zur Unterhaltung meiner Bergsteigerfreunde, hatte sich in eine völlig andere Richtung entwickelt.

Im März flogen Simon Yates, John und ich in die Bugaboos, eine Bergkette nördlich von Banff in den kanadischen Rockys. Dort verbrachten wir fünf alkoholisierte Tage damit, in Hubschraubern durch die Gegend zu schwirren und den Unfall nachzuspielen – für fünfzehn Minuten in einer ABC-Fernsehproduktion. Simon stellte das Durchtrennen des Seils nach, während ich einen viel zu realistischen ›Schausturz‹ von einer riesigen, überhängenden Eisklippe vollführte und so tat, als würde ich mit gebrochenem Bein davonkriechen, während die Windmaschinen uns den Schnee als Blizzard ins Gesicht bliesen. Das Ganze wirkte so grotesk, daß wir über uns selbst lachen mußten, und zum ersten Mal wurde mir klar: Was auch immer in Peru passiert sein mochte – es war vorbei. Irgendwie war das Buch wichtiger geworden als die Realität, und es beherrschte mein Leben.

Eine weitere Überraschung erwartete mich im Mai, als Tony erneut mit guten Neuigkeiten anrief. Ich wurde sofort mißtrauisch.

»Du bist in die engere Auswahl für den NCR-Preis aufgenommen«, verkündete er ganz begeistert, und ich atmete auf. Von diesem Preis hatte ich noch nie gehört. Ich begriff nicht, warum Tony sich deswegen so aufregte.

»O fein«, sagte ich zurückhaltend. »Was genau ist der NCR-Preis eigentlich?«

»Zur Zeit ist es der größte Buchpreis, den wir haben. Er entspricht dem Booker- oder dem Whitbread-Preis für fiktionale Literatur und ist höher dotiert als beide.«

»Ich habe noch nie davon gehört. Was bedeutet NCR?«

»*National Cash Registers.* Er wurde im letzten Jahr erstmalig verliehen«, sagte Tony. »Ich weiß, es hört sich etwas seltsam an, wenn man das so sagt, aber er ist mit einer Summe von fünfundzwanzigtausend Pfund verbunden, steuerfrei.«

»WAS?« rief ich. »Oh, das ist absurd.«

»Du mußt Ende des Monats zur endgültigen Entscheidung und Preisverleihung nach London kommen. Ach, tausendfünfhundert Pfund bekommst du allein schon, weil du auf der Auswahlliste stehst.«

»Was steht noch auf der Liste?«

»Oh, laß mal sehen. Da ist Stephen Hawkings *Eine kurze Geschichte der Zeit*, dann *Tolstoi* von A. N. Wilson und eine Biografie über T. E. Lawrence von Malcolm Brown und Julia Cave.«

»Na, das war's dann«, sagte ich mit Entschiedenheit. »Damit kann mein Buch überhaupt nicht konkurrieren. Hawking wird den Preis bekommen. Er hat schon so ziemlich alles andere bekommen.«

»Möglich«, gab Tony zu, »aber man weiß ja nie. Vielleicht hast du doch eine Chance.«

So überzeugt ich auch war, daß ich den Preis nicht erhalten würde, überfielen mich doch aus heiterem Himmel die wildesten Tagträume. Das Preisgeld wollte mir nicht aus dem Kopf. Alle anderen waren professionelle Schriftsteller, und Hawking, wenn man den bisherigen Erfolg seines Buches in Betracht zog, mußte einfach der Favorit sein. Aber das machte nichts. Die Chancen standen eins zu vier, fünfundzwanzigtausend Pfund zu gewinnen, und das begann mich verrückt zu machen.

Der Abend der Preisverleihung war ein glanzvolles Ereignis im Hotel Savoy. Die ganze Veranstaltung dauerte von fünf Uhr nachmittags bis zur Verkündung der Entscheidung um halb elf Uhr abends und schien aus einem einzigen Trinkgelage zu bestehen. Ich hatte meine Eltern eingeladen, mich zu begleiten. Gemeinsam mit Tony und meiner Agentin Vivienne Schuster sowie mehreren hundert anderen saßen wir in festlichen Krawatten und Abendkleidung da und lauschten den vier Preisrichtern – Barbara Amiel, Professor Colin Renfrew, Jane Asher und Brian Sibley –, die jeweils ihre persönliche Beurteilung zu jedem der ausgewählten Bücher verlasen. Mittlerweile war ich glücklich angetrunken, in dem sicheren Wissen, daß wir nur da waren, um uns auf Kosten der Veranstalter an den diversen Spirituosen gütlich zu tun. Als Magnus Magnusson, der Vorsitzende der Preisrichter, sich erhob, wurde es still im Saal. Ich schob das unruhige, nervöse Gefühl im Bauch beiseite.

Magnus Magnusson soll seine Sache sehr gut gemacht und dem entscheidenden Moment wirklich das letzte bißchen Spannung abgewonnen haben. Erst als er zu seinem allerletzten Satz anhob, begannen meine Begleiter zu schalten. Sie schlangen die Arme um mich und riefen mir Glückwünsche zu. Ich hatte kaum etwas mitbekommen und fühlte mich zutiefst peinlich berührt. Ein Ring – entweder von meiner Mutter oder von Vivienne – stach mir schmerzhaft ins Auge, gerade als die Zuschauer in lauten Applaus ausbrachen. Ich saß stocksteif auf meinem Stuhl, halb geblendet, und versuchte, meine Kontaktlinse wieder einzusetzen. Ich würde auf gar keinen Fall aufstehen. Wenn ich das tat und wenn sich dann der richtige Gewinner erhob, würde ich mit roten Ohren dastehen und müßte mich unter dem Tischtuch verstecken. Erst als ich Magnusson zu mir herüber gestikulieren sah, wurde mir schließlich bewußt, daß es tatsächlich wahr war.

Ich lehnte mich zur Seite und flüsterte Tony ins Ohr: »Das ist lächerlich.«

Nachdem ich unsicher zum Rednerpult geschritten war, um meinen genuschelten Dank all jenen auszusprechen, die mir mit Hilfe und Unterstützung zur Seite gestanden hatten, insbesondere Tony, drohte ich damit, NCR bei Amnesty International anzuklagen wegen Grausamkeit gegenüber den Autoren. Lautes Gelächter war die Antwort, aber ich hatte nicht nur einen Scherz gemacht. Der halb erstickte Aufschrei kam von Herzen. Am deutlichsten spürte ich die Erleichterung, daß alles vorbei war. Erst sehr viel später begriff ich, was tatsächlich passiert war.

Die Preisverleihung war in vieler Hinsicht ein Wendepunkt. Es machte keinen Sinn, Angst zu empfinden wegen einer Entwicklung der Ereignisse, über die ich keine Kontrolle hatte. Es ist nicht möglich, die Zeit zurückzudrehen, und ich bedauerte nicht, das Buch geschrieben zu haben. Wenn es denn, aller Wahrscheinlichkeit zum Trotz, ein Erfolg werden mußte, sollte das eben so sein. Dagegen konnte ich nichts tun. Warum also nicht die neue Situation genießen? Die Medienwelt schien ihre Glücksgüter so zufällig zu verteilen wie das Glücksrad bei einer Tombola, auch wenn irgend etwas Bewegendes an dem gewesen sein muß, was ich geschrieben habe. Allem Anschein nach rührt es die Leute an, genauso wie ich vom Durchleben der schmerzlichen Ereignisse, die ich geschildert habe, angerührt worden bin. Es machte mehr Sinn, dankbar zu sein für das, was ich hatte, als sich ständig Gedanken zu machen, warum ich es hatte. Am besten fing ich gleich damit an, mein Leben wieder in Besitz zu nehmen, aktiv zu entscheiden, was ich tun wollte und wie ich es angehen könnte.

Mit einem Knie, dessen Verfallsdatum schon lange abgelaufen war, beschloß ich, ein weiteres Buch zu schreiben, einen Roman, der sich mit *Sturz ins Leere* nicht vergleichen ließ. Sofort hatte ich die Dinge wieder im Griff. Sobald ich aktiv etwas tat, anstatt mich hinzusetzen und alles nur geschehen zu lassen, verschwanden die Sorgen. Meine erste große Liebe, das Bergsteigen, konnte ich für mich behalten. Ich setze keinen übertriebenen Ehrgeiz mehr in die Berge, obwohl ich sie gern immer wieder besuchen möchte, um aus einer absurden, unberechenbaren Welt herauszutreten an einen Ort, wo ich mich wohl fühle, wo ich zu Hause bin.

Im nächsten Frühjahr stand ich mit meinem Freund Ray Delaney auf dem Gipfel der Ama Dablam. Es war eine sehr erfolgreiche und glückvolle Expedition, auf der wir zunächst den Island Peak bestiegen hatten. Von dort starrten wir voll Ehrfurcht auf die massige, dreitausenddreihundert Meter hohe Südwand des Lhotse. Aus einer Höhe von siebentausend Metern auf dem Gipfel der Ama Dablam konnten wir ins Weite blicken, über die Grate von Lhotse und Nuptse hinweg bis zur schwarzen Gipfelpyramide des Mount Everest.

Ich hatte schon immer davon geträumt, einmal in Nepal zu klettern, lange bevor wir nach Peru aufgebrochen waren. Nach Peru hätte ich nicht gedacht, daß dieser Traum je Wirklichkeit werden würde. Jetzt hatte ich nicht nur zwei Berge erfolgreich bestiegen, sondern obendrein auf dem Gipfel gestanden, der mir am meisten am Herzen lag. Wie das Matterhorn und Mount Assiniboine in den Rockys ist die Ama Dablam einer der schönsten Berge der Welt. Sie ragt in ihrer erhabenen Pracht über dem Kloster von Thengboche auf – ein furchteinflößender Zahn aus Fels und Eis, der von den weit ausladenden Graten aufstrebt, die gleich Armen das darunterliegende Tal umfassen. Als wir erschöpft vom Gipfel abstiegen und versuchten, uns zu konzentrieren, damit wir die üblichen durch Müdigkeit hervorgerufenen Unfälle vermieden, die sich beim Absteigen so leicht ereignen, hatte ich das Gefühl, als habe ich wirklich den ganzen Kreis abgeschritten. Nach einer Zeit des Chaos und mehreren Jahren voll Schmerz und Verzweiflung war ich wieder an einem Punkt der Normalität angelangt. Das Buch hatte mir geholfen, mit Peru abzuschließen und endlich die letzten Alpträume zu begraben. Durch die Besteigung der Ama Dablam gewann ich ein Gefühl der Selbstachtung wieder, das ich schon verloren geglaubt hatte.

Das alte Selbstvertrauen kehrte zurück. Ich konnte Berge besteigen, Bücher schreiben, so viele Dinge tun. War Peru die Feuertaufe gewesen, so waren die Jahre, die darauf folgten, wie eine Einäscherung. Ich schien, dem Vogel Phönix gleich, überlebt zu haben und kam wieder mit mir selbst zurecht; ich genoß, was ich tat und was vor mir lag. Dazu gehörte unter anderem eine weitere Expedition in den indischen

Garwhal-Himalaja im Herbst, und es galt meinen Roman *The Water People* fertigzustellen. Darüber hinaus gab es Pläne, einen unbestiegenen nepalesischen Gipfel in der Langtang-Region in Angriff zu nehmen und den Nachbargipfel des Everest zu besteigen, den Pumori. Ja, wir sprachen sogar über eine Expedition zum Everest im nächsten Jahr. Ich genoß schon die angenehme Aussicht, nach Delhi zu fliegen, um mich dort mit Simon zur Garwhal-Expedition zu treffen, als John zur Vorsicht mahnte.

»Glaubst du nicht, du übertreibst es ein bißchen?« fragte er.

»Was meinst du?« sagte ich überrascht.

»Nun, du unternimmst in letzter Zeit eine Expedition nach der anderen, nicht wahr? Und was wird erst mit all denen, die du fürs nächste Jahr planst?«

»Ja, schon, aber ich sehe nicht ein, daß ich dabei übertreibe. Ich wähle keine extremen Routen, und ich gehe keine großen Risiken ein.«

»Mag sein, aber du gehst ein Risiko ein, indem du so oft losziehst. Das heißt, du verbringst einen Großteil deiner Zeit in potentiellen Gefahrensituationen. Die Wahrscheinlichkeit spielt dabei auch eine Rolle, weißt du. Du kannst so gut sein, wie du willst, und trotzdem Fehler machen.«

»Vielleicht hast du recht, aber irgendwie kann ich mir nicht vorstellen, daß es noch mal passiert. Ich habe mein Teil Pech gehabt...«

»Und Glück.«

»Ja, und Glück. Ich weiß, was du sagen willst. Danke für die Warnung und daß du dir Sorgen machst, aber ich bin schon in Ordnung. Ich weiß, es wird gutgehen.«

18. KAPITEL

Déjà vu

Ein scharfer, kalter Wind blies seit einer Woche. Er wehte weder zögernd noch böig, sondern mit ständiger, gleichmäßiger Kraft von Westen. Über dem Lärm der Zelte, die unter der andauernden Belastung knatterten, war ein tiefes Dröhnen zu hören, das von hoch über dem Basislager kam. Wir saßen im Sonnenschein, hinter die grob aufgeschichteten Steinwälle gekauert, und beobachteten den Berg.

Die tausenddreihundert Meter hohe Ostwand des Pachermo ist ein komplizierter, zerklüfteter, schwarzer Pfeiler, der von links nach rechts abfällt, ein Spinnennetz aus vereisten Rinnen und eisüberkrusteten Felsen, überzogen mit Schnee. Und zwischen den Gipfelfelsen sind ein paar riesige, geneigte Eisklippen eingekeilt. Diese Seraks bedrohen den Großteil der Wand. Wir beobachteten den Berg genau und versuchten zu erraten, in welche Richtung die Steine fallen oder welche Eisflächen vom Pulverstaub der Lawinen überzogen würden.

Wenn wir die Wand ersteigen wollten, mußten wir akzeptieren, daß die Route nicht auf ihrer ganzen Länge sicher war. Die Gefahr wäre geringer, wenn wir früh im eisigkalten, blauschwarzen Morgengrauen aufbrachen und das untere Drittel der Wand schnell hinter uns brachten. Wir mußten die ersten dreihundert Meter Felspfeiler zurückgelegt haben, ehe die Sonne aufging und den Schnee zum Schmelzen brachte. Das Problem bestand also darin, einen schnellen, einfachen Routenverlauf durch das steile, schwierige Gelände zu finden. Nach einer Woche beschlossen wir, daß wir eine gangbare Route zu neunzig Prozent ausgemacht hatten.

Die entscheidenden fünf Prozent, über die wir nichts wußten, lagen im unteren Felsbereich. Dort schnitt die Andeutung einer Rinne tief durch den schwarzen Fels in ein fächerförmiges Couloir hinauf, das die Wand mittig teilte. Wir errieten die Position der Rinne aus der Anordnung der Felsen;

aufgrund früherer Erfahrungen schlossen wir, daß eine Schwachstelle, eine Falte, dahinter verborgen lag. Wir würden die Rinne bei völliger Dunkelheit finden müssen. Ein dünner Schnurrbart aus Schnee, der den unteren Pfeilerbereich hundert Meter über dem Gletscher querte, schien auf den gedachten Punkt zuzulaufen, eine schwache, dürftige, häufig unterbrochene weiße Linie, die auf ein System von Felsbändern hinwies, über das wir uns vortasten könnten. Ich hoffte, wir würden die Rinne in der Dunkelheit finden – es blieb uns nichts anderes übrig. Ganz sicher konnten wir nicht sein; es lief auf eine Ahnung hinaus, ein Gefühl im Bauch, die intuitive Überzeugung, daß wir schon durchkommen würden, hoch nach oben und wieder hinunter, sicher genug, ohne abzustürzen.

Wir waren fit, hatten uns akklimatisiert und fühlten beim ständigen Warten und Beobachten Langeweile aufkommen, während wir dem heulenden Dröhnen des Westwinds lauschten. Die Wetterlage war stabil, und jeder neue Tag zog wolkenlos herauf. Die Sonne schien warm – sobald man dem Wind entfloh, der mit seinem ewigen Geistergeheul von Tibet kam, über das eisige tibetanische Hochplateau dahinjagend, um alsbald gegen die Berge zu prallen, den Schnee in Wirbeln in die Luft zu treiben und weiße Derwische von Grat- und Gipfellinien tanzen zu lassen. Ich fragte mich, wie es wohl oben auf dem Everest aussah. Andy Parkin wollte sich am Nordnordostgrat versuchen, und das war das erste Hindernis, auf das der Wind stieß.

Weder waren verräterische Schäfchenwolken zu sehen noch die dünnen, hohen Zirruswolken, die einen Wetterumschwung ankündigen. Wir hatten gewartet und den Himmel beobachtet, ob sich etwas veränderte, aber nichts geschah. Der Wind war kein Vorbote einer neuen Wetterlage. Er blies einfach, und zwar aus Westen, was eigentümlich schien. Er hätte nicht von da kommen sollen. Aber wir würden schon mit ihm fertig werden, beschlossen wir, das sollte nicht das Problem sein. Wir hatten die richtige Kleidung, und wir konnten ein Zelt mit auf den Berg nehmen. An der Ostwand wären wir schließlich vor dem Sturm aus Westen geschützt, so argumentierten wir.

Schnee- und Eisstaub wurde in gewaltigen Spiralen vom Gipfelgrat heruntergetrieben. Als durchsichtige, weiße Brandungswelle ausgerollt, krachte er, in sich selbst zurückgeworfen, auf halber Höhe gegen die Ostwand. Wir konnten sehen, wie der Luftsog immer mehr Schnee aufnahm, bis es den Anschein hatte, als würden Lawinen aufwärts zum Gipfel strömen. Vor dem Westwind geschützt, wären wir an der Ostwand sicher, redeten wir uns ein und versuchten, das Heulen und Klagen des Windes zu ignorieren.

Doch dies war kein Wind, der sich ohne weiteres ignorieren ließ. Alles tanzte nach seiner Melodie. Die Zelte bogen sich und flatterten, und Gletscherstaub prasselte wie lauter Handvoll Sand gegen das gespannte Nylon. Noch durch die lauteste Musik in meinen Kopfhörern konnte ich die Sinfonie des Windes hören, der verzweifelt um meine Aufmerksamkeit rang. Ich dachte ans Klettern in diesem Chaos und daran, wie es sein mußte, den ausgesetzten Nordgrat hinunterzuwanken. Ob wir nicht weggeweht würden? Ich hatte noch keinen Wind erlebt, der einen Menschen in die Höhe heben konnte, aber Mal erzählte mir, wie er einmal auf dem Ben Nevis von einer Bö mit mehr als hundertsechzig Stundenkilometern hochgehoben und zehn Meter weit davongetragen worden war.

»Was war das für ein Gefühl?« fragte ich.

»Beängstigend«, entgegnete er, während er die wütende Attacke auf unseren Berg beobachtete.

»Glaubst du, daß es da oben so schlimm ist?«

»Ich hoffe nicht. Ich hoffe es wirklich nicht.«

Ich fragte mich, wie es wohl sein würde, wenn wir die Köpfe über den Gipfelgrat streckten und dem schneidenden Wind entgegenblickten.

Dann sah ich Mal an. Er zupfte an seinem Bart herum, während er zum Berg aufblickte. Auf seinem Gesicht lag ein nachdenklicher Ausdruck, und er war sehr schweigsam. Dann wandte er sich um und sagte: »Es wird schon klappen. Laß uns aufbrechen.« Ich stimmte zu, spürte einen leichten Schauder der Angst und gleich darauf einen vollen, warmen Strom der Aufregung. Ja, laß uns aufbrechen. Ich weiß, wir können es schaffen. Ich weiß, ich kann es. Der Zeitpunkt ist richtig gewählt. Wir werden es tun, werden gegen den Wind ankämpfen und es schaffen.

Ich fühlte mich stark und hart und entschlossen. Ich wollte der erste sein, der die Ostwand bezwang. Innerhalb von neun Tagen nach unserer Abreise aus London hatten wir den Lobouche Peak (6250 m) bestiegen. Mal Duff hatte mich ursprünglich gefragt, ob ich mit ihm zusammen eine anspruchsvolle, neue Route an einem Berg namens Taweche in Angriff nehmen wollte, aber es war uns nicht gelungen, genug Klettergäste zusammenzubekommen, um das Unternehmen zu finanzieren. Statt dessen hatten wir uns entschlossen, den Lobouche zu besteigen und es dann mit einer neuen Route am Pachermo zu versuchen.

Mal war ein äußerst erfahrener Bergsteiger, der seinen Lebensunterhalt als Bergführer verdiente. Er kletterte das ganze Jahr hindurch und nahm Gäste mit ins Eis der schottischen Berge, in die Alpen, nach Alaska und Nepal. Er war ein grimmig-stolzer Schotte, und ich hegte den Verdacht, daß er wenig Zeit übrig hatte für Leute, die mit seiner Stärke in den Bergen nicht mithalten konnten. Ich hatte Mal auf der Reise zur Ama Dablam kennengelernt und seinen respektlosen Humor und seine nüchterne Einstellung zu den Bergen sofort gemocht. Außerdem war ich beeindruckt von seiner Klettererfahrung. Zwar war er oft gescheitert, doch die Fehlschläge, die er aufzuweisen hatte, schienen bemerkenswert genug. Für sich genommen waren sie schon eindrucksvoller als die Erfolge anderer Leute. Im stillen bezweifelte ich, daß ich es mit ihm aufnehmen konnte, aber ich fühlte mich stark genug, um mein Bestes zu geben. Jahrzehnte ständiger Entdeckungsreisen in die Berge hatten Mal hart werden lassen und sehr, sehr stark und ausdauernd. Wir lachten viel, wenn wir zusammen waren, und das allein war Grund genug für mich, mit ihm zu klettern.

Ich blickte zum Cholatse hinüber, einem schönen, angsteinflößenden Berg, der ganz eingehüllt war von Riefen, wilden, pilzartigen Wächten und chaotischen Gratlinien. Die Sonne warf zarte, hellblaue Schatten auf seine Nordwand. Ich verband die Couloirs und Eisschläuche in Gedanken miteinander und füllte die Lücken mit steilen Eisfällen aus, bis meine Augen unmittelbar unter den Gipfelwächten ruhten. Zwei Wochen lang hatten wir ein wenig sehnsüchtig dort hinübergestarrt, Pläne geschmiedet und darauf spekuliert, den Cholatse zu besteigen – wenn auch nicht besonders ernsthaft.

Wir betrachteten ihn im Morgengrauen, um die Mittagszeit und am Abend, studierten die mögliche Route durch Mals Fernglas und warteten auf das Weiterrücken der Sonne, die ihre Schatten auf die verschiedenen Geländemerkmale werfen sollte. Ganz wie ein paar Kunstmaler achteten wir darauf, wie das Licht die verschiedenen Facetten der Route ausleuchtete, um scheinbar glattem Schnee Tiefe und Kontur zu geben, um versteckte Biwakplätze zu enthüllen und uns einen Blick auf das grünlichblaue Eis im Hintergrund der Schlüsselstelle aus Eisfällen zu erlauben. Wir beschlossen, daß es möglich wäre, den Cholatse zu besteigen, waren uns aber nicht sicher, was den Abstieg anging.

Verwundert stellte ich fest, daß sich meine ganze Einstellung grundlegend geändert hatte. Ich war vollkommen davon überzeugt gewesen, daß ich nie wieder versuchen würde, zu zweit eine unbegangene Route in Angriff zu nehmen, die so hart war wie die in Peru. Ich würde nicht das nötige Selbstvertrauen aufbringen, um überhaupt loszugehen, sagte ich mir. Und trotzdem stand ich hier, betrachtete den Cholatse mit sehnsuchtsvollen Blicken und machte mir Gedanken über eine Route, die mindestens ebenso gefährlich war wie die am Siula Grande. Ich wandte mich ab und begutachtete die Ostwand des Pachermo.

»Sollen wir heute nacht aufbrechen?« fragte Mal, als ich das Fernglas absetzte.

»Warum nicht«, entgegnete ich. »Das Wetter sieht ganz so aus, als ob es vorläufig so bleiben wird.«

»Jip, daran hat sich jetzt seit drei Tagen nichts geändert«, sagte Mal, der an seinem Höhenmesser den Luftdruck ablas. »Brechen wir also um Mitternacht auf?«

»Gut. Weißt du, wenn wir das hier schaffen, ist das erst meine zweite Erstbesteigung.«

»Oh, tatsächlich? Was war die erste?«

»Der Siula Grande in Peru«, erwiderte ich, und wir lachten.

»Nun, dann wollen wir mal hoffen, daß aus dieser Geschichte nicht wieder so ein Drama wird«, sagte Mal und begann, seine Ausrüstung zurechtzulegen.

Ich holte meine Steigeisen hinten aus dem Zelt. Auf dem Abstieg vom Gipfel des Lobouche war ein Zehenriegel zweimal auseinandergefallen. Glücklicherweise hatte ich mich in einfachem Gelände befunden, als das passierte, daher konnte ich den Schaden unterwegs direkt beheben. Vor dem Anstieg zum Pachermo wollte ich sichergehen, daß das Problem wirklich aus der Welt geschafft war. Ich schnallte die Steigeisen unter meine Bergstiefel und stellte die Spannung nach, damit sie fester saßen. Nachdem ich eine halbe Stunde daran herumgebastelt hatte, war ich immer noch nicht zufrieden. Ich drehte die Riegel an beiden Steigeisen um und paßte sie verkehrt herum wieder ein. Mit mehreren wohlgezielten Pickelschlägen gelang es mir, sie zu meiner Zufriedenheit zu befestigen. Jetzt saßen die Eisen extrem eng, und es war schwierig, sie zu befestigen, aber ich war zuversichtlich, daß sie sich, einmal angeschnallt, nicht so leicht wieder lösen würden. Wovon ich jedoch nichts wußte, war ein Konstruktionsfehler an den Steigeisen, der erst entdeckt wurde, als wir bereits nach Nepal aufgebrochen waren. Ein Loch war um drei Millimeter zu groß gebohrt worden, und das führte dazu, daß sich der Zehenriegel bei bestimmten Belastungen löste. Die Firma, welche die Steigeisen herstellte, hatte eine Notiz in alle Bergsportzeitschriften setzen lassen und sämtliche Eisen zurückgerufen, die in den letzten zwölf Monaten produziert worden waren, doch ich hatte davon nichts mitbekommen.

Ich sah, wie Mal Gaskartuschen und Tüten mit Lebensmitteln in seinen Rucksack packte. Seine Pickel und Steigeisen lagen vor dem Zelt.

»Hast du irgendwelche Schwierigkeiten mit deinen Eisen gehabt, Mal?« fragte ich, als ich sah, daß er die gleichen hatte wie ich.

»Nein, überhaupt nicht«, entgegnete er. »Ich habe sie seit sechs Monaten, und sie sind völlig in Ordnung.«

»Meine waren an der Ama Dablam noch okay«, sagte ich und betrachtete das Ergebnis meiner Arbeit. »Ich kann mir einfach nicht erklären, warum sie am Lobouche plötzlich auseinandergefallen sind.«

»Wahrscheinlich lag es an dem vielen weichen Schnee, der sich da zusammengeklumpt hat.«

»Ja, wahrscheinlich.« Ich erinnerte mich daran, wie wir immer wieder mit unseren Pickeln die Schneeklumpen von den Steigeisen klopfen mußten. Ich schob das Problem beiseite, während ich meine Ausrüstung für den Anstieg vorbereitete.

Als ein schwaches, hellblaues Band am Horizont des schwarzen Himmels erschien, tasteten wir uns über die Traverse voran. Ich konnte das klingelnde Geräusch von Karabinern hören, die gegen Eisschrauben schlugen, und das Kratzen von Mals Steigeisen auf dem Fels. Gelegentlich, wenn ich zurückblickte, sah ich den Lichtblitz einer Stirnlampe: Mal versuchte auszumachen, wohin ich verschwunden war. Das Sims, auf dem wir angefangen hatten, wurde immer kleiner und verschmolz schließlich mit dem Felspfeiler. Ich spähte weiter nach links. Die dunklen Felswände schienen sich nach innen zu wölben. Das sah ganz nach der Rinne aus. Unmittelbar unterhalb und etwas links von mir konnte ich einen schmutzigen Schneestreif sehen, wo die Rinne zum Gletscher hinunter auslief. Das Sims hörte auf, kurz bevor ich die Rinne erreichte. Ich suchte nach einem Weg über die nackte Wand, fand aber keine Risse oder Haltepunkte irgendwelcher Art. Mal kam das Sims entlang und spähte wortlos an mir vorbei auf die unpassierbare Stelle. Das klackernde Geräusch eines Steins war zu hören, der in der Ferne von den

Wänden der Rinne zurücksprang, und ich zuckte unwillkürlich zusammen.

»Was jetzt?« fragte ich und kam mir etwas dumm dabei vor.

»Vielleicht diagonal abseilen«, murmelte Mal, indem er seine Stirnlampe auf die Wand unter uns richtete. Ich spähte ebenfalls hinab und folgte dem Strahl mit den Augen, wie er über die Schatten hinglitt.

»Sieht so aus, als gäbe es da eine Möglichkeit zu traversieren, ungefähr fünfzehn Meter weiter unten«, bemerkte ich, als ich in der Dunkelheit weißen Schnee aufblitzen sah.

»Wir können es ja mal versuchen.«

Schnell bereiteten wir alles zum Abseilen vor, weil uns das Bewußtsein beunruhigte, wieviel kostbare Zeit wir verschwendeten. In einer Stunde würde die Sonne aufgehen, und die Eisklippen würden unter ihrem schmelzenden Glast krachend zum Leben erwachen. Von hoch oben klang das unheilvolle Dröhnen des niemals nachlassenden Windes herunter. Hier an der Wand waren wir in ruhiger Dunkelheit geschützt; nur andeutungsweise drang das Toben zu uns herab.

»Okay, Joe.« Mals Stimme hallte aus der Dunkelheit empor. »Komm runter. Ich kann in die Rinne gucken.«

Als ich ihn erreichte, sah ich, daß er einen Standplatz direkt am Rand der Rinne gefunden hatte, die als schmal zulaufender Fächer aufwärts verlief, mit schmutzigem Schnee bedeckt und von Steinen übersät, bis ein zehn Meter hoher Eisfall den Weg versperrte. Auf beiden Seiten drängten massige schwarze Wände auf den schmalen Fächer aus Schnee ein, weshalb der Ort ein bedrückendes, unheimlich drohendes Gefühl auslöste. Alles, was von oben herabfiel, wurde durch die Konturen der Wand geradewegs in die Öffnung der Rinne geleitet wie in einen Trichter. Zerborstene Eis- und Felsstücke erstreckten sich in großer Zahl als Schuttablagerung noch weit unter uns – Zeugen der grimmigen Gewalt der Lawinen.

Wir kletterten in ängstlicher Hast. Manchmal bewegten wir uns gemeinsam vorwärts, manchmal sicherten wir, wenn wir kurze Eisfälle übersteigen mußten, die an Schmalstellen den Eisschlauch blockierten. Als die Sonne aufgegangen war, hielten wir an, um zu rasten und auf den Gletscher hinunterzublicken, der noch im nächtlichen Dunkel lag, während wir die Sonnenwärme genossen. Weiter links konnten wir die ersten gewaltigen Eisklippen sehen. Das Eis an ihren Wänden war wabenförmig strukturiert und an mehreren Stellen erst vor kurzem eingebrochen. Wir befanden uns außerhalb ihrer bedrohlichen Reichweite und hatten ein breites, offenes Couloir erreicht.

Den Rest des Tages kletterten wir stetig weiter ins Zentrum der Wand. Je höher wir kamen, desto stärker wurde das Geräusch des Windes. Schnee wirbelte wie verrückt um uns her. Wir kletterten in das Gestöber hinein und folgten dabei der rechten Kante einer vorspringenden Felsrippe. Bis zum Abend lag mehr als die Hälfte der Wand unter uns. Wir fanden ein etwas heikles Sims, auf dem wir unser kleines Zelt aufschlagen konnten, und stellten es zum Schutz dicht gegen die Felswand. Doch das nutzte nichts. Der Wind kam aus allen Richtungen und hämmerte auf die Zeltwände ein, so daß sie erst von oben eingedrückt wurden und dann von den Seiten, er drohte unter den Zeltboden zu fassen und unser zartes, dünnes, blaues Zuhause vom Berg zu reißen. Wir bekamen kaum Schlaf, konnten zwischen einer massiven Attacke und der nächsten nur wenige, jedoch um so wertvollere Momente der Ruhe ergattern.

Am Morgen hockten wir über unsern Teebechern und beratschlagten, ob wir weitermachen sollten. Der Wind hatte unser Selbstvertrauen ebenso strapaziert wie das Zelt. Gelegentlich blickten wir hinaus und nach oben auf die Schneewolken, die vom Gipfelgrat heruntergetrieben wurden, siebenhundert Meter über uns.

»Was meinst du, Mal? Gehen wir weiter?«
»Keine Ahnung. Es ist hier unten schon schlimm genug. Ich frage mich, wie es sein wird, wenn wir dem Wind auf dem Grat völlig ungeschützt ausgesetzt sind.«
»Daran dachte ich auch gerade.«

Wir hatten geplant, über den einfachen Nordgrat abzusteigen, der rechter Hand die Wand begrenzt. Er führt zum Sattel von Tesi Lapcha hinunter, der das Rowaling-Tal vom Thami-Tal trennt, wo sich unser Basislager befand. Ich dachte daran, wie wir uns in Peru auf die schwierige Wand konzentriert und den Abstieg über den vorgeblich leichten Nordgrat als ausgemachte Sache abgetan hatten. Ich beabsichtigte nicht, den gleichen Fehler noch einmal zu machen.

»Das Problem ist«, sagte Mal, »daß wir möglicherweise keine andere Wahl haben.«

»Wie meinst du das?«

»Nun, ich bin nicht gerade begeistert davon, wieder unter den Seraks entlangzuklettern. Einmal reicht, finde ich.«

»Wir könnten versuchen, auf dieser Höhe zu traversieren und den Sattel von hier aus zu erreichen.«

»Ja, daran habe ich auch schon gedacht, aber ich bin mir nicht sicher, ob es einen Weg an dem Felspfeiler rechts von uns vorbei gibt. Und wenn es einen gibt, weiß man nicht, ob dahinter nicht weite, offene Schneehänge kommen. Bei den Schneebrettern, die wir gestern hatten, könnte das ein bißchen riskant sein.«

An den Stellen, wo das Couloir sich zu einem offenen Hang verbreiterte, war der Schnee vom Wind zusammengedrückt worden. Bei jedem Schritt, den wir taten, hatten sich Risse gebildet. Wir waren in den Schutz und die Sicherheit der Felsen geflüchtet, die die linke Seite des Couloirs säumten, und hatten Haken gesetzt, wo wir nur konnten, um uns vor einem Sturz oder dem plötzlichen Wegrutschen einer Schneebrettlawine zu sichern. Auf einem offenen Hang gäbe es überhaupt keinen Schutz.

»Also entweder nach unten in den Eisschlag oder quer auf die Schneebretter oder nach oben in den Wind? Keine besonders angenehme Wahl, muß ich sagen.«

»Nach oben, schätze ich«, versetzte Mal grinsend. »Ein bißchen Wind hat noch keinem geschadet.«

»Ein bißchen vielleicht nicht, aber das hier sieht schon nach ein bißchen mehr aus. Okay, also nach oben.«

Wir brachen das Lager spät am Morgen ab und hatten mit dem um sich schlagenden blauen Zelt zu kämpfen, als wir es in den Rucksack stopfen wollten. Den größten Teil des Tages wechselten wir uns beim Führen ab, damit nicht einer allein den Weg durch kräftezehrenden, knietiefen Schnee bergauf bahnen mußte. Der Wind heulte wie verrückt um uns her und verhinderte jegliche Kommunikation. Wir bewegten uns jeder in seiner eigenen Welt vorwärts, trafen uns nur am Ende der jeweiligen Seillänge und gingen oft ohne ein Wort aneinander vorbei. Am späten Nachmittag begann ich müde zu werden. Auf den letzten vier Seillängen übernahm Mal immer wieder die Führung und bahnte den ganzen Weg bis zum Gipfelgrat. Erst folgte er einer undeutlich sich abzeichnenden Schneerippe und dann einem stark verwächteten Grat aufwärts bis zum letzten offenen Hang unter den Wächten des Nordgrats. Ich folgte ihm, voller Schuldbewußtsein, daß ich ihn im Stich ließ, aber das war nicht wichtig. Weil er der Stärkere war, war es besser, wenn er vorausging

Das letzte matte, weißliche Abendlicht ließ die Wächten auf dem Grat doppelt so groß erscheinen, wie sie tatsächlich waren. Ich blickte immer wieder müde nach oben auf das Seil, das sich durch eine Schwachstelle in der Schneekante schlängelte, und hoffte zu sehen, daß ich sie fast erreicht hätte. Doch je öfter ich aufblickte, desto mehr war ich davon überzeugt, daß der Grat sich immer weiter von mir entfernte, obwohl ich doch vorankletterte. Ich wußte, daß Mal der vollen Wut des Sturms ausgesetzt war, während er darauf wartete, daß ich die letzte Seillänge über die Schneebretter hinaufstapfte. Glücklicherweise bestand die Wächte aus hartem Firn und war leicht auf Frontalzacken zu ersteigen. Ich stolperte über die flache Oberseite, wie ein Betrunkener in einem 45-Grad-Winkel gegen den Wind gelehnt, und schützte meine Augen vor dem bitterkalten Angriff der Eispartikel. Ich fand Mal in den Schutz einer kleinen, halbrunden Spalte gekauert und sank neben ihm nieder. Er schlug mir auf die Schulter und grinste.

»Du fühlst dich ja scheinbar ganz wohl hier«, rief ich über das Tosen des Windes hinweg.

»Da werden alte Erinnerungen wach«, brüllte er. »Bleiben wir hier, oder steigen wir zum Sattel ab, um dort das Zelt aufzuschlagen?«

Ich blickte den Nordgrat und die Westwand hinunter. Auf den ersten hundert Metern erwarteten uns steile, vereiste Hänge, dann nahm das Gefälle ab. Ein paar Eisklippen blockierten die direkte Linie den Grat hinunter, und ich konnte sehen, daß wir auf die Westwand hinaus ausweichen mußten, um daran vorbeizugelangen. Technisch war der Abstieg zum Sattel siebenhundert Meter unter uns nicht besonders schwierig.

»Hier werden wir keine Ruhe finden«, rief ich Mal ins Ohr. »In weniger als einer Stunde ist es dunkel. Bis dahin sollten wir an den Seraks da unten vorbei sein. Den Rest schaffen wir im Dunkeln.«

»In Ordnung. Dann mal los.«

Er stand auf und begann, vorsichtig über den harten, steilen Firnhang unter der Spalte abzusteigen. Ich ließ ihn die volle Seillänge weit vorangehen, ehe ich mich meinerseits aufrichtete, um ihm zu folgen. Der Wind zupfte beharrlich am Seil und zog es zu einem riesigen Bogen aus, der anderthalb Meter vom Schnee entfernt hing. Wir sollten uns wirklich losbinden und solo gehen, dachte ich. Das ist schon mehr eine Gefahr als eine Hilfe. Aber ich war müde, und Mal befand sich außer Rufweite, und überhaupt war das Gelände einfach. Auf so gutem Eis würden wir nicht abrutschen und stürzen.

Ich sah zu, wie Mal eine leicht geneigte Firnrampe überquerte, die zu einem steilen Absturz führte. Das Seil flog auf der gesamten Entfernung von fünfzig Metern zwischen uns frei in der Luft, vom Sturm kurvenförmig gebogen. Sollte ich vorschlagen, daß wir uns losbanden? Ich sah, wie Mal sich leicht zur Seite wandte und anfing, zögernd abwärts zu treten, auf das steile Eis hinunter. Schon lag die Wand im Schatten, und die Nacht kam schnell. Die Temperatur war drastisch gefallen, sobald die Sonne nicht mehr schien. Ich konnte spüren, wie der Wind mich auskühlte. Der Windabkühlungsfaktor mußte um −60° Celsius liegen – wohl kaum der geeignete Moment, um mit dem Seil herumzubasteln. Wir mußten schnell nach unten und in den Schutz des Zeltes gelangen, bevor uns die Kälte konfus werden ließ.

Zwischen mir und der Stelle, wo Mal die Rampe überquert hatte, befand sich ein sehr steiler Eishang. Ich spürte, wie der Wind an dem Seil um meinen Bauch riß und es seltsam unheilverkündend brummen ließ. Als ich einen Schritt nach unten tat, das Gesicht auswärts gekehrt, sah ich Mals Körper vornüberknicken. Es dauerte vielleicht eine Millisekunde zu registrieren, was passierte, und in jenem nicht enden wollenden Moment stand ich plötzlich außerhalb der Zeit. Mal fiel blitzartig und war verschwunden, trotzdem schien ich alle Gelegenheit der Welt zu haben, mir jedes Detail einzuprägen – die eigentümliche Körperhaltung, die mich warnte, daß etwas nicht in Ordnung war, den verzweifelt in die Luft geworfenen Arm mit dem Pickel, der durch die Luft fuhr, nutzlos und stumm, die Biegung des Seils, das sich sofort streckte.

Ich warf mich nach hinten und schlug meinen Pickel in den Firn, so hart ich konnte. Ich sah, wie die Haue sich bis zum Schaft eingrub, während ich darauf zurutschte, um mich über den Pickel zu legen. Mein Arm war immer noch zu voller Länge ausgestreckt, als Mal ins Seil stürzte, das sofort hochgerissen wurde und mich nach hinten in die Luft schleuderte. Ich spürte ein eigentümliches Gefühl der Enttäuschung, als ich sah, wie der Pickel aus dem Eis flog.

Ich beschrieb einen halben Purzelbaum und landete schwer auf dem Nacken und meiner linken Schulter, ehe ich immer schneller wurde und mit dem Kopf voran auf dem Rücken das Eisfeld hinunterrutschte. Einen kurzen Moment lang betrachtete ich den Sturz, so wie ich lag, kopfüber, und ich sah lose Seilschlingen an mir vorbeigleiten. Das bedeutete, daß ich schneller stürzte als Mal. Verzweifelt drehte ich mich um und mit dem Kopf nach oben, so daß ich auf dem Bauch zu liegen kam, die Steigeisen hoch in die Luft gehalten. Ich wußte, wenn ich damit hängenblieb, würde ich anfangen, mich seitlich um und um zu drehen und mich unkontrollierbar zu überschlagen. Meine Gedanken schienen ganz ruhig, losgelöst von der Gewalt des Sturzes. Bis ich soweit war, daß ich versuchen konnte, einen Pickelrettungsgriff anzusetzen, hatte ich die Rampe erreicht. Ich wurde vorübergehend langsamer und tauchte dann über den Rand des Steilabfalls hinweg, den Mal hinuntergestürzt war. Solange ich durch die Luft flog, konnte ich mit dem Pickel nichts anfangen – und da wußte ich, daß es hoffnungslos war. Auf hartem Eis müßte ich den Pickel noch im selben Moment einsetzen, wenn ich landete, damit überhaupt eine Chance bestand, daß er hielt. Doch bei der Geschwindigkeit, mit der ich weiter und immer weiter rutschte und stürzte, wußte ich, daß mir der Pickel einfach aus der Hand gerissen würde.

Mal wurde den Grat hinuntergeschleudert; er flog über kleine Eisklippen, die sich auf der Krone vorwölbten. Ich fiel mehr nach Westen, auf die riesigen Pfeiler der Westwand zu, schräg von Mal wegstürzend und ihn überholend. Ich konnte fühlen, wie das Eis gegen meine angewinkelten Ellbogen hämmerte. Warte ab. Warte auf weicheren Schnee, dann den Pickel. Der Gedanke kam ganz ruhig, ohne Angst. Ich wartete und wußte, es war alles vorbei. Ich war nur leicht überrascht, wie schnell man in einem glatten Goretex-Anzug fallen kann, und spürte einen milden Anflug von Ärger über die Ungerechtigkeit der Welt, der schnell verging. Ich hatte keine Zeit, mich zu ärgern, und auch keine Zeit, mich zu ängstigen. Wie weit war ich jetzt? Der Weg war weit, das wußte ich. Es war weit.

Ich wurde von einem Gefühl des Déjà vu überwältigt. Es war genau so, wie ich es mir immer vorgestellt hatte, wenn man zu Tode stürzt. Ich sah alles in Schwarzweiß; die Welt lief wie ein Film in Zeitlupe neben mir ab. Ich hatte nicht mit dem tiefen Gefühl der Resignation, ja der inneren Ruhe gerechnet, das sich trotz der Heftigkeit, mit der ich fiel, einstellte. Diese Offenbarung war fast angenehm. Mit zwölf Jahren hatte ich *Die weiße Spinne* gelesen; so mußten sie gestorben sein. Dies war genauso. Die plötzliche Erinnerung gab mir das sichere Gefühl, daß dieser Sturz mein letzter sein würde.

Ich war so überzeugt davon, daß ich spürte, wie meine Arme sich entspannten. Warum sollte ich mir die Mühe machen? Was hatte es noch für einen Sinn? Du hast schon nach Peru immer gesagt, daß dein Teil Glück verbraucht ist. Und ich schoß davon, in die Schatten hinein, mit einem Aufflackern der Wut, daß es noch einmal passierte, daß ich nicht auf die Warnungen der anderen gehört hatte, daß ich so dumm gewesen war, so überheblich und dumm. Warum ich? Verdammt noch mal! Warum schon wieder ich?

Während ich verärgert starb und mir die Welt entglitt, sauste Mal über eine Eisklippe hinweg und schlug schwer an ihrem Fuß auf, wo er liegenblieb. Er sah, wie das Seil ins Dunkel hinein auslief und packte instinktiv danach. »Blödmann«, sagte er sich, als er hinaus und nach unten in die Welt der Schatten gerissen wurde, zurück in das verrückte Wippschaukelrennen die Bergwand hinunter.

Ich war immer noch dabei, ihn zu überholen, mit irrer, Goretex-schleißender Gewalt, im Grunde schon voller Resignation, aber doch mit dem dringenden Gedanken beschäftigt, daß ich bald etwas tun müsse. Ich hätte zu gern gewußt, wie schnell ich mich bewegte. Wie Scheiße von einer glatten Schaufel gleitet, dachte ich, und fast hätte ich gelacht. Mein Magen war leer, und ich hielt den Atem an. Angespannt erwartete ich den explosionsartigen letzten Aufprall und flog kurz durch die Luft, als ich über einen Buckel im Hang hinwegglitt. Als ich mit fürchterlicher Wucht zurück aufs Eis krachte und weiterschlingerte, hatte ich den Anschluß verloren. Durch die Schatten sauste ich hangabwärts, in Gedanken bemüht, die Dinge wieder in den Griff zu bekommen.

Ich muß es tun. Ich muß es einfach tun. Ich drückte den Pickel fest gegen die Schulter, bereit, ihn zum Abbremsen in den Untergrund zu rammen, obwohl ich wußte, daß es nicht funktionieren würde. Moderne Eiswerkzeuge haben eine stark angewinkelte Haue für das Klettern in senkrechtem Eis, aber das macht es gleichzeitig unmöglich, sie effektiv zum Bremsen einzusetzen. Er wird mir den Arm abreißen, dachte ich, als ich den Pickel ins Eis schlug. Mein Leben war zu Ende, schwarze Nacht hüllte mich ein und der glückliche Friede der Bewußtlosigkeit.

Mal war zum zweiten Mal an mir vorbeigeschossen, als er erneut über eine fünf Meter hohe Klippe stürzte. Dieses Mal grub er den Schaft seines Pickels tief ein und legte sich darüber, während er auf den scharfen Ruck eines hundertfünfzig Meter tiefen Sturzes wartete. Dann war da nur noch der Wind, der von Westen herüberbrüllte, und ein fernes Leuchten der Sterne an einem schwarzen Himmel. Seine Brust hob und senkte sich, und das Seil summte unheilvoll und trostlos im Wind.

Es schien, als sei in jenen wenigen, brutalen Sekunden des Sturzes die Nacht über ihn hereingebrochen wie ein hungriges, schwarzes Raubtier, und jetzt sammelte sich die Dunkelheit erwartungsvoll um einen Mann, der sich an seinen Pickel klammerte und ungläubig lauschte – auf das Geräusch des Windes, das seine Sinne wieder wahrnahmen, auf die Geräusche des Lebendigseins. Für Mal kehrte die wirkliche Zeit zurück, und plötzlich hatte er Angst. Er hatte Zeit, sich vorzustellen, was beinahe passiert wäre, auch wenn er immer noch nicht verstand, warum er gestürzt war. Er betrachtete seinen Fuß und stellte fest, daß ein Steigeisen lose am Riemen um sein Fußgelenk hing. Der Querriegel unter den Zehen war verschwunden. Ein Sprühregen aus Eiskristallen peitschte mit einem Geräusch wie schwere Brandung über sein Gesicht und seine Jacke. Vom Seil her war keine Bewegung zu spüren außer der schnellen Vibration des Windes, die den tiefen Brummton verursachte. Als Mal in die Dunkelheit hinabblickte, versuchte er vergeblich, mich auszumachen, voller Sorge, ich könnte verletzt sein oder tot oder vielleicht im Sterben liegen. Je mehr Zeit verstrich, desto sicherer war er sich, daß er mich verloren hatte. Er bereitete sich darauf vor, das Seil an seinen Pickel zu binden und vorsichtig den Abstieg zu beginnen, um die Wahrheit herauszufinden.

Zehn Minuten vergingen, ehe sich das Dunkel in meinem Kopf lichtete und ich zum wütenden Toben des Windes erwachte. Ich lag gegen das Eis gelehnt, das Gesicht fest an die

Bergwand gepreßt, in einer gefrorenen Blutlache. Der Wind zupfte beharrlich an meinem Körper wie ein ungeduldiges Kind, das am Kleid seiner Mutter zieht. Komm schon, wach auf, ich will mit dir spielen. Verwirrende Signale schossen in meinem Kopf durcheinander, und ich fühlte mich müde, sehr müde, ganz und gar im Griff tödlicher Passivität. Ich hob den Kopf und sah das Seil über mir über das Eis laufen und in der Nacht verschwinden. Ich hatte keine Ahnung, wo ich war. Ich rollte den Kopf von einer Seite zur anderen und versuchte so, ihn frei zu bekommen. Dabei verdrehte ich den Körper, und aus meinem Bein schoß ein Schmerz in die Höhe. Sofort war ich wieder in Peru, wieder in der Welt meiner Alpträume und der entsetzlichen Angst, die ich so sorgfältig wegsortiert hatte. Nicht noch einmal, um Himmels willen, nur nicht das noch einmal, bitte...

Ich schaltete meine Stirnlampe ein, die wundersamerweise immer noch auf meinem Helm saß, und sah lauter tiefrote Tropfen Blut auf dem Eis. Am Ärmel meiner Jacke klebten dicke Klumpen, hart und dunkel, schon gefroren. Mein Gesicht schien ebenfalls gefroren, das linke Auge war geschlossen, und ich konnte nicht durch die Nase atmen. Ich hob die Hand und berührte mein Gesicht, aber es fühlte sich hart und kalt an. Der Handschuh war blutig, als ich ihn wegzog.

Ich blickte am Seil entlang aufwärts und rief in den Wind hinein. Die Worte wurden über Nepal davongetragen, und es kam keine Antwort, nicht einmal das hoffnungsvolle Aufleuchten einer Stirnlampe. Wovon wurde das Seil gehalten? Der Gedanke sandte einen plötzlichen, wilden Schmerz der Angst durch meinen Körper. Mal konnte unmöglich gestoppt und den Sturz abgefangen haben. Vielleicht hängt er auf der Ostseite hinunter. Vielleicht hat sich das Seil nur irgendwo verhakt. Schnell, binde dich aus, falls er wieder abstürzt.

Ich schlug meinen Pickel ins Eis und versuchte, auf die Beine zu kommen. Knochen knirschten in meinem linken Fußgelenk, und vor Schreck schrie ich entsetzt auf. Ich lehnte mich zurück und versuchte, den Schmerz aus meinen Gedanken zu verbannen. Langsam ließ er nach. Ich wußte, ohne erst hinsehen zu müssen, daß der Knöchel gebrochen war, und nach der Schmerzempfindlichkeit zu urteilen, stand es schlimm damit. Wie es sich anfühlt, wenn Knochenenden gegeneinanderreiben, wußte ich nur zu gut. Ich biß die Zähne zu einer altvertrauten Grimasse zusammen und trat mit den Frontalzacken an meinem unverletzten Fuß ins Eis. Beide Pikkel fest ins Eis über mir geschlagen, vollführte ich eine Kombination aus Ziehen und Hüpfen und spürte, wie die Zacken des Steigeisens sich dreißig Zentimeter höher im Hang festbissen. Die plötzliche, verkrampfte Anstrengung verursachte erneut quälende, knirschende Schmerzen. Ich stützte das linke Knie gegen das Eis, hielt den Stiefel sicher von der Wand entfernt und tat einen weiteren Hüpfer, die Zähne fest gegen die aufsteigende, übelkeiterregende Woge von Schmerz zusammengebissen, während mein Fuß sich am Ende meines Beins in ganzen Kreisen um sich selbst drehte.

Der langsame, schmerzvolle Anstieg schien ewig zu dauern. Zuerst schrie ich bei jedem Hüpfer, und dann, als ich schwächer wurde und die Kälte mich einholte, stöhnte ich. Es schien alles so vertraut. Mit Leichtigkeit glitt ich in eine Welt des Schmerzes hinüber und begriff, daß ich Peru noch einmal erlebte, nur dieses Mal würde ich nicht davonkommen. Nach ungefähr sieben Metern registrierte mein verwirrtes, erschüttertes Hirn, daß das Seil eingeholt wurde. Ich spürte, wie es an meinem Bauch zog. Aufsteigende Hoffnung durchflutete mich. Mal ist in Ordnung. Er holt das Seil ein. Das war nicht das gleichmäßige Ziehen eines toten Gewichts, das auf der anderen Seite den Berg hinunterglitt. Jemand verkürzte aktiv das Seil. Wie jenes Kinderspielzeug aus Blechdosen und einem Band übertrug das Seil jede dringende, verzweifelte Anstrengung, die Mal unternahm. Eine Weile gab mir das Kraft, und ich hüpfte mit neuerwachter Energie weiter, klammerte mich an die Hoffnung, daß wir es schaffen würden.

Als ich dann nach oben in die Dunkelheit blickte, meinte ich den schwachen gelben Lichtschein von Mals Stirnlampe zu sehen. Das Seil zog beharrlich an mir, aber ich war erschöpft. Ich schien die Ereignisse aus großer Entfernung zu betrachten, fühlte mich schwach und lethargisch angesichts der Dinge, die sich ereigneten. Meine Gedanken waren schwerfällig und dumpf, und ich fühlte mich unfähig, längere Zeit einen Gedanken zu verfolgen. Ich versuchte, einen Rhythmus zu finden, die guten alten Bewegungsmuster, die mir in Peru geholfen hatten, aber ich konnte mich einfach nicht konzentrieren. Ich wollte schlafen.

Ich lehnte den Kopf gegen das Eis und spürte die lindernde Kälte auf meinen Wunden. Als ich mich einen Moment später wieder aufrichtete, sah ich die dunklen Blutflecken, die zurückblieben. Es muß mich schlimm erwischt haben, dachte ich. Ich blute immer noch. Ich fühlte keinen Schmerz im Gesicht, und als ich ruhig gegen den Hang gelehnt sitzen blieb, ließ auch die Hitze in meinem Fußgelenk nach. Ich versuchte weiterzuklettern, mußte aber praktisch sofort wieder ausruhen. Ich wußte, was ich zu tun hatte, aber ich konnte meinen Körper nicht dazu bewegen. Ich schloß die Augen, lauschte auf den Wind, der über meinen Körper hinwegstürmte, und zitterte. Die Kälte holte mich ein, schickte mich in einen traumlosen Schlaf, an einen dunklen Ort, den ich wiedererkannte und der mich unwiderstehlich anzog – ein Vakuum, ohne Schmerz, jenseits der Zeit, wie der Tod –, und ich wünschte diesen Zustand herbei.

Ich kann mich nicht genau daran erinnern, was sich während des langen, schmerzvollen Aufstiegs zu Mal ereignete. Ich weiß, daß mir kalt war. Ich war müde und wollte aufgeben. Ich weiß nicht, warum ich weitergemacht habe. Es wäre so einfach gewesen zu sterben, fast angenehm. Vielleicht wurde ich wütend. Ich reagiere oft wütend, wenn ich verletzt bin. Vielleicht gelang es meinem erschütterten Hirn, sich an einen ganz einfachen Befehl zu klammern, der vor langer Zeit schon zum Instinkt geworden war: Klettere, klettere immer weiter, gib nicht auf! Doch ich kann mich nicht mehr an die Einzelheiten jenes bestürzenden, verwirrenden Kampfes erinnern.

Als ich den Absatz unterhalb der Klippe erreichte, wo Mal meinen Sturz abgefangen hatte, war ich dem Zusammenbruch nahe. Ich sackte neben ihm zu Boden, das Gesicht nach unten dem Eis zugewandt, und rang schluchzend nach Luft. Als ich den Kopf hob, war der Schnee blutig. Mit leerem Blick starrte ich Mal an, der versuchte zu lächeln.

»Ich werde sterben, Mal«, sagte ich, und im selben Moment schämte ich mich für meine Schwäche. Ich glaubte wirklich, daß ich sterben müßte. Mir war klar, daß ich nicht noch einmal soviel Glück haben konnte. Ich rollte mich vor seinen Füßen zusammen und zitterte vor Schmerz und Kälte.

Mal war in praktischer Stimmung. »Sei nicht dumm, alter Junge. Reiß dich zusammen.«

Ich lag da und konnte nur noch denken: Es gibt keine Chance mehr. In siebentausend Metern Höhe, zerschunden, kalt, blutend und mit einer Gehirnerschütterung, wußte ich, daß es diesmal für mich nicht gut ausgehen würde. Fast hätte ich geweint.

Mal entfernte sich in der Dunkelheit von mir. Ich hatte ihn nicht beobachtet, als er mein Gesicht gesehen hatte, daher wußte ich nicht, wie schlimm ich aussah.

»Ich werde versuchen, eine ebene Stelle für das Zelt freizuschaufeln«, sagte er und legte tröstend einen Arm um meine Schulter. »Wir haben keine Zeltstangen mehr. Beweg dich nicht. Und mach dir keine Sorgen. Ich komme wieder.«

Doch ich *machte* mir Sorgen. Ich hatte Angst, daß er mich in Wind und Dunkelheit allein lassen würde. Ich war schon einmal allein gelassen worden, und eine solche Verlassenheit wollte ich nie wieder erleben. Mal nahm eins von meinen Steigeisen und verschwand in der Dunkelheit. Ich lag still und versuchte, mich auszuruhen, doch der Wind zupfte beständig an meinen Kleidern, und mir wurde immer kälter. Einige Zeit später fand ich mich in Mals Armen wieder. Ich kann mich nicht daran erinnern, was in der Zwischenzeit passiert war, aber er hatte mich gefunden, wie ich auf ihn zu den Hang hinaufkroch, in der Dunkelheit nach jemandem stöhnend und rufend. Ich schien abwechselnd wirre, dunkle Phasen durchzumachen und Momente der Klarheit. Es war irritierend, sich so durcheinander und wie benebelt zu fühlen. Das machte mich schwach und unfähig zu kämpfen. Ich wollte hart und stur und wütend sein, aber statt dessen war alles, was ich aufbringen konnte, eine schlappe, schwächliche Schicksalsergebenheit.

»Ich habe ein kleines Sims ins Eis gegraben«, sagte Mal, und ich blickte auf die klägliche, fünf Zentimeter tiefe Mulde, die er ins Eis gehauen hatte. Der Wind heulte über die Gratkrone. Unter uns in der Dunkelheit, das wußte ich, lag der tausendfünfhundert Meter hohe Steilabfall bis zum Fuß der Wand, und in unserem Rücken befand sich das gleiche noch einmal. Dies war kein guter Platz zum Zelten ohne Stangen und Heringe.

»Ich sterbe, Mal.«

Dieses Mal wußte ich, daß ich mich nicht zu schämen brauchte; ich litt unter einem Schock und an Unterkühlung, blutete reichlich aus meinen Kopfwunden, und ich stand im Begriff, langsam im Wind zu erfrieren. Das Gefühl kam mir vertraut vor – jemand zog mit kalten Fingern an meinen Eingeweiden, und ein dunkler Schlaf lockte. Mal blickte mich an und ahnte, daß der Tod nicht weit sein konnte.

»Wir werden's schon schaffen«, log er überzeugend trotz meines Anblicks: Der eine Fuß war nach hinten gedreht und das Gesicht ganz zerschlagen. Eine Augenhöhle hatte sich mit Blut gefüllt, und es sah aus, als wäre da kein Auge mehr. Wo mein Pickel das linke Auge erwischt hatte, klaffte eine schreckliche Wunde, die den feucht glänzenden Knochen freigab, und Augenbraue und Lid waren so weit nach unten gezogen, daß Mal nur einen blutigen Brei sehen konnte. Meine Nase war teilweise von der Oberlippe abgetrennt und das linke Nasenloch eingerissen, so daß der Wind Blutspritzer über den Schnee versprühte, wenn ich versuchte zu atmen.

Als ich endlich in dem flatternden, aufgeblähten Zelt lag, sicher geborgen vor dem tödlichen Wind, begann ich aufzuleben. Mal fragte mich, ob ich ein Schmerzmittel haben wollte, und sah dann wieder mein Gesicht im Schein der Lampe. Das obszöne weiße Glänzen des Knochens und der stumpfe Ausdruck in dem einen guten Auge, der von der Gehirnerschütterung herrührte, ließen ihn jedoch besonnen vorschlagen, daß es wohl besser sei, noch eine Weile zu warten. Er lächelte und tätschelte mir den Arm. Ich war zu müde und viel zu durcheinander; mir war alles egal. Ich legte mich hin, klammerte mich an das Zelt und versuchte, es gegen meine Brust zu drücken.

Irgendwie schaffte Mal es, in dem Chaos einen Tee aus lauwarmem Wasser zu brauen und mich unter Schmerzen in meinen Schlafsack zu verfrachten. Er sprach ständig mit mir, und ich war mir dunkel bewußt, daß er all seine Erfahrung gebrauchte, um mich am Leben zu erhalten. Als ich ein knappes Dankeschön murmelte, sagte er nichts und blickte weg. Mein Anblick weckte Schuldgefühle. Schon jetzt machte er sich Vorwürfe, daß er gestürzt war. Bisher hatten Schnee oder Eis ihn noch nie zu Fall gebracht, und er war stolz darauf. Ich besaß nicht genug Energie, um ihm zu erklären, daß ich verstand. Darüber konnten wir später sprechen – wenn es ein Später gab.

Wir schliefen nicht. Die ganze Nacht hindurch lagen wir in einem Zustand dumpfer Furcht da, während der Wind sich bemühte, das Zelt anzuheben und es vom Berg zu reißen. Wir lagen Seite an Seite an das ruckende Nylon geklammert und spürten, wie der Wind uns nach Osten drückte, während wir versuchten, Hüften, Ellbogen und Schultern in das harte Eis unter uns zu pressen. Die Nacht schien endlos und voller Angst, ganz anders als der Sturz, da war keine Zeit für Angst gewesen. Der Wind ließ kein bißchen nach. Er verfolgte uns wie ein wild gewordener Terrier, rieb sich mit erschreckendem Ungestüm am stangenlosen Zelt und griff manchmal unter uns, bis wir fast abhoben und unsicher über dem tiefen Abgrund gen Osten in der Luft zu hängen schienen.

Als der Morgen graute, leuchtete die Sonne hell, und der Himmel war lapislazuliblau. Der Wind heulte immer noch von Westen, aber die Dunkelheit war verschwunden und mit ihr die Angst. Die Dunkelheit hatte aus dem Wind mehr gemacht als eine bloße Naturgewalt. Er war mit der tobenden Boshaftigkeit der wahrhaft Geisteskranken aus dem Nichts herangerast gekommen, ziehend und schiebend und hart zuschlagend – Millionen von Dämonen suchten uns heim. Er schien denken zu können, lebendig zu sein, und in der Dunkelheit war das beängstigend. So bestimmt und vorsätzlich wurde seine Attacke vorgetragen, daß es schwerfiel, nicht daran zu glauben, daß der Wind unweigerlich siegen und uns laut aufschreiend in die Tiefe schleudern würde. Als die Sonne das Zelt durchwärmte und ich einen Blick auf die Berge im Osten erhaschte, begannen meine Lebensgeister zu erwachen. Ich blickte nach Westen und konnte sehen, wo der Wind herkam. Auch dort waren nur Berge; da war nichts Böses.

Während Mal sich darauf vorbereitete, mich abzulassen, lag ich neben den hastig gepackten Rucksäcken in der Sonne und versuchte zu begreifen, was vor sich ging. Es ist einfach nicht zu glauben. Das passiert mir bestimmt nicht noch einmal. Es schien ganz und gar unmöglich, daß Peru sich wiederholen sollte. Wir waren hoch am Berg gescheitert, ich schien schwer verletzt, und es gab keine Chance auf unmittelbare Rettung, aber mein Partner bereitete erneut neben mir die Seile vor, um mich zum Sattel abzulassen.

Es ist nicht das gleiche. Wir sind immer noch zusammen. Ich hatte mir den Knöchel gebrochen und nicht das Knie. Ich war mehr als hundertfünfzig Meter eine offene Bergwand hinuntergefallen, nicht dreißig Meter tief in eine Spalte. Das Eis war hart, wir hatten also gute Ankerpunkte zum Ablassen. Mach dir keine Sorgen. Wir werden schon durchkommen. Du hast Schlimmeres durchgemacht.

»Bist du bereit?« fragte Mal, und sofort spürte ich nur noch Angst. Ich war ungefähr genauso bereit wie ein Verurteilter, der zum Galgen geführt wird. Ich spürte meinen leeren, schmerzenden Magen und wußte, es gab nichts, was ich tun konnte, um das Ablassen zu vermeiden. Mal sah die Angst in meinen Augen und beugte sich mit einem gezwungenen Grinsen nach vorn.

»Das wird ein Kinderspiel.« Er klinkte das Seil in meinen Sitzgurt ein und schwang mich sanft herum, so daß ich zwischen seinen Beinen zu hängen kam. »Weißt du, ein Gutes hat die ganze Geschichte«, sagte er.

»Und das wäre?« fragte ich.

»Du hast von allen Leuten, die ich kenne, die größte Erfahrung bei diesem Spiel.« Er lachte, und ich lachte auch, bis ich nach unten blickte und den vierhundert Meter hohen Absturz bis zum Sattel von Tesi Lapcha sah.

»Achte bloß darauf, daß du mich nicht über irgend etwas abläßt, das du nicht siehst«, schärfte ich ihm ein.

»Keine Sorge, der Weg ist völlig frei ...«

»Und noch etwas«, unterbrach ich ihn. »Sag mir nicht immer, ich soll mir keine Sorgen machen. Ich bin schon ganz steif vor Angst.«

»Ja, ich weiß«, entgegnete er, einen Moment lang ernst. »Hier, nimm das.«

Er reichte mir sein Schweizer Armeemesser, und wir mußten wieder lachen – nicht gezwungen und hysterisch, sondern ehrlich und herzerwärmend. Wenn wir so lachen können, werden wir es schaffen, dachte ich. Sobald Mal das Seil freigab und ich anfing zu rutschen, hörte ich auf zu lachen.

Das Ablassen ging ohne Probleme vonstatten. Die Hangneigung war weniger steil und gleichmäßiger als in Peru, und der Sonnenschein ließ den ganzen Vorgang fast normal erscheinen. Ich konnte mein Knie gebeugt halten, so daß der Knöchel nirgends anstieß, und als die erste Seillänge hinter mir lag, fand ich gute, solide Plazierungen für meine Pickel, um mich festzuhalten, bis Mal abgestiegen war.

Gegen Mittag näherten wir uns dem ebenen Boden des Sattels. Mal zeigte nach Osten, rief etwas und winkte mit den Armen. Zwei winzige Gestalten näherten sich aus Richtung unseres Basislagers. Sie winkten zurück, sahen aber erst, daß etwas nicht stimmte, als Mal anfing, mich über das leicht abfallende Gelände hinter sich herzuziehen, weil ich nicht rutschen konnte. Da kamen sie zu uns herübergeeilt.

Tchwang, unser Sirdar, hatte am Abend zuvor beobachtet, wie wir die Wand erstiegen. Er hatte Pemba und Jetta zum Sattel hinaufgeschickt, damit sie uns mit der Ausrüstung den Berg hinunterhelfen konnten. Unser Flug ab Lukla ging in drei Tagen. Wenn wir ihn erreichen wollten, war schnelles Handeln vonnöten. Sie eilten auf uns zu, lächelten breit und glücklich und riefen Glückwünsche, bis sie mein Gesicht sahen.

Wir verbrachten mehrere Stunden auf dem Sattel. Mal braute eine Tasse Tee nach der anderen und entfernte sorgsam meinen Bergstiefel, um den stark angeschwollenen Knöchel zu untersuchen, der mit den verräterischen Blutergüssen einer schweren Fraktur gestreift war. Aus einem aufgespaltenen Rohrstock wurde eine einfache, aber effektive Schiene hergestellt, und dann wechselten sie sich dabei ab, mich huckepack den vierzig Grad steilen Firnhang über dem Camp hinunterzutragen. Ich klammerte mich an ihre Rücken, starrte unverwandt die todbringenden Hänge hinab und verfolgte jeden einzelnen ihrer Schritte. An den Füßen trugen sie nichts weiter als glatte chinesische Baseballstiefel mit Gummisohlen, während sie eine mehr als dreifache Last sicheren Fußes die harten, vereisten Hänge hinuntertransportierten, ohne auch nur einmal das Lächeln aus dem Gesicht zu verlieren. Fast mußte ich weinen, wenn sie mir beim Absetzen weh taten, damit ich auf dem Boden ausruhen konnte. Sofort umringten sie mich, die Arme schützend um mich geschlungen, so daß ich meinen Kopf dagegen lehnen konnte. Ich war überwältigt von ihrem Mut und ihrer Zärtlichkeit.

In jener Nacht im Basislager nahm der Wind weiter an Heftigkeit zu, und am Morgen war das Zelt um mich her zusammengebrochen. Mal rettete mich mit einer Tasse Tee und setzte mich in der warmen Sonne gegen einen Felsen, so daß ich zusehen konnte, wie sie aus einem Tragekorb einen einfachen Sitz bauten. Ich mußte lange und unter Schmerzen getragen werden, bis wir mehrere Yak-Weiden bei einem kleinen Dorf namens Zengbo erreichten. Endlich kamen wir aus dem Wind heraus, und ich lag in meinem Zelt, aus dem Alptraum erwachend, während wir zwei Tage auf den Hubschrauber warteten.

Nachdem ich mir Mals Rasierspiegel geliehen hatte, untersuchte ich vorsichtig mein Gesicht. Meine erste Sorge galt dem Auge. Ich schob die hängende Braue und die angeschwollene Backe zur Seite und war erfreut, es noch an Ort und Stelle zu finden. Nach einer schwierigen Sitzung gelang es mir schließlich mit Hilfe meiner Fingernägel, beide Kontaktlinsen herauszubekommen, trotz der Schwellung. Das linke Auge geöffnet und eine Hand über das rechte gelegt, blinzelte ich in das scheckige, orangefarbene Licht im Zelt und stellte fest, daß ich nichts sehen konnte. Der trübe, milchige Ausblick veränderte sich nur geringfügig, wenn ich in die Sonne starrte.

»Mal«, sagte ich mit kleiner Stimme, »ich glaube, ich bin blind.«

»Du hast immer noch das andere Auge«, entgegnete er fröhlich. »Mach dir keine Sorgen, vielleicht liegt es nur am Blut und an den Prellungen.«

Mal versorgte die klaffende Wunde, gab mir Schmerzmittel und Antibiotika und sagte, ich solle mich ausruhen. Ich döste den sonnigen Nachmittag hindurch, lauschte dem Klingeln der Yak-Glocken auf den Weiden und wunderte mich, wie gleichmütig ich den Verlust meines Augenlichts hinnahm. In meiner Nase pochte ein unvorstellbarer Schmerz, und das brachte mich ganz durcheinander, weil ich dachte, der Knöchel müßte die bei weitem schmerzhafteste Verletzung sein. Als ich mich schließlich von den pulsierenden Wellen des Schmerzes gezwungen sah, die Nase im Spiegel zu untersuchen, entfernte ich zunächst sorgsam die dicken Blutklumpen und sah dann den abgerissenen Nasenflügel. Als ich mit einem neugierigen Finger versuchsweise gegen die Nasenspitze drückte, beobachtete ich entsetzt, daß das getrocknete Blut etwas zur Seite glitt und einen diagonalen Einschnitt quer über die Oberlippe enthüllte. Die ganze Nase ließ sich nach oben und zur Seite bewegen. Mit einem leisen Aufschrei drückte ich sie schnell wieder an ihren Platz, weniger vor Schmerz als vor Schreck.

Dann lehnte ich mich zurück und steckte mir noch eine billige Yak-Zigarette an. Nachdem ich den Spiegel beiseite gelegt hatte, inhalierte ich tief, würgte ein paarmal und schloß die Augen.

Die Zelte wurden verpackt und die Rucksäcke auf unsere versammelten Träger verteilt, als wir das charakteristische Wupp-Wupp-Wupp des Hubschraubers hörten. Mit einem beängstigenden, knatternden Dröhnen flog er tief durch das Tal, um sich nahe der Mauer aus lose aufgeschichteten Steinen auf unserem Feld niederzulassen. Die Rotorblätter sanken herab und zogen immer langsamere Kreise, der Motor wurde ausgestellt, und das Heulen des Turbinenantriebs erstarb. Mal half mir, zur Tür zu hüpfen. Ich drehte mich um, setzte mich auf den nackten Metallfußboden und starrte auf die braune, gestrüppreiche Berglandschaft. Sechs Yaks galoppierten von Panik ergriffen dahin, von einem pfeifenden, fluchenden Hirten verfolgt. Die frische Morgenluft trug das Gelächter unserer Träger herüber, die sich am Unglück eines anderen Mannes weideten. Damals schien es mir, als sei das alles, worüber wir je lachen. Ich rutschte unter Schmerzen in die Kabine und starrte erbittert mein Spiegelbild im Fenster aus Sicherheitsglas an. Allem Anschein nach hatte ich die Hälfte meines Gesichts verloren und damit auch allen Sinn für Humor.

Im Ciweh-Krankenhaus von Katmandu wurde mein Knöchel geröntgt und für arg zerschmettert befunden. Eine junge Ärztin brachte zwei Stunden damit zu, mein Gesicht wieder zusammenzuflicken. Sie verbrauchte literweise Wasserstoffsuperoxid, um die dicken Blutklumpen wegzubrennen. Als sie fertig war, reichte sie mir einen Spiegel, wie beim Friseur, und ich war ganz erstaunt über die gute Arbeit, die sie geleistet hatte. Die Nase sah immer noch scheußlich aus, aber das Auge war säuberlich genäht, und es würde kaum eine Narbe zurückbleiben. Mein Sehvermögen war auch wiederhergestellt, wenngleich leicht getrübt.

Es war ein langer, schmerzenreicher Tag gewesen, bis wir schließlich zu Hause anriefen. Als ich plötzlich Jackys besorgte Stimme hörte, fühlte ich mich ganz zitterig. Jetzt erst wußte ich, was ich fast verloren hätte. Innerhalb weniger Stunden war unsere Versicherungsgesellschaft effektiv tätig geworden. Für den nächsten Morgen war ein Flug erster Klasse nach Delhi gebucht mit Anschluß per *British Airways* nach London und Manchester. In Manchester sollte mich ein Krankenwagen erwarten, um mich ins Krankenhaus meiner Wahl zu bringen.

Als Con Moriarty, ein hünenhafter Ire, den ich bei einem Saufgelage in Harrogate kennengelernt hatte, selbstsicher ins Foyer unseres Gästehauses geschlendert kam, zusammen mit seinem ebenso hünenhaften Freund Mike O'Shea, sank mein Mut. Obwohl mir die Aussicht, so bald nach Hause zu fliegen, neuen Auftrieb gegeben hatte, fühlte ich mich immer noch schwach, und ich hatte Angst vor einem nächtlichen Zug durch die Gemeinde mit zwei Iren.

»Soso, Joe. Du scheinst ja so einiges mitgemacht zu haben, wie ich sehe.« Con schlug mir auf die Schulter, und ich zuckte zusammen. »Ich fürchte, das muß gefeiert werden. Was meinst du?«

»Ich glaube nicht, daß ich das vertragen könnte, Con ...«

»Mach dir keine Sorgen, mein Junge ...«

»Ich wünschte, die Leute würden aufhören, mir ständig zu erzählen, ich solle mir keine Sorgen machen ...«

»... wir gehen nur schnell ein Bier trinken. Nichts Großartiges. Nur das eine oder andere Bier zum Entspannen.«

Ich seufzte und griff nach den Krücken. Es hatte keinen Sinn zu protestieren.

»Aber nur eins, Con, okay? Ehrenwort?«

»Ich gebe dir mein Wort darauf«, verkündete Con feierlich, die Hand auf dem Herzen.

Um Viertel nach drei am nächsten Morgen befand ich mich mitten in einem Rikscha-Rennen, die Krücken und eine Flasche Iceberg-Bier fest im Griff, während wir durch ein verlassenes Katmandu ratterten. Die Amerikaner sprangen immer wieder heraus und schoben ihre Rikscha.

»Was machen wir dagegen, Joe?« fragte Con, der beobachtete, wie einer der Amerikaner im Begriff stand, wieder zu schummeln. Im selben Moment kamen die beiden Rikschas einander gefährlich nah, und die Räder drehten sich fast Radmutter auf Radmutter.

»Ich hoffe, das wird reichen«, sagte ich, säbelte mit einer meiner Krücken durch die Luft und versetzte dem schwankenden Amerikaner einen Schlag auf das rechte Ohr. Ein schmerzliches Aufheulen war zu hören, und die amerikanische Rikscha tanzte wie verrückt, als sie den unglücklichen Mann, der zu Boden gestürzt war, überrollte. Schon waren wir auf und davon, grölend vor Lachen und lauter Begeisterung, während wir einem der Amerikaner zusahen, wie er sich mitten auf der Straße über die hingestreckte Gestalt seines Gefährten beugte.

»Warum ist mir das nicht gleich eingefallen?« fragte Con.

»Glaubst du, ich habe ihn verletzt?«

»Ganz und gar nicht«, versetzte Con voller Zuversicht. »Der wird sich noch an uns erinnern.«

Con half mir so über die erste schwierige Hürde auf dem Weg zum Gesundwerden hinweg. Seine unbekümmerte Einstellung schwemmte viel von der grüblerischen Niedergeschlagenheit hinweg, die durch die Ereignisse der letzten Woche entstanden war.

»Das Leben geht weiter. Solche Dinge passieren nun einmal, und das war's. Komm schon, du mußt einen ausgeben.« Das war eine gute Philosophie.

Nach einem einstündigen Flug war ich in Delhi angekommen und wankte auf meinen Krücken mit einem fürchterlichen Kater langsam die Stufen der nach London fliegenden 747 hinauf. Voller Sorge um mein Wohlbefinden geleitete die Stewardeß mich vorsichtig zu einem riesigen Sitzplatz in der ersten Klasse, drückte mir ein Glas Sekt in die Hand und zeigte mir, wie sich alles einrichten ließ. Ich drückte einen Knopf, und der Sitz neigte sich nach hinten. Ein anderer Knopf ließ ein Brett hervorschießen, um meine Beine zu stützen. Sie schenkte den Sekt nach, den ich verschüttet hatte, und wünschte mir einen angenehmen Flug. Die nächsten acht Stunden lang ignorierte ich meine gepflegten Mitreisenden, die voll Entsetzen auf die stinkende Ansammlung von Verbänden, getrocknetem Blut, frisch genähten Wunden und schwarzen Augen blickten. Der Sekt floß weiter, und ich lehnte mich zurück, um auf ein Meer dauniger Wolken unter dem Flugzeug hinauszublicken. Erst fünf Tage zuvor hatte ich mich in ähnlicher Höhe befunden, einem bösartigen Wind ausgesetzt, verkrüppelt und geblendet, zerschlagen und blutig. Zu Mal hatte ich gesagt, ich müßte sterben. Es schien absurd. Ich lächelte und bat um ein weiteres Glas Sekt.

Als wir in Heathrow landeten, verabschiedete ich mich von Mal. Nach einem Tag Aufenthalt in Edinburgh wollte er weiter nach Anchorage und Alaska fliegen. Endlich erreichte ich den Ringway-Flughafen von Manchester – benommen, verkatert und von der Zeitverschiebung erschöpft. Dort erwartete mich eine besorgte Jacky. Ich weiß nicht mehr, wer von uns zuerst weinte, als wir uns umarmten. Es war ein Sonntag, und Jacky sagte, im *Marquis von Granby* in der Nähe von Bamford fände eine Party zu Ehren von Chris Bonington statt, der als Präsident der britischen Bergsteigervereinigung *British Mountaineering Council* zurückgetreten war. Wir ließen den Krankenwagen stehen und fuhren nach Derbyshire. Ich war seit sechs Tagen verletzt; ein weiterer Tag ohne medizinische Versorgung würde keinen großen Schaden mehr anrichten. Ich wollte verdammt sein, wenn ich eine gute Fete ausließ, nur um das Wochenende im Krankenhaus zu verbringen.

19. KAPITEL

Herz der Finsternis

Mr. Kay wandte sich mit einem nachdenklichen Gesichtsausdruck langsam zu mir um. Beiläufig stupste er mit dem Zeigefinger gegen mein stark angeschwollenes Bein, und ich zuckte vor Schmerz zusammen. Dann wandte er sich wieder der Röntgenaufnahme zu, die auf dem Bildschirm leuchtete, beugte sich vor und starrte angestrengt auf das Bild. Der Rest des Teams tat es ihm pflichtgemäß gleich. Wer weiter außen stand, mußte sich etwas verrenken und den Kopf auf die Seite legen. Mr. Kay richtete sich so plötzlich auf, daß sich eine Sekunde lang alle vor ihm zu verbeugen schienen.

»Das ist ein fürchterlicher Knöchel, Joe«, sagte er schließlich, und mein Mut sank.

»Wie fürchterlich?« fragte ich beunruhigt.

»Nun, es ist ein Splitterbruch sowohl der Tibia als auch der Fibia.«

»Was heißt Splitterbruch?«

»Eine Explosion von lauter Knochensplittern wäre vielleicht die treffendere Beschreibung. Dort wo der Talus in den Fuß hinaufgetrieben wurde, sind beide Seiten abgeschert. Hier«, sagte er und zeigte auf einen verschwommenen weißen Fleck auf der Röntgenaufnahme. Das Team nickte wissend.

»Was ist ein Talus?«

»Das ist der würfelförmige Knochenblock oben auf dem Fuß, der das Mittelstück des Gelenks bildet. Jedenfalls hat es den Anschein«, fuhr er fort, »als sei ein ganzer Teil des Knochens unterhalb der Abrißstelle zerschmettert. Ich würde sagen, ungefähr fünfzig Prozent des Knöchels sind Brei.«

»Aha, ich verstehe«, sagte ich, ohne das Geringste zu verstehen. Einen Moment lang mußte ich an Neil Foster denken, der sich bei der Solobegehung einer Felsroute den Knöchel so schlimm gebrochen hatte, daß die Ärzte, an die er sich wandte, in Erwägung gezogen hatten, den Fuß zu amputieren. »Können Sie ihn wieder hinbekommen?« fragte ich Mr. Kay zweifelnd.

»Nun, es sieht sehr, sehr schlimm aus.« Er betrachtete nachdenklich die Aufnahme.

»Ich scheine besonderes Geschick zu beweisen, wenn es darum geht, sich die Knochen zu brechen. Keine Halbheiten und ähnlichen Blödsinn«, scherzte ich und versuchte, es leichtzunehmen.

»Ganz recht. Und dieses Mal müssen wir, glaube ich, die Bruchstücke verriegeln.«

»Verriegeln? Das war doch die Geschichte mit dem steifen Bein?« Ich hatte das Gefühl, endlich auf vertrautem Boden zu stehen.

»Es ist nicht so schlimm, wie ein Knie zu versteifen, das gebe ich zu. Sie werden nicht humpeln, aber Sie werden mit Sicherheit nicht mehr klettern.«

»So etwas Ähnliches habe ich schon mal gehört.« Das klang schon besser.

»Das Problem besteht darin, daß wir für eine Versteifung nicht genug Knochen haben.« Er wandte sich zu seinem Team um und führte eine kurze, gemurmelte Diskussion, ehe er sich weiter mit mir unterhielt.

»Das Beste, was wir tun können, ist folgendes: Wir werden einen Nagel durch Ihre Ferse schlagen und einen durch Ihr Schienbein. Dann ziehen wir den Fuß aus dem Gelenk zurück, in das er sich verkeilt hat, gipsen ihn in der neuen Position fest und hoffen, daß die Knochenstücke alle wieder an alter Stelle zusammenwachsen.«

»Autsch!« jammerte ich voll Unbehagen, wie immer wenn orthopädische Chirurgen sich in schaurigen Einzelheiten ergehen. »Und wird das funktionieren?«

»Das kann ich Ihnen nicht sagen. Wie ich bereits erläuterte, ist das ein ganz fürchterlicher Knöchel. Wir werden abwarten müssen.«

Er wollte schon weggehen, während sein Team sich Notizen zur Operation machte, die für den folgenden Morgen angesetzt war.

»Mr. Kay?« rief ich, und er drehte sich zu mir um. »Ich dachte, Sie hätten vielleicht gern eins.« Damit hielt ich ihm ein Exemplar von *Sturz ins Leere* entgegen.

»Danke schön«, sagte er, las die Widmung, die ich hineingeschrieben hatte, und lachte. ›Für Mr. Kay – auf daß wir uns aus solchen Gründen nie wieder begegnen mögen! Joe.‹

Am nächsten Morgen wachte ich auf und roch den ekligen Geruch von Betäubungsgas in meinem Atem. Ich hatte eine Omnipon-Injektion in den Oberschenkel bekommen, und aus dem Gips unten an meinem Bein standen zwei lange Kebabspieße hervor, am Schienbein und an der Ferse.

Zweieinhalb Monate später saß ich in Mr. Kays Sprechzimmer und wartete darauf, daß er eine Prognose abgab.

»Schlecht«, sagte er und schüttelte den Kopf. »Sehr schlecht. Hier ist das Ganze ausgesprochen zerbrechlich« – er zeigte auf etwas, das aussah wie ein Loch im Schienbein –, »und hier scheint es zu zersplittern.« Diesmal deutete er auf ein paar schwach erkennbare weiße Risse. »Sehen Sie zu, wie Sie zurechtkommen, aber ich fürchte, wir werden da noch etwas mehr Arbeit investieren müssen. Jetzt haben wir genug Knochen für eine Versteifung.«

»Holla!« Ich hielt die Hand in die Höhe. »Aber nicht sofort. Man weiß ja nie, vielleicht läuft sich alles noch zurecht, wie bei dem Knie.«

»Ich bezweifle das.«

»Trotzdem, bevor ich mich auf eine Versteifung einlasse, möchte ich das Gelenk wirklich belasten und ausprobieren, was es aushält. Ich werde in zwei Monaten auf eine Expedition nach Nepal gehen. Das sollte ein guter Test sein.«

»Ich nehme an, es hat keinen Sinn, Ihnen zu sagen, daß Sie nicht gehen sollen«, sagte Dr. Kay mit resigniertem Gesichtsausdruck. »Nein, Sie brauchen nicht zu antworten.«

Während der Monate, die der Fuß in Gips lag, schrieb ich an meinem Roman *The Water People*. Als ich im September nach Nepal aufbrach, war er fast beendet. Einen Vorteil hatte es immerhin, daß ich mir den Fuß gebrochen hatte: Ich setzte mich hin und arbeitete.

Bevor ich abreiste, zeigte ich meinem Physiotherapeuten Ted Morgan Jones die postoperativen Röntgenaufnahmen. Seiner Meinung nach war das Schienbein immer noch gebrochen, und diese Neuigkeit deprimierte mich. Er borgte mir eine spezielle, luftgefüllte Knöchelschiene, die ich in meinem Bergstiefel trug, damit ich den Knöchel nicht verdrehte und so auch noch das letzte, zarte Verbindungsglied zerbrach. Ich traf mich mit Mal Duff und ein paar ungläubigen Klettergästen in Katmandu. Dort bereiteten wir uns auf den langen Anmarschweg zum Pumori vor. Dieser wunderschön geformte, pyramidenartige, siebentausend Meter hohe Berg liegt am oberen Ende des Khumbu-Tales, wo unser Basislager von einem riesigen Kreis aus Nuptse, Lhotse und Everest beherrscht wurde.

Wir flogen den winzigen Flugplatz von Lukla an und brachen von dort zu einer siebentägigen Wanderung auf. Doch bereits innerhalb der ersten Stunde wurde mir klar, daß das Fußgelenk viel zu instabil war, um damit in dem rauhen Gelände zurechtzukommen. Jede Hoffnung, den Pumori zu besteigen, war dahin. Glücklicherweise war ich so vorausschauend gewesen, ein Paar Krücken mitzubringen. Ich beschloß also, den Versuch zu wagen, wie weit ich damit kommen würde. Zu meinem Erstaunen erreichte ich nicht nur das Basislager, sondern kletterte mit Mal bis zum Camp II hinauf, auf immerhin siebentausend Meter Höhe. Danach konnte ich das Fußgelenk kaum noch mit meinem Gewicht belasten. Ich beschloß, damit sei es genug. Das Knie, das ich mir in Peru verletzt hatte und das jetzt zu meinem guten Bein gehörte, fing an, sich über die Belastung zu beklagen. Zwei Tage später sah ich, wie die winzigen Punkte von Mal, seiner Frau Liz und Mark Warham sich dem Gipfel des Pumori näherten. Da wandte ich mich um und humpelte auf Krücken nach Lukla zurück, das ich in der erstaunlich kurzen Zeit von vier Tagen erreichte, sehr zum Ärger vieler anderer Wanderer, die sich redlich abmühten.

Ich schäumte vor Enttäuschung und Wut. Tom Richardson war am Tag, bevor ich das Lager verließ, eingetroffen.

Ursprünglich wollten wir den Berg gemeinsam besteigen, aber das war jetzt unmöglich. Ich humpelte rasend vor Selbstmitleid davon und setzte die Krücken hart und fest auf, bestrebt, meinem Ärger Luft zu machen. Schon wieder so ein unfairer, gemeiner Schlag! Warum war es nicht Mal gewesen, der sich am Pachermo verletzte? Warum hatte *ich* nicht einmal zur Abwechslung jemanden vom Berg ablassen können? Und warum mußte der Bruch gleich so schlimm sein?

Während ich in meinem selbstgerechten Zorn durch Nepal stampfte, sah Tom Mal und die anderen triumphierend ins Basislager zurückkehren. Ari Gunnerson, ein isländischer Fischer, der als Klettergast zu uns gestoßen war, machte sich am nächsten Tag solo auf den Weg zum Gipfel, obwohl Mal ihn davor warnte, allein zu gehen. Ari war ein stiller Mensch, der mir in den drei Wochen, die ich ihn kannte, sehr ans Herz gewachsen war. Er hatte uns Fotos von den isländischen Bergen gezeigt. Darunter waren auch Bilder von seinem zehnjährigen Sohn gewesen, wie er in einem eilig dahinströmenden, eisigen Fluß Lachse fing. Wir waren so hingerissen von Aris Begeisterungsfähigkeit und der Schönheit Islands, daß wir versprachen, uns im nächsten Frühjahr dort zu einem Kletterurlaub zu treffen.

Ich erreichte den Flughafen von Katmandu am fünften Tag, nachdem ich Tom und das Team verlassen hatte. Als ich mich im Hotel eingetragen hatte, bestellte ich mir ein Bier und telefonierte mit Biman Air, um meinen Rückflug nach Hause umzubuchen. Kaum hatte ich den Hörer aufgelegt, klingelte das Telefon erneut. Der Mann am anderen Ende meldete sich und sagte, er rufe von der Firma *Rover Treks* an, Mals Agentur in Nepal. Was er mir mitzuteilen hatte, war ein schrecklicher Schock. Ein Läufer aus Lukla sei eingetroffen und habe die Nachricht überbracht, daß Ari tot sei. Ich sagte danke schön und legte auf. Innerlich fühlte ich mich wie betäubt.

»Weißt du, warum ich den Pumori besteigen möchte?« hatte Ari mich beim Anmarsch gefragt. »Weil zwei isländische Bergsteiger ums Leben gekommen sind, als sie ihn vor zwei Jahren in Angriff nahmen. Ich möchte es zu ihrem Andenken tun, verstehst du?«

Ich spürte, wie mir ein Schauder über den Rücken lief. »Waren es Freunde von dir?« fragte ich.

»Ich kannte sie, ja. In Island gibt es nicht so viele Bergsteiger. Die meisten von uns sind Fischer.«

»Das ist kein besonders guter Grund, um einen Berg zu besteigen, Ari«, sagte ich.

»Er ist so gut wie jeder andere«, entgegnete er zuversichtlich, und ich wollte nicht mit ihm streiten. Nach dem Erlebnis am Pachermo war ich mir nicht mehr ganz sicher, warum ich kletterte. Zu sagen, es entspreche einfach meinem Gefühl, es sei richtig so, stimmte überhaupt nicht mehr. Ari dachte offensichtlich, die Erinnerung an seine Freunde sei wichtig, und seine Handlungsweise erschien ihm deshalb richtig. Ich wollte sagen, daß seine Freunde nicht mehr unter uns lebten, daß sie niemals von seiner Besteigung zu ihrem Gedenken wissen würden – und klettere nicht, was auch immer sie getan haben mögen, um der Toten willen! Aber ich schwieg still.

Liz Duff und Mark Warham trafen, zwei Tage nachdem ich die Nachricht von Aris Tod erhalten hatte, in Katmandu ein. Ari hatte den Berg in sehr kurzer Zeit erfolgreich bestiegen, erzählten sie mir, und war dabeigewesen, zum Camp II hinunter abzusteigen, als es geschah. Aus irgendeinem unerklärlichen Grund, den nur er selbst kannte, hatte Ari seinen Helm und den Klettergurt zurückgelassen und die Handschlaufe von seinem Pickel abgenommen. Vielleicht wollte er Gewicht sparen, aber es blieb doch die Handlungsweise eines unerfahrenen Mannes.

Ein deutscher Bergsteiger sah Ari innehalten und einen Schluck Wasser trinken, keine dreißig Meter von der Sicherheit des Camps II entfernt. Ein einzelner Eisklumpen löste sich von den Eisklippen auf dem darüberliegenden Grat und fiel Hunderte von Metern tief eine Bergwand hinunter, die Tausende Meter breit war. Er versetzte Ari einen betäubenden Schlag auf den Kopf. Der Isländer fiel erst langsam, sein Pickel glitt ihm aus der Hand und blieb, ohne Schlaufe, einsam und verlassen auf dem nur leicht geneigten Hang liegen. Ari wurde gesehen, wie er das Bewußtsein wiedererlangte, als der Hang steiler wurde, aber es war schon zu spät, und ohne Pickel hatte er keine Chance, seinen Fall aufzuhalten. Er stürzte etliche tausend Meter tief die Couloirs unterhalb von Camp II hinunter. Sein Leichnam wurde nie geborgen. Er ist zu einem stummen Mahnmal der Erinnerung an seine beiden isländischen Freunde geworden. Sein Name und das Datum seines Todes sind in einen Granitblock im Basislager eingeschnitten; dahinter ragt hoch die Kulisse des Mount Everest auf. Es ist kein besonders großartiges Denkmal.

Aris Tod brachte mich mehr durcheinander als all die anderen Todesfälle, mit denen ich bisher zurechtkommen mußte. Irgendwie schien es so falsch zu sein. All die anderen waren begabte und hochmotivierte Bergsteiger gewesen. Sie hatten die Risiken gekannt und sich bereitwillig darauf eingelassen. Ari hatte weder die Zeit noch das Glück gehabt, überhaupt in eine vergleichbare Lage zu kommen. Warum dieser eine, einzige Eisklumpen ihn treffen mußte, ist eine Frage, die ich mir immer wieder stellen werde. Daß es alles auf Glück, Zufall, Schicksal hinausläuft, ganz egal welche Fähigkeiten du besitzen magst, scheint unfair zu sein, unlogisch. Es widerspricht so ganz und gar jeder Vorstellung von Kontrolle über das eigene Schicksal.

Zurück in Sheffield, bestätigte Mr. Kay, daß das Fußgelenk praktisch immer noch gebrochen war. Ich wurde für eine größere Operation über Weihnachten vorgemerkt. In vier Stunden brillanter Chirurgenarbeit nagelte, schraubte, klammerte und transplantierte er das Fußgelenk zusammen und rettete es so zumindest vorläufig vor der Versteifung.

Mein Roman war fertig, bereit zur Veröffentlichung im nächsten Frühjahr, und ich suchte nach etwas Neuem zum Schreiben. Mittlerweile wurde ich ständig vom Gedanken an die Zahl der Freunde verfolgt, die ich in den vierzehn Jahren, seit ich kletterte, verloren hatte. Aris Tod und eine gesteigerte Wahrnehmung dafür, wie oft ich selbst knapp dem Tod entronnen war, ließen mich an allem zweifeln, was ich getan hatte. Der Verschleiß an Menschenleben war gnadenlos, und ich konnte das nicht mit meiner Vorliebe für den Bergsport in Einklang bringen – wenn es denn ein Sport ist. Alle meine Kletterfreunde gaben zu, daß sie die gleichen zermürbenden Verschleißerscheinungen erlebt hatten, doch als ich sie darauf ansprach, waren sie nur widerstrebend bereit, etwas dazu zu sagen.

»Das ist einfach etwas, das du hinnehmen mußt. Das gehört dazu.«

»Jeder, der gestorben ist, hat irgendeinen Fehler gemacht; du mußt daraus lernen und darfst nicht den gleichen Fehler machen.«

»Wenn es das Risiko nicht gäbe, würde ich es nicht tun und du genausowenig.«

»Das sind unsere Geister. Sie sind unsere Warntafeln. Wir brauchen sie.«

Jeder hatte irgendein Schlagwort bei der Hand, eine kurze, knappe, griffige Theorie, die an der Oberfläche kratzte, aber nicht besonders tief reichte. Ich hatte die Bergsteiger satt, die geschickt der Wahrheit auswichen und sich hinter einer raffiniert konstruierten Rechtfertigung für das Abschlachten verbargen. Daher kam ich auf die Idee, daß ich über meine Erfahrungen schreiben und versuchen sollte, auf diese Weise zu einer ehrlichen Einschätzung zu gelangen.

Das Bergsteigen ist nicht, wie Christopher Isherwood einmal über die Suche nach der Nordwestpassage sagte, ›ein Abenteuer, auf das man sich einläßt, weil es trotz der schrecklichen Gefahren und bei aller Unbequemlichkeit leichter zu ertragen ist als die emotionalen Strapazen des üblichen menschlichen Lebens‹.

Ganz im Gegenteil: Sich der Gefahr zu stellen bedeutet alles andere als ein Ausweichen vor der Mühsal des täglichen Lebens. Es ermöglicht dir erst, das ›übliche Leben‹ unter dem richtigen Blickwinkel zu sehen, es wahrhaft zu schätzen und in Ehren zu halten. Und die Faszination des Bergsteigens liegt mehr im Aufbruch als in der Ankunft; sie liegt darin, sich zum Fortgehen, zum Handeln zu entschließen, weniger im Erreichen des Ziels. Sie liegt verborgen im Ton der klagenden Schiffssirene, im Dröhnen der Flugzeugjets, im schrill warnenden Pfeifton des Zuges, der durch leere Weiten in eine ungewisse Zukunft eilt.

Mag sein, daß ich wußte, wonach ich suchte, was ich wollte. Ich weiß ziemlich viel über Angst und habe eine gewisse Vorstellung vom Tod. Ich kenne meine Stärken und meine Schwächen. Manchmal habe ich das Gefühl, ich weiß, was es ist, das mich in die Berge zurückruft, doch dann verliert sich das Gefühl wieder. Ich mag die grundsätzlich veränderte Perspektive jener Tage, wenn ich über den Rand der Welt blicke, in welche die Geister eingetreten sind, und wenn ich von dort zurückkehre mit einem tieferen Verständnis des Lebens.

Ich bedaure nichts. Mitunter gefiel mir die Angst nicht oder der Schmerz, und manchmal war es die Trauer. Wenn mein früherer Ehrgeiz durch meine Verletzungen in seine Grenzen gewiesen wurde, nun, dann ist das eben so. Andere Dinge traten an seine Stelle. Ich hätte in der Lawine an den Courtes sterben können, während des unglückseligen Biwaks auf dem Dru, in der Spalte in Peru und beim Sturz am Pachermo. Ich bin dankbar, daß ich am Leben bin, aber ich verstehe nicht, warum. Ich versuche, nicht an die Unfälle zu denken und an die Fragen, die sie heraufbeschwören. Auf eine Art waren es schreckliche Erfahrungen, voller Schmerz und Verzweiflung und extremer Angst, die ich nie wieder durchmachen möchte. Dennoch habe ich das Gefühl, es ist eine Auszeichnung, daß ich diese Dinge in meinem Leben erfahren durfte. Ich habe über mich und meine Freunde Einsichten gewonnen, die zu erlangen auf keine andere Art möglich gewesen wäre. Ich habe das Ausmaß meiner Stärke und den Abgrund meiner Schwäche kennengelernt. Ich war gezwungen, und sei es auch widerstrebend, unsere verletzliche Sterblichkeit anzuerkennen.

Mir scheint, ich habe mein Leben wie Billy, der Lügner, gelebt, und manchmal fällt es schwer, Traum und Realität zu unterscheiden. So viele der Dinge, von denen ich einst träumte, sind plötzlich Wirklichkeit geworden. Ich habe eine beeindruckende Zahl gebrochener Rippen und Gliedmaßen aufzuweisen und Hunderte von Stichen und Narben. Wenn ich an einem naßkalten Wintertag müde bin, fühle ich Schmerzen an Stellen, von denen ich nicht wußte, daß sie existieren, und inzwischen genieße ich den Luxus, wahlweise auf jedem meiner Beine humpeln zu können. Doch die Erinnerungen, die bleiben, sind diejenigen an Freude und Gelächter, an Dinge, die man nie zu ernst nahm, und wenn der Schmerz über den Verlust erst einmal nachgelassen hat, kehren diese fröhlichen Erinnerungen zurück.

Vielleicht liegt der Sinn darin, es einfach zu tun. Andy Fanshawe kam mit seiner Erklärung, worum es beim Bergsteigen geht, meiner Wahrnehmung wohl am nächsten. Nachdem Andy als internationaler Vertreter des BMC zurückgetreten war, hatte ich ihm gratuliert, daß es ihm gelungen war, den Bann zu brechen. So viele der früheren BMC-Vertreter waren in den Bergen ums Leben gekommen – es war geradezu üblich geworden, darüber zu scherzen und gegenüber dem derzeitigen Amtsinhaber unheilverkündende Warnungen auszusprechen. Andy entgegnete, all seine Vorgänger seien gestorben, nachdem sie sich aus der offiziellen BMC-Vertretung zurückgezogen hatten, und dann lachte er laut über meinen entsetzten Gesichtsausdruck, hocherfreut, daß mein Witz sein Ziel verfehlt hatte. Als ich ihm das nächste Mal bei einem Symposium über ›Abenteuer heute‹ im Outdoor-Zentrum von Plas-y-Brenin in Wales begegnete, wo wir beide Diavorträge hielten, fragte ich ihn nach dem Verschleiß. Was für ein Gefühl hatte er angesichts all der Todesfälle, die dem hohnzusprechen schienen, was wir taten? Er winkte ab.

»Du kannst nicht ständig darüber nachdenken«, sagte er, »das führt zu nichts. Hör mal, hast du dich vor einer Kletterei je absolut sicher gefühlt?«

»Was meinst du?« fragte ich.

»Es ist ein Gefühl des totalen Selbstvertrauens«, entgegnete er. »Manchmal stehst du unter einer großartigen Route, einer wirklich ernsthaften Kletterei, und du hast alles abgewogen, siehst den Berg an und die Schwierigkeiten, alles, und es ist dunkel und still, wie du da stehst, allein, unter dem Berg, und plötzlich weißt du, daß du es schaffen wirst. Du bist absolut sicher, ohne jeden Zweifel. Es ist ganz anders als alles, das du je wußtest, und es gibt keinen Grund dafür, keine Logik, aber du weißt, tief im Innern weißt du es, mit Sicherheit. Hast du das je erlebt?«

»Einmal, vielleicht zweimal«, antwortete ich, und er nickte.

»Glaubst du, daß du es wieder erleben wirst?«

»Ich weiß nicht ...« Zögernd dachte ich über die unerwartete Frage nach. »Nach dem Pachermo weiß ich nicht, ob ich je wieder so fühlen kann. Nein, ich schätze, wenn ich ehrlich bin, glaube ich nicht, daß ich je wieder so empfinden werde.«

»In dem Fall«, sagte Andy mit Entschiedenheit, »solltest du das Bergsteigen aufgeben.«

Seine Worte trafen mich wie ein Schlag ins Gesicht. Ich wußte nicht, was ich sagen sollte, konnte nichts sagen.

»Das ist ein bißchen hart, Andy«, schaltete sich Victor Saunders ein. »Ganz so einfach ist es nicht.«

»Doch, für mich ist es das«, erwiderte er. »Ich muß wissen, daß die Möglichkeit besteht, daß ich mich irgendwann einmal wieder so fühlen werde. Ich muß es wissen.«

Und er hatte recht. Anstatt Fragen nach dem Warum zu stellen und zu versuchen, die Zukunft durch den Rückblick in die Vergangenheit zu verstehen, schaute Andy nach vorn auf das, was die Zukunft ihm zu bieten hatte. Sollte er je zu der Überzeugung gelangen, daß das Bergsteigen ihm das Gefühl des absoluten Selbstvertrauens, seinen ganz persönlichen Vorgeschmack der Unsterblichkeit, nicht mehr bieten konnte, würde er aufhören zu klettern und an anderer Stelle danach suchen.

Vier Monate nach unserem Gespräch kletterte Andy am Eagle Ridge am Lochnagar. Er stürzte tief und starb an seinen Verletzungen. Ich werde mich an ihn erinnern als an jemanden, der voller Begeisterung war, voll Lebensfreude, Lachen und Zuversicht. Vielleicht war er an jenem Tag am Eagle Ridge nicht vorsichtig genug. Das würde mich nicht überraschen. Ich habe jene Gewißheit, von der er sprach, in all den Jahren, seit ich klettere, nur zweimal gespürt, doch diese Erfahrung reicht aus, um mich immer wieder zurückkehren zu lassen.

Gestützt auf diese Gewißheit, habe ich das unbeschreibliche Gefühl entdeckt, das einen begleitet, wenn man in eine neue Perspektive eintritt – beim ersten Schritt so gewaltig wie beim letzten, am Fuß der Wand wie auf dem Gipfel. Die Intensität dieses Gefühls läßt erst langsam nach bei der Rückkehr ins Tal. Unter Berücksichtigung all dessen, was ich weiß, und unter dem Eindruck, daß die Geister aus der Vergangenheit mir ihre einfachen Warnungen zurufen, trete ich die Reise an, und ein Teil meines Hirns versteht nicht, warum ich es tue, aber eine Stimme scheint zu flüstern:

»Ich werde dich also begleiten – wenn du schon dieses Spiel der Geister spielen mußt.«

Epilog

An meinem Computer hängt ein Stück Prosa von Ernest Hemingway, ein Zitat aus dem Epilog zu *Tod am Nachmittag*:

> *Am besten ist es, auszuharren und seine Arbeit zu tun, und zu sehen, zu hören, zu lernen und zu verstehen; und zu schreiben, wenn man etwas weiß; und nicht viel mehr. Es kommt darauf an, daß man arbeitet und daß man lernt, etwas zu vollbringen.*

Ich hatte das Gefühl, es sei vollbracht. Ich habe aufgeschrieben, was ich weiß, meine Arbeit getan und versucht zu lernen und zu verstehen. Der Kreis hat sich geschlossen; es gibt nichts mehr zu schreiben. Ich betrachte die Worte, die ich geschrieben habe, und hoffe, sie werden in einem Jahr immer noch wahr sein, vielleicht auch in einem Jahrzehnt, aber bestimmt nicht mehr in fünfzig oder hundert Jahren. So manches wird mir plötzlich einfallen, und dann werde ich mir wünschen, ich hätte es in das Buch aufgenommen, aber dazu wird es zu spät sein. Ich habe beschlossen, mein Text sei fertig, habe die Seiten ausgedruckt und sie an meinen Verlag geschickt. Jetzt stelle ich fest, daß ich vieles nachzutragen habe.

Gegen Ende September 1992 hörte ich Berichte über Unwetter und Überschwemmungen im Karakorum. Kletterfreunde von mir kamen aus der Gegend zurück und sagten, das Wetter sei fürchterlich gewesen. Mark Miller, Rob Spencer und Victor Radvils waren zum Bergsteigen am Nanga Parbat; auch Jon Tinker war auf dem Berg gewesen. Wir wußten alle, wie ernst zu nehmen und gefährlich der Nanga Parbat für Bergsteiger war, und wir erkundigten uns in Sheffield in aller Stille nach ihnen, während wir darauf warteten, daß sie heil zurückkämen. Das Entscheidende erfuhr ich aus einem etwas wirren Gespräch, das ich zufällig mit anhörte: Sie waren wieder sicher vom Berg herunter. Ich wußte, daß Mark und Victor nach der Expedition von Pakistan nach Nepal fliegen wollten, um den Makalu II in Angriff zu nehmen. Rob wollte nach Hause fliegen, und später hörte ich, daß Jon Tinker ebenfalls sicher vom Berg zurückgekehrt war und daß er vorhatte, in Kürze nach England zurückzukehren. Nach zwei sorgenvollen Monaten war die Last der Angst von uns genommen.

Brendan Murphy und Kate Phillips kamen ebenfalls heil vom Shani Peak in Pakistan zurück. Ein Meter Schnee war über Nacht gefallen, schrieb Brendan fröhlich auf seiner Postkarte, und obwohl sie es nicht geschafft hatten, den Shani zu besteigen, spürte ich ein gewisses Maß an Erleichterung hinter seinen Worten, daß sie heil durchgekommen waren. Paul Nunn war von seiner Expedition auf die Nordseite des Ogre zurückgekehrt, und kurz zuvor war auch Stephen Venables wieder zu Hause eingetroffen, allerdings schwer zerschlagen nach einem Unfall und langwierigen Rettungsbemühungen am Panchuli V im Kumaun-Himalaja zusammen mit Chris Bonington und Victor Saunders. Alle, die ich kannte, waren durchgekommen, die Köpfe voll wunderbarer Erlebnisse und Geschichten von Orten, die sie gesehen hatten und die einen erneuten Besuch lohnten. Das Karussell abreisender Freunde würde vorübergehend zum Stillstand kommen, bis sie sich im Dezember erneut aufmachten – nach Patagonien, nach Ecuador und im Frühling in den Himalaja. Dann würde alles von neuem beginnen.

Ich kam von einem windigen Herbstspaziergang mit Muttley, meinem langhaarigen, schwarzweißen Mischlingshund, zurück und setzte den Kessel auf, um mir eine Tasse Kaffee zu brauen. Ich schaltete den Fernseher ein, weil ich die Abendnachrichten sehen wollte, bevor ich zur Kletterwand in der alten Gießerei hinunterging. Auf dem Bildschirm erschien eine feuchte, in Wolken gehüllte Bergwand. Ich erkannte sofort die charakteristischen Gesichtszüge von nepalesischen Trägern, die sich vorsichtig einen Weg durch schwelende Trümmer suchten. Die Seitenflosse eines Flugzeugs ragte in die tiefhängenden Wolken; die grünen Buchstaben PIA waren im Regen deutlich zu erkennen. Ich setzte mich auf, griff nach der Fernbedienung, um das Gerät lauter zu stellen, und hörte, wie der Nachrichtensprecher die Szene der Verwüstung beschrieb. Der pakistanische Airbus 300 war zehn Meilen südlich von Katmandu gegen eine Bergwand geprallt. »... mindestens fünfunddreißig Briten sollen sich unter den hundertsiebenundsechzig Passagieren und Besatzungsmitgliedern befunden haben. Allem Anschein nach besteht keine Aussicht, in den Trümmern noch Überlebende zu finden. Viele der Passagiere waren Europäer, die ihren Wander- oder Kletterurlaub in Nepal verbringen wollten ...«

Das Bild wechselte. Ein Träger sah einen jämmerlichen Haufen verstreuter Besitztümer durch, darunter eine teilweise verbrannte Reisetasche, ein feuchter Reisepaß und ein glänzender Aluminiumkarabiner, der auf dem zertretenen Boden lag. Alles außer der Seitenflosse des Leitwerks war in Stücke zerbrochen, die kaum größer waren als ein Quadratmeter. Ich mußte nicht erst gesagt bekommen, daß es keine Überlebenden gab; das war nur zu offensichtlich. Die massive Zerstörung und die völlige Vernichtung jeglichen Lebens an Bord der Maschine lagen so weit außerhalb meines Erfahrungshorizonts, daß sie gar nicht wirklich zu sein schienen.

Mein erster Gedanke galt Tom. Er sollte nach Nepal fliegen, um eine Gruppe von Wanderern auf einem Trek zu führen, aber ich konnte mich nicht daran erinnern, wann sein Flug ging. Ich rief bei ihm an und war enttäuscht, als ich nur seinen Anrufbeantworter erreichte. Ich hinterließ auf dem Band die Frage, ob er tot sei, und legte mit einem etwas dümmlichen Gefühl den Hörer auf. Zumindest waren die anderen in Sicherheit. Das wußte ich, und je mehr ich darüber nachdachte, desto sicherer war ich mir, daß Tom erst am nächsten Wochenende fliegen sollte.

Eine Stunde später traf ich John Stevenson in der Gießerei.

»Hast du von dem Flugzeugabsturz bei Katmandu gehört?« fragte ich ihn.

»Ja«, sagte er mit ernstem Gesicht. »Ich habe es auf dem Weg hierher in den Nachrichten gehört.«

»Das ist der zweite in zwei Monaten. Ich wußte, daß Katmandu gefährlich ist, aber das finde ich so langsam ein starkes Stück.«

»Und es war ein PIA-Flug«, fügte er hinzu.

»Ich werde im Frühjahr mit Royal Nepal fliegen«, sagte ich, aber John hörte mir nicht zu. Er sah besorgt aus.

»Ich mache mir Sorgen um Victor und Mark«, sagte er leise.

»Sei nicht albern. Sie sind doch schon in Nepal ...«

»Nein, das sind sie nicht.«

»Ich dachte, Richard hat gesagt, Victor hätte aus Katmandu angerufen?«

»Nein, er hat sich aus Rawalpindi gemeldet und gesagt, sie seien auf dem Weg nach Karatschi, um von dort nach Nepal zu fliegen.«

»Machst du Witze?«

»Nein, leider nicht. Ich fürchte, es ist etwas passiert. Ich habe dieses Gefühl schon einmal gehabt. Ich glaube, sie waren in dem Flugzeug.«

»Komm schon, denk noch mal drüber nach«, sagte ich unsicher. »Victor hat vor Ewigkeiten angerufen. Sie können irgendeinen Flug genommen haben. Nein, die sind schon in Ordnung ...« Doch ich hatte kaum aufgehört zu sprechen, als Eileen auftauchte und sagte: »Sie sind tot. Sie waren in dem Flieger.« Ich blickte John ungläubig an.

»Ich wußte es.« Er wandte sich ab.

Das war's dann. Weg. Verschwunden. Verweht. Ein Leben zu Ende, alles zerstört durch einen dämlichen Flugzeugabsturz. Bumm. Frontal in die Bergwand hinein, ohne jede Chance. Vier Lehrer von Plas-y-Brenin, die ich kannte, waren auch dabei.

Es war Wahnsinn. Wie viele Risiken waren diese sechs Menschen in ihrem Leben eingegangen! Zusammengenommen besaßen sie sechzig, vielleicht hundert Jahre kollektiver Klettererfahrung. Wie oft waren sie bis zum Äußersten gegangen und hatten im Grenzbereich menschlicher Erfahrung ums Überleben kämpfen müssen. Die Risiken waren sie eingegangen, weil sie wußten, was sie taten, weil es ihre frei gewählte Entscheidung war, in den Bergen zu sein. Und dann mußten sie sterben, in einem Augenblick sinnloser Vernichtung an einer wolkenverhangenen Bergwand.

Wären Mark und Victor von einer Lawine erfaßt worden, wären sie genauso tot, und wir würden die gleiche Trauer empfinden. Aber das hätten wir zumindest verstehen können. Sie wären im Begriff gewesen, das zu tun, woran ihnen am meisten lag. Wenn sie in den Bergen gestorben wären, hätten wir etwas daraus lernen können, wir hätten analysieren können, warum der Unfall passiert war. Getröstet durch diese Einsicht, wären wir in der Lage gewesen, den Verlust zu akzeptieren. Sie wären zu Geistern geworden, die uns warnen, wenn wir das nächstemal in die Berge gehen. In dem Wissen, wie und warum sie gestorben waren, hätten wir mit Freude an ihr Leben zurückdenken können.

Statt dessen waren sie uns geraubt geworden. Es war ein Gefühl, als hätte man mich hinterrücks überfallen. Ihr Tod kam so unerwartet. Er schien so gewaltsam und sinnlos, war eine Verhöhnung aller säuberlichen Schlußfolgerungen, die ich aus der Erfahrungen meines Lebens zu ziehen versucht hatte.

Geister. Geister überall, wo ich hinblicke. Alles, was ich sehe, sind Geister – oder vielleicht bin ich der Geist, eine Erscheinung aus der Vergangenheit, die in den Trümmern der Gegenwart steht, angstvoll die Zukunft erwartend. Die einzige Gewißheit ist die, daß ich bald nicht mehr sein werde, und wenn ich gehe, geht eine Legion von Geistern mit mir.

Vielleicht habe ich unrecht, und es gibt keine Geister. Jene gespenstischen Schatten dienen einfach dazu, mich selbst davon zu überzeugen, daß es für alles einen Grund gibt. Und wenn die Geister verschwunden sind, frage ich mich, ob irgend etwas von dem, was ich geschrieben habe, irgend etwas, das ich gedacht habe, die Zeit oder das Papier wert war.

An einem frischen, sonnigen Tag Ende Oktober fand in einer Kirche in Sheffield ein Gedächtnisgottesdienst statt. Ich schätze, es spielt keine Rolle, wie wir sie in Erinnerung behalten oder wo sie zum Zeitpunkt ihres Todes waren oder wie sie gestorben sind. Was mich angeht, tauchen die unterschiedlichsten Erinnerungen plötzlich in meinem Kopf auf. Und je mehr Zeit vergeht, desto lustiger und prägnanter werden sie. Der Umstand, daß sie alle nicht mehr am Leben sind, scheint heute nebensächlich zu sein. Wir sind noch hier, spielen unser dummes Spiel des Lebens, gezwungen, schließlich die Traurigkeit zu vergessen und nur den Glanz zu erinnern, die guten Zeiten und was sie uns gaben – so viel mehr, hat es manchmal den Anschein, als wir ihnen je geben konnten. Wenn es irgendwelche Geister gibt, dann wohnen sie in meinem Kopf, in den nachhallenden Echos fernen Gelächters, die kichernd aus der Vergangenheit zu mir in die Gegenwart dringen.

»Das sind drei Tote in sechs Monaten«, sagte ich an jenem Abend im *Broadfield* zu John. »Ich frage mich, wer wohl der nächste sein wird.«

»Ich weiß, was du meinst«, sagte er. »Vielleicht haben wir von jetzt an noch zwei Jahre. Im Schnitt ist es ungefähr einer im Jahr, schätze ich. Das heißt, wir haben ein Guthaben von zwei Jahren.«

»Einer im Jahr. Großer Gott, es ist schon ein wahnsinniges Spiel. Wohin soll das bloß führen?«

John blickte mich über sein leeres Bierglas hinweg mit einem düsteren Gesichtsausdruck an. Dann lachte er und sagte: »Wer weiß? Und wen kümmert's? Deine Runde.«

Erinnerung

So denk an mich, wenn ich einst von dir geh,
weit von dir geh in jenes stille Land;
wenn du mich nicht mehr hältst an deiner Hand
und ich mich halb im Gehn noch zu dir dreh.
So denk an mich, wenn du mir deine Pläne
für unsre Zukunft nicht mehr tags erzählst:
Denk nur an mich; ich hoffe, du verstehst,
es ist zu spät für Ratschlag oder Träne.
Doch wenn du mich vergißt für eine Zeit
und dann erst dich erinnerst, traure nicht:
Denn wenn auch nur ein Funken von dem Licht
Erinnerung die Nacht um mich erhellt,
ist's besser, daß Vergessen dich erfreut,
als daß Erinnerung dich trauernd quält.

CHRISTINA ROSSETTI (1830–1894)

Dank

Dieses Buch ist ein Rückblick auf meine Lebenserfahrungen und diejenigen meiner Freunde. Ich habe versucht, sie in einen sinnvollen Zusammenhang zu bringen, für mich persönlich ebenso wie für meine Leser. Es ist nicht der Versuch zu erklären, warum Leute klettern. Das Bergsteigen ist eine zutiefst subjektive Erfahrung, die sich für jeden Menschen anders darstellt. Zum größten Teil sind wir extrem schwierige Routen in den Alpen und im Himalaja geklettert, das heißt, das Risiko war groß.

Vier meiner Freunde sind gestorben, während ich dieses Buch geschrieben habe, und immer wieder war ich gezwungen, neu zu überdenken, was ich sagen wollte, was ich fühlte. Mir lag daran, die guten Zeiten herauszustellen, den Glanz, den lebenssteigernden Aspekt des Kletterns – auch wenn es mir mitunter schwer wurde.

Meine Familie und besonders meine Schwester Sarah spielen im ersten Teil des Buches eine herausragende Rolle. Ich habe das Gefühl, daß ich all die Liebe und Unterstützung, die sie mir immer gegeben haben, gar nicht genug gewürdigt habe. Sarah war so lange Zeit in meinem Leben meine engste Gefährtin, daß es leichtfällt, die Zuneigung und Liebe, die uns in den Jahren der Kindheit verband, für selbstverständlich zu halten und zu vergessen, wieviel ich ihr für eine so wundervolle Kindheit zu danken habe.

Ich möchte gern allen meinen Freunden danken, die ein offenes Ohr für meine Fragen hatten, die mir halfen, meine Gedanken zu ordnen, und die mir durch das Bereitstellen von Fotomaterial geholfen haben. Mein besonderer Dank gilt darüber hinaus Pat Lewis für ihre Hilfe beim Auswählen der Bilder und beim Scannen.

Ohne die großzügige Unterstützung von Perpetual Independent Fund Management und insbesondere von Roger

Cornick hätte die Ama-Dablam-Expedition niemals zum Erfolg geführt. Ich kann meine Schuld bei Mal Duff niemals abtragen, der mir 1991 am Pachermo das Leben rettete. In meiner Karriere als Bergsteiger scheine ich eine ganze Menge solcher Schulden angesammelt zu haben. Und ich habe auch John Stevenson, Eileen Cooper, Richard Haszko, Geoff Birtles, Meg Stokes und besonders Jacqueline Newbold für ihre unermüdliche Begeisterung und Unterstützung zu danken.

Tony Colwell, mein Lektor bei Cape, hat mir unschätzbare Hilfestellung und so manchen Rat gegeben, wie schon bei meinen beiden ersten Büchern. Ohne ihn wäre ich verloren.

Der Wille und die Hoffnung

James Scott
Joanne Robertson

Solange ich atme, hoffe ich

Verschollen im Himalaja.
Eine Geschichte vom
Überleben

352 Seiten, illustriert,
gebunden, mit Schutz-
umschlag
ISBN 3-7263-6701-2
Erhältlich in Ihrer
Buchhandlung

Die Chance, im Winter länger als eine Woche im Himalaja ohne Nahrung und Schutz zu überleben, beträgt eins zu einer Million. James Scott hielt es gegen jede Wahrscheinlichkeit 43 Tage aus – und überlebte, mit nichts als zwei Schokoladenriegeln, einigen wenigen Utensilien und Charles Dickens' »Great Expectations« in der Tasche. Obwohl niemand an ein Überleben glaubte, ließ seine Schwester nach ihm suchen. Eine wahre Geschichte über die Kraft der Hoffnung, die sich den Teufel um Wahrscheinlichkeiten schert. Ein großes Buch.

Oesch Verlag

Schweizer Verlagshaus
Jungholzstraße 28, CH-8050 Zürich
E.-Mail: info@oeschverlag.ch

Susan Kay

Die Autorin außergewöhnlich brillanter Biographien.

Das Phantom
Die bisher ungeschriebene Lebensgeschichte des »Phantoms der Oper«
01/8724

Gleichzeitig auch als lesefreundliche Großdruck-Ausgabe lieferbar:
21/7

Die Königin
Macht und Einsamkeit, Liebe und Leidenschaft Elisabeths I. von England
01/10002

01/8724

Heyne-Taschenbücher

Velma Wallis

Zwei alte Frauen

Hoch oben im Norden Alaskas: Zwei alte Frauen werden während einer Hungersnot von ihrem Stamm in der Kälte ausgesetzt. Allein und verlassen in der eisigen Wildnis geschieht das Erstaunliche: Die beiden Frauen überleben ...

»Die indianische Legende besticht durch die archaische Kraft und außergewöhnlichen Naturschilderungen.«
MARIE CLAIRE

01/10504

Heyne-Taschenbücher

Stefanie Zweig

Stefanie Zweigs
autobiographische Romane
wurden zu Bestsellern.

»Eine literarische
Liebeserklärung – vor
tragischem Hintergrund.«
HAMBURGER ABENDBLATT

»Der Background wird
ausgezeichnet dargestellt ...
Stefanie Zweig beobachtete
sehr genau.«
SÜDDEUTSCHE ZEITUNG

Nirgendwo in Afrika
01/10261

Irgendwo in Deutschland
01/10590

Katze fürs Leben
01/10980

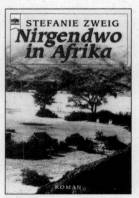

01/10261

HEYNE-TASCHENBÜCHER